삼조북맹회편三朝北盟會編

【제1책】

삼조북맹회편【제1책】三朝北盟會編

1판 1쇄 발행　2025년 2월 25일

—

찬　자 ｜ 서몽신
역주자 ｜ 유원준 · 박영록 · 장미경 · 김금남
책임 역주자 ｜ 유원준
발행인 ｜ 이방원

—

발행처 ｜ 세창출판사

　　　신고번호 · 제1990-000013호 ｜ 주소 · 서울 서대문구 경기대로 58 경기빌딩 602호

　　　전화 · 02-723-8660 ｜ 팩스 · 02-720-4579

　　　http: / / www.sechangpub.co.kr ｜ e-mail: edit@sechangpub.co.kr

—

ISBN　979-11-6684-396-9　94910

　　　　979-11-6684-395-2　(세트)

—

—

이 저서는 2021년 대한민국 교육부와 한국연구재단의 지원을 받아 수행된 연구임(NRF-2021S1A5A7079852).

삼조북맹회편 三朝北盟會編

권1~권6

【제1책】

An Annotated Translation of
"Sanchaobeimenghuibian"

서몽신徐夢莘 찬

유원준 · 박영록 · 장미경 · 김금남 역주

세창출판사

동아시아를 하나로 아우르는 방대한 문화권을 이룩하는 데 크게 기여한 당조唐朝는 안사安史의 난 이후 번진藩鎭의 난립으로 약해지다가 황소黃巢의 난으로 치명타를 입고 주전충朱全忠의 후량後梁에게 망하게 되면서, 대륙은 오대십국의 분열기를 맞게 된다. 그 가운데 오대의 세 번째 왕조인 후진後晉의 석경당石敬瑭은 제위에 오르기 위해 거란의 도움을 받고자 현 북경北京과 대동大同을 중심으로 하는 연운 16주燕雲十六州를 거란에 할양하였다. 그리고 이렇게 할양해 준 연운 16주는 이후 송조에게 가장 아픈 손가락이 되었다.

오대십국의 분열상은 송조의 통일로 표면상 종결되었지만, 송의 국세는 당조만 못하였다. 북방의 거란이 막강한 군사력으로 압박하는 상황에 더해 서북부에 서하西夏가, 티베트에 토번吐蕃이, 운남에 대리大理가 새로 들어서면서 10세기 동아시아는 거란과 송의 남북 관계가 중심축으로 작동하고 동쪽의 고려와 서쪽의 서하가 횡축을 형성하며, 토번吐蕃과 대리大理가 또 다른 보조축을 형성한 보기 드문 다자간 각축전의 무대가 되었다.

이런 복잡한 상황은 1005년 거란과 송이 전연澶淵의 맹약을 체결하면서 일단락되어 110여 년에 걸친 장기 평화라는 새로운 국면에 진입하였다. 전연의 맹약은 거란에게는 물론 송조에게도 매우 긍정적인 외교적 성과물이었다. 장기적인 군사 외교적 안정이 송조 경제 발전의 기반이 되었고, 논란의 중심에 있던 세폐 부담도 국방비의 규모에 비하면 결코 과중한 것이 아니었기 때문이다. 하지만 어떤 합리적인 논증에도 불구하고 '전연체제'는 중화사상에 매몰된 송조 사대부에게 늘 굴욕적인 것으로 인식되었다. 세폐가 곧 조공일 수밖에 없다는 인식과 통일제국으로서의 영토적 불완전성을 공인했다는 점이 바로 그 핵심이었다.

송의 통치자는 자기 왕조가 한과 당처럼 명실상부한 통일제국으로 인정받기 위해서는 장성 이남의 영토를 온전히 장악하고, 북방 유목민에 대한 최소한의 군사적 균형을 유지해야 한다는 것을 잘 알고 있었다. 그리고 자신들의 군사적 열세가 현 장성 일대에 해당하는 연운 지역의 지리적 이점을 상실한 데 있고, 세폐는 그 지역을 포기한 데에 따른 결과물이라고 여겼다. 따라서 연운 지역 포기를 공식화한 전연체제의 극복이야말로 송조가 달성해야 할 최대의 과제라고 생각하였다.

하지만 이를 달성하려면 중문경무重文輕武를 표방한 '조종지법祖宗之法'을 손봐야 했고, 왕안석의 신법이 바로 그러한 도전이었다. 그러나 많은 논란 끝에 추진한 신법은 서하와의 전쟁에서 대패함으로써 무위로 돌아갔고, 신종神宗이 급서하자 이런 일련의 상황에 대한 책임을 둘러싼 내부 갈등은 커져만 갔다. 이런 상태에서 송조는 예상치 못한 금의 갑작스러운 흥기와 거란의 급속한 쇠퇴라는 상황을 맞이하면서 여진과의 동맹에 대한 논란이 벌어졌다. 이때 송조가 채택할 수 있는 방안은 다음과 같은 세 가지가 있었다.

첫째는 거란을 도와 여진을 평정하고 우호를 굳건히 유지하면서 반대급부로 연운 16주 할양을 요구하는 것이다.

둘째는 여진을 도와 거란을 멸하고 연운 16주를 취하는 등 거란의 옛 영토를 여진과 나누는 것이다.

셋째는 거란과 여진을 공존시켜 북방 세력을 양분하여 송조가 상대적 우위를 유지하는 것이다.

물론 이 세 가지 선택지는 송조가 상황을 주도할 수 있는 군사력이 없었기에 실현성이 떨어지는 이론에 불과하나, 결과적으로 송조는 새로운 강적을 도와주는 최악의 선택지를 고르는 우를 범하였다. 이런 선택에는 송의 황제독재체제가 지닌 약점이 결정적으로 작용하였다. 자신을 도교의 신으로 자처하는 등 현실 감각이 결여된 채 근거 없는 공명심과 자신에 대한 과대평가에 매몰되었던 휘종徽宗은 금과 동맹을 체결하여 연운 지역을 회복함으로써 불세출의 대업적을 이루길 소망하였다. 부패에 물든 집권층 역시 휘종의 욕망에 부응하여 아전인수적인 정세분석을 제시하며 무리한 정책을 추진하였다. 물론 송의 집권층은 자체 군사력이 취약하므로 연운 한인漢人의 내응이 필수이나 그들을 신뢰하기 힘들다는 것을 잘 알고 있었다. 그럼에도 급변하는 거란과 금의 관계를 방치할 경우, 연운 회복의 기회를 상실할지도 모른다는 조바심과 대신들의 이기적인 공명심이 더해져 결국 송금동맹이 체결되었다.

자체 역량이 부족한 상태에서 제3자에 의지하여 거란을 멸망시키고 연운 지역을 점령한다는 송조의 전략은 사실상 국운을 건 한판의 도박과 다름없는 일이었다. 게다가 휘종을 비롯한 집권층은 거란과 금의 역량과 상황을 정확하게 판단하지 못했고, 개인적 안위와 이익에만 연연하던 기회주의자들을 자신의 우호 세력이라고 간주하는 우를 범하였다. 이처럼 요행을 바라는 정책 결정자들과 기회주의자와의 결합에 더해 문제를 악화시킨 것은 송군의 전투역량이 상상을 초월할 정도로 형편없었다는 점이다. 송군은 멸망을 눈앞에 둔 거란의 잔여 세력조차 제압하지 못하였다. 군사적 무기력은 송의 협상 카드를 전면 무력화하였으며, 힘의 불균

형을 밑바탕에 깔고 맺어진 금과의 동맹은 송군의 거듭된 패배로 더욱 균형을 상실하였다.

흠종欽宗은 전례 없는 국난을 맞아 시종 좌고우면하였으며, 보좌진 역시 상황을 반전시킬 역량을 갖추지 못한 채 상황이 악화될수록 고식책姑息策에 집착, 문제를 더욱더 악화시켰다. 원래 송의 관료는 과거를 통해서 선발된 가장 우수한 엘리트 집단이었으나, 휘종 대에 이르러 환관 세력과 결탁하며 보여 준 모습은 이해하기 힘들 정도로 형편없었다. 뛰어난 지적 수준과 극도로 저열한 인격의 부조화는 결국 송조를 절망적인 상황으로 이끌고 말았다.

금의 예상치 못한 거병부터 거란의 멸망을 거쳐 송의 멸망까지 소요된 시간은 채 14년이 걸리지 않았다(1114~1127). 북아시아를 제패하고 있던 막강한 유목제국 거란과 1억 2천만의 인구를 지녔고 경제적으로 승승장구하던 강대국 송이 국가 형태조차 갖추지 못한 일개 부족에게 동시에 멸망당한 것은 세계사에서 유례를 찾을 수 없는 일대 사건이다. 이에 혹자는 금의 굴기를 논리적으로 설명할 수 없는 일종의 '영적 팽창' 같은 것이라고 말하기도 한다.

역사의 미스터리라고 할 정도로 예상 밖의 사건이었던 거란과 북송의 멸망, 금의 흥기를 총체적으로 살펴볼 수 있는 키가 바로 서몽신徐夢莘의 『삼조북맹회편』이다. 서몽신은 250권에 달하는 방대한 분량을 통해 여진과의 동맹 체결에 대한 논란, 전쟁의 진행 과정, 당시 인물에 대한 평가 등을 총체적으로 담아냈고, 여진 관련 초기 사료도 잘 보존하였다. 서몽신은 북벌론에 대하여 부정적인 관점을 지니고 있었지만, 자신의 견해와 판단을 직접적으로 피력하는 대신 제3자의 말을 그대로 수록하여 독자에게 판단과 평가를 위임하는 춘추필법春秋筆法의 전통을 견지하였다. 그 결과 『삼조북맹회편』에는 상반된 사료가 다량 수록되어 다소 혼란스럽기도 하지만 그만큼 사료의 신뢰성은 높이 평가받는다. 한편 『삼조북맹회편』은 많은 화자의 말과 글을 그대로 인용하였으므로 그 안에 당시의 언어적 특성을 담은 어휘와 초기 백화白話의 형태가 고스란히 담겨 있기도 하다. 그래서 『삼조북맹회편』은 역사서임과 동시에 한어사漢語史 연구의 보고로 주목받기도 한다. 이런 점은 아래 「해제」에서 좀 더 자세히 다루기로 한다.

사가에게 있어 망국의 역사를 기록하는 것만큼 고통스러운 작업은 없을 것이다. 서몽신은 자존심 상하는 교섭의 과정과 망국의 참담한 상황을 통해 당시 송조가 처했던 상황이 선택의 여지가 없었던 불가항력적인 것이 아니었음을 증언하고 있다. 서몽신은 제아무리 뛰어난 지식이 있더라도 정직성과 결단력이 결여되면, 그리고 이기심에 사로잡히면 얼마나 어리석은 결정을 내릴 수 있는지 말해 준다. 아무리 많은 군대와 무기를 가지고 있더라도 용기와 희생이란 품성이 없이는 모든 것이 무용하다는 사실도 말해 준다. 특히 권력자가 유의해야 할 것이 바로 허위의식과 공명심에 매몰되는 것임도 거듭 강조한다.

『삼조북맹회편』의 판각과 인쇄에 앞장선 허함도許涵度와 원조안袁祖安 등 청말의 학자들이 보여 준 지식인으로서의 태도 역시 서몽신에 못지않게 감동을 안겨 준다. 청말의 국난 속에서 오히려 굴욕의 역사를 반추함으로써 서구 열강의 침략에 맞설 수 있는 방략을 모색하였던 역사학자들의 치열함과 그 용기가 각별하기 때문이다.

『삼조북맹회편』이 이처럼 중요한 문헌임에도 불구하고 지금까지 판본조차 본격적으로 정리되지 못한 것은 한마디로 말해 너무 방대하고 난해하기 때문이다.

난해한 이유는 크게 네 가지이다. 첫째는 책이 완성된 이래 600년 이상 필사본으로 전해지면서 여러 종류의 필사본이 출현하였다. 여러 필사본을 비교하면 더욱 합리적인 기록을 찾을 수도 있지만, 문장의 완결성이 떨어지거나 불완전한 묘사 등이 적지 않다. 둘째는 너무나 다양한 문체의 문서를 다루고 있다. 극도로 현학적이며 전고를 찾기 어려운 조서詔書류의 문장부터 당시 북방에서 통용된 이른바 한아언어漢兒言語의 문장까지 다양한 문체의 문서가 혼용되어 있다. 셋째는 여타 문헌에서 흔히 보이지 않는 지명·인명·관명을 비롯해 천문·지리·역법은 물론이고, 전투 방법에 이르기까지 다양한 사건과 사안이 포함되어 있다. 넷째는 수록된 사건이 여타 문헌에 등장하지 않거나 서로 다른 각도에서 기술되어 방증 자료를 찾기 어렵다는 점이다.

우리 연구팀이『삼조북맹회편』연구를 시작한 것은 지금으로부터 19년 전이다. 2005년, 한어사漢語史 연구에서『삼조북맹회편』이 지닌 중요성에 착안하여 박영록 교수가 국내외 한어사 연구자와 소규모 팀을 조직하여 "『삼조북맹회편』의 송대 언어 특징에 대한 기초연구"라는 제목으로 한국연구재단의 소규모 공동연구지원 사업에 선정된 것이 지난 19년간의 항해를 시작하게 된 출발점이었다. 2005년 12월 6일에 시작된 윤독회는 2021년 4월 17일까지 모두 155회가 진행되었고, 2021년 한국연구재단의 명저번역사업에 선정된 뒤로는 3년 동안 매주 줌 회의 방식을 통해 번역물을 공유하고 검토하고 수정하는 과정을 거쳤다. 그 사이에 송금원시대사 연구자, 중국어사 연구자, 중국문학 연구자 등 3개 영역에서 다양한 연구자들이 이 연구모임을 거쳐 갔는데, 1년 이상 참여한 연구자만도

23명에 이른다.

    19년에 걸친 긴 항해에도 불구하고 우리가 지치지 않고 꾸준히 노를 저을 수 있었던 것은 중국과 일본 학자들도 이루지 못한 『삼조북맹회편』의 판본 교열과 번역을 최초로 달성하려는 학문적 열정과 각별한 우정이 우리 연구팀에게 있기 때문이며, 한편으로는 우리에게 도움과 격려, 배려를 아끼지 않고 어려울 때마다 징검다리를 놓아 준 많은 동학同學, 그리고 가족들의 배려 덕분이다. 250권 가운데 70권의 번역을 마친 지금, 우리가 가야 할 길이 아직 멀다는 것을 잘 알고 있기에 '역자 후기'를 쓸 수 있는 감격스러운 날을 꿈꾸며 감사의 말씀을 뒤로 미룬다.

2025년 1월,
역자를 대표하여 유원준

= 차례 =

머리말 · 4
해 제 · 13
범례 : 요약 · 32
범례 : 상세 내용 · 36

권 목차

1. 찬자 및 책의 특성

1) 『삼조북맹회편』 소개

『삼조북맹회편三朝北盟會編』의 '삼조三朝'란 북송의 휘종徽宗(1082~1135, 재위 1100~1126), 흠종欽宗(1100~1156, 재위 1126~1127), 그리고 남송의 고종高宗(1107~1187, 재위 1127~1162) 세 황제를 말하며 '북맹北盟'이란 북쪽 왕조와의 맹약盟約을 말한다. '회편會編'은 본래 여러 저자의 서적과 문헌 자료를 모아서 항목별 분류에 따라 편집한 책을 말한다.

따라서 『삼조북맹회편』은 휘종·흠종·고종 세 황제 재위 기간에 벌어진 송과 거란·금 두 정복왕조와의 교류와 접촉, 전쟁과 화의에 관한 각종 기록을 집대성한 책으로 모두 250권, 목판 3,589엽, 150만여 자字로 이루어졌다. 단 항목별 분류를 원칙으로 하는 일반 회편과 달리 『삼조북맹회편』은 휘종 정화政和 7년(1117)부터 고종 소흥紹興 32년(1162)까지 45년의 역사를 날짜별로 주요 사건을 기록하고 관련 문헌을 첨부하는 형식으로 만든 역사서이다. 이렇게 날짜별로 기록하는 방식을 택한 역사서를 가리켜 편년체編年體 사서史書라고 칭한다.

『춘추』와 『사기』를 비롯해 중국사에 관한 사서는 수없이 많다. 그런데 그 가운데 『삼조북맹회편』이 주목받는 점은 중국사 최대의 굴욕적인 사건으로 꼽히는 '정강靖康의 변變'을 전혀 회피하지 않고 정면으로 다룬 사서이기 때문이다. 차마 드러내고 싶지 않은 각종 부끄러운 기록을 수집하고 정리하는 것은 사학자에게 실로 내키지 않은 작업이 아닐 수 없다. 더구나 망국에 따른 정치적 책임 문제로 기록 하나하나에 관련자 모두 극도로 민감할 수밖에 없는 상황 속에서 역사서를 편찬하는 일은 더욱 그러하다.

이런 악조건 속에서도 『삼조북맹회편』이 편찬된 것은 망국의 치욕을 되풀이하지 않기 위해서는 사실을 있는 그대로 기록하여 후세에 전승하는 것이 사학자의 본령이라 인식한 편자 서몽신徐夢莘(1126~1207)의 학자적 양심과 사명감, 그리고 뜨거운 우국충정이 있었기 때문일 것이다. 이런 점에서 『삼조북맹회편』은 역사 앞에서, 양심 앞에서, 국가 앞에서 지식인이 어떻게 행동해야 하는가를 보여 주는 더없이 훌륭한 전범典範이기도 하다.

『삼조북맹회편』이 주목받는 또 하나의 이유는 이런 중요성에도 불구하고 아직도 판본 정리와 교감이 제대로 이루어지지 않은 매우 보기 드문 책이라는 점이다.

이렇게 된 첫 번째 원인은 『삼조북맹회편』 자체에 있다. 이 책은 거란과 북송의 멸망, 금과 남송의 건국이라는 격변기의 역사를 1년에 평균 3권의 분량으로 촘촘하게 정리하였기 때문에 그 분량이 모두 250권, 150만여 자字에 달한다. 게다가 그 방대한 내용 대부분이 조서와 외교문서, 상주문 등 최고급 문서와 문장으로 이루어져 문장이 매우 난해하다. 또 회편의 특성상 많은 저자의 글을 모았기 때문에 문체도 각기 달라서 누구도 쉽게 접근하기 힘들다.

두 번째 원인은 이 책을 이해하기 위해서는 송·거란·금 3국의 역사와 정치·군사 체제 등에 대한 많은 지식이 필요하다는 점이다. 송조는 중국

역대 통일 왕조 가운데 비교적 긴 역사를 지니고 있어 남북송을 관통하는 지식을 구비하기 힘든데 『삼조북맹회편』은 바로 이 시대적 결절점에 놓여 있다. 거기에다가 중국 역사에서 가장 적은 기록을 남긴 거란의 역사에 대해서 잘 알아야 하고, 나아가 금사까지 이해해야 하는 일은 누구에게도 쉽지 않은 일이다. 즉 송·거란·금 3개 왕조를 아우르고 있어서 그 중요성이 크지만, 왕조사 위주의 기존 전공자에게는 낯선 미지의 영역이 너무 많다.

세 번째 원인은 역설적으로 이 책의 고유성 때문이다. 『삼조북맹회편』에 수록된 내용은 『건염이래계년요록建炎以來繫年要錄』, 『속자치통감장편續資治通鑑長編』 등 비슷한 시기에 작성된 사료를 비롯해 문집 등에서도 상당 부분 찾아볼 수 있다. 하지만 『삼조북맹회편』에만 수록되었을 뿐 여타 문헌에서는 찾을 수 없는 기록이 상당히 많고, 그 기록들을 비교할 문헌이 없어 명확한 의미를 파악하기 어려운 경우가 많다. 게다가 오랫동안 필사로만 전해지면서 탈자脫字, 착자錯字, 오자誤字가 많은 점도 연구에 어려움을 더해 준다.

그 결과 『삼조북맹회편』은 아직도 권위 있는 기관이나 출판사에서 판본에 대한 정리와 교감, 표점 등 기초적인 작업을 제대로 진행하지 못한 실정이다. 따라서 본 번역진의 번역 성과는 중국과 일본을 비롯해 그 누구도 가보지 못한 길을 처음 갔다는 점만으로도 그 의의를 찾을 수 있을 것이다.

2) 찬자 소개

이 책의 편찬자인 서몽신徐夢莘(1126~1207)은 자가 상로商老이며 현 강서성 의춘시宜春市 관할 장수시樟樹市에 속하는 강남서로江南西路 임강군臨江軍

청강현淸江縣 사람이다.[1] 권문자제는 아니었으나 어려서부터 총명하여 위로 경전과 사서, 아래로 패관류稗官類의 소설에 이르기까지 탐독하였는데, 한 번 보기만 하면 암기할 정도였다(幼慧, 耽嗜經史, 下至稗官小說, 寓目成誦)[2]고 한다. 그는 여러 지역의 지방관을 역임하였는데, 현지 상황에 부합되지 않을 경우 상부의 지시에 따르지 않을 정도로 주관이 강한 인물이었다. 호남에서 재임 시에는 경지 증가를 명분으로 한 증세에 반대하였지만, 그가 작성한 모든 문서에서 아무런 허물도 찾지 못하자 오히려 더욱 중용된 경우도 있었고(欲從簿書間攈摭其過, 終莫能得, 由是反器重之), 광서에서 재임 시에는 염법鹽法 개정에 반대하다 파직을 당하기도 하였다.[3] 당시 광서 전운사사轉運使司의 일개 서기관이었던 그는 조정에서 광동·광서에 획일적인 염법을 시행하려 하자 광동과 광서의 지리적 차이를 무시한 행정이라고 반대하다 파직된 것인데, 결국 그의 예견이 옳아 여러 가지 폐해가 발생하자 새로운 염법은 3년이 안 되어 철회되고 그도 복직되었다. 이런 사례는 서몽신이 원칙을 굽히지 않는 성품에 정확한 정세 판단력까지 갖추고 있음을 보여 주는 것이다.

서몽신은 『삼조북맹회편』 외에도 『북맹집보北盟集補』, 『회록會錄』, 『독서기망讀書記忘』 등의 저작이 있다고 하나 모두 실전失傳되고 현재는 『삼조북맹회편』만 전해지고 있다.

3) 서명

문헌 기록을 보면 『삼조북맹회편』에는 아래와 같이 여러 다른 명칭이 있다.

①『삼조북맹회편』: '三朝'를 다룬 최초의 기록인 진진손陳振孫의 『직재서록해제直齋書錄解題』, 이심전李心傳의 『건염이래계년요록建炎以來繫年要

錄』에서 보이며, 현재까지 가장 많이 보이는 서명書名이다.

② 『삼조북맹집편三朝北盟集編』: 초기 『삼조북맹회편』의 유통에 크게 공
   헌하였으며 서몽신의 친구로서 그의 묘지명까지 쓴 루약樓鑰의 『공
   괴집攻媿集』 및 조희변趙希弁이나 왕응린王應麟의 기록에 보인다. 계진
   의季振宜 소장의 명초본明抄本에도 서몽신이 「자서自序」에서 '집편集編'
   이라 한 것으로 되어 있다.

③ 『삼조북맹회편록三朝北盟會編錄』: 명대明代의 『강서통지江西通志』 권23 등
   에 보이는 서명이다.

④ 『송서몽신질宋徐夢莘帙』: 명대明代 서건암徐健庵의 『전시루서목傳是樓書
   目』에 보이는 서명이다.

⑤ 『북맹록北盟錄』: 루약樓鑰의 또 다른 작품인 『서한회요서西漢會要序』에
   보이는 서명이다.

이상의 자료를 보면, 서명이라기보다는 찬자撰者를 가리키는 성격이
강한 『송서몽신질宋徐夢莘帙』과 축약의 성격이 있는 『북맹록北盟錄』을 제외
하면 '삼조북맹三朝北盟'이라는 기본 서명을 유지하고 있다. 그리고 그 원
형을 소급해 보면 루약樓鑰의 기록에 보이는 『삼조북맹집편三朝北盟集編』이
서몽신이 정한 원래 서명일 것으로 추정할 수 있다.[4]

원제인 『삼조북맹집편』이 『삼조북맹회편三朝北盟會編』으로 통용되게 된
것은 1196년 송 조정에서 사관을 보내 필사할 때 『삼조북맹회편』이라는
서명을 사용하였기 때문이다. 따라서 『삼조북맹회편』의 판본에는 『삼조
북맹집편』이란 서몽신 가장본家藏本과 『삼조북맹회편』이란 실록원實錄院
초록본抄錄本 등 두 계열이 생겨나게 된 셈이다. 다만 현대에 와서는 『삼
조북맹회편』으로 통일되어 있으므로 이 책을 『삼조북맹회편』이라 칭하

는 데 무리가 없다.

4) 강목綱目 체제

편년체 사서의 일반적인 서술 방식이 그러하듯『삼조북맹회편』의 기록은 강綱과 목目으로 구분할 수 있다. 연월일을 기준으로 짧게 서술한 사건에 관한 기록, 즉 기사문紀事文이 서술의 근간인 '강綱'이고, 강綱의 기사에 담긴 사건의 배경과 그 전개 과정을 구체적으로 설명하기 위하여 여러 문헌에서 인용한 부분을 '목目'이라 할 수 있다. '강綱'에 해당하는 기사의 분량이 많을 수 없음을 고려할 때, 편년체 사서의 내용과 수준은 사실상 '강綱'을 보완하는 '목目'에 달려 있다고 할 수 있다.

이런 방식은 황제를 신격과 인격의 종합체로 인식하는 중국의 전통적 세계관 속에서 황제에 대한 직설적인 평가가 사실상 불가하므로 제3자의 의견인 다양한 사료를 첨부하여 최종적인 평가를 독자에게 위임하는 중국 고유의 역사 서술 전통 때문이다. 더구나『삼조북맹회편』이 다루고 있는 북송의 멸망은 일반적인 왕조 교체와 달리 이민족에 의한 통일제국의 멸망이라는 점에서 전례가 없었고, 두 명의 황제와 황실 가족, 고위 관리 등 3천 명이 포로로 끌려가 노예로 전락하는 전대미문의 치욕적인 사건이었다. 따라서 다른 어떤 사서와도 비교할 수 없는 정치적 민감성을 지니고 있기 때문에 '목目'에 속하는 사료의 선별과 배열에 저자 서몽신의 역사 인식과 의도가 은밀하게, 또 치밀하게 반영되어 있다고 할 수 있다.

서몽신은 45년의 역사에 대해 250권에 달하는 방대한 분량의 '목目'을 첨부함으로써 기록의 객관성 유지에 최대한 힘써『삼조북맹회편』이 지닌 정치적 민감성과 위험성을 미연에 방지하는 한편 사서의 질적·양적 수준을 최대한 제고시켰다. 서몽신의 이러한 노력은 '목目'에 인용된 사료의 종류가 『봉사록奉使錄』·『행정록行程錄』을 비롯해 실록實錄·국서國書·책문冊文·서서誓書·조서詔書·칙서勅書·성지聖旨·비답批答·지휘指揮·제서制書·사두詞頭·차자箚子·사목事目·첩황貼黃·고사告詞·주의奏議·상소上疏·표문表文·격서檄書·방문榜文·첩문牒文·장계狀啓·서신書信·전기傳記·가전家傳·비지碑志·행장行狀·문집文集·발문跋文·청사靑詞 등 최고급 공문서부터 민간의 사적 기록에 이르기까지 그 저자와 종류, 형식과 내용이 매우 다양하며, 대부분 가공되지 않은 1차 사료라는 데서 거듭 확인할 수 있다.

물론 이런 체례상의 특성으로 인해 『삼조북맹회편』의 기록은 매우 번잡해 보이고 심지어 상치된 기록도 고루 배치하여 독자의 인내심을 과하게 요구하는 경향이 있다. 한편 상대국에 보내는 국서, 황제가 내리는 조서, 황제에게 올리는 상주문 등 거의 모든 자료가 최상급의 박식함과 우아함을 과시하기 위한 고급 문체로 쓰여 있어 문맥의 함의를 파악하더라도 우리말로 옮기기가 매우 어렵다. 거기에 한어漢語를 공용어로 사용하던 당시 동북아의 상황을 반영하듯 송 측과 대화하던 거란인과 여진인의 중국어에는 다소 거친 구어와 속어도 적지 않아 어려움을 더해 준다. 물론 이런 대화는 당시 백화白話의 초기 모습을 보여 주는 소중한 자료이기도 하다.

5) 사료적 가치

『삼조북맹회편』에는 경제적·문화적으로 공전의 번영을 누리던 송조가 집권층의 무능과 사치, 허위의식과 공명심에 사로잡혀 급작스런 멸망을 자초하는 모습이 역력하게 담겨 있다.

10~13세기의 동아시아는 전례가 없던 다극체제를 유지한 시기였다. 거란과 송의 남북축을 중심으로 고려와 서하라는 동서의 보조축은 물론 토번吐蕃·대리大理·대월大越 등 여러 국가의 다양한 이해관계 속에서 안정과 번영을 동시에 구가하던 송조는 스스로 114년에 걸친 장기동맹체제를 무너뜨리고 무모한 군사적 모험을 감행한 결과, 부족에서 제국으로 급팽창한 여진의 예기치 못한 도전에 직면하게 되었다. 모든 것이 우연처럼 전개된 역사의 필연 속에서 당대 최고의 지식인으로 구성된 송조의 통치층이 중화의 자존심과 군사적 무력감이 착종하는 상황 속에서 어떻게 제3국을 인식하고 대응하였는지, 그리고 무엇을 믿고 무엇을 두려워하였는지, 나아가 중국 문명이 지닌 고유의 특성과 그 약점이 무엇인지를 『삼조북맹회편』은 여실히 보여 준다. 이런 점에서 오늘의 중국, 특히 여전히 전통적인 중화사상에서 자유로울 수 없는 중국의 외교를 이해하는 데 있어 『삼조북맹회편』만큼 많은 시사점을 제공해 줄 수 있는 사서는 흔치 않다.

한편 더할 수 없이 치욕스러운 역사를 냉철함과 치밀함으로 정치하게 기록한 서몽신의 태도야말로 굴욕의 역사를 되풀이하지 않겠다는 사학자의 치열한 역사의식을 대변하는 귀한 사례라 할 수 있다. 그리고 그러한 의식을 뒷받침해 주는 꼼꼼한 기록과 그것을 가능케 한 박식함은 시대와 국가를 초월해서 우리를 감동케 하기에 족하다.

서몽신의 이러한 완벽주의는 당시 송과 거란, 송과 여진은 물론 동아시아 각 구성체의 상황을 고루 담아 우리에게 전해 주는 소중한 성과로 발현되고 있다. 특히 우리의 관심을 끌게 하는 것은 『삼조북맹회편』이 단순한 중국사, 또는 거란사와 금사의 범주를 넘어서 우리의 역사와 밀접하게 관련된 귀한 원사료를 제공하고 있다는 점이다. 신라의 후손임을 밝힌 여진의 기원, 발해를 동족으로 여기는 여진의 인식, 그리고 그들의 생활상과 풍속, 여러 용어의 어원까지 광범위한 내용을 고찰할 수 있다. 예를 들어 여진인은 자신들의 근거지 뒷산을 가리켜 '신라산'이라 하고 그 뒤가 '고려의 국경'이라고 한 점 등은『삼조북맹회편』이 우리와도 얼마나 밀접한 관련을 맺고 있는 사서인지를 단적으로 말해 준다. 이런 점에서『삼조북맹회편』은 한국사의 새로운 지평을 열 수 있는 귀중한 사료의 보고라 아니 할 수 없다.

2. 판본 분석

1) 판본 소개

『삼조북맹회편』은 권질卷帙이 방대하여 청조 말까지 인쇄 출판되지 못한 것으로 알려졌다. 이는 오성吳城의『삼조북맹회편』발문跋文, 부증상傅增湘의『장원군서제기藏園群書題記』권2, 등방술鄧邦述의『한수산방육존선본서목寒瘦山房鬻存善本書目』권6, 그리고『삼조북맹회편』을 인행印行한 원조안袁祖安의 발문, 허함도許涵度의 서문序文 등에서 단언하고 있는 바이다.[5]

그러나 이와 달리 청초淸初 오작吳焯의『수곡정서록繡谷亭書錄』에는 '송참본宋槧本'이 있었다는 기록이 있고, 심초沈初의『절강채집유서총록浙江采集遺書總錄』에도 "개만루 수장본으로 간행된 판본(開萬樓藏刊本)을 수장하고 있다"[6]는 기록이 있으며, 막우지莫友芝의『여정서목邵亭書目』에도 "개만루에서 간행된 판본(開萬樓有刊本)이 있다"[7]고 한 기록을 보면 소량의 인쇄본이 있었을 가능성도 배제할 수는 없다. 다만 누가 언제 간행했다는 기록이 없고 현재 전해지는 간행본도 없으므로, 일반적으로는 1878년 원조안본袁

祖安本이 간행될 때까지는 손으로 직접 베낀 '수초본手抄本'만 있었다고 알려졌다.

청대 이전 인쇄본의 존재 여부는 불분명하지만, 『삼조북맹회편』의 사료적 가치는 일찍부터 인정받았으므로 많은 장서가가 필사하여 수장하게 되었다. 그 결과 여러 가지 종류의 전본傳本이 생겼는데 편집된 책의 수는 16책, 20책, 25책, 26책, 30책, 40책, 42책, 46책, 75책, 80책 등으로 다양하나, 권수卷數는 대개 250권으로 큰 차이가 없다. 그러나 이들 전본 가운데 상당수가 산실되었으나, 북경대학 도서관, 북경인문과학연구소, 항주杭州도서관, 대만 중앙연구원의 부사년傳斯年도서관 등에 잔결본殘缺本을 포함하여 아직도 20종 이상의 초본抄本이 남아 있는데, 서적의 완결성에는 상당한 차이가 있다.

일례로 우리 윤독팀이 원본 자료를 확인하기 위해 북경대학 도서관을 방문했을 때 옹방강본翁方綱本과 함께 몇 가지 필사본을 열람했는데, 그 가운데는 필사 상태가 매우 허접한 것도 많았다. 아래에 언급하는 전본은 상태가 양호한 것들이다.

(1) 중요 필사본

현재 송대 초본抄本은 없고 명청대 초본만 전해지고 있다. 명대 판본으로 옹방강본翁方綱本과 계진의본季振宜本이 있고, 청대 판본으로 사고전서본四庫全書本 등이 있다.

① 옹방강본翁方綱本: 북경대 중문과 장소우蔣紹愚 교수는 북경대가 소장하고 있는 옹방강본이 가장 좋다고 평가하였다.

② 계진의본季振宜本: 절강대 사학과 진락소陳樂素 교수는 대만 중앙연구원이 소장하고 있는 계진의본이 가장 좋다고 평가하였다.

③ 사고전서본四庫全書本: 청조의 입장을 고려한 개작이 많이 이루어진 문제가 있지만 가장 널리 보급된 판본이다.

④ 기타 중국 재조선본再造善本 영인본: 원숙심정관적원장沅叔審定觀籍園藏(GJ2301931), 동천범씨이강루장서본同川范氏二江樓藏書本(GJ2303472), 작계심전가유초장서본柞溪沈全稼幼樵藏書本(GJ2307293), 왕사종자춘정호낭원서화인본汪士鍾字春霆號朖園書畫印本(GJ2300582)

⑤ 기타 대만 중앙도서관 소장 영인본: 양호도씨섭원소장본陽湖陶氏涉園所藏本, 남격구초본藍格舊鈔本, 청淸 인화조씨소산당초본仁和趙氏小山堂鈔本, 청淸 양주진씨석연재전록천일각초본揚州秦氏石研齋傳錄天一閣鈔本

위 판본들은 소장 과정에서 여러 장서가에게 수장되어 명칭이 다를 수 있다. 위 명칭 외에 수장되었던 사례는 다음과 같다.(※ 약칭은 범례 참조)

계본季本: 북경도서관北京圖書館, 왕사종汪士鍾

옹본翁本: 북경대학도서관北京大學圖書館

해천본海天本 · 관본觀本 · 범본范本: 상해도서관上海圖書館

왕본汪本, 도본陶本('汪閬源'으로 각인함): 왕사종汪士鍾

(2) 중요 인쇄본

① 원조안본袁祖安本: 파릉巴陵(현 호남성 岳陽市)의 장서가 방공혜方功惠(1829~1897) 소장본을 저본으로 광서光緒 4년(1878)에 간행한 목활자본이다. 원조안본은 1962년에 대북臺北 문해文海출판사에서 4책으로 영인하여 허함도본이 보급되기 전까지 주로 사용되었다. 문해출판사본은 영인 당시 좀 모호한 글자를 출판사 임의로 교체한 것이 있어 주의할 필요가 있다.

② 허함도본許涵度本: 사천전운사四川轉運使·강서성 성장省長 등을 지낸 도가요陶家瑤(1871~?) 소장본을 저본으로 광서光緒 34년(1908)에 간행하였으며, 상해고적上海古籍출판사에서 1987년에 2책으로 영인하여 널리 보급되었으며, 본 번역의 底本이다.

③ 해천학술연구사본海天學術研究社本: 1930년대에 개봉에서 활동한 연구단체의 점교본點校本이다. 구체적인 내용은 (3)소절 참조.

④ 대북臺北 대화서국본大化書局本: 대화서국에서 현대식 활자본으로 1977년에 인쇄한 4책의 표점본이다. 대만대 사학과 왕덕의王德毅 교수의 「출판전언出版前言」과 「서몽신연표徐夢莘年表」가 수록되어 있다. 구체적인 내용은 아래 (3)소절 참조.

⑤ 대북臺北 문해출판사본文海出版社本: 상기 ①에 함께 설명함.

(3) 해천서점본과 대화서국본 논란

대북臺北 대화서국에서 간행한 표점본에는 대만대학 왕덕의 교수의 「출판전언出版前言」이 있어 흔히 왕덕의가 표점한 것으로 알려졌다. 그러나 정작 대화서국본에는 점교자 및 점교 방식에 대해 아무런 언급이 없고, 왕덕의 교수의 연구목록에도 『삼조북맹회편』 점교 작업이 포함되지 않아 누가 표점 작업을 했는지에 대해 논란이 끊이지 않았다.

본 번역진이 조사한 바로는 1930년대 하남성 개봉開封에 '해천학술연구사海天學術研究社'라는 학술모임이 있었으며, 그 산하의 '사학연구사史學研究社'에서 『삼조북맹회편』에 대한 점교點校 작업을 수행하였고, 그 결과물을 상해의 '해천서점海天書店'에서 1939년에 점교본點校本으로 출간하였음을 확인하였다. 대화서국본은 상해 해천서점海天書店에서 간행한 점교본의 본문과 부록인 「대사년표大事年表」까지 그대로 영인한 뒤, 그 앞에 왕덕의의 「출판전언」과 「서몽신연표」, 진락소陳樂素의 「서몽신고徐夢莘考」 등을 첨부하여 출간한 것이다.

해천학술연구사는 1934~1935년에 학술잡지 '해천海天'을 두 차례 발행한 단체이다. 일본의 침략에 시달리던 당시의 시대적 환경 아래 강한 민족의식을 가졌던 것으로 보이며, 송대의 망국에서 역사적 교훈을 찾기 위해 『삼조북맹회편』에 대한 윤독과 표점 작업을 한 것으로 보인다. 이런 점은 해천본 「삼조북맹회편교인범례三朝北盟會編校印凡例」에서 "이 책은 실로 중국 민족의 항쟁기에 있어 가장 중요한 문헌으로, 사고제요四庫提要에서도 그 점을 지극하게 언급하고 있다."라고 한 데서 확인할 수 있다. 1930년대 후반기의 혼란한 와중에 이런 연구와 출판을 추진한 사학연구사의 활동은 아쉽게도 잘 알려지지 못하였다.

해천서점본은 현재 상해도서관에 수장되어 있는데, 본 번역진이 검토해 보니 원조안본을 기초로 하되 방증 자료를 참고한 것 같지는 않았다. 그래서 원조안본의 결함을 그대로 물려받았으며, 분단과 표점에 많은 착오가 있고 저본의 문장 단락이 누락되거나 일부 자구를 오인한 결함도 있다. 그러나 최초의 활자 표점본으로서 후학들이 연구에 착수할 수 있는 기초를 마련해 준 것에는 큰 의의가 있다고 할 수 있다.

(4) 미간행본

북경대 사학과 등광명鄧廣銘·유포강劉浦江 교수가 교감校勘을 한 점교본點校本이다. 사제간인 두 교수는 장기간 『삼조북맹회편』을 연구하면서 판본 대조 및 기타 문헌 방증을 통해 상세히 교감을 진행하였고 실제 원고도 완성되어 학계의 기대가 컸다. 그러나 판본 교감 과정에서 본문을 일부 개정하여 문장이 매끄러워지긴 하였으나 개정의 출처를 밝히지 않아 결과적으로 임의 수정의 논란을 자초하였다. 유포강 교수의 논문에서 인용한 자료에서도 그러한 사례가 발견된다.[8] 결국 이 점이 문제 되어 현재까지 출간되지 못하였고, 두 교수의 사망으로 개정 사유에 대한 규명이 사실상 불가능하게 되었다. 이것은 대화서국본이 저본을 명시하지 않아 학계에서 제대로 인정받지 못하는 것과 같은 경우다.

2) 판본의 차이와 연구

『삼조북맹회편』은 여러 종류의 초본抄本과 판본이 있지만, 일반적인 필사의 오류를 제외하면 전체적인 내용에서는 별다른 차이가 없다.

황관중黃寬重은 『영락대전永樂大典』에 수록된 『삼조북맹회편』의 기사 31개 항을 6종의 『삼조북맹회편』 판본과 비교해 본 결과, 6종 판본 사이에 내용상 큰 차이가 없음을 밝혔다(다음 페이지 ②번, pp.98~111). 이 점은 본 번역진이 독회 진행 과정에서 허함도본·원조안본·옹방강본·해천서점본海天書店本의 대조를 통해 실제 확인한 바이기도 하다. 그러나 사고전서본은 31개 항목의 사료 중 세부적으로 38곳에서 여타의 판본과 내용상 차이가 있었다. 이는 사고전서 편수관編修官들이 서몽신의 원본을 그대로 초록抄錄함을 원칙으로 하면서도 실제로는 많은 '개작改作'을 하였기 때문이다.

사고전서를 편수하면서 많은 개작이 이루어진 것은 시대에 따른 여진 인명의 표기법 변화, 편수관 관점에서의 오류 수정 등 일반적인 것도 많지만, 본격적인 개작과 삭제가 이루어진 부분은 중원국가의 관점에서 일방적으로 폄하하거나 왜곡한 기술이나 용어 사용 부분이다. 금의 후예인 청조의 편수관으로서는 여진의 관점과 입장을 가급적 반영하는 방향으로 그 내용을 변형시키거나 아예 삭제시킨 것이 적지 않다. 다만 허함도본은 사고전서 편수 때 개작한 내용을 일일이 표시해 두고 있어 역설적으로 중원왕조의 역사 인식에 대한 청조의 입장을 확인할 수 있는 소중한 사료가 된다. 그 외에 허함도본에 실려 있는 사고전서본 개작 표시는 현재 가장 널리 보급된 문연각본文淵閣本 사고전서와 일부 내용이 달라서 그 자체도 연구 대상이 된다.

하지만 앞에서 밝힌 것처럼 사고전서본을 제외한 여타 판본들은 금액이나 동원된 인력의 숫자 차이 등을 제외하면 초본抄本의 원초적 한계인 필사 오류의 미세한 차이, 또는 통가자通假字 문제를 제외하면 역사 해석을 달리할 정도의 내용상 차이는 보이지 않는다. 옹방강본과 해천서점본(=대화서국본)도 원조안본과 거의 차이가 없으며, 허함도본과 원조안본도 글자의 선택이나 문단 배치에서 다른 예들이 상대적으로 많이 보일 뿐이다.

이는 송대 이후 대략 두 가지 필사본을 근거로 작성된 초본이 후대에 전해져 각기 원조안본과 허함도본으로 정리되었기 때문이라고 생각된다. 그리고 이들 두 판본과 구별되는 제3의 필사본은 아직 발견하지 못하였다. 이에 본 번역진은 허함도본을 저본으로 하면서 원조안본과의 교감에 가장 유의하였다.

이상의 전본傳本에 관한 기존 연구로는 다음과 같은 것이 있다.

① 陳樂素, 「三朝北盟會編考(上・下)」, 『歷史語言研究所集刊』 제6本 제2・3分 (分冊), 中央研究院 歷史語言研究所, 南京, 1935, 1936.

② 黃寬重, 「『永樂大全』 中 『三朝北盟會編』 史料及其相關問題」, 『文獻』, 2003-2.

③ 鄧廣銘・劉浦江, 「『三朝北盟會編』 研究」, 『文獻』, 1998-1.

④ 仲偉民, 「『三朝北盟會編』 傳本及其體例」, 『史學史研究』, 1990-2.

⑤ 李緒柏・林子雄, 「粵版 『三朝北盟會編』 述略」, 『圖書館論壇』 1996-1.

⑥ 박영록, 「『三朝北盟會編』 연구를 위한 導論」, 『中國文學研究』33, 韓國中

文學會, 2006.

⑦ 유원준,「『三朝北盟會編』板本 및 史料的 價値에 관한 研究」,『中國史研究』84, 중국사학회, 2013.

3) 저본에 대하여

처음 연구를 시작한 2005년 무렵에는 원조안본·허함도본·대화서국본·문해출판사본만 입수할 수 있었고, 그 외에 북경대학과 상해도서관을 방문하여 옹방강본과 해천서점본 등을 확인하는 정도였다. 하지만 지난 15년 동안 중국과 대만의 고적 영인 사업이 급속도로 발전하여 2021년 우리가 명저번역사업에 선정되었을 무렵에는 진락소陳樂素가 가장 좋은 판본이라고 평가했던 계진의본季振宜本을 포함해 모두 16종의 판본을 입수하였고, 그 목록은 「범례」에 첨부해 두었다.

그런데 이 다양한 판본들을 대조하다 보니 연구 초기와 마찬가지로 완벽한 판본이 없다는 판단이 들기도 하였다. 번역 과정에서 봉착한 문제가 있는 문장을 다른 판본을 통해 해결할 수 있으리라는 기대는 번번이 어긋났다. 10여 종의 필사본이 원조안본과 허함도본을 넘어서는 경우는 많지 않았고, 설령 다르다 해도 두 판본보다 문구가 좀 더 완전한 것도 아니었다. 앞의 '서명' 소개에서 서몽신 가장본家藏本과 실록원實錄院 초록본抄錄本이란 두 계열이 생겨난 셈이라고 하였는데, 어쩌면 이 두 계열의 초본이 각각 현 원조안본과 허함도본으로 전해진 것이 아닌가 하는 생각이 들 정도이다.

북경대 사학과의 등광명鄧廣銘 교수는 허함도본 서문에서 원조안본의 저본인 방공혜方功惠 소장본의 보존 상태가 좋지 못했고, 교감도 정밀하지 못해 허함도본이 훨씬 좋다고 평가하였다. 하지만 두 판본을 비교해 보면 원조안본의 문장이 더 나은 경우도 많아 등광명의 평가를 그대로 받아들이기 힘들다. 또 허함도는 목판 판각을 끝낸 뒤 비로소 원조안본을 입수하고, 자신이 볼 때 원조안본이 옳다고 생각되는 것을 모아 각 권 뒤에 별도의 교감기를 만들었다. 그러나 송대사와 송대 구어에 대한 허함도의 이해가 깊지 못해 교감기에도 흔히 오류가 발견된다.

그럼에도 불구하고 우리 번역팀은 다음과 같은 점을 고려하여 허함도본을 저본으로 삼았다.

첫째, 허함도본은 사고전서본의 내용을 포괄하고 있어 자연스레 두 판본의 비교가 가능하며, 여진어에 대한 만주인의 이해, 금사에 대한 청조의 입장을 쉽게 파악할 수 있다.

둘째, 허함도본은 옛사람이 읽으면서 기록해 둔 교감기를 비교적 잘 수록하고 있다. 이들 교감기 대부분 이미 망실된 자료라는 점에서 매우 소중한 가치를 지니고 있다.

셋째, 허함도본의 영인본이 가장 널리 보급되어서 독자들의 접근이 용이하다.

넷째, 본 번역팀이 원조안본을 위주로 여타 판본을 대조하여 교감기를 첨부함으로써 허함도본이 지닌 한계를 극복할 수 있다.

본 번역팀은 윤독회를 시작하면서 본문을 전산입력했다. 이에 2006년에 중국 사천대학과 공동으로 작업을 시작하여 우리가 권1~권125까지, 사천대학의 뇌한경雷漢卿 교수 팀이 권126~권250까지 나눠서 허함도본을 입력하였다. 그리고 이 작업이 끝난 뒤 일단 대화서국본의 표점을 참조하여 다소 거칠지만 표점 작업을 완료하였다.

이 과정에서 논란이 된 것은 바로 이체자異體字 문제였다. 이체자는 그 판본의 특징을 반영하기도 하나 이체자를 넣어 두면 원문 검색이 안 되는 문제가 발생하기 때문이다. 한편 어떤 글자를 이체자로 볼 것인지, 어떤 이체자까지 통합할 것인지에 대한 논란도 있었고, 교감의 범위에 통가자通假字의 범주를 어떻게 설정할 것인지에 관한 의견의 차가 있었다. 많은 논의를 거쳐 편의성보다는 허함도본의 원래 면모를 최대한 보존하는 것을 원칙으로 정하였다.

 **해제 주석**

1 서몽신에 관한 자료로는 다음과 같은 것이 있다.

　①『宋史』, 권438, 「徐夢莘傳」.

　② 樓鑰,『攻媿集』(四庫全書本) 권108, 10쪽, 「直秘閣徐公墓誌銘」.

　③ 陳樂素,『國學季刊』제4권 제3호, 「徐夢莘考」, 1934년 9월.(臺北, 大化書局,『三朝北盟會編』(甲篇) 수록, pp.1~40.)

　④ 陳樂素, 「三朝北盟會編考(上·下)」,『歷史語言研究所集刊』6-2·3, 中央研究院 歷史語言研究所, 南京, 1935·1936.

　⑤ 王德毅, 「徐夢莘年表」,『大陸雜誌』31-8, 1965.(臺北, 大化書局,『三朝北盟會編』권두 부록, pp.1~27.)

　⑥ 鄧廣銘·劉浦江, 「『三朝北盟會編』研究」,『文獻』, 1998-1.

2 『宋史』, 권438, 「徐夢莘傳」.

3 『宋史』, 권438, 「徐夢莘傳」.

4 仲偉民, 「『三朝北盟會編』傳本及其體例」,『史學史研究』, 1990년, 2기, p.39.

　鄧廣銘·劉浦江, 「『三朝北盟會編』研究」,『文獻』, 1998년 1기. p.98.

5 鄧廣銘·劉浦江, 「『三朝北盟會編』研究」,『文獻』, 1998년 1기. p.109.

6 鄧廣銘·劉浦江, 「『三朝北盟會編』研究」,『文獻』, 1998년 1기. p.110.

7 陳樂素, 「三朝北盟會編考(上·下)」,『歷史語言研究所集刊』제6本 2·3分(分冊), 中央研究院 歷史語言研究所, 南京, 1935, 1936. p.13.(臺北, 文海出版社, 1973년 영인본 참조)

8 劉浦江, 「關于金朝開國史的眞實性質疑」,『歷史研究』, 1998-6.

1. 저본 및 기타 참고 판본

	약칭	판본 명칭·書誌
①	許本	許涵度本, 上海古籍出版社 영인본(1987)
②	四庫本	欽定四庫全書本(1781), 浙江大學圖書館所藏本
③	袁本	袁祖安本, 서울대 奎章閣所藏 鉛印本(1878)
④	海天本	海天學術研究社本, 開封(1939)
⑤	文海本	文海出版社本, 臺北, 文海出版社(1962)
⑥	王本	王德毅 出版前言本, 臺北, 大化書局 영인본(1977)
⑦	季本	季振宜本, 필사본(明抄本 추정)(권1~110, 권120~135, 권146~250)
⑧	翁本	翁方綱本, 필사본(明抄本 추정)
⑨	觀本	沅叔審定 觀籍園藏(GJ2301931)
⑩	范本	同川范氏二江樓藏書本(GJ2303472)
⑪	沈本	柞溪沈全稼幼樵藏書本(GJ2307293)
⑫	汪本	汪士鍾字春霆號朖園書畵印本(GJ2300582)(권111~120, 권136~145)
⑬	陶本	陽湖陶氏涉園所藏本(대만국가도서관 영인 09442)
⑭	藍本	藍格舊鈔本(대만국가도서관 영인 09440)
⑮	趙本	清 仁和趙氏小山堂鈔本(대만국가도서관 영인 09441)
⑯	秦本	清 揚州秦氏石研齋傳錄天一閣鈔本(대만국가도서관 영인 0943)(권1~50)

註: 가. 판본의 명칭은 장서인을 근거로 함.
　　나. ⑦, ⑨~⑫는 '中華再造善本'. ⑦ 季本의 영인번호는 ZHSY100225
　　다. ⑦ 季本, ⑫ 汪本, ⑯ 秦本은 결본이 있으며 위 권수는 현존권을 표시함.

2. 원문 입력과 교감 방식

1) 원문 입력은 저본인 許涵度本의 본문 자형을 기준으로 한다.

2) 원문 속 ( ) 안의 작은 글자는 ① 四庫全書本에서 수정한 것, ② 許涵度가 저본으로 삼은 초본의 여백에 표시된 교감기, ③ 본문 착오 등으로 작게 판각한 것이다.

3) 원문 아래 교감기

   ① 표제어는 원문으로 한다.

   ② [許] : 許涵度가 각 권 말미에 첨부한 교감기로서 '許勘'이라 칭한다.

   ③ [按] : 袁祖安本, 季振宜本 등 기타 초본 및 관련 문헌을 참고 한 번역진의 교감이다.

   ④ 袁祖安本이 許勘과 동일할 경우 별도로 표시하지 않는다.

   ⑤ 번역에 반영하는 경우에만 '교주를 따른다'로 표기한다.

4) 허함도본의 異體字는 그대로 수록한다. 주로 사용된 이체자는 다음 과 같다.(가나다 순)

   强 → 強, 蓋 → 葢, 憩 → 憇, 啓 → 啟, 款 → 欵, 敎 → 教, 戟 → 戟,

   乃 → 迺, 寧 → 甯, 歷 → 歴, 留 → 畱, 脈 → 脉, 蒙 → 濛, 龐 → 龎,

   敍 → 敘, 變 → 燮, 歲 → 崴, 悼 → 愲, 淳 → 湻, 醇 → 醕, 倏 → 倏,

   扼 → 搤, 臥 → 卧, 寃 → 寃, 衛 → 衞, 竚 → 佇, 衆 → 眾, 只 → 祗,

   晉 → 晋, 隻 → 隻, 趨 → 趍, 鬪 → 鬪, 施 → 施, 恒 → 恆, 昏 → 昬,

   畫 → 畵, 回 → 囬, 攜 → 携, 卹 → 邺, 戲 → 戱

5) 의미와 용법이 동일한 다음 글자는 교주 대상에서 제외한다.

   姦 ↔ 奸, 間 ↔ 閒, 槪 ↔ 槩, 己 ↔ 已 ↔ 巳, 暖 ↔ 煖, 略 ↔ 畧,

   捻 ↔ 拈, 岫 ↔ 岮, 斂 ↔ 歛, 裏 ↔ 裡, 縣 ↔ 綿, 無 ↔ 无, 幷 ↔ 併,

   扼 ↔ 搤, 於 ↔ 于, 曰 ↔ 云, 寃 ↔ 冤, 敕 ↔ 勅

6) 다음 글자는 상용자로 대체하되 교감기 등 필요한 경우 글자를 그

려서 쓴다.

却 → 却, 瀝 → 瀝, 貯 → 貯, 喎 → 喎, 臟 → 臟, 漆 → 漆, 顄 → 顄,
孩, 驛, 詬, 裀

3. 표기 방식

1) 『삼조북맹회편』: 『삼조』와 '본서'. (동일 권에서는 '본권'과 '본문')

2) 아라비아 숫자 : 권명, 권과 쪽, 연월일, 금액, 인원수 등. 원년元年은
'1년'으로 표기.

3) 기사문 앞에는 매번 연도와 월을 부기한다.

4) 현급 이하 지명은 주州와 함께 표기하며, 필요하면 본문 지명 대신 행
정지명으로 표기한다. 단 각주 표제자는 번역문대로 함을 원칙으로
한다.

5) 관직은 정식 명칭이나 통상 명칭으로 표기함을 원칙으로 한다.

6) 두음법칙 예외 : 단음절 동음자의 혼란을 피하기 위해 일부 글자는
두음법칙을 따르지 않는다 : 濼·覽·淶·涼·澧·瀘·虜·路·牢·婁 등.

7) 인용 부호 " " 생략 : 하나의 인용문이 2개 이상의 단락paragraph으
로 구성될 경우 " "를 사용하지 않는다.

8) 유사한 내용이라도 표제어가 다르면 별도의 각주로 처리한다.

9) 교주에 관한 각주는 한문 원문을, 번역문에서 번역 근거에 관한 각
주는 번역문을 먼저 쓴다.

10) 번역문은 기본적으로 '표준국어대사전'의 표기를 따랐으나, 어색
한 특정 어휘에 대해서는 따르지 않았다.

4. 서술 방식

1) 대화체 문장은 그 대화의 특성을 살리기 위해 구어체 문장을 사용하며, 지위 고하에 따른 경칭 등을 상정하여 번역한다.

2) '曰'과 '云'은 '~반문하였다, ~권하였다, ~답하였다' 등 상황에 맞춰 쓴다.

1. 판본 표기 방식

1) 저본 : 허함도본許涵度本을 저본으로 한다.

2) 판본 표기 : 판본 비교는 저본을 바탕으로 원본袁本 → 계본季本 → 관본觀本 → 범본范本 → 왕본汪本 → 심본沈本 순으로 하였다. 즉, 역자들의 교감기인 [안按]에서 '원본'으로 표시한 것은 여러 판본의 내용이 '허본' 또는 '원본' 둘 중 하나와 일치한다는 말이며, [안按]에 '계본' 등으로 별도 표시할 경우, 그 내용이 '원본'에 없다는 말이다.

3) 참고용 판본 : 판본 가운데 참고만 할 뿐 본격적으로 대조하지 않은 것은 다음과 같다. '문해본文海本'은 '원본'을 영인하면서 근거를 밝히지 않고 고친 글자가 있어 크게 참고하지 않았다. 다만 규장각奎章閣 소장 원조안본과 다를 경우에만 '문해본'으로 표기한다. '왕본'은 왕덕의王德毅의 「출판전언出版前言」이 있어 흔히 '왕덕의본'이라 하지만 실제는 '해천본海天本'을 영인한 것으로 보인다. 문헌 출처가 명확하지 않으므로 참고는 하되 근거 판본 중 하나로 삼지는 않는다.[1]

2. 호칭 표기

1) 인人과 민民

본서에는 한인漢人 · 한민漢民 · 한아漢兒 · 한가漢家, 또는 북인北人 등이 일정한 기준 없이 사용되고 있지만, 한족漢族이란 용어는 찾아보기 힘들다.

한인漢人들은 자기들과 구분되는 타자에게만 족族이란 용어를 사용하였기 때문이다. 이에 우리는 원문의 용어를 존중하여 한자로 병기하고 통상의 경우에만 '한인漢人'으로 표기한다. 또 본서에서는 중원왕조의 고유 영토라고 생각한 장성 이남 지역을 뜻하는 '한지漢地'를 문맥에 따라 '한인 지역', '한인 거주 지역', 또는 '장성 이남 지역'이나 '중원' 등으로 풀어 썼다.

'요인遼人'은 '요나라 사람'으로 번역하는 것이 관례지만 미국·일본의 경우 '미국 사람·일본 사람'이라고 하지 않고 '미국인·일본인'으로 번역하는 것이 관례다. 이는 해당 국가의 명칭이 얼마나 익숙한가에 따른 구분이기도 하지만 한편으로는 단음절어로 된 국명에 '인'을 더하면 어감과 의미 전달이 어렵기 때문이다. 따라서 '요인遼人'의 경우 논리적 형평성과 어감을 고려하여 '거란 사람' 또는 '거란인'으로 번역하는 것이 바람직하나 거란에 속했을 뿐 한인이나 발해인으로서의 정체성을 강조할 경우, '요나라 사람'으로 번역하는 것이 더 자연스럽기도 하다.

2) 족과 민족

족族의 개념은 정확하게 정리하기도 어렵다. 본서에는 '종種·족族', '부部·대부大部', '부락部落·취락聚落' 등 여러 용어가 쓰였으나 그 구분이 매우 모호하다. 어느 나라건 자기중심적 표현을 사용하는 것이 일반적이고, 전근대 시기에는 더욱 그러했으므로 번역진은 이런 용어에 대하여 과도하게 반응할 필요가 없다고 보았다. 그래서 우리는 한인·거란인·여진인으로 표기하는 것을 원칙으로 하고, 대상의 크기와 공동체 의식의 차이를 드러내야 하는 경우에만 '족·부·씨'로 구분한다.

민족이라는 용어는 사용하지 않는다. 민족은 18세기 근대국가가 출현

하면서 형성된 개념이므로 본서의 번역에 적절하지 않다고 판단했기 때문이다. 아울러 스탈린이 소련 국민을 구분하기 위해 도입한 정치적 용어인 '소수민족'도 객관성과 합리성을 지닌 것이 아니어서 사용하지 않는다.

3) 요와 거란

『요사遼史』에는 916년 야율아보기耶律阿保機가 황제에 즉위하여 '대성대명천황제大聖大明天皇帝'라는 존호를 받았고 연호를 '신책神冊'으로 했다고 기록하였으나 국호에 대해서는 별도로 언급하지 않았다. 그리고 태종 야율덕광耶律德光이 947년 후진을 멸망시킨 뒤 국호를 '대요大遼'로 하였다고 기록하였다. 하지만 건국하면서 국호를 정하지 않을 리가 없으므로 사료적 신빙성은 다소 떨어지지만 『거란국지契丹國志』 권1의 기록에 근거하여 최초의 국호는 '거란'이라고 보는 것이 일반적인 견해이다.

반면 송 측 사료에는 『요사』와 달리 거란 성종聖宗이 통화統和 1년(983)에 '대거란大契丹'으로 개칭하였고, 거란 도종道宗이 함옹咸雍 2년(1066)에 다시 '대요'로 개칭하였다고 기록되어 있다. 이처럼 여러 차례 국호를 바꾸거나 병용한 것은 거란의 '이원정치체제'와 관련 있으며 몽골이 몽골과 대원을 병용한 경우와 흡사하다는 견해도 있다. 또 유포강劉浦江은 건국 초 국호가 '대거란大契丹'이었으나 거란 태종이 한지漢地에서는 '대요', 유목지대는 '대거란'이라는 두 개의 국호를 병용하였다고 주장하였다.[2]

하지만 한문漢文 사료와 달리 거란문자로 된 모든 사료에서는 시종 '하라치딴哈喇契丹'이라는 국호를 사용하고 있다. 국호를 비롯한 호칭은 당사자들의 사용례를 존중해 주는 것이 당연한 원칙이고, 거란의 영역과 구성원으로 볼 때 거란사를 중국사의 시각에서만 보는 것이 적절치 않다는 견해를 고려하면 '거란'으로 기술하는 것이 타당하다. 하지만 본서에서 요遼·대요大遼·요국遼國·거란契丹을 혼용하고 있고, 심지어 한 문단 안에서도 혼용하는 경우가 상당하다. 따라서 필요한 경우 원문을 따르되 통상의 경우에는 '거란'으로 번역한다.

4) 금인金人과 금국金國

같은 단음절이지만 중원의 한인漢人 왕조인 송宋을 가리켜 통상 '송宋·송조宋朝'라고 하면서 요遼와 금金만 '요나라', '금나라'로 칭하는 것은 일관성이 없고, 본서의 독자가 대체로 전공자·전문가라고 보면 다소 어색하더라도 국호에 '나라'를 추가하지 않고, '요조'·'금조'로 표기하는 것을 원칙으로 한다. 하지만 여러 관습적 표현으로 인해 일률적으로 적용하기는 어렵다. 또한 외교문서를 비롯한 각종 문서에 실린 상대국에 대한 호칭에는 당사자들의 대외 인식이 그대로 담겨 있어 원문을 그대로 번역하는 것이 바람직하다는 점도 표기의 혼란을 피하기 힘들게 한 요인이다.

예를 들어 송은 거란과 금을 동등한 국가로 인정하여 북조北朝라고도 했지만, 대다수 경우 '대요大遼·대금大金'으로 기록하지 않음은 물론 '거란국契丹國·금국金國'도 아니고 '요인遼人·금인金人'이라고 표기하였다. 이는 거란과 금이 온전한 국가가 아닌 집단의 하나에 불과하다는 것을 의식적으로 표출한 것이다.

이에 대금大金·대금국大金國·금국金國은 '대금·대금국·금국'으로 번역하나, 금인金人은 '금국, 금국 군대, 금국 사람들' 등으로 상황에 따라 번역한다. 이는 거란에 대해서도 마찬가지이다. 국서의 경우, 「금인국서」는 '금국 국서', 또는 '금국에서 보내온 국서'로 번역한다. 다만 각주에서는 '금'을 모두 '금국'으로 표기하였다. 대체로 선화宣和 5년(1123)을 기점으로 금인金人보다 금국金國으로 서술한 것이 확연히 늘어나지만, 국명의 혼용 추세는 계속 보인다.

5) 융적戎狄, 북로北虜, 오랑캐

한인 중심의 중원왕조에서는 자신들과 구분되는 타자 전체를 망라하는 범칭汎稱으로 '사이四夷'나 '호胡', 또는 '번蕃·番'을 사용하였지만 '한漢'과 정확하게 대응하지는 않는다. 심지어 자기들을 보편적인 존재로 전제하고 타자를 가리켜 특이한 무리라는 뜻의 '수류殊類'라 칭하거나 지역적 특성을 고려해 '새인塞人'이라고 칭하기도 했다. 이는 한자의 특성상 포괄적 개념을 담은 보편명사가 발달하지 않은 결과이기도 하지만, 자신들과 대응이 될 만한 타자가 존재하지 않는다는 사고방식의 반영이기도 하다.

중국 주변 국가나 주민들을 칭하는 용어 가운데 가장 널리 알려진 것으로 '동이東夷·서융西戎·남만南蠻·북적北狄'이 있지만, 실제 사용례를 찾아보면 다분히 관념적·관습적 용어일 뿐 논리적인 일관성을 갖고 사용하지는 않았다. 본서 역시 거란과 여진을 '북적北狄'이라고 표기한 사용례가 생각과 달리 많지 않다.

주변 국가나 주민들을 칭하는 적절한 호칭이 부족한 것은 우리도 마찬가지이다. 흔히 사용하는 '오랑캐'라는 용어는 우수리강 지류인 목릉하穆陵河 유역에서 살던 것으로 추정되는 여진인 일부가 고려 말에 두만강 지역으로 옮겨 와 살기 시작하였고, 바로 이들을 가리켜 '올량합兀良哈'이라고 칭한 데서 유래하였다. 따라서 일반서가 아닌 전문서에서 '오랑캐'란 용어를 사용하는 데는 상당한 부담이 따른다.

문제를 더욱 복잡하게 하는 것은 다양한 용어의 혼용이다. 예를 들어 거란인을 가리켜 요인遼人·거란契丹·거란인契丹人·적인狄人·로인虜人·로 중로衆・북로北虜・북인北人・북이北夷・외이外夷・융戎・융적戎狄・융로戎虜・이夷・이종夷種・호월胡越・만맥蠻貊 등 매우 다양하게 표기함은 물론 '비린내 나는 종자腥羶之種' 심지어 '흉노匈奴'라고 칭한 사례마저도 있다.

이는 금국에서 대해서도 마찬가지여서 로虜와 북로北虜가 가장 많이 쓰였고 로인虜人・융인戎人・적인敵人・외이外夷란 용어도 사용하였으며, 그 외에 이로夷虜・노적虜賊・금적金賊・금적金狄・금구金寇・금로金虜・로구虜寇・갈구羯寇・변구邊寇・번적番賊・융구戎寇・융로戎虜・태로太鹵・적賊・적당賊黨・번적番賊・도盜를 비롯해 '해로奚虜'라고 칭하기도 하였다. 나아가 교걸지호驕桀之胡・호얼胡孽・얼로孽虜・역호逆胡・호추胡雛는 물론 견양犬羊・성전腥羶이라는 말까지 사용하였다.

그나마 거란과 금을 포괄하는 용어로 본서에서 흔히 쓴 호칭은 '이적夷狄・융적戎狄'이다. 물론 '이적・융적'도 본래 경멸과 비하, 적대감을 내포한 멸칭에서 유래하였지만, 금국 태자 등도 공개적인 장소에서 스스로를 '이夷'라고 칭한 것을 보면 오랜 세월을 거치면서 나름 중원 이외 지역의 사람을 가리키는 용어로 정착한 것이라 봐도 무방할 것이다. 물론 '이적・융적'이 상대적으로 중도적인 어감을 지닌 용어라고 느낄 수 있게 한 또 다른 요인은 워낙 거칠고 험한 표현이 많기 때문이기도 하다.

본서에서 가장 빈번하게 사용한 호칭은 바로 '로虜'와 '북로北虜', 그리고 '적賊'이다. '로虜'는 본래 '포로・노예'를 뜻하는 멸칭인데, 점차 '북방 유목인'을 가리키는 범칭으로 그 용례와 어감이 변한 것으로 보인다. 그래서 '거란과 금'을 동시에 가리킬 때 '로虜와 로虜'라고 쓰기도 하였다. 이처럼 본서에서의 '로虜'와 '북로北虜'는 이런 두 가지 의미가 묘하게 뒤섞여 있다. 거란이나 금이란 국호를 사용해야 할 경우에도 굳이 '북로'라고 표기함으로써 경멸감과 적대감을 드러내기도 하지만, 워낙 자주 사용하다 보

니 때로는 그런 감정이 배제된 객관적인 호칭이기도 했다. 따라서 '북로'
는 '거란·금'은 물론 '유목민·북방민', '북방놈·북족 도적떼' 등 상황에
따라 다양한 어의를 살려 번역할 수도 있지만, 구분이 모호한 경우가 많
다. 여진을 가리키는 동로東虜와 서하西夏를 가리키는 서로西虜 역시 마찬
가지다.

'도둑·도적'을 뜻하는 적賊은 '로虜'보다 더 적대적인 용어지만, 실제 사
용례를 보면 사실상 적敵 또는 군軍을 대신하는 경우도 많아서 본래의 뜻
보다 그 함의가 훨씬 큰데다 단음절어여서 번역이 더욱 어렵다. 금적金
賊·반적叛賊·북적北賊·노적虜賊·구적寇賊·구적仇賊·번적番賊·적도賊盜·적
당賊黨 등의 용어는 필자의 의도를 좀 더 명확하게 엿볼 수 있긴 하지만
어디까지가 관용적 표현이고 어디까지가 의도적인 것인지 파악하기 어
렵기는 마찬가지이다.

이런 혼란과 모호함은 공문서와 사문서가 크게 다르지 않고, 한 문장
안에서 서로 다른 용어를 뒤섞어 쓰는 일도 흔하다. 그래서 본문 그대로
번역하면 글이 매우 난삽해 보이고 때로는 독자에게 혼선을 불러일으킬
수도 있다. 그렇지만 호칭은 상대에 대한 화자의 인식과 감정, 의도와 상
황을 가장 잘 반영하기 때문에 본래의 단어를 있는 그대로 번역하는 것
이 바람직하며, 현실적으로도 이처럼 다양한 용어를 일률적으로 번역하
는 것은 매우 곤혹스러운 과제이다. 따라서 우리는 본문 그대로 번역하
고 한자를 병기하는 것을 원칙으로 하되 다양한 호칭의 범주에 따른 개
념 구분과 그에 따른 표기 원칙을 다음과 같이 정한다.

① 통상의 경우는 '한인·거란인·여진인·발해인·해인' 등으로 표기
   한다.
② '번한蕃漢·番漢', '호한胡漢', '화이華夷' 등 대칭어는 '번인과 한인', '호胡

42

와 한漢', '화華와 이夷'로 번역한다.

③ 호胡·이夷·융戎·적狄 등 단음절어는 '호인·이적·융적' 등으로 번역한다.

④ 사이四夷·동이東夷·서융西戎·남만南蠻·북적北狄을 비롯해 호인胡人·만이蠻夷·외이外夷·적인狄人·융인戎人·융적戎狄·이적夷狄 등은 범칭에 가까운 용어이며 별도 번역하지 않는다.

⑤ 금로金虜·동로東虜·서로西虜·융로戎虜·해로奚虜·호로胡虜·이로夷虜·금적金狄·북이北夷·호이胡夷·호월胡越 등은 부정적 어의를 내포한 범칭에 가까운 용어이며 별도 번역하지 않는다.

⑥ 견융犬戎·이락夷貉·갈호羯胡·융갈戎羯·호갈胡羯·호맥胡貊 등을 비롯해 금적金賊·금구金寇·로구虜寇·갈구羯寇·변구邊寇·융구戎寇·도盜·적賊·번적番賊·호로잡류胡虜雜類 등은 적대적·경멸적 용어로서, 별도 번역하지 않거나 필요에 따라 '금국·금국 군대·금군 도적' 또는 '도적놈들' 등으로 번역한다.

⑦ 힐로黠虜·추로醜虜·소추小醜·추류醜類·태로太虜·얼로孼虜·호얼胡孼·견양犬羊 등 욕에 가까운 용어는 형용사를 풀어서 번역한다. 예를 들어 '힐로黠虜'는 '교활한 족속', '추로醜虜'는 '추악한 족속', '소추小醜'는 '추악한 작은 무리', '추류醜類'는 '추악한 무리', '태로太虜'는 '거친 족속', 얼로孼虜와 호얼胡孼은 '사악한 오랑캐 종자'로, 역호逆胡는 '반란을 일으킨 오랑캐', 호추胡雛는 '오랑캐 새끼'로, 견양犬羊은 '짐승 같은 놈들'로, 성전腥羶은 '비린내 나는 종자'로 번역한다.

⑧ 호마胡馬·호기胡騎 등은 전후 문맥을 고려하여 '금군 병마兵馬나 기병騎兵' 등으로 번역한다.

⑨ 특별히 배타적인 감정을 일방적으로 강조하는 경우에만 '오랑캐'로

번역한다.

6) 황제

금 태조가 송의 사신 호연경呼延慶과 나눈 짧은 대화를 살펴보면 자신을 가리켜 '아我·오吾', 금金을 가리켜 '오가吾家·본조本朝·본국本國', 송宋을 가리켜 '이가爾家·여가汝家·이조爾朝·귀조貴朝·남조南朝·중조中朝', 거란을 가리켜 '요遼·대요大遼'라고 하는 등 많은 용어가 혼용되고 있고, 일관성을 찾아보기 힘들다. 그리고 오가吾家와 이가爾家처럼 대응이 되는 사례도 있지만 본조本朝와 이가爾家, 본국本國과 이가爾家 등 그렇지 않은 사례도 있고, 심지어는 한 문장 안에서도 이가爾家와 귀조貴朝라고 한 사례도 있다. 이런 사례는 『삼조북맹회편』에서 상당히 많이 찾아볼 수 있지만 아무래도 금金 측 발언에 더 많이 나타난다.

이는 송 측도 마찬가지이다. 본서에서는 금 태조를 가리켜 추장酋長·추호酋豪·추수酋帥·추령酋領·주추主酋와 함께 군君·대군장大君長·국주國主·국군國君은 물론, 황제皇帝 등 다양한 호칭을 쓰고 있다. 추장·추호·추수·추령은 서로 비슷한 뜻인데 본서에서도 큰 구분 없이 금 태조는 물론 알리부斡離不나 점한粘罕에게도 추장이라 쓰고 있다.

추장의 위상과 역할은 그 사회의 규모와 발전 단계에 따라 매우 큰 차이가 있다. 하지만 어떻게 설명해도 추장은 '국가 성립 이전의 지도자'로서의 범주를 벗어나지 못한다. 사고전서본에서도 추酋를 모두 부部로 바꿔 썼는데, 이는 추酋의 이미지가 결코 긍정적이지 못하였음을 말해 준다. 더구나 우리에게 '추장'의 이미지는 영화에 등장하는 아프리카나 인디언의 추장과 거의 일치하여, 지극히 제국주의적인 성향을 지니고 있어서 더욱 그렇다. 하지만 이런 문제의식에도 불구하고 추장을 대치할 만

한 적절한 용어가 없으므로 부득이 '추장'으로 번역하고, '추장'과 명확하게 구분되는 경우에만 '족장'으로 번역한다.

국군·군·대군장은 모두 '국왕'으로 번역한다. 국군·군은 통상 '작은 국가의 군주'라는 뜻으로 쓰나 국왕과 큰 차이가 없기 때문이다. 그러나 '국주'는 국왕과 약간 달라서 '국주'로 표기한다. 『자치통감資治通鑑』에서는 촉蜀의 왕건王建이 황제라 자칭했지만 후량後梁을 중심으로 기년紀年하였기에 후량의 황제에게는 제帝 또는 상上이라고 쓰고, 왕건에게는 국주國主라고 하여 독립된 황제임을 인정하였기 때문이다. 한편 중국 사서에서 대군장은 주로 이족異族의 군왕을 지칭하는 용어로 쓰였다. 대군장은 추장보다 한 단계 발전된 형태로 chief+kingdom의 뜻을 지닌 chiefdom이란 개념과 유사하다. chiefdom은 수장首長·군장君長으로 번역되며 초기국가 국왕의 개념을 설명하기 위한 용어로 쓰인다.

그러나 이는 중원왕조의 통치조직과 비교하는 데서 나온 것일 뿐 아골타의 군사력과 카리스마, 특히 송·거란과의 외교 교섭에서 표출된 의식을 보면 아골타는 자신이 거란 황제를 대체할 인물이라는 점을 확실하게 인식하고 있었던 것으로 보인다. 그런데도 금이 부족 단계에서 제국 단계까지 아주 단기간에 폭발적으로 발전하였기 때문에 짧은 시기·동일인에 대해 각기 다른 호칭을 사용하는 것도 어색하지만 같은 호칭을 사용하는 것 또한 부적절하다. 그래서 우리는 통상의 경우에는 '금 태조'로 표기하되 원문의 의도를 살리기 위해 아골타·추장·대군장 등의 용어를 그대로 수용한다.

본서에서는 황제에 대한 호칭도 '상上·주상主上·황상皇上·인주人主·주인主人'과 함께 '폐陛·폐하陛下·궐하闕下·관가官家·지존至尊·면류冕旒·만승萬乘·천자天子·천조天造·구중九重·군君', 또는 '성聖·성명聖明·성신聖神·성인성人·성조聖朝·성주聖主·성자聖慈·신안宸顔' 등이 명확한 구분 없이 사용되었다. 이는 이들 모두 같은 뜻이기 때문이긴 하나 통치자로서의 황제와 제사장으로서의 천자가 구분된다는 일반론이 무색할 정도다. 하지만 그 대상이 매우 제한적이기 때문에, 우리는 '황상·폐하·주상'은 그대로 사용하되 상上은 '황상'으로, 그 밖의 궐하·관가·지존·면류·천자·군·성·성명·성신·성인·성조·성주는 '황상·황제', 또는 '폐하·황제 폐하'로 번역한다. 단 국서 등에서 '궐하'로 공식 표기된 경우에는 본문 그대로 '궐하'로 번역한다. 주어가 생략된 채 '詔'로 시작된 문장은 필요한 경우 황상을 더하거나, 휘종·천조제 등 해당 황제의 묘호廟號도 사용한다.

한편 휘종이 양위한 뒤 '태상황'이 되었으나 본서에서는 '상황'과 '태상황'을 혼용하고 있으며 심지어 같은 문단 내에서도 그러한 사례가 적지 않게 보인다. 이는 해당 문서의 최초 용어에 따라 '상황' 또는 '태상황'으로 통일하는 것을 원칙으로 한다.

3. 지명 및 관제

1) 지명 표기

현 중국의 행정구획은 넓은 면적과 많은 인구의 특성을 고려하여 매우 상세하게 구분된다. 우선 1급 행정단위인 성省과 직할시가 있고, 그 아래에 광역시 개념과 유사한 지급地級 도시, 다시 일반 도시인 현급縣級 도시와 현縣이 있다. 산동성 봉래시蓬萊市의 경우 지급地級인 연대시煙臺市 관할의 현급縣級 봉래시蓬萊市이다. 따라서 북경北京·천진天津·상해上海·중경重慶 등 4개 직할시는 시명市名만, 지급시는 성省·시명市名을, 현급시는 성省·지급地級·현급시명縣級市名을 모두 기술한다. 송의 행정구역은 본서의 배경인 휘종徽宗 때의 상황을 중심으로 서술함을 원칙으로 한다. 금의 행정구역은 제도적 정비가 이루어지기 전인 건국기에는 편의상 거란의 행정구역을 중심으로 서술한다.

그리고 본서는 송금 양국의 외교와 전쟁 관련 기록이 주를 이루고 있으므로 지명 주석에 그 지역의 자연지리적 환경과 전략적 특성을 간략하게라도 소개한다. 아울러 본서에서는 천하天下를 '천하·세상·중국' 등 여러 가지 뜻으로 사용하였다. 우리는 '중국과 주변 국가를 포함한 폭넓은 세계'인 경우에만 '천하'로 번역하고, 그 외에는 가급적 '세상·중국'으로 번역한다.

2) 거란의 지명

『요사遼史』는 원 말에 1년이란 짧은 시간 동안 서둘러 편찬되었기 때문에 25사 가운데 가장 불완정하다는 평가를 받고 있다. 본서에 실린 주州에 관한 『망요록亡遼錄』과 『거란국지契丹國志』의 기록에도 상당한 차이가 있다. 여울余蔚의 『중국행정구획통사中國行政區劃通史: 요금권遼金卷』에 따르면 두 책에 실린 지명 가운데 서로 다른 것만 29개나 된다. 중간에 폐지 또는 신설된 주군이 포함되어 있고, 포로를 정주시키면서 같은 이름의 주현州縣, 즉 교치僑治를 운영한 점도 상황 파악을 더 힘들게 한다. 그 상세한 규명은 별도의 연구 영역이므로 일단 『요사』「지리지地理志」와 여울의 『중국행정구획통사: 요금권』을 근거로 번역과 각주 작업을 진행하되 여울의 견해를 우선한다.

3) 연운 16주

송이 금과 동맹을 체결하고자 한 최대 목적은 바로 '연운燕雲 16주'[3]를 회복하는 것이었다. 연운 16주는 현 북경시에 속하는 단주檀州(현 북경시 밀

운구(密雲區), 순주順州(현 북경시 순의구順義區), 유주幽州(현 북경시 도심), 유주儒州(현 북경시 연경구延慶區), 현 천진시에 속하는 계주薊州(현 천진시 계주구薊州區), 현 하북성에 속하는 규주媯州(현 하북성 장가구시張家口市 회래현懷來縣), 막주莫州(현 하북성 창주시滄州市 임구시任丘市), 무주武州(현 하북성 장가구시張家口市 선화구宣化區), 신주新州(현 하북성 장가구시張家口市 탁록현涿鹿縣), 영주瀛州(현 하북성 창주시滄州市 하간시河間市), 울주蔚州(현 하북성 장가구시張家口市 울현蔚縣), 탁주涿州(현 하북성 보정시保定市 탁주시涿州市), 현 산서성에 속하는 삭주朔州(현 산서성 삭주시朔州市), 운주雲州(현 산서성 대동시大同市), 응주應州(현 산서성 삭주시朔州市 응현應縣), 환주寰州(현 산서성 삭주시朔州市)를 가리킨다.

'연운 16주'는 석경당石敬瑭이 후진後晉을 건국하면서 자신을 도와준 거란에게 938년에 할양한 이들 지역을 가리키는 용어로 자리를 잡아 현재 한·중·일 학계에서 폭넓게 사용되고 있다. 하지만 학계의 통념과 달리 '연운 16주'는 송조가 영유권을 주장할 객관적·법적 근거도 없고, 북송 때 명확하게 정립된 지리적 개념도 아니었다.

본서를 통해서 확인할 수 있는 것처럼 이들 지역에 대한 송조의 인식은 지금의 통념과 달리 상당히 모호하며, 특히 거란이 설치한 평주로平州路에 대해서는 더욱 그러하였다. 현 하북성 당산시唐山市와 진황도시秦皇島市에 설치한 평주로는 평주平州·란주灤州·영주營州 등 3개 주로 이루어졌으며, 하북대평야와 발해만이 만나는 해안지대에 자리하여 북방 유목민의 공세를 차단하는 데 있어 가장 중요한 전략적 요충지였다. 따라서 이 평주로를 고려하지 않고 단순히 연운 16주 상실로 인해 북방 방어 거점을 상실했고, 이것이 북송의 구조적인 군사적 취약점이었다는 통상의 주장은 과장된 혐의가 짙다.

게다가 거란이 907년에 건국하였고, 923년에 평주로 일대를 점령하였으며, 938년에 석경당으로부터 연운 16주를 할양받았으니 평주로 설치는 송의 건국(960)보다 37년, 연운 16주 할양은 22년이나 앞서서 이루어진 일이다. 따라서 송조가 거란의 영유권을 부인하면서 이곳을 가리켜 '실지失地'라고 주장할 근거는 전혀 찾아볼 수 없다.

그런데도 송조는 거란이 당대唐代의 유주幽州를 연경燕京으로 바꾼 것은 전국시대부터 있던 지명이므로 받아들일 수 있으나 운주雲州를 서경西京으로 바꾼 것은 받아들일 수 없다는 매우 자기중심적 사고를 고집하였다. 그래서 연경을 가리켜 '유연幽燕'이라는 절충적인 용어를 사용하기도 하였으나, 서경은 계속 당대의 행정지명이었던 운주雲州라 칭하였다.

여기에는 거란의 점유 자체를 인정할 수 없다는 매우 일방적인 논리에서 출발한 송조의 현실 부정이 자리하고 있다. 이것이 바로 '연운 16주'라는 역사적 용어가 나온 배경이다. 따라서 우리는 '연운 16주'라는 송조의 일방적 용어를 그대로 사용하는 것은 적절하지 않다고 판단하여 일부는 '후진이 거란에 할양한 연경·서경 일대' 등으로 기술한다. 물론 이러한 기술 방식은 고유명사화된 '연운 16주'에 비해 생경하고 번거로우나 우리 학계에서 적절한 표기 방식을 찾을 때까지 문제 제기 차원에서라도 필요하다고 판단하기 때문이다.

4) 관제 표기

송대 관제는 형식상 당대唐代의 것을 그대로 계승하였으나 실제 운영은 차이가 컸고, 관직 명칭도 원풍元豐 3년(1080)과 정화政和 연간(1111~1117)의 개혁을 통해서 크게 바뀌었다. 정화 연간의 개혁은 북송의 경제적 성장과 인구 증가 등이 반영된 결과이기도 하지만, 휘종의 과시욕에 따른 불필요한 증가와 즉흥적 변화가 많은데다 북송의 멸망으로 그 의미

범례 : 상세 내용   49

가 크게 퇴색되었다. 그래서 남송 건국 이후에는 원풍 관제를 회복한 것이 많았다. 따라서 관제에 관한 설명은 원풍·정화 관제를 중심으로 대상과 상황에 따라 설명하는 것을 원칙으로 한다.

문제는 거란과 금의 관제이다. 거란과 금의 관제에 관한 전면적인 연구가 잘 이루어지지 않았고, 국내에 전공자가 많지 않아 문의나 확인도 어려운 실정이다. 다만 거란·송·금 모두 형식상 당대唐代의 관제를 그대로 계승하였다. 금은 거란을 멸망시킨 뒤 일시 거란의 남북면제도를 수용하였고, 이어 북송을 멸망시킨 뒤 거란과 송의 제도를 통합한 새로운 제도를 선보이기 시작하였다. 특히 중원에 대한 지배가 확고해지면서 대정大定 2년(1162)에 공포한 새로운 관제는 여진 고유의 제도와 송의 관제를 제도적으로 결합한 것이라고 할 수 있다. 따라서 대정 이전 금의 관제에 관해서는 직접적인 자료를 찾기 힘든 경우, 비록 정확히 대응하지는 않지만, 거란이나 송의 관제를 소개하는 것으로 대치한다.

4. 기 타

1) 강화講和와 화의和議

송에서는 국교 수립에 대해 '통通·통호通好·수호修好'를, 동맹 체결에 대해서는 '약約·의약議約·결結·결맹結盟'을, 강화 체결에 대해서는 '화和'라는 용어를 주로 사용하였다. 반면 금은 국교 수립에 대해 주로 '통호通好·강호講好'라고 하였고, 동맹 체결에 대해서는 '의약議約·설약說約·교결交結·결호結好·결협공結夾攻'이라고 하였으며, 강화 체결에 대해서는 '화和·화의和議·강화講和·통화通和'라고 하였다. 우리는 국교 수립에 대해서는 '수교', 우호관계 수립에 대해서는 주로 '화의', 동맹 체결에 대해서는 '맹약', 전쟁 중단에 따른 강화 체결에 대해서는 '강화'라고 번역한다. 물론 송조에서는 대체로 '화의'를 선호하였기에 송조의 입장을 반영할 필요가 있으면 가급적 '화의'로 썼고, '약約'은 '협약·기약'으로 번역하기도 하였다.

2) 조세

안사安史의 난 이후 호구와 토지에 대한 파악이 곤란해지자, 780년에 기존의 균전제均田制에 기초한 조租(토지)·용庸(개인)·조調(가구) 대신 자산 규모에 따라 6월과 11월, 두 차례 나누어 징세하는 양세법兩稅法으로 전환하였고, 이후 송대는 물론 명대까지 명목상 농지세의 근간이 되었다.

하지만 농지세인 곡물 징수만으로는 재정을 충당할 수 없어서 각종 부가잡세 징수가 일반화되었고, 상업의 발달로 그 추세가 더욱 가속화되었다. 이에 송대의 조세는 곡물 등 현물로 내는 것을 가리켜 부賦, 상세商稅·전매세專賣稅·부동산세 등 현금으로 내는 것을 가리켜 세稅로 구분하였지만, 인구 증가와 도시화, 농산물의 상품화, 수공업의 발달, 해외무역의 성행, 화폐의 보급 등으로 조세의 실질은 빠르게 변하였다. 그래서 송 초에는 곡물로 납부하는 양세兩稅를 뜻하는 부賦와 기타 잡세인 렴斂을 합하여 주로 부렴賦斂이라고 했으나 상세와 전매세, 잡세가 세稅로 통합되면서 부세賦稅라는 용어가 점차 보편화되었다. 그러나 북송 후기에 들어와서는 상세와 전매세의 비중이 부賦를 능가함은 물론 잡세의 종류와 비중까지 부賦보다 더 커지게 되자 점차 세부稅賦라 칭하게 되었다. 북송 말의 상황을 담고 있는 본서에서 세부稅賦라고 표기한 것이 다수인 것도 이 같은 까닭에서이다. 하지만 세조稅租·세물稅物·세색稅色·세리稅利·세전稅錢이란 용어가 여전히 세부稅賦와 통용되었는데, 그 가운데 세색稅色은 '세금과 물품'으로 번역하는 것이 더 타당하기도 하다.

이처럼 다양한 용어는 나름 시대적 변화와 상황을 반영하는 것이어서 본문 그대로 번역할 필요가 있으나 적지 않은 혼란을 초래하기도 한다. 이에 북송 전기의 상황을 반영하는 부세賦稅는 '부세'로, 후기 상황을 반영하는 세부稅賦를 비롯한 그 밖의 다양한 용어는 '조세'로 번역하되, 각주에서는 모두 '조세'로 표기한다.

본서에는 그 밖에도 다양한 용어가 혼재되어 사용되고 있는데, 가급적 현재 사용하고 있는 용어를 중심으로 번역하되, 나름 역사적 상황을 내포한 용어는 본문 그대로 번역하고 한자를 표기한다.

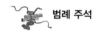

범례 주석

1   文海出版社에서 袁祖安本을 출판하면서 일부 교감을 하였는데, 鉛印本인 袁本 字形과 확연하게 구분되는 현대 활자 자형을 사용하였기에 교감 이외 원조안본의 본모습을 확인하기에 큰 어려움은 없다.

2   劉浦江, 「遼朝國號考釋」, 『松漠之間: 遼金契丹女眞史硏究』, 北京, 中華書局, 2008.

3   燕雲 16주 : 『舊五代史』와 『遼史』 「太宗紀」에서는 '薊州 · 嬀州 · 檀州 · 莫州 · 武州 · 朔州 · 順州 · 新州 · 瀛州 · 雲州 · 蔚州 · 儒州 · 幽州 · 應州 · 涿州 · 寰州'라고 하였다. 한편 『遼史』 권37 「地理志 · 總序」에서는 '莫州 · 瀛州'가 없고 대신 '營州 · 平州'가 포함되었는데, 이는 오류이다.

삼조북맹회편
三朝北盟會編

삼조북맹회편

三朝北盟會編

卷1

[政宣上帙1]

起政和七年七月四日庚寅, 盡政和八年四月二十七日己卯.

정화 연간(1111~1118)부터 선화 연간(1119~1125)까지를 기록한
상질의 제1권 : 정화 7년(1117) 7월 4일 경인일부터 정화 8년
(1118) 4월 27일 기묘일까지.

政和七年秋七月四日庚寅, 登州守臣王師中奏 : "有遼人薊
州漢兒髙藥師僧郎榮等, 以舟浮海至文登縣①." 詔 : "師中
募人同往探問以聞."

① [按] 文登縣 : 袁本에서는 '文登岸'으로 썼다.

정화 7년(1117) 가을 7월 4일 경인일, 등주[1]지사[2] 왕사중[3]
이 다음과 같이 상주[4]하였다.

"요나라[5] 사람으로 계주[6] 출신의 한인漢兒 고약사와 승려
인 낭영 등이 배를 타고 바다를 건너 저희 등주 문등현[7] 해
안에 이르렀습니다."

조정에서는 다음과 같은 조서를 내렸다.

"지사 왕사중은 적임자를 선발하여 표류해 온 이들과 함
께 여진에 가서 상황을 탐문하고 결과를 보고하라."

先是, 政和元年, 朝廷差童貫副鄭允中奉使, 遼人有馬植者, 潛見童貫
於路. 植, 燕京霍陰①人, 涉獵書傳, 有口才, 能文辭, 長於智數. 見契丹
爲女眞侵暴(改作伐), 邊害益深, 盜賊②蠭起, 知契丹必亡, 陰謀歸漢, 說
貫以邊事. 是時童貫奉密旨, 使覘其國, 於是約其來歸. 植數上書奏, 上
喜, 賜姓李, 名良嗣.

① [按] 霍陰 : 『遼史』「地理志」에서는 '灄陰'으로 썼다. 교주를 따른다.
② [按] 盜賊 : 袁本에서는 '賊盜'로 썼다.

이에 앞서 정화 1년(1111)[8], 조정에서는 동관[9]을 부사로, 정윤중[10]을 정
사로 임명하여 거란에 사신으로 파견하였는데, 요나라 사람 가운데 마식
이라는 자가 있어 사신 일행이 가는 도중에 몰래 동관과 만났다. 마식은
연경[11] 곽음현[12] 사람인데 각종 서적을 섭렵하였고 말주변이 좋았으며 글
을 잘 지었고 술수가 뛰어났다. 거란[13]이 여진[14]에게 침략당하여 변방의
피해가 갈수록 심해지고 도적들이 봉기하는 것을 보고는 거란이 결국 망
할 것으로 예측하고 조정漢에 귀순할 속셈으로 변방의 상황을 들어 동관
을 설득하였다. 이때 동관은 밀지를 받들고 사신으로 가서 거란의 국정
을 엿보고 있었기에 마식의 귀순을 받아주기로 약속하였다. 마식이 여러
차례 글을 올렸는데,[15] 황상은 기뻐하며 이씨 성과 '량사'라는 이름을 하
사하였다.

蔡京、童貫力主之, 以圖取燕. 時薛嗣昌、和詵、侯益揣知朝廷有意幽
薊, 並迎合附會, 倡爲北事. 和詵知雄州, 以厚賂結納朔方豪雋, 士多歸
之, 以收燕山圖來上. 又中山守張杲、高陽關安撫吳玠亦獻議: "燕雲可
取." 河東經略薛嗣昌得河朔諜人之辭, 往往潤色以希禁密意, 每陛對,
論及北事, 輒請興師. 嗣昌又委代州安撫王機, 探伺遼人之隙, 陳攻取
之策. 時武、應等州屢來投附, 機悉接納. [001-02] 又有王師中全家來忻、
代. 上詔令師中知登州, 以伺其事, 然未有以發.

채경[16]과 동관이 이 일을 힘써 주관하며 연경을 차지하기 위한 방법을
찾고 있었다. 이때 설사창[17]·화선[18]·후익은 조정에서 유계[19]를 차지하려
는 뜻이 있음을 눈치채고 그에 영합하여 상황을 건강부회하면서 북변에

관한 논쟁을 주창하였다.

웅주[20]지사였던 화선은 뇌물을 두둑이 써서 삭방[21]의 호걸을 끌어모아 많은 사인[22]을 귀순시켰으며, 연산[23] 지도를 수집하여 올렸다. 또 중산부[24] 수신 장고와 고양관로[25]안무사[26] 오개[27] 역시 "연운[28] 지역을 차지할 수 있다."며 계책을 올렸다. 하동로[29]경략사[30] 설사창은 하삭[31]의 첩자가 한 말을 듣고 왕왕 그 말을 윤색하여 채경과 동관의 속마음[32]에 부합하기를 바랐고, 황상의 질문에 답할 때마다 북변의 일을 언급하면서 거병할 것을 거듭 청하였다. 또 설사창은 대주[33]안무사인 왕기에게 요나라의 허점을 살핀 뒤 공격하여 취할 수 있는 계책을 보고하라고 하였다. 이때 무주[34]와 웅주[35] 등지에 살던 이들이 귀순하러 오는 일이 여러 차례 있었는데, 왕기는 이들 귀순자를 모두 받아들였다.

또 왕사중이 가족을 모두 데리고 흔주[36]와 대주로 귀순한 일이 있었다. 황상은 왕사중에게 등주지사를 제수하고 거란에 관한 일을 엿보라는 조령[37]을 내렸으나 특별한 일이 발생하지는 않았다.

會是年, 登州奏 : "有遼人船二隻, 爲風漂達我駝磯島①. 乃高藥師、曹孝才及僧郎榮, 率其親屬老幼二百人, 因避亂欲之高麗, 爲風漂至州. 具言 : '遼人以渤海變亂, 因爲女眞侵暴(改作伐). 女眞軍馬與遼人爭戰累年, 爭奪地土已過遼河之西②, 今海岸以北, 自蘇、復至興、瀋、同、咸州③, 悉屬女眞矣.'"

① [按] 駝磯島 : 袁本에서는 '駝基島'로 썼다.
② [按] 遼河之西 : 袁本에서는 '遼河之西京'으로 썼다.
③ [許] 自蘇復至興瀋同咸州 : '自蘇復至興瀋同咸等州'로 써야 한다. 교주를 따른다.

마침 이해(1117)에 등주에서 다음과 같이 상주하였다.

요나라 배 두 척이 풍랑에 표류하다가 저희 등주 타기도[38]에 이르렀습니다. 그 배는 고약사·조효재 및 승려 낭영 등이 친족 남녀노소 200명을 이끌고 전란을 피하여 고려로 가려다가 풍랑 때문에 우리 등주에 표류한 것입니다. 그들 모두 다음과 같이 말하고 있습니다.

"요나라는 발해[39]가 변란을 일으킨 뒤부터 여진의 침략을 받아 왔습니다. 여진 군대가 요나라와 전쟁을 시작한 지 이미 몇 해나 되었고, 그들이 빼앗은 땅은 이미 요하[40]의 서쪽까지 이르렀습니다. 지금 해안 이북 지방은 소주[41]와 복주[42]에서 홍주[43]·심주[44]·동주[45], 그리고 함주[46] 등에 이르기까지 모두 여진에 속하게 되었습니다.[47]"

登州守王師中具以奏聞, 上命中使押詣蔡京第, 令與童貫僉議. 京、貫因同具奏 : "國初時女眞常奉貢(此二字改作遣使來), 而太宗皇帝屢市馬女眞(改作其地), 其後始絶. 今不若降詔, 遵故事, 以市馬爲名, 令人訪其事體虛實如何?" 上可之, 詔 : "登州守臣王師中, 募人同高藥師等齎市馬詔, 泛海以往探問." 其後通好女眞, 議擧兵相應, 夾攻滅遼. 國家禍變, 自是而始.

등주지사 왕사중이 모든 내용을 상주하자 황상은 중사[48]에게 채경 관저[49]로 가서 채경에게 동관과 함께 논의하라고 명하였다. 이 일로 채경과 동관이 함께 다음과 같이 상주하였다.

"건국 초기에는 여진이 때마다 공물을 바쳤고 태종황제[50]께서는 여러 차례 여진에게서 말을 구매하게 하였으나, 후에 그것이 단절되었습니다.

이제 조서를 내리시어 전례에 따라 말을 구매한다는 명목으로 사람을 시켜 그 사정과 허실이 어떠한지 살펴보는 것이 좋을 듯합니다."

황상이 허락하고 다음과 같은 내용의 조서를 내렸다.

"등주지사 왕사중은 사람을 모집하여 고약사 등과 함께 말을 구매하라는 조서를 지니고 바다 건너 여진이 사는 지역에 가서 상황을 탐색하라."

그 후에 여진과 수교하고 거병하여 서로 호응해서 요나라를 협공하여 멸망시키는 문제를 논의하였으니, 국가의 예기치 못한 재난은 이로부터 시작되었다.

蔡絛①『北征紀實』曰：政和元年, 童貫副鄭允中奉使北虜(改作庭). 時虜酋(改作遼主)天祚, 欲與童貫一相見. 因使貫覘其國, 北討之意已形於此, 而中外未知也. 然其時虜酋(改作天祚)方肆縱欲, 見貫者, 但希中國玉帛奇玩而已；而中國寖侈②, 亦自是而始, 故貫所齎奇賝, 至運二浙髹漆③之具、火閣書櫃、牀椅之屬, 悉往以遺之, 相④誇尙而已. [001-03] 貫回, 其所得珍玩, 亦甚厚. 允中以尙書爲奉使, 而貫以節度使爲之副, 皆非故事也.

①[按] 蔡絛 : 袁本에서는 '蔡犉'로 썼다.
②[按] 寖侈 : 袁本에서는 '浸侈'로 썼다.
③[按] 髹漆 : 袁本에서는 '髹髹'으로 썼다.
④[按] 相 : 袁本에서는 '互相'으로 썼다.

채조[51]의『북정기실』[52]에는 다음과 같이 적혀 있다.

정화 1년(1111), 동관이 정윤중의 부사가 되어 북로에 사신으로 갔다.

당시 북로 추장虜酋 천조제[53]가 동관을 한번 만나보길 원하였고, 동관도 그것을 기회로 거란의 사정을 엿보고자 하였다. 북벌의 뜻은 그때 이미 구체화 되고 있었다. 단지 안팎에서 아무도 그것을 알아차리지 못하였을 뿐이다. 그런데 그때 마침 북로 추장虜酋도 방자하고 제멋대로여서 동관을 보자고 한 목적이 중국[54]의 옥과 비단, 기이한 완상품을 얻으려는 것에 불과하였다. 중국이 점점 사치에 빠지기 시작한 것도 바로 그 무렵이라서 동관이 가지고 간 물건 모두 이절[55] 지역에서 조달한 옻칠 가구, 화각[56]에서 쓰는 서궤, 침상과 의자 등 진기한 사치품이었다. 이것을 모두 가지고 가서 선물로 주었으니 이는 저들에게 세를 과시하기 위한 것에 불과하였다. 동관이 돌아올 때 받은 진기한 완상품도 매우 많았다. 상서[57]인 정윤중이 정사를 맡고, 절도사[58]인 동관이 부사를 맡은 것은 모두 전례가 없는 일이었다.[59]

至二年①, 有燕人馬植來歸, 上遣承受童師敏齎御筆, 但書馬植二字, 傳旨詢問可納否. 然馬植者, 已自藏於童貫家矣. 植後賜姓李, 名之曰良嗣, 俄又賜姓趙, 累遷至修撰. 虜(改作遼)人以爲言②, 中國但謂無有. 然虜時(改作遼主)已昏亂, 雖來索, 亦不急也③, 故良嗣得以安. 良嗣又時時論遼人事宜, 以動朝廷. 且謂: "天祚者, 乃是弑其祖老國主而自立." 言多擺闔④. 童貫遂縶登州海道使之, 以使女眞. 天下之釁, 自此始焉.

①[按] 至二年: 『封有功編年』에서는 '五年'으로 썼다. 교주를 따른다.
②[按] 虜人以爲言: 袁本에서는 '後虜人以爲言'으로 썼다. 교주를 따른다.
③[按] 亦不急也: 袁本에서는 '亦不急'으로 썼다.
④[按] 擺闔: 袁本에서는 '捭闔'으로 썼다.

정화 5년(1115), 연경 사람 마식이 귀순한다고 하자 황상은 주마승수[60] 동사민[61]에게 어필[62]을 주어 동관의 관저로 보냈다. 하지만 어필에는 단지 '마식' 두 글자만 쓰여 있었을 뿐, 전해준 성지는 귀순을 허용할 것인지 여부를 하문하는 것이었다. 그러나 마식이라는 자는 이미 동관의 집에 알아서 숨어 있었다. 마식은 후에 이씨 성과 '량사'라는 이름을 하사받았고, 얼마 뒤 다시 조씨 성을 하사받았으며 승진을 거듭하여[63] 관직이 실록원수찬[64]에 이르렀다.

후에 북로에서 마식에 대하여 언급하면 중국에서는 그런 자가 없다고 부인할 뿐이었다. 하지만 당시 북로도 이미 혼란에 빠졌기 때문에 찾으러 왔다고 하면서도 시급한 일로 여기지는 않아서 조량사는 안전할 수 있었다. 조량사는 또 수시로 요나라의 속사정에 대해 거론하여 조정을 충동질하였다. 게다가 "천조제라는 자는 할아버지인 늙은 국주國主를 시해하고 스스로 황제에 즉위한 자"라고 말하는 등 언변이 제법 설득력이 있었다. 동관은 곧 조량사를 사신으로 삼아 등주에서 바닷길을 따라 여진에 가도록 하였다. 천하의 분란은 여기에서 시작된 것이다.

『封有功編年』曰 : 政和五年, 歲次乙未, 春三月①辛未朔二日壬申, 大遼李良嗣密遣人來雄州投蠟彈云 : 天慶五年三月四日②, 遼國光祿卿李良嗣, 謹對天日, 齋沐裁書, 拜上安撫大師足下③. 良嗣族本漢人, 素居燕京霍陰④, 自遠祖已來⑤, 悉登仕路. 雖披裘食祿(改作食祿北朝)不絶如線, 然未嘗少忘堯風, 欲褫左衽(改作投中國)而莫遂其志. 比者, 國君嗣位以來, 排斥忠良, 引用羣小, 女眞侵陵, 官兵奔北, 盜賊蠭起, 攻陷州縣, 邊報日聞, 民罹塗炭, 宗社傾危, 指日可待. 邇又天祚下詔, 親征女眞(刪此二字), 軍民聞之, 無不惶駭, 揣其軍情, 無有鬪志.

① [按] 春三月 : 袁本에서는 '春王三月'로 썼다.

② [按] 四日 : 袁本에서는 '二日'로 썼다. 교주를 따른다.

③ [許] 安撫大師足下 : '太'를 '大'로 잘못 썼다.

④ [按] 霍陰 : 『遼史』「地理志」에서는 '灅陰'으로 썼다. 교주를 따른다.

⑤ [許] 自遠祖已來 : '已'를 '以'로 써야 한다. 교주를 따른다.

『봉씨편년』[65]에는 다음과 같이 적혀 있다.

정화 5년(1115) 을미년 봄, 초하루가 신미일인 3월의 둘째 날 임신일, 대요의 이양사가 남몰래 사람을 웅주로 보내어 밀랍에 싼 문서[66]로 다음과 같이 알려 왔다.

천경[67] 5년(1115) 3월 2일, 요나라 광록시[68]경[69] 이양사는 삼가 하늘과 해를 향해 목욕재계하고 이 글을 써서 안무대사 족하[70]께 삼가 올립니다. 저 이양사 일족은 본래 한인으로서 원래 연경 곽음현에서 살았고, 먼 조상 때부터 모두 벼슬길에 올랐습니다. 비록 유목민의 가죽옷을 입은 채 녹봉이 실처럼 끊이지 않고 이어져 왔으나 일찍부터 요순의 덕정[71]을 조금도 잊은 적이 없고, 유목민의 옷[72]을 벗어 버리고자 하였으나 그 뜻을 이루지 못하였습니다.

근래에 군주가 새로 즉위한 이래 충성스럽고 어진 신하를 배척하고, 많은 소인배를 임용하고 있습니다. 여진의 침략에 관병은 패해 달아나고 도적은 봉기하고 있으며, 여진이 주현을 공격해 함락시키니, 변방의 위기에 대한 보고 문건[73]이 매일 끊이지 않습니다. 백성은 도탄[74]에 빠져 어려움을 겪고 있고, 종묘와 사직이 기울어질 위기가 곧 닥칠 것임은 불을

보듯 환합니다. 최근에는 또 천조제가 조서를 내려 여진을 친정하겠다고
하자 군과 민이 그것을 듣고 두려워하고 놀라지 않는 이가 없으며, 군의
속사정을 살펴보면 전투 의지라고는 전혀 없습니다.

良嗣雖愚戇無知, [001-04] 度其事勢, 遼國必亡. 良嗣日夜籌思, 偸生無
地, 因省『易』「繫」有云 : "見幾而作, 不俟終日." 『語』不云乎, "危邦不
入, 亂邦不居." 良嗣久服先王之教, 敢佩斯言, 欲擧家貪生, 南歸聖域,
得復漢家衣裳(刪得復至此六字), 以酬素志. 伏望察良嗣忱誠不妄, 憫恤
轍魚, 代奏朝廷, 速俾向化. 儻蒙①睿旨允其愚懇, 預叱會期, 俯伏前去,
不勝萬幸.

① [按] 儻蒙 : 袁本에서는 '倘蒙'으로 썼다.

저 이양사는 비록 어리석고 고지식하며 무지하나 사태와 형세를 헤아
려 보니 요나라는 반드시 망할 것입니다. 저는 밤낮으로 헤아려 봐도 구
차한 목숨을 부지할 곳이 없습니다. 그런데 "군자는 그 기미를 살펴보고
곧 움직이지, 날이 다 가도록 기다리지 않는다"고 한 『주역』「계사」의 말
씀을 깨닫게 되었습니다. 또 『논어』「태백편」에도 "위험한 나라에는 들어
가지 말며, 어지러운 나라에는 머물지 말라"고 말씀하지 않으셨습니까?
　저는 오랫동안 선왕의 가르침에 감복하였기에 감히 그 말씀을 기꺼이
따르고자 합니다. 일가 모두가 함께 목숨을 부지하고자 남쪽의 성스러운
땅으로 귀순하고자 하며, 마땅히 한인漢家의 풍모를 되찾음으로써 본래
품었던 뜻을 이루고자 합니다. 엎드려 바라옵건대 저의 정성과 거짓되
지 않음을 양찰하시고, 몹시 위급한 처지에 놓인 것을 불쌍히 여겨 저를

대신해 조정에 상주하여 속히 귀순해서 교화를 받을 수 있도록 해주십시오. 행여 저의 어리석은 간청을 황제의 명으로 윤허해 주시고, 만날 기일을 미리 하교해 주신다면 그저 엎드려서 기어간다고 해도 천만다행이 아닐 수 없습니다.

和詵具其事聞奏①, 上令太師蔡京、太尉童貫共議可否. 十日庚辰, 京與貫奏云 : "自古招徠, 國之盛德. 又況遼國用兵, 軍民不附, 良嗣歸明②, 故當收雷, 乞敕和詵密諭會期." 後詵令良嗣會期③, 以四月一日夜入境. 夏四月庚子朔, 良嗣等夜分越界河, 初九日戊申, 良嗣入雄州, 庭參上謁詵④, 詵使人掖上廳, 各具禮賄. 是日詵奏, 朝廷有旨, 令良嗣赴闕.

① [按] 聞奏 : 袁本에서는 '奏聞'으로 썼다. 교주를 따른다.
② [許] 良嗣歸明 : 일부 판본에서는 '明'을 '朝'로 썼다.
③ [按] 會期 : 袁本에서는 '回期'로 썼다.
④ [按] 庭參上謁詵 : 袁本에서는 '庭謁詵'으로 썼다. 교주를 따른다.

응주지사 화선이 이 일을 모두 상주하자, 황상은 태사[75] 채경과 태위[76] 동관에게 수용 여부를 함께 상의하라고 명하였다. 정화 5년(1115) 3월 10일 경진일, 채경과 동관은 다음과 같이 상주하였다.

"예로부터 다른 나라 백성을 불러 위무하는 것은 국가의 큰 덕입니다. 더구나 요나라가 전쟁을 일으키려 하나 군과 민이 따르려 하지 않는 상황이니 더욱 그렇습니다. 이양사가 광명정대한 곳으로 귀순하려는 것이니 받아들이는 것이 마땅합니다. 화선을 시켜 이양사에게 만날 시기를 은밀하게 알려 주라고 명하시길 바라옵나이다."

후에 화선은 이양사에게 만날 시기를 명하여, 4월 1일 밤에 국경을 넘어오게 하였다. 정화 5년(1115) 여름 4월 초하루 경자일, 이양사 등은 한밤중에 계하[77]를 넘었다. 9일 무신일에 이양사는 웅주 관아에 들어와 뜰에서 화선에게 인사를 하였다. 화선은 사람을 시켜 부축하여 객청으로 올라오게 한 뒤 각각 예물을 구비하여 주었다. 이날 화선은 이 일에 대하여 조정에 상주하였고, 조정에서는 이양사에게 입궐을 명하는 성지를 내렸다.

十八日丁巳, 良嗣見於延慶殿. 上親臨軒慰勞, 禮優異①. 上問所來之因, 卽奏曰: "臣國主天祚皇帝, 耽酒嗜音, 禽色俱荒, 斥逐忠良, 任用羣小, 遠近生靈, 悉被苛政. 比年以來, 有女眞阿骨打(改作阿固達)者, 知天祚失德, 用兵累年, 攻陷州縣, 加之潰卒, 尋爲內患, 萬民罹苦. 遼國必亡, 願陛下念舊民遭塗炭之苦, 復中國往昔之疆, 代天譴責, 以順伐逆. 王師一出, 必壺漿來迎, 願陛下速行薄伐. [001-05] 脫或後時, 恐爲女眞得志, 蓋先動則制人, 後動則制於人." 上嘉納之, 遂賜姓趙, 授朝請大夫、秘閣待詔.

① [許] 上親臨軒慰勞, 禮優異 : 일부 판본에서는 '慰勞, 禮畢'로 썼다.

정화 5년(1115) 4월 18일 정사일, 이양사가 연경전[78]에서 황상을 알현하였다. 황상은 전전前殿으로 직접 행차하여 위로하였으며 예우가 각별하였다. 황상이 귀순한 이유를 묻자 이양사가 다음과 같이 아뢰었다.

"신의 나라 국주國主인 천조황제는 술을 탐닉하고 음악을 즐기며, 만사를 제치고 온통 사냥과 여색에만 빠져 충신과 어진 사람을 배척하고 소인배들을 임용하니 원근 모든 백성이 그 혹정에 시달리고 있습니다. 근래에 여진의 아골타[79]란 자가 있어 천조제가 덕망을 상실함을 알고 군대를 일으킨 지 여러 해 되는데, 주현이 공격받고 함락된 데다가 패잔병들까지 내부의 우환거리가 되어 모든 백성이 고통을 겪고 있습니다. 요나라는 반드시 망할 것이니, 원컨대 폐하께서는 옛 백성이 도탄에 빠져 있는 고통을 생각하시어 중국의 옛 강역을 수복하시고, 하늘을 대신하여 견책하며, 순리로 역리를 벌하시기를 바랍니다. 어진 왕의 의로운 군대가 한번 나아가면 백성들이 소쿠리에 밥을 담고 단지에 국을 담아 우리 군대를 환영할 것이니,[80] 폐하께서 속히 정벌에 나서시기를 원하옵니다. 만약 뒤로 미루기라도 하면 여진이 그 뜻을 이룰까 두렵습니다. 대체로 먼저 움직이면 상대를 제압하고, 늦게 움직이면 상대에게 제압당한다고 하였습니다."

황상은 이양사의 건의를 기꺼이 받아들였으며, 곧 조씨 성을 하사하고 조청대부[81]와 비각[82]대조[83] 직을 제수하였다.

又曰 : 朝廷旣有意於燕雲, 而蔡京爲國興利, 以備兵興支用, 仍行香、茶、鹽、礬等法, 令州縣立遞年租額, 以最殿考其賞罰, 守令奉行, 罔敢少怠. 又有和糴、均糴、對糴、衡糴①, 以備軍食(舊校云 : 一本無衡糴二字), 累年於玆, 民力遂罷②, 所在商人賣法, 重獲厚利. 朝廷糴本元降, 州縣輸納者, 實未嘗得, 悉爲官吏所有. 天下多故, 京啓之也.

①[按] 衡糴 : 袁本에는 '衡糴'이 없다.
②[按] 遂罷 : 袁本에서는 '遂耗'로 썼다.

『봉씨편년』에는 또 다음과 같이 적혀 있다.

조정이 일찍부터 연운 회복에 뜻을 두자 채경은 국가를 위해 재원을 확보하여 군대의 확충과 전비 지급에 대비하여야 한다며 향료·차·소금·명반 등의 전매법을 계속 유지하였다.[84] 또 주현마다 매년 내야 할 세액을 정한 뒤 납세액의 최고·최저치를 기준으로 상벌을 정한 뒤 주·현 지사에게 명령을 받들어 수행하게 하고 감히 조금이라도 태만할 수 없게 하였다. 또 화적법[85]·균적법[86]·대적법[87]·함적법[88]을 시행하여 군량을 비축하게 하였다. [구 교감은 다음과 같다 : '함적'이라는 두 글자가 없는 판본도 있다.]

여러 해 동안 이렇게 하자 백성들의 살림은 파탄에 이르렀고, 각지의 상인들은 법을 빙자하여 막대한 이익을 누렸다. 조정에서는 쌀 수매 예산[89]을 원래 배정된 액수대로 내려 주었으나 주현에서 곡물을 받아 운반하는 자는 수매 예산을 받은 바 없었으니, 그것은 관리들이 모두 차지하였기 때문이다. 천하의 많은 변고는 바로 채경으로부터 시작된 것이다.

八月三日戊午, 登州守王師中旣被詔, 乃選擇將吏得七人, 各借進武校尉, 差平海軍指揮兵船, 同高藥師等行.

정화 7년(1117) 8월 3일 무오일, 등주지사 왕사중은 조서를 받고 장교와 서리 7명을 선발하고 각각 명의상 진무교위[90]로 임명하여 평해군[91] 소속[92] 병선을 타고 고약사 등과 함께 여진에게 가도록 하였다.

二十二日丁丑^①, 高藥師等下船, 往女眞.

　　정화 7년(1117) 8월 22일 정축일, 고약사 등은 배를 타고 여진이 사는 곳으로 출발하였다.

藥師等旣至彼境^①, 北岸相望, 女眞巡海人兵多, 不敢近船^②. 幾爲邏者所害, 遂復回^③.

①[按] 藥師等旣至彼境 : 袁本에는 '至彼境'으로 썼다.
②[按] 近船 : 袁本에서는 '下船'으로 썼다.
③[按] 至彼境~遂復回 : 袁本에서는 앞 紀事文에 이어서 썼다.

　　고약사 일행은 여진 관할지역에 도착한 뒤 북쪽 해안을 바라보았는데, 바다를 순찰하는 여진 측 병력이 많아 감히 배를 가까이 대지 못하였다. 그러다가 순찰하는 자들에게 위해를 입을 상황이 되자 곧 돌아왔다.

政和八年正月三日丙戌, 高藥師等^①回至靑州.

①[按] 高藥師等 : 袁本에서는 '高藥師'로 썼다.

　　정화 8년(1118) 1월 3일 병술일, 고약사 일행은 청주⁹³로 돌아왔다.

高藥師至靑州還, 奏謂：“雖已到彼蘇州界, 望見岸上女眞兵甲多, 不敢近而回.” 守臣崔直躬奏其事, 於是上爲赫怒, 專下宣撫司, 委童貫措置, 應元募借官過海人幷將校一行, [001-06] 幷編配遠惡；委王師中選有智勇能吏, 再與藥師過海, 體問事宜, 通好^①女眞軍前, 講買馬舊好. 降御筆：“通好女眞事, 監司、帥臣, 並不許干預, 如違, 並以違御筆論.”

① [按] 通好：袁本에서는 ‘通耗’로 썼다.

고약사가 청주로 귀환하여 다음과 같이 아뢰었다.

“비록 여진의 소주 경내에 들어서긴 했으나 멀리서 바라보니 해안에 여진의 군대가 많아서 감히 가까이 가지 못하고 돌아왔습니다.”

청주지사 최직궁이 이 일을 상주하자 황상이 크게 노하여 동관에게 이 일을 전담하여 처리하라고 선무사사⁹⁴에 직접 명을 내렸다. 이에 원래 모집에 응해서 명의상 관직을 받고 바다를 건너간 서리들과 장교 일행을 모두 멀고 험한 곳으로 편관 유배⁹⁵시켰다. 그리고 왕사중에게 지모와 용맹을 갖춘 능력 있는 서리를 선발하도록 맡기고, 그들로 하여금 다시 고약사와 함께 바다를 건너가 상황을 알아본 뒤 여진 군영⁹⁶에 연락을 취하고 말을 구매하였던 옛 우호 관계를 회복하는 일에 대해 협의하게 하였다. 그리고 황상은 어필 조서를 내려 다음과 같이 명하였다.

“여진과 수교를 맺는 일에 대하여 감사⁹⁷와 안무사⁹⁸들이 왈가왈부하는 것을 일체 허용하지 않겠다. 만약 이를 위반할 경우, 모두 어필을 위배한 것으로 간주하여 논죄하겠다.”

四月二十七日己卯, 遣武義大夫馬政及平海軍卒①呼延慶,
同高藥師等過海. 至女眞軍前議事.

①[按] 平海軍卒 : 袁本에서는 '平海軍卒長'으로 썼다. 교주를 따른다.

정화 8년(1118) 4월 27일 기묘일, 무의대부[99]인 마정[100]과
평해군 지휘사[101]인 호연경[102]을 파견하여 고약사 등과 함께
해로를 통해 여진 군영에 가서 수교에 관한 일을 논의하게
하였다.

童貫與①王師中選馬政可委, 呼延慶善外國語, 又辦船②. 同將校七人,
兵級八十人, 同高藥師去女眞軍前.

①[按] 與 : 袁本에서는 '言'으로 썼다.
②[許] 呼延慶善外國語, 又辦船 : '辨博'을 '辦船'으로 잘못 썼다. 교주를 따른다.

동관과 왕사중은 마정이 일을 맡길 만하고, 호연경은 외국어를 잘할
뿐 아니라 박식해서[103] 선발하였다. 장교 7명과 절급 및 병사[104] 80명이 고
약사와 함께 여진 군영으로 갔다.

太宰鄭居中奏, 乞守盟誓, 罷遣女眞人使.

태재[105] 정거중[106]이 거란과의 맹약을 준수하고 여진에 사

時^①太宰鄭居中奏, 乞罷使女眞之人. 又於朝堂責蔡京曰 : "朝廷欲遣使
入女眞軍前議事, 夾攻大遼, 出自李良嗣, 欲快己意. 公爲首臺^②, 國之
元老, 不守兩國盟約, 輒造事端, 誠非廟算. 且在昔章聖皇帝與大遼昭聖
立誓, 至今幾二百年, 兵不識刃, 農不加役 ; 雖漢·唐和戎, 未有我宋之
策也. 公何以遂興此擧^③? 且兵者不祥之器, 勢不獲已, 卽可暫用.

① [按] 時 : 袁本에서는 '是時'로 썼다.
② [按] 首臺 : 袁本에서는 '首台'로 썼다.
③ [許] 公何以遂興此擧 : '遽'를 '遂'로 잘못 썼다. 교주를 따른다.

당시 태재 정거중이 상주하여 여진에 사신을 파견하는 일을 중단해 줄
것을 청하였다. 또 조당[107]에서 다음과 같이 채경을 질책하였다.

조정에서는 여진 군영에 들어가서 수교에 관한 일을 논의할 사신을 보
내려 하고 있소이다. 그런데 대요를 협공하자는 것은 이양사에게서 나
온 생각이고, 그것은 개인 생각을 만족시키려는 것에 불과하오. 공은 재
상[108]으로 있고, 나라의 원로로서 두 나라 간에 맺은 맹약을 지키려 하지
않고 갑자기 사단을 조장하고 있는데, 이는 사실 제대로 검토를 거친 것
이 아니외다.[109] 게다가 전에 장성황제[110]께서 대요의 소성황제[111]와 서약을
맺어 지금까지 거의 200년 가까이 병사는 창칼을 알지 못하고 농민들에
게는 전쟁으로 인한 부역이 추가되지 않았소. 한과 당도 융적戎과 화의를
맺었지만, 우리 송[112]의 책략만 한 것이 없소이다. 공은 어찌해서 갑자기

이러한 일을 벌인단 말이오? 더구나 군대란 길상한 것이 아니므로 부득이한 형세에만 잠시 이용해야 하외다.[113]

昔景德中, 遼人擧國來寇(改作侵), 眞宗用宰相寇準之策, 親征後遣使議和. 自此守約, 不復盜(改作入)邊者三十九年, 及慶歷中, 契丹聚兵境上, 以求關南地爲名, 仁宗用富弼報聘增幣. 觀眞宗、仁宗意不欲動兵, 恐害生靈; 堅守誓約, 至今一百十四年①, [001-07] 四方無虞. 今若導主上棄約復燕, 恐天怒夷(改作民)怨, 切再熟慮, 無遺後悔. 事繫宗廟, 豈可輕議? 又況用兵之道, 勝負不常, 苟或必勝, 則府庫乏於犒賞, 編戶困於供役; 蠹國害民, 莫過此也. 脫或不勝, 則患害不測.

① [計] 至今一百十四年 : '至今一百七十四年'으로 써야 한다.

과거 경덕 연간(1004~1007)에 요나라가 병력을 총동원하여 침략寇하자 진종[114]께서 재상인 구준[115]의 계책을 받아들여 친정을 감행하고 그 뒤에 사신을 보내 강화를 논하였소. 이때부터 맹약을 지켜 다시 국경을 침략盜하지 않은 기간이 39년이었소. 경력 연간(1041~1048)에 이르러 거란이 와교관[116] 남쪽의 땅[117] 반환 요구를 명분으로 내세우며 병력을 국경에 집결시키자 인종[118]은 부필[119]을 보빙사[120]로 보내어 세폐를 증액하여 주었소. 전쟁을 일으키지 않으려는 진종과 인종의 뜻을 살펴보면 그것은 오직 백성에게 피해를 줄까 우려했기 때문이외다. 서약을 굳게 지켜 지금까지 114년 동안 사방에 근심 걱정이 없었소.

지금 만약 주상으로 하여금 맹약을 저버리고 연경을 수복하도록 이끈다면 아마도 하늘이 노하시고 이적夷들은 원망할 것이니 반드시 거듭 숙려하여 후회를 남기지 말아야 할 것이오. 이 일은 종묘사직과 직접 관련된 것이니 어찌 가볍게 논의할 수 있겠소? 더구나 전쟁이라는 것은 승부를 예측할 수 없는 것이오. 설령 꼭 이길 수 있다고 하더라도 포상금으로 국고[121]가 텅 비게 되고, 세적에 올라 있는 백성[122]들은 부역을 제공해야 하므로 괴로움을 겪을 것이니, 나라를 좀먹고 백성들에게 해를 끼치는 것 가운데 이보다 더 큰 것이 없소이다. 그리고 만약 승리하지 못한다면 그 재난과 피해는 예측할 수도 없을 것이요.

京日 : "上厭歲幣二十萬匹兩①, 故有此意." 居中日 : "歲幣五十萬匹兩, 比之漢世, 和單于崴尙給一億九十萬, 西域七千四百八十萬, 則今與之歲幣②, 未爲失策. 又後漢永平初中③, 諸羌反十四年, 當時用兵用財二百四十億, 永和後, 復經七年, 用八十萬億. 且前古之王④, 豈忍以中國之富, 塡於盧山之壑, 委於狼望之北哉! 蓋聖人重惜生民之本也. 載在史策, 非妄言也." 京日 : "上意已決, 豈可沮乎!" 居中日 : "使百萬生民⑤, 肝腦塗地, 公實使之, 未知公異日如何也?" 遂作色而起.

① [許] 上厭歲幣二十萬匹兩 : '五'를 '二'로 잘못 썼다. 교주를 따른다.
② [按] 歲幣 : 袁本에서는 '幣'로 썼다.
③ [許] 又後漢永平初中 : '平'은 衍字이다.
④ [許] 且前古之王 : '帝'를 '之'로 잘못 썼다. 교주를 따른다.
⑤ [按] 生民 : 袁本에서는 '生靈'으로 썼다.

채경이 "황상께서는 세폐[123]로 견과 은 50만 필·냥[124]을 보내는 것이 싫어서 이런 생각을 하시는 것입니다."라고 핑계를 대자, 정거중은 이렇게 따져 물었다.

"세폐 50만 필·양을 한대와 비교해 봅시다. 한이 흉노의 선우와 화의를 맺었지만 매년 1억 90만 필·양을 주었고, 서역에도 7,480만 필·양을 주었으니 지금 거란에 보내는 세폐가 잘못된 정책은 아니외다.[125] 또 후한 영평 연간(58~75)의 초기와 중기에 여러 강족[126]이 14년 동안 반란을 일으켜서 당시 군대를 동원하며 군비로 쓴 비용이 240억이었고, 영화 연간(136~141) 뒤로도 다시 7년간 반란이 계속되어 80만 억을 지출하였소. 옛날의 제왕 또한 어찌 차마 중국의 재화를 가지고 여산[127]의 계곡을 메우고, 흉노가 사는 북쪽 땅[128]에 버리려 했겠습니까? 무릇 성인은 백성들 삶의 근본을 중시하였던 것입니다. 이는 사서에 실려 있는 것으로서 결코 헛소리가 아닙니다."

하지만 채경은 "황상의 뜻이 이미 정해졌으니 어떻게 그것을 막겠습니까!"라고 하였다. 이에 정거중은 "이는 백만 백성으로 하여금 비참하게 죽임을 당하고 시신을 땅에 흩어지게 하는 것이오. 공이 정말 그렇게 한다면 훗날 공이 어떻게 될지 몰라서 그러시오?"라고 반박하였다. 그리고는 곧 얼굴색을 붉히며 일어났다.

知樞密院事鄧洵武(舊校云 : 洵武字子常, 綰之子. 見『淸波別志』)上書, 乞守誓[①]罷兵, 保境息民.

①[按] 守誓 : 袁本에서는 '守信'으로 썼다.

추밀원지사[129] 등순무[130] [구 교감은 다음과 같다 : 등순무의 자는 자상이며 등관[131]의 아들이다. 『청파별지』[132] 참고.] 가 글을 올려 거란과의 맹약을 지켜 출병하지 말고 국경을 보존하며 백성을

쉬게 할 것을 청하였다.[133]

『鄧洵武家傳』曰 : 時上意頗動①, 欲興師. 蔡京謀起燕兵②, 洵武屢折
之. 而蔡京密啟於上, 不令洵武預議. 洵武乃約童貫到樞密院, 具以利
害曉之. 貫反說洵武曰 : "樞密在上前且承當, 取商量也, 商量得十來年
裏, 不要相拗官家, [001-08] 上方有意, 相公如此說話, 恐爲他人所奪."
語已而笑. 洵武知京、貫之意, 遂請開見③, 力陳宗社大計, 請以上意令
京條對.

① [按] 頗動 : 袁本에서는 '感動'으로 썼다.
② [按] 謀起燕兵 : 袁本에서는 '謀復燕兵'으로 썼다. 교주를 따른다.
③ [許] 遂請開見 : '日'을 '見'으로 잘못 썼다.
  [按] 四庫本에서는 '遂爲問'으로 썼다.

『등순무가전』에는 다음과 같이 적혀 있다.

당시 황상의 마음이 자못 동하여서 군대를 일으키고자 하였다. 채경
이 연경을 수복하기 위한 군대를 일으키려고 모의하자 등순무가 거듭하
여 그 뜻을 꺾었다. 그러자 채경은 비밀리에 황상에게 보고하여 등순무
로 하여금 연경 공략에 관한 논의에 참여하지 못하도록 하였다. 그러자
등순무는 동관에게 추밀원[134]으로 오라고 하여 모든 이해관계를 깨달을
수 있도록 상세히 설명하였다. 하지만 동관은 오히려 다음과 같이 등순
무를 설득하였다.

"추밀사께서는 황상 앞에서는 이 문제를 그냥 받아들이십시오. 그리
고 그냥 논의나 받아 주시지요. 논의야 10년을 해도 좋지만, 황상[135]의 뜻

을 꺾으려 하지는 마십시오. 황상께서 연경을 공략할 생각을 가지고 계
시니 상공[136]께서 이렇게 말씀하시면 아마도 추밀사 자리만 다른 사람에
게 빼앗기지 않을까 우려될 뿐입니다."

그리고는 씩 웃었다. 등순무는 채경과 동관의 뜻을 알아차리고 곧 황
상께 잠깐 뵙기를 청하여 종묘사직을 위한 큰 계책을 힘껏 주장한 뒤, 황
상의 생각에 대해 채경에게 조목조목 대답[137]하게 시킬 것을 청하였다.

又上奏曰："雍熙中常有此擧, 是時曹彬出河北, 潘美出河東, 趙普在南
陽聞之, 上疏切諫. 彬、美卒無功而還." 因出「趙韓王疏本」[①], 與「曹、
潘傳」進讀, 曰："陛下審視, 今日謀議[②]之臣, 孰如趙普? 將帥之良, 孰
如彬、美? 甲兵精練, 孰如國初? 以太宗之神武, 趙普之謀略, 彬、美之
爲將, 百戰百勝, 征伐四克[③], 而獨於燕雲乃至挫衄[④], 況在今日, 何可輕
議? 且百年盟誓, 一朝棄之, 何以令吾民、告敵國乎! 誠恐兵革一動, 中
國昆蟲草木, 皆不得而[⑤]休息矣." 上大悟, 翼日[⑥], 語京曰："北事難做
則休[⑦]. 祖宗盟誓[⑧], 違之不祥." 京色變, 其議遂寢.

① [按] 趙韓王疏本：袁本에서는 '趙普疏'로, 四庫本에서는 '王疏'로 썼다.

② [按] 謀議：袁本에서는 '議政'으로 썼다.

③ [按] 四克：袁本에서는 '四方'으로 썼다. 교주를 따른다.

④ [按] 乃至挫衄：袁本에서는 '乃爾'로 썼다.

⑤ [按] 不得而：袁本에서는 '不得'으로 썼다.

⑥ [按] 大悟, 翼日：袁本에서는 '大寤, 翌日'로 썼다.

⑦ [按] 做則休：袁本에서는 '休做'로 썼다.

⑧ [按] 盟誓：袁本에서는 '誓盟'으로 썼다.

또 다음과 같이 상주하였다.

"옹희 연간(984~987)에 일찍이[138] 이런 일이 있었습니다. 당시 조빈[139]이 하북[140]에서, 반미[141]가 하동[142]에서 출병한 바가 있습니다. 등주 남양현[143]에 있던 조보[144]가 이 소식을 듣고 태종에게 상소하여 간절하게 간하였습니다. 결국 조빈과 반미는 아무런 공도 세우지 못하고 돌아왔습니다."

그리고는「한왕 조보의 상소」와「조빈·반미 열전」을 꺼내어 황상에게 읽어 주면서 다음과 같이 말하였다.

"폐하께서 살펴보시기에 오늘날 계책을 논의할 수 있는 신하 가운데 과연 누가 조보만 하고, 뛰어난 장수로는 누가 조빈·반미만 하며, 군대의 정예로움이 건국 초만 하다고 생각하십니까? 태종의 뛰어난 무덕과 조보의 계략에 조빈과 반미가 대장이 되어 백전백승을 거두며 사방을 정벌했으나 오직 연운[145]에서만 좌절을 겪었습니다. 그런데 하물며 지금 연운에 관한 일을 어찌 그처럼 가볍게 여기고 논의하신단 말입니까? 더구나 100년에 걸친 맹약을 하루아침에 파기한다면 무슨 명목으로 우리 백성들에게 명령하고 적국에 선전포고할 수 있겠습니까? 실로 걱정스러운 것은 군대를 한 번 일으키면 중국은 곤충 초목까지 하나도 편히 쉴 수 없다는 점입니다."

이 말을 들은 황상께서는 크게 깨달은 바가 있어 다음날 채경에게 "북변에 관한 일은 실행하기 힘들다면 그만두어라. 조종[146]께서 체결한 맹약을 위배하는 것은 길상치 못한 것 같다."고 말씀하셨다. 이에 채경은 얼굴색이 변하였고, 북변에 관한 논의가 마침내 수그러들었다.

契丹旣衰, 宰相王黼復爲兼弱攻昧之言, 以動上心. 洵武復從容爲上言曰：“自西方用兵, 禁旅減耗, 近差郊祀, 立仗人不能足數. 使天下常如今日, 治安固無可言；設有風塵之警, 可爲寒心.” 上爲之動容, 因勸上：“宜保境息民, 謹備自治, 無啟邊釁. 王鬷言當兼弱攻昧, 臣獨謂不若推亡固存也. 方今非獨兵勢如此, 而又財用匱乏, 民力彫弊；人皆知之, 無敢言者①. 臣今取諸路廉訪使者所奏去年兵食實數, 作旁通册.

[001-09] 願陛下置之御座, 時賜②御覽, 則天下虛實可知. 且與强女眞爲鄰, 孰若與弱契丹乎！” 議復止③.

① [按] 無敢言者：袁本에서는 '無取言者'로 썼다.

② [按] 時賜：袁本에서는 '暗賜'로 썼다.

③ [按] 止：袁本에서는 '中止'로 썼다.

거란이 쇠약해지자 재상 왕보[147]는 '약한 나라를 겸병하고 어리석은 군주를 공격하는 것은 군의 정당한 운영'[148]이라는 주장을 다시 펴면서 황상의 마음을 움직였다. 등순무는 다시 황상을 위해 다음과 같이 차분하게 아뢰었다.

"서하와 전쟁을 시작한 이래 금군[149]이 감소하여 근래에는 교사[150]에 파견할 의장대원[151]의 정원도 채우기 힘든 실정입니다. 만약 천하가 늘 오늘처럼 평안하다고 해도 치안을 장담할 수 없는데, 만약 전쟁이라도 터지게 되면 정말로 간담이 서늘한 일입니다."

황상의 얼굴색이 변하자 다시 다음과 같이 권하였다.

"국토를 보전하고 백성을 쉬게 하며, 우리를 다스리는 일에 신중하게 대비하고 변방의 문제를 건드리지 않는 것이 마땅합니다. 왕보는 '약한 나라를 겸병하고 어리석은 군주를 공격하는 것을 당연하다.'고 말하고 있지만, 신은 홀로 존망의 갈림길에 처한 나라를 도와 보존토록 하는 편이 차라리 더 낫다고 말하고 있습니다. 지금 단지 군대의 상황만 그런 것이 아닙니다. 재정도 부족하고 백성의 여력도 별로 없기 때문입니다. 이는 모두가 다 알고 있는 일입니다만 감히 말하는 자가 없을 뿐입니다. 신이 근자에 각 로의 염방사자[152]들이 상주한 작년도 실제 병력과 병참 명세서를 모두 모아서 옆에 두고 볼 수 있도록 책자를 만들었습니다. 원하옵건대, 폐하께서는 그 책자를 어좌에 두고 시간 날 때마다 보시면 천하의 허실을 알 수 있을 것입니다. 또한 강한 여진과 더불어 이웃하는 것이 어떻게 약한 거란과 더불어 이웃함만 하겠습니까?"

그 결과 연경 공략에 관한 논의가 다시 중단되었다.

樞密之孫鄧椿跋曰：右先樞密諫發燕雲事①，勾龍中丞如淵雖書之，恐未信於後世，又嘗求汪公應辰跋其尾．汪公曰："此段已編入徽考『刪定實錄』中矣．馮少卿方手錄於家後，求其眞蹟，藏於九襲，以示子孫．先樞密掌兵西府，不順宰相②，深引太宗、趙普、曹彬、潘美以爲龜鑑③，有死不從．旣公歿④，黼始遂前議．"云某卽公，黼卽王黼，前議卽兼弱攻昧之說．輕談之誤⑤，以致敗國事，塗炭生靈，殆今腥羶河、洛者⑥，幾⑦五十許年(刪殆今至此十二字)，則兼弱攻昧之說勝也．悲夫！

① [按] 諫發燕雲事：袁本에서는 '諫燕雲事'로 썼다.
② [按] 不順宰相：袁本에서는 '不幸宰相○○○○'으로 썼다.
③ [按] 以爲龜鑑：袁本에서는 '龜鑑'으로 썼다.
④ [許] 旣公歿：'公旣歿'로 써야 한다. 교주를 따른다.
⑤ [按] 輕談之誤：袁本에서는 '談輕之悞'로 썼다.
⑥ [許] 殆今腥羶河洛者："迨'를 '殆'로 잘못 썼다.

추밀사 등순무의 손자인 등춘[153]은 『가전』의 발문[154]에 다음과 같이 적
었다.

"이상의 본문에서 기록한 바,[155] 추밀사셨던 조부께서 연운 공략에 대
해 간언한 것을 어사중승[156]인 구룡여연[157]이 기록하였지만, 후세에 믿지
않을까 우려하여 다시 왕응진[158] 공에게 『가전』의 발문을 써 달라고 부탁
하였다.[159]"

왕응진은 다음과 같이 적었다.

"이 단락의 글은 이미 돌아가신 휘종황제[160]의 『산정실록』[161] 안에 들어
있다. 태상시[162]소경[163] 풍방[164]이 직접 『가전』의 발문을 썼으므로 그 진필
을 구하여 깊은 곳에 보관하고 자손에게 보여주었다. 고 등순무공은 추
밀사로서 추밀원[165]의 군권을 장악하고 재상과 맞서면서 태종·조보·조
빈·반미 등을 깊이 인용하여 귀감으로 삼아 죽음을 각오하고 끝내 따르
지 않았다."

조부께서 돌아가시자 왕보가 곧 앞의 논의를 추진하기 시작하였다.
'모모'라고 한 것은 바로 등순무공이며 '보'는 바로 왕보이다. 앞의 논의
란 '약한 것을 겸병하고 어리석은 자를 공격하는 것이 당연하다'는 주장
을 가리킨다. 경솔하게 말한 잘못이 나라의 일을 그르치기에 이르렀고,
백성을 도탄에 빠트렸으며, 지금 황하와 낙수[166] 일대에 누린내가 진동하
게 된 것이 50여 년 가까이 되었다. 이는 '약한 것을 겸병하고 어리석은
자를 공격하는 것이 당연하다'는 왕보의 주장이 받아들여졌기 때문이다.
참으로 비통한 일이다.

朱勝非『秀水閒居錄』曰：政和末, 知雄州和詵奏：“契丹益發燕雲之兵,
燕民日離叛①. 有董龐兒者(舊校云：龐, 歸本俱作龍), 率衆爲劇寇, 契丹
不能制.” 蔡京時領三省事, 僥倖一切之功, 遂招龐兒, 許以燕地王之.
龐兒上表, 自號‘扶宋破虜大將軍(刪破虜二字)董才’, 後歸朝, 賜姓名趙
詡者是也. 乞遣兵爲援, 期取中國故地. 京大喜, 乃更戍朔方、陝右之
兵, 命江外州軍製袍帶, 欲以冠帶新民. 鄧洵武子常知樞密院, 爲京言：
“南北通好久矣, 今信一叛虜(改作賊)之言, 而欲敗百年之盟, 不可.” 京
不聽.

① [按] 日離叛：袁本에서는 ‘亦叛’으로 썼다.

주승비[167] 『수수한거록』[168]의 기록은 다음과 같다.

정화 연간(1111~1118) 말에 웅주지사 화선이 다음과 같이 상주하였다.

“거란이 연운의 병사를 더욱 많이 징발하니 연경 주민이 날마다 달아
나거나 반란을 일으키고 있습니다. 동방아[169]라는 자가 있어 [구 교감은 다
음과 같다 : 귀본에서는 방을 모두 ‘용’으로 표기하였다.] 무리를 거느리고 심하게
도적질을 하는데도 거란이 제압하지 못하고 있습니다.”

당시 채경이 삼성[170]의 일을 주관하면서 요행에 기대어 모든 공적을 이
루고자 동방아를 불러들여 연경 지역의 왕으로 봉해 주겠다고 약속하였
다. 동방아는 표문[171]을 올릴 때 ‘부송파로대장군 [송을 도와 거란을 격파하는
대장군] 동재’라고 자칭하였다. 후에 조정에 귀순하자 황상께서 성과 이름
을 하사하였는데, 조후라는 자가 바로 동방아이다. 동방아는 군대를 파
견하여 도와달라고 요청하며 중국의 옛 땅을 찾겠다고 약속하였다.

채경은 크게 기뻐하며 삭방과 섬우[172] 지역을 지키던 군사를 이동시키

고,¹⁷³ 장강 남쪽¹⁷⁴의 각 주군¹⁷⁵에 장포와 관대를 제작하라고 명하였는데, 그것은 송에 투항할 새 민호에게 입히려는 것이었다. 자가 자상인 추밀원지사 등순무가 채경에게 "남북이 수교한 지 오래되었는데, 지금 반란을 일으킨 북로虜 한 사람의 말만 듣고 백 년에 걸친 맹약을 깨려고 하는 것은 옳지 않소."라고 하였다. 하지만 채경은 등순무의 말을 듣지 않았다.¹⁷⁶

是時童貫以太師、樞密院, [001-10] 總邊事. 洵武又爲貫言 : "西北虜(改作敵)勢強弱不同, 度我之力, 能制彼乎! 恐兵連禍結, 卒無已時." 貫亦不聽, 洵武乃疏伐燕利害二十七條, 名曰「北伐問目」, 皆有注. 其一云 : '出師之名.' 注云 : "特此盟誓, 百年不見兵革, 絶之必有名, 以令吾民, 以告敵國." 餘類此. 又錄趙普諫太宗「北征疏」同奏, 上皇①頗嘉納, 北議爲之緩, 至宣和初, 竟出師矣.

①[校] 上皇 : 袁本에서는 '皇上'으로 썼다.

이때 동관은 태사로서 영추밀원사가 되어 변방 업무를 총괄하고 있었다. 등순무가 다시 동관에게 다음과 같이 권하였다.

"서로西虜, 서하와 북로거란는 그 힘이 각기 다르지만, 우리의 역량을 미루어 보면 어찌 그들을 능히 제압할 수 있겠소? 일단 전쟁이 시작되면 중단할 수 없고, 재앙이 끝없이 계속될 것입니다."

그래도 동관 역시 등순무의 말을 듣지 않았다. 이에 등순무는 연경 정벌의 이해득실을 논한 27개 조목의 상소를 올렸는데, 그 제목을 「북벌문목」이라고 하고 조목마다 주를 달았다. 그 가운데 하나가 '출병의 명분'

인데, 주의 내용은 다음과 같다.

"이 맹약에 기대어 백 년 동안 전쟁이 없었기 때문에 거란과 단교하려면 반드시 명분이 있어야 우리 백성들에게 호령할 수 있고, 적국에 선전포고할 수 있다."

그 밖의 것도 이와 마찬가지이다. 또 조보가 태종의 연경 공략을 말리기 위해 썼던 「북정소」를 필사하여 함께 상주하였는데, 상황[177]께서 자못 가상하게 여기어 받아들였다. 북벌에 관한 논의가 이로써 늦춰졌지만, 선화 연간(1119~1125) 초에 결국 출병하고 말았다.

董才者, 易州遼水人[①], 少貧賤, 沈雄果敢, 號董龐兒. 募鄕兵, 戰女眞, 敗績, 主將欲斬之, 才由是[②]亡命山谷, 遂爲盜, 剽掠州縣, 衆至千人, 契丹患其蹂踐[③]. 才踰飛狐、靈邱, 入雲、應、武、朔, 斬牛欄監軍, 函其首來獻. 政和七年, 知岢嵐軍解潛招降之[④], 幷其黨以聞. 其表有云 : "受之則全君臣之大義, 不受則生胡(改作秦)越之異心." 上召見, 董才陳契丹可取之狀甚切, 賜姓趙名詡.

①[按] 易州遼水人 : 『宋史』「地理志」에서는 '遼'를 '涞'로 썼다. 교주를 따른다.
②[按] 才由是 : 袁本에서는 '才'로 썼다.
③[按] 蹂踐 : 袁本에서는 '殘賊'으로 썼다.
④[按] 招降之 : 袁本에서는 '招之'로 썼다.

동재는 역주[178] 래수현[179] 사람으로서 어린 시절 가난하고 미천했지만 침착하고 뛰어나며 과감하여 '동방아'라 불렸다. 향병을 모집하여 여진과 싸웠으나 거듭 패하자 거란군 지휘관은 그를 참수하려고 하였다. 이에 동재는 산속으로 도망가 곧 도적이 되어 여러 주현을 노략질하였다.

천명이나 되는 동재의 무리가 주현을 유린하자, 거란은 그가 나타날까 두려워하였다. 동재는 울주의 비호현[180]와 영구현[181]를 넘어서 운주[182]·웅주·무주·삭주[183]로 들어가 우란감군채[184]의 감군[185]을 참수하고 그의 머리를 상자에 담아서 들고 와 송에 바쳤다. 정화 7년(1117)에 가람군[186]지사 해잠[187]이 동재를 초치하고 그의 무리를 모은 다음 표문으로 아뢰었다. 표문에는 "그들을 받아 주시면 군신 간의 대의를 온전케 하겠지만 받아 주지 않으신다면 호월[188]의 역심을 품게 할 뿐입니다."라고 하였다.

황상께서 불러서 만나 보니 동재는 거란을 차지할 수 있다며 그 상황에 대해 매우 절절하게 진술하였다. 황상은 조씨 성과 함께 후라는 이름을 하사하였다.

趙普「諫伐燕疏」(舊校云 : "按『宋文鑑』所載, 此疏題曰「雍熙三年請班師」, 意同語異, 殊不可解." 又云 : "李燾『長編』所載此疏亦與此不同.")並箚子附於此.

조보의 「연경 정벌에 대하여 간하는 상소[간벌연소]」 [구 교감은 다음과 같다 : 『송문감』[189]에 기재된 바에 따르면 이 상소의 표제가 「옹희 3년(986) 회군을 청함」이라고 되어 있어 내용은 같지만, 표제가 다르다. 그 이유를 도무지 알 수 없다. 또 "이도[190]의 『속자치통감장편』[191]에 기재된 상소 역시 이와 다르다"라고 하였다.] 와 차자[192]를 여기에 부기한다.

疏曰 : 武勝軍節度使臣趙普. 右臣①自二月中, 伏覩忽降使臣, 差般糧草, 及詳敕命②, 知取幽州, 旣奉指揮, 尋行科配, 非時擧動, 莫測因由. 邇後雖聽捷音, 未聞成事. 稍稽剋復, 俄及炎蒸, 飛芻輓粟以猶繁, 擐甲持戈而未已. 民疲師老, [001-11] 將恐有之. 臣自此月以來, 轉增疑慮. 潛思陛下萬幾在念, 百姓爲心, 聖略神功, 擧無遺算. 至於平收浙右, 力取河東, 成③後代之英奇, 雪前朝之憤氣.

① [按] 右臣 : 袁本에서는 '言臣'으로 썼다.
② [按] 詳敕命 : 袁本에서는 '降敕命'으로 썼다.
③ [按] 成 : 袁本에서는 '乘', 『邵氏聞見錄』에서는 '垂'로 썼다.

조보의 상소에는 다음과 같이 적혀 있다.[193]

무승군절도사인 신 조보는 옹희 3년(986) 2월 중에 갑자기 사신이 내려와서 군량과 건초를 운반하는 것을 삼가 목도하였습니다만, 상세한 칙명을 보고 비로소 유주[194]를 취하려고 하심을 알게 되었습니다. 삼가 지시하신 것을 받들어 항목에 따라 추가로 부가세액을 배정[195]하였습니다. 하지만 때아닌 거병의 까닭을 짐작하지 못하였습니다. 그 후 비록 승리하였다는 소식은 들었지만 일을 이루었다는 말은 듣지 못했습니다.

승리하여 실지를 회복하는 일이 조금만 늦춰져도 곧 무더위가 닥칠 터이니 건초와 곡식을 신속하게 운반하는 일은 여전히 번거로울 것이나 전쟁은 그치지 않을 것입니다. 앞으로 백성은 피폐해지고 병사들은 사기가 떨어지지 않을까 우려됩니다. 신은 이달 들어서면서 점차 의혹과 우려가 커지고 있습니다. 가만히 생각해 보면 폐하께서는 천하를 다스리는 큰 계획을 염두에 두고 계시고, 만백성을 마음에 두어서 성스러운 전략과 신기의 공력을 가지고 하시는 일에 실수가 없으십니다. 절우[196]를 평정하시어 거둬들이셨고, 힘써서 하동[197]을 취하셨으니 후대에 전해질 큰 업적을 이루신 것이고, 전대 태조의 한을 씻으신 것입니다.[198]

四海咸歸於掌握十年, 時致於雍熙, 唯彼番戎, 豈爲敵對? 遷徙高舉[①], 自古難得制之. 前代聖帝明王, 無不置於化外, 任其隨逐水草, 皆以禽獸畜之. 此際官家(刪番戎至此四十四字, 改作契丹二字)何須掛意? 必是有人扶同諂佞[②], 誑惑聰明, 因擧不急之兵, 稍涉無名之議. 非論曲直, 且覺淹延, 將成六月之征, 頗有千金之費, 以茲忖度, 深抱憂虞.

① [按] 高擧 : 袁本에서는 '烏合'으로, 『邵氏聞見錄』에서는 '鳥擧'로 썼다. 袁本을 따른다.
② [許] 必是有人扶同諂佞 : '附'를 '扶'로 잘못 썼다. 교주를 따른다.

폐하께서 사해[199]를 장악하신 지 10년이 되어 옹희[200]한 시절을 이루셨는데, 저 번융番戎 따위가 어찌 우리가 대적할 상대가 되겠습니까? 정처 없이 옮겨 다니는 무리는 예로부터 통제하기 힘들었기에 이전의 성스러운 황제와 지혜로운 왕들은 그들을 교화의 범주 밖에 두지 않는 경우가 없었고 물과 풀을 따라서 돌아다니도록 방임하며 다 금수를 기르듯 해 왔습니다.

지금 폐하께서는 왜 그들에게 신경을 쓰시는지요? 이것은 분명 누군가가 부화하고 아첨하여 폐하의 총명함을 미혹케 함으로써 급하지도 않은 전쟁을 일으키고, 명분이 없는 논란에 다소나마 연루되게 한 것입니다. 그 옳고 그름을 떠나서 이제 조금만 지나면 한여름에 원정하게 될 것이니 아주 많은 경비가 필요할 것입니다. 이를 헤아려 볼 때 심히 우려되는 바입니다.

竊念臣雖寡智謀, 粗親墳典, 千古興亡之理, 得自①簡編 ; 百王善惡之徵, 聞於經史. 其閒禍淫福善, 莫不如影隨形, 煥②若丹靑, 明如日月 ; 嘗③爲大訓, 歷代寶之. 臣讀『史記』, 見漢武時, 主父偃、徐樂、嚴安輩所上書, 及唐元宗時宰相姚元崇④直奏十事, 可以坐銷患害, 立致昇平. 惟慮至尊未能雷意, 醫時救弊, 無出於斯. 又聞前事爲後事之師, 古人是今人之則 ; 據其年代, 雖則不同, 量彼是非, 必然無異. 輒思抄錄, 專具進呈, 伏望⑤聖慈, 特垂披覽, 謹列逐件如後云云.

① [按] 得自 : 袁本에서는 '出自'로 썼다.
② [按] 煥 : 袁本에서는 '渙'으로 썼다.
③ [按] 嘗 : 袁本에서는 '常'으로 썼다.
④ [按] 姚元崇 : 袁本에서는 '姚崇'으로 썼다.
⑤ [按] 伏望 : 袁本에서는 '伏乞'로 썼다.

생각해 보면 신이 비록 지모도 모자라고 고전도 깊이 공부하지는 못했지만, 역대 흥망의 이치를 옛 서적을 통해 깨달았고, 여러 왕의 선정과 악정의 징험을 경전과 사서에서 들었습니다. 그 안에서는 화와 사악함, 복과 선함은 그림자가 몸을 따라가듯 항상 함께하였으며, 환하기가 마치 단청과 같고 밝기가 해와 달 같았습니다. 그러기에 일찍부터 큰 교훈으로 삼아 대대로 그것을 귀하게 여겼던 것입니다. 신이 『사기』를 읽었는데,[201] 한무제[202]는 당시 주보언[203]·서락[204]·엄안[205] 등이 올린 글을, 당 현종[206]은 당시 재상이었던 요원숭[207]이 직접 상주한 10가지 일에 관한 글을 본 뒤 비로소 앉아서 재난과 피해를 녹여 버리고, 서서 승평한 세상을 이룰 수 있었습니다.

신은 폐하께서 이에 유의하지 않으실까 염려됩니다만, 당면한 과제를 해결하기 위해서는 꼭 이렇게 하셔야 합니다. 또 앞서 벌어진 일은 뒷일을 하는 데 교훈이 되며, 옛 성인은 지금 사람들의 준칙이 된다고 들었습니다. 시대에 따라 원칙은 비록 다르지만, 그것의 잘잘못을 헤아려 보면 조금도 다르지 않습니다. 문득 생각날 때마다 적은 것을 별도로 갖추어 제출하며 황상의 자비를 엎드려 비오니 특별히 펼쳐 봐 주시기를 바랍니다. 삼가 안건마다 뒤에 열거하였습니다.

伏念臣謬以庸材, 叨居顯位, 幸逢千年之運, 深承二聖之知, 從白屋而上丹霄, 非由智略 ; 出卑僚而登極位, 只是遭逢. [001-12] 恩施何啻於車輿①, 報效不如於犬馬 ; 粗懷性識, 常積驚惶. 所恨者, 齒髮衰殘, 精神減耗, 既不能獻謀闕下, 又不能效命軍前, 惟有微誠, 書章上奏.

① [許] 恩施何啻於車輿 : 일부 판본에서는 '車輿'를 '轍魚'로 썼다.

엎드려 생각해 보면 신은 평범한 재주를 속여 외람되이 높은 자리에 있었고, 다행히도 천재일우의 행운을 만나 두 황제로부터 크게 인정받고, 평민 출신으로 부귀영화를 누렸으니 이는 결코 저의 지략 때문이 아닙니다. 비천한 막료로 시작해 극히 높은 재상에 오르게 된 것은 오직 황제 폐하를 잘 만난 덕분입니다. 은혜를 베풀어 주심이 어찌 수레뿐이겠습니까만 은혜에 보답하기는 개나 말만도 못합니다. 성품이 거칠고 아는 것이 적어서 늘 놀랍고 두려울 뿐입니다. 다만 한스러운 것은 늙어서 이와 머리카락이 다 빠지고 정신이 흐려져서 이미 폐하를 위해 좋은 계책을 올리지 못하게 된 것과 종군하여 목숨을 바칠 수도 없다는 점입니다. 그저 저의 미약한 정성을 다해 폐하께 글을 올릴 뿐입니다.

今者伏見朝廷大興禁旅, 遠伐征戎①(改作輒事遠征). 驅百萬戶之生靈, 咸當輦運, 致數十州之地土②, 半失耕桑, 則何異爲鼷鼠而發機, 將明珠而彈雀? 所得者少, 所失者多, 且於③得少之中, 猶難入手, 更向失多之外, 別有關心. 前未見於便宜, 可垂意於詳酌④.

① [按] 遠伐征戎 : 袁本에서는 '遠伐胡戎'으로 썼다. 교주를 따른다.

② [按] 地土 : 袁本에서는 '土地'로 썼다.

③ [按] 且於 : 袁本과 『邵氏聞見錄』에서는 '只於'로 썼다.

④ [許] 可垂意於詳酌 : 일부 판본에서는 '垂意'를 '重失'로 썼다.

지금 엎드려 보니 조정에서 군대를 크게 일으켜 거란戎을 원정하려 합니다. 이는 100만 호의 백성을 내몰아서 모두 큰 수레를 운반하는 일을 맡기는 것이며, 수십 개 주 농토에서 경작과 길쌈의 절반을 포기해야 합니다. 그러니 생쥐를 잡으려 투석기를 쏘고 참새를 잡으려고 옥구슬을 쏘는 것과 뭐가 다르겠습니까? 얻는 바는 적고 잃는 것은 많을 것이며, 또 조금 얻는 것조차도 손에 넣기는 힘들고, 줄곧 많은 것을 잃는 것 외에도 따로 마음 써야 할 것들이 또 있습니다. 당장 앞에서 적절한 대책이 보이지 않더라도 뜻을 기울여 상세히 헤아려 보셔야 할 것입니다.

臣又聞聖人不凝滯於物, 見可而進, 知難而退, 理貴變通, 情無拘執. 故前聖謂① : "事苦則慮易, 兵久則變生." 臣之愚誠, 深懼於此. 秦始皇之拒諫, 終累子孫 ; 漢武帝之回心, 轉延宗社. 如忽遲晚②, 恐失機宜, 而況旬朔之間, 便爲七月! 竊慮內地先困, 邊廷早涼, 北狄(改作地)則弓勁③馬肥, 轉難擒制 ; 中國則民疲師老, 應誤指呼.

① [按] 聖謂 : 袁本에서는 '所謂'로 썼다.

② [按] 如忽遲晚 : 『邵氏聞見錄』에서는 '或忽遲晚'으로 썼다.

③ [按] 弓勁 : 袁本에서는 '弓硬'으로 썼다.

신은 또 성인은 사물에 구애받지 않으며 봐서 나아갈 만하면 나아가고 어렵다는 것을 알면 물러서며, 일을 처리하는 데 변통을 중시하고 인정에 얽매이지 않는다고 들었습니다. 그러므로 예전에 성인은 "일이 힘들면 딴생각이 들고, 전쟁이 오래되면 변고가 생긴다."[208]고 하였습니다. 신의 충정으로는 이것이 심히 두려운 것입니다. 진시황[209]은 간언을 거절하여 결국 자손에게 누가 미쳤고, 한 무제는 마음을 돌려 종사가 오래 이어지게 된 것입니다.

만약 어쩌다 늦어지면 적절한 시기를 놓치게 될 수 있는데, 하물며 열흘 남짓 지나면 바로 7월이 됩니다. 가만히 생각해 보면 중국 내지를 벗어나기도 전에 먼저 곤란을 겪을 것이며, 변경은 일찍 추워집니다. 그러면 북방의 융적北狄은 오히려 활에 탄력이 더해지고 말은 살쪄서 적을 사로잡거나 제압하는 일이 더욱 어려워지지만, 중국은 백성이 지치고 병사들은 사기가 떨어질 것이니 지휘를 제대로 따르지 못할 것입니다.

臣今獨興阻①眾之言, 深負違天之過②, 輒陳狂瞽, 抑有其由. 竊以暮景
殘光, 能餘幾日, 酬恩報義, 正在今時. 恐勞宵旰之憂, 甯避僭踰之罪.
慮希③聖聽, 早議抽軍, 聊爲七縱之謀④, 別有萬全之策. 伏望皇帝陛下,
安和寢膳, 惠養疲羸, 長令外戶不扃, 永使邊烽罷警. 自然殊方慕化, 率
土歸仁, 暨⑤四夷以來王, 料契丹而安往? 又何必勞民動眾, 賣犢買刀?
[001-13] 有道之事易行, 無爲之功最大 ; 如斯弭伐, 是謂萬全.

① [按] 阻 : 袁本에서는 '沮'로 썼다.
② [按] 違天之過 : 袁本에서는 '彌天之過'로 썼다.
③ [按] 慮希 : 袁本과『邵氏聞見錄』에서는 '虔希'로 썼다. 교주를 따른다.
④ [按] 七縱之謀 :『邵氏聞見錄』에서는 '一縱之謀'로 썼다. 교주를 따른다.
⑤ [按] 暨 :『邵氏聞見錄』에서는 '及'으로 썼다.

　지금 신은 홀로 많은 이들을 가로막는 주장을 세워 천자를 거스르는 잘
못을 무겁게 짊어지고 있습니다만, 어리석고 무지한 생각을 진언하는 데
는 그 나름대로 까닭이 있습니다. 신은 이제 저녁 무렵의 석양과 같아서
살날이 얼마 남지 않은 것을 생각해 보면 은혜를 갚고 의리에 보답해야
할 때가 바로 지금이라고 생각합니다. 폐하께 쉴 새 없이 정사를 살피는
근심을 더해 드림이 두렵지만, 어찌 참람함의 죄를 피하겠습니까? 폐하
께서 성스러이 들어 주시기 바라오며 조속히 철군을 논의하시어 우선 한
번 놓아주는 계책을 세우신다면, 달리 만전의 계책이 있게 될 것입니다.
　저는 황제 폐하께서 편안하게 주무시고 식사하시며, 쇠약해지신 몸을
잘 돌보시고, 늘 외부의 문호를 닫지 않게 하며 변방에서 위급을 알리는
봉화가 영원히 오르지 않게 되기를 엎드려 바라옵니다. 저 먼 변방에서

자연히 교화를 흠모하여 영토를 들어 어진 우리 조정에 귀순할 것입니다. 사이四夷들이 와서 왕으로 모실 것이니 그러면 거란인들 어디로 가겠습니까?

그러니 또 무엇 때문에 백성을 힘들게 하고, 많은 사람을 강제로 동원하며, 송아지를 팔아서 칼을 살 필요가 있겠습니까? 도리에 맞는 일은 쉽게 할 수 있고, 인위적으로 하지 않고 자연에 맡겨 이루는 공이 가장 큰 것입니다. 도탄에 빠진 백성들을 구하기 위한 정벌을 하더라도 이처럼 하는 것이 만전을 기한다고 할 수 있습니다.

臣又竊料, 陛下非次興兵, 恐因偏聽. 其奈人多獻佞, 事欠防微①! 大凡小人輩各務身謀, 誰思國計? 或承宣問, 皆不直言, 盡解欺君, 常憂敗事, 得之則姦邪獲利, 失之則社稷懷憂. 昨者直取幽州, 未審孰爲謀者, 必無成算, 俱是誑言②. 其於虛實之閒③, 此際總應彰露. 臣既不知頭主, 無以指摘④姓名, 伏望官家尋其尤者, 特正姦人之罪, 免傷聖主之明. 所貴詐僞悛心, 忠臣盡力, 共畏三千之法, 同堅八百之基.

①［按］事欠防微 : 『邵氏聞見錄』권6에서는 '事久防微'로 썼다.
②［按］誑言 : 袁本에서는 '狂'으로 썼다.
③［按］虛實之閒 : 袁本에서는 '虛實之聞'으로 썼다.
④［按］指摘 : 袁本에서는 '指射'로 썼다.

신이 또 가만히 생각해 보면 폐하께서 도리에 맞지 않게 군대를 일으킨 것은 아마도 한쪽 의견만 들으셨기 때문일 것입니다. 그런 사람들은 흔히 아첨은 많이 해도 세밀하게 방비하며 일하지 못하는데 그것을 어찌

하겠습니까? 대체로 모든 소인배는 각자 자신의 이익을 도모할 뿐이니 누가 국가를 위해 생각하겠습니까? 혹 폐하께서 물으시더라도 모두 직언하지 않고 속일 줄만 알며 늘 일이 어그러질까 염려합니다. 일이 잘되면 간사한 자들이 이익을 얻고, 실패하면 사직이 위태로워집니다.

전에 유주를 직접 공략한 일을 주모한 자가 누구인지 모르지만 필시 성공할 계책도 없으면서 큰소리만 친 것입니다. 그 허실은 이번에 모두 명백하게 드러날 것입니다. 저는 누가 주모자인지 알지 못하여 그 이름을 지적할 수는 없으나 폐하께서 그 잘못한 자를 찾아내어 간사한 죄상을 특별히 바로잡아 성스러운 폐하의 밝은 덕이 상하는 일을 면하시기를 엎드려 바라옵니다. 지금 가장 중요한 일은 간신배들이 개과천선하고 충신이 모든 힘을 다하며 다 함께 천하[210]의 법도를 두려워하고 국가의 영원한 기틀[211]을 굳건히 하는 것입니다.

臣於此時, 欲吐肺肝, 先寒毛髮, 驚疑猶豫, 數日沈思. 又念往哲臨終尙能尸諫, 微臣未死, 爭忍①面諛? 明知逆耳之言, 不是全身之計, 但緣恩同卵翼, 命直鴻毛, 將酬國士之知, 豈比眾人之報? 投荒棄市, 甘當此日之誅 ; 竊祿偸安, 不造來生之業. 惟祈聖明特賜察量. 更有細微, 別具箚子, 冒犯冕旒. 臣無任傾心瀝膽②, 憂國忘家, 涕泗旁惶, 激切屛營之至.

① [按] 爭忍 : 袁本에서는 '其忍'으로 썼다.
② [按] 瀝膽 : 袁本에서는 '瀝懇'으로 썼다.

신은 지금 심중의 진심을 토로하고자 하니 먼저 머리카락이 쭈뼛 서고, 놀랍고 두려운 마음에 주저하며 며칠을 깊이 생각하였습니다. 또 한

편으로 생각하면 예전의 현자는 임종한 뒤에도 시신으로 충간을 하였는데,[212] 미천한 신이 아직 죽지도 않았는데 어찌 낯간지러운 아첨을 할 수 있겠습니까?

귀에 거슬리는 말을 한다는 것은 몸을 온전하게 보존하는 방법이 아님을 잘 알고 있습니다. 하지만 어미 새가 날개로 알을 품어 준 것과 같은 큰 은혜를 받은 인연이 있고, 신의 목숨이란 단지 기러기의 털 하나에 불과하니 장차 나라의 기둥으로 인정해 준 은혜에 보답하는 것이 어찌 뭇사람의 보답과 비교할 수 있겠습니까?

저 먼 황량한 곳으로 유배되거나 죽임을 당할지라도 그날의 죽음을 달게 받아들일 것이며 헛되이 녹봉을 축내거나 구차하게 편안히 지내서 내세의 악업을 쌓지는 않겠습니다. 그저 폐하께서 특별히 양찰하시는 은혜를 베풀어 주시기만 기원할 뿐입니다.

더욱 상세한 것은 따로 차자에 모아서 감히 폐하께 함부로 말씀드렸습니다. 신은 마음을 다 기울여 충성을 다하지는[213] 못하였으나 나라를 걱정하느라 집안을 잊었습니다. 하지만 불안한 생각에 전전긍긍하며 눈물과 콧물을 흘리고 있고, 몹시 두렵고 황송함이 지극하여 감당하기 어렵습니다.

「箚子」曰 : 臣濫守藩方, 聊知稼穡. 竊見①當州管界, 滿前多是荒涼②, 戶小民貧, 程遙路僻. 量其境土, 五縣中四縣居山, 驗彼人家, 三分內二分是客. 昨來差配甚覺艱辛. 伏緣自此③直至莫州, 往來四千餘里, 或是無丁有稅, 須至雇人④般糧. 每斗雇召⑤之賃, [001-14] 賤者不下五百 ; 元配二萬石, 數約破十萬貫錢. 且如本戶自行, 費用無多, 所校⑥乃是二萬

家之貧戶, 出此十萬貫之見錢, 所以典業賣牛, 十聞六七⑦. 其間兼有鬻
男女者, 亦有棄性命者, 仍加善誘, 偶副嚴期.

① [按] 竊見 : 袁本에서는 ‘見’으로 썼다.

② [訂] 滿前多是荒涼 : 일부 판본에서는 ‘滿’을 ‘城’으로 썼다.

③ [按] 自此 : 袁本에서는 ‘在此’로 썼다.

④ [按] 雇人 : 袁本에서는 ‘僱人’으로 썼다.

⑤ [按] 每斗雇召 : 袁本에서는 ‘每斛僱召’로 썼다.

⑥ [按] 所校 : 『邵氏聞見錄』에서는 ‘所較’로 썼다.

⑦ [按] 典業賣牛, 十聞六七 : 袁本에서는 ‘典業賣牛, 十有六七’로, 『邵氏聞見錄』에서는 ‘典
桑費牛, 十間六七’로 썼다.

차자의 내용은 다음과 같다.

부족한 신이 변방 중진의 지사로 있으면서 농사일에 대해서 부족하나
마 조금은 알고 있습니다. 살펴보니 저희 등주²¹⁴ 관할지역은 거의 다 황
무지여서 인구도 적고 주민도 가난하며 길은 멀고도 후미집니다. 관할지
역을 살펴보면 5개 현 가운데 4개 현이 산지에 있고²¹⁵ 그 집들을 살펴보
면 2/3가 객호²¹⁶라서 전부터 세액이나 부역을 배정²¹⁷하기가 매우 어려웠
습니다.

삼가 헤아려 보면 여기서부터 막주²¹⁸까지 곧장 가도 왕복 4천 리가
넘는데,²¹⁹ 성인 남자가 없는 집에서 세를 내려면 반드시 사람을 고용하
여 세량을 운반해야 합니다. 1말당 고용하는 비용이 적게 잡아도 500문
이 넘으니 원래 배정한 세액 2만 석에 운반비로 대략 10만 관 이상의 돈
이 들어갑니다. 또 납세호 스스로 운반하는 경우, 비용은 많이 들지 않겠
지만 더욱 고려해야 할 것은 바로 2만이 넘는 빈민 가구입니다. 이들이

10만 관의 현금을 내려면 땅을 저당 잡히고 소를 팔아야 하는 경우가 열이면 여섯 일곱이라고 합니다. 그 틈바구니에서 아들딸을 팔거나 목숨을 포기하는 자도 있으니 그들을 거듭 잘 깨우치더라도 납부 기간을 엄수하는 경우가 별로 없습니다.

自從起發, 去來, 已及八十餘日. 近知內有人戶纍纍①私刦鄉村, 皆云 : "裝起軍糧", 未有送納去處. 原無口食, 在取盤纏②. 雖不辨其虛眞③, 又難行於審覆, 訪聞街坊竊議, 前後說得多般, 稱被契丹圍卻軍營④, 兼被刦卻⑤糧草, 及令尋看⑥, 皆卻隱藏. 蓋緣臣無以知軍前事宜, 祇聽得外面消息. 況九重密事, 不應洩⑦於朝廷, 奈百姓流言, 已相傳於道路? 詳其住滯, 必有艱難. 伏乞聖慈早令停罷, 更或遲久, 轉費糧儲. 潛思今日人情, 不可再行差配, 如或再有徭役, 決定廣有逃移.

① [按] 纍纍 : 袁本에서는 '屢屢'로 썼다.
② [許] 原無口食, 在取盤纏 : '再'를 '在'로 잘못 썼다. 교주를 따른다.
　 [按] 原 : 袁本에서는 '緣'으로 썼다. 교주를 따른다.
③ [按] 虛眞 : 袁本에서는 '眞虛'로 썼다.
④ [按] 軍營 : 袁本에서는 '軍前'으로 썼다.
⑤ [按] 刦卻 : 袁本에서는 '刦'으로 썼다.
⑥ [按] 尋看 : 袁本과 『邵氏聞見錄』에서는 '尋勘'으로 썼다. 교주를 따른다.
⑦ [按] 洩 : 袁本에서는 '泄'로 썼다.

군량을 운반하기 위해 출발한 날부터 따지면 오가는 데 80여 일이나 걸립니다. 근래에 알게 된 것인데 이들 주민[220] 가운데 일부가 여기저기서 '군량으로 보낸다'는 것을 빙자해 향촌에서 제멋대로 곡식을 거둬 갔지만 실제로는 받은 곳이 없습니다. 또 먹을 것도 없다면서 노자²²¹를 거둬 가기도 했습니다. 비록 그 진위를 알 수 없고 또 조사하기도 어렵습니다만 거리를 돌아다니며 수군거리는 말을 몰래 들어 보면 이런저런 핑계를 대면서 거란에 군영을 포위당해 퇴각하면서 군량과 건초를 빼앗겼다고 합니다. 하지만 명령을 내려 군량과 건초를 찾아보게 했더니 실제로는 모두 숨겨 놓았습니다.

대체로 신이 전선의 일에 대하여 아는 것이 없는 까닭에 단지 바깥에서 소식을 듣는 것밖에 없습니다. 하물며 구중궁궐의 기밀은 조정으로 새어 나와도 안 되는 것인데, 어떻게 해서 백성들 사이에서 떠도는 유언비어에 실려 이미 길바닥에 파다한지 모르겠습니다. 일이 지체되고 있는 것을 헤아려 보면 틀림없이 어떤 어려움이 있을 것입니다.

폐하의 자애로움으로 조속히 전쟁의 중단을 명하시기를 엎드려 바랍니다. 다시 더 지체하셨다가는 군량과 비축물자를 또 소비하게 됩니다. 가만히 요즘 민심을 생각해 보면 다시 세액이나 부역을 더 배정해서는 안 될 것입니다. 혹시라도 다시 요역을 부담시킨다면, 도주나 이산이 반드시 광범위하게 나타날 것입니다.

假令收下幽州, 邊境轉廣, 干戈未息, 忽然生事, 未見理長. 必因有僭濫之徒, 姦邪之黨, 但說契丹時逢幼主, 地有災星, 以此爲詞①, 曲中聖旨. 不審戎(改作人)情上下, 幽州俱此生涯②, 土宿照臨闕外(舊校云 : 闕字疑域), 未可以征討③. 若彼能同衆意, 縱惡主以難輕 ; 不順羣情, 無災星而亦敗. 誠宜守道, 事貴無私, 如④樂禍以求功, 竊慮得之而不武. 此蓋兩省少昌言之士, 靈臺無絶藝之人⑤, 而況補闕拾遺⑥, [001-15] 合專思⑦

於規諫 ; 天文歷算, 須預定於吉凶, 成茲誤失之尤⑧, 各負疏虞⑨之罪.
若無懲責, 何戒後來?

① [按] 詞 : 袁本에서는 '辭'로 썼다.
② [許] 上下, 幽州俱此生涯 : 일부 판본에서는 '俱此'를 '懼其'로 썼다.
③ [按] 未可以征討 : 四庫本에서는 '可以征討'로 썼다.
④ [按] 如 : 袁本에서는 '如或'으로 썼다. 교주를 따른다.
⑤ [按] 絶藝之人 : 袁本에서는 '有藝之人'으로 썼다.
⑥ [許] 而況補缺拾遺 : '缺'은 '闕'로 써야 한다.
⑦ [按] 思 : 『邵氏聞見錄』에서는 '司'로 썼다. 교주를 따른다.
⑧ [按] 尤 : 『邵氏聞見錄』에서는 '由'로 썼다.
⑨ [按] 疏虞 : 袁本과 四庫本, 『邵氏聞見錄』에서는 '疏遺'로 썼다.

　　만약 유주를 수복한다면 변경이 더욱 넓어져 전쟁이 그치지 않을 것이
니 갑자기 일을 벌여서 좋을 것이 없습니다. 참람한 일을 저지르는 무리
와 간사한 무리[222]는 꼭 있기 마련입니다. 그들은 거란에 마침 어린 황제가
제위에 올랐고, 그곳에 재앙을 알리는 별혜성이 있다는 것만 말하며 그것
을 가지고 글을 지어 폐하의 뜻에 영합하고 있습니다. 거란戎의 위아래 민
심이 어떤지는 제가 모릅니다만 유주의 살림살이가 온전하고 하늘의 토
성은 역외를 비추고 있으니 [구 교감은 다음과 같다 : '궐'자는 '역'자인 것 같다.] 원
정이나 토벌을 해서는 안 될 것입니다. 만약 저들이 많은 사람의 뜻을 하
나로 할 수 있다면 설령 나쁜 군주라고 해도 가볍게 볼 수 없고, 민심을 좇
지 아니한다면 재앙을 알리는 별혜성이 없더라도 역시 망할 것입니다.
　　진실로 도를 지켜야 하고 일을 이루려면 사사로움이 없어야 합니
다. 만약 재앙을 이용하여 공적을 이루고자 한다면 신의 생각으로는 설

령 그것을 이룬다 해도 떳떳하지 못한 것입니다. 이렇게 된 것은 대체로 중서문하성[223]에 바른 소리를 하는 사대부가 적고 천문을 맡은 사천감[224]에도 뛰어난 인재가 없기 때문입니다. 잘못을 바로잡아야 하는 관리들은 마땅히 잘못된 것을 간하는 데 전념하여야 할 것입니다. 천문과 역산을 맡은 이들은 반드시 길흉을 미리 내다보아야 하는데 지금 이와 같은 심각한 잘못을 범하였으니 각자 직무에 소홀히 한 죄를 물어야 합니다. 만약 허물을 책망하지 않는다면 무엇으로써 뒷날을 경계할 수 있겠습니까?

邵伯溫曰 : 崇甯中居洛, 因過仁王僧舍, 得葉子冊故書一篇①, 乃趙中令諫太宗皇帝伐燕疏幷箚子. 其疏與『國史』所載大略相似, 有不同者, 箚子則惟見於此. 太宗晚喜佛, 中令因其所喜以諫云. 伯溫竊聞, 太祖一日以幽燕地圖示中令, 問所以取幽燕之策. 中令曰 : "圖必出曹翰?" 太祖曰 : "然." 又曰 : "翰可取否?" 中令曰 : "翰可取, 可守②?" 太祖曰 : "以翰守之." 中令曰 : "翰死, 孰可代?" 太祖不語, 久之曰 : "卿可謂遠慮矣." 太祖自此絶口不言伐燕. 至太宗, 因平河東, 乘勝欲搗燕薊. 時中令鎭鄧州, 故有是奏. 太宗下詔褒其言. 嗚呼! 中令從祖宗定太平, 尙以取幽燕爲難. 近時小人, 竊大臣之位者, 乃建議結女眞, 滅大遼, 取幽薊, 卒致天下之亂, 悲夫!

①[許] 得葉子冊故書一篇 : '編'을 '篇'으로 잘못 썼다. 교주를 따른다.
②[按] 可守 : 袁本에서는 '孰可守'로 썼다. 교주를 따른다.

소백온[225]은 다음과 같이 말하였다.

나는 숭녕 연간(1103~1107)에 낙양[226]에 거주하였다. 인왕승사를 지나다가 엽자책[227] 형태로 만든 고서 한 권을 얻었는데, 바로 중서령[228] 조보가 태종황제의 연경 정벌에 대하여 간하는 상소와 차자였다. 그 상소는 『국사』[229]에 실린 내용과 대체로 유사하지만 차자는 이 책에서만 볼 수 있다는 점이 달랐다. 태종이 말년에 불교에 심취하자 중서령 조보는 태종께서 좋아하시는 불교를 이용하여 간했다고도 한다.

내가 사적으로 들었는데, 하루는 송 태조[230]께서 유연[231]의 지도를 가지고 중서령 조보에게 보여 주면서 유연을 차지할 수 있는 책략을 물어보셨다. 중서령 조보가 "이 지도는 틀림없이 조한[232]에게서 나온 것이겠지요?"라고 물었다.

태조가 "그렇다"고 한 뒤 "조한이면 연경을 차지할 수 있겠지?"라고 묻자, 중서령 조보는 "조한이면 차지할 수 있겠지요. 하지만 누가 그곳을 지킬 수 있을까요?"라고 되물었다. 태조가 "조한에게 지키라고 하지."라고 하자 중서령 조보는 "조한이 죽으면 누가 그를 대신할 수 있겠습니까?"라고 다시 물었다. 태조는 아무 말도 하지 못하다가 한참 뒤에 "경은 참으로 멀리까지 생각하는구나!"라고 하셨다.

태조는 이때부터 다시는 연경 정벌에 대하여 언급하지 않으셨다.

태종 때에 이르러 하동의 북한을 평정한 승세를 타서 연계[233]를 공략하려고 하였다. 당시 중서령 조보가 등주지사로 있었기 때문에 이렇게 상주한 것이다. 태종은 조서를 내려 조보의 상주를 널리 기렸다. 아 애석하도다! 중서령은 태조와 태종을 수행하여 태평성세를 이룩하였으면서도 연경을 취하는 것이 오히려 어렵다고 했다. 근래에 소인배로 대신의 지위를 도둑질한 자가 여진과 힘을 합해 대요를 멸망시키고 연경을 차지하자고 건의하여 마침내 천하의 대란을 불러오고 말았구나. 애통하도다!

賜進士出身頭品頂戴四川等處承宣布政使司布政使淸苑許涵度校刊. [001-16]

'사진사출신'234이며 특별히 정1품 관모235를 쓸 수 있도록 허락받은 사천성236 승선포정사사237의 포정사238인 보정부 청원현239 출신 허함도240가 교감하여 간행하다.

○ ● ○

『三朝北盟會編』, 卷1, 校勘記

自蘇復至興灤同咸等州(脫等字) 上安撫太師足下(太誤作大) 自遠祖已來(已應作以) 良嗣歸明(明一作朝) 上親臨軒慰勞禮優異(一作慰勞禮畢) 呼延慶善外國語又辨博(辨博誤作辦船) 公何以遽興此擧(遽誤作遂) 至今一百七十四年(脫七字) 上厭歲幣五十萬匹兩(五誤作二) 又後漢永平初中(平字衍) 且前古帝王(帝誤作之) 遂請閒日(日誤作見) 公旣歿(誤作旣公歿) 迨今腥羶河洛者(迨誤作殆) 必是有人附同謟佞(附誤作扶) 恩施何嘗於車輿(車輿一作轍魚) 可垂意於詳酌(垂意一作重失) 滿前多是荒涼(滿一作城) 原無口食再取盤纏(再誤作在) 上下幽州俱此生涯(俱此一作懼其) 而況補缺拾遺(缺應作闕) 得葉子冊故書一編(編誤作篇)

권1 주석

1 登州 : 京東東路 소속이며 등급은 上, 郡名은 東牟郡, 州格은 防禦州이다. 치소는 蓬
   萊縣(현 산동성 烟台市 蓬萊市)이고 관할 현은 牟平縣·文登縣·蓬萊縣·黃縣 등 4개이
   다. 지명은 관내 文登山에서 취하였으며 유사한 지명으로 京西南路 鄧州(현 하남성
   南陽市)가 있다. 산동반도 동쪽의 艾山山脈과 해안평야로 이루어졌으며, 북쪽에
   는 요동반도와의 사이에 32개 섬으로 이루어진 廟島列島(=長山列島)가 남북 방향
   으로 놓여 있어 왕래에 큰 도움을 준다. 등주는 이후 송·금 양국 사절단 왕래의
   거점이 되었다. 관할구역은 현 산동성 산동반도 북동부의 威海市와 烟台市 중동
   쪽에 해당한다.

2 지사 : 원문은 '守臣'으로 주·현지사의 별칭인데, 정식 명칭은 '權知○州·縣軍州
   事'로서 '○州·縣의 군정과 민정 업무를 잠시 총괄한다'는 뜻이며 약칭은 '知州·
   知縣'이다. 한 지역을 鎮守하는 지방관이라는 뜻에서 '守臣'이라고도 칭하였다. 본
   번역에서는 군사적 업무와 직접 관련된 사항은 守臣으로, 그 외의 경우는 知事로
   번역한다.

3 王師中 : 거란 관리였으나 가족과 함께 山西의 忻州와 代州를 통해 송조로 귀순한
   뒤 登州지사에 임명되었다. 高藥師 일행의 표류를 계기로 송금동맹 추진에 관여
   하였다. 童貫이 왕사중과 논의하여 馬政과 呼延慶을 사신으로 선발하였던 것으로
   보아 동관으로부터 상당한 신임을 얻었던 것으로 보이며, 그의 아들 王瓌 역시
   외교관으로 활동하였다.

4 상주 : 원문은 '奏'인데 신하가 황제에게 올리는 문서인 章奏를 가리킨다. 송조는
   장주를 접수하고 심사·상달하는 전 과정에 대하여 분류 및 심사 기준, 처리 소
   요 기간, 비밀 보장에 대한 연대 책임, 처리 과정 확인 등 그 절차를 상세히 규정
   하고 운영하였다.

5 遼 : 유목민인 契丹人에 의해 세워진 국가이다. 거란인은 北魏(386~534) 때 遼河의

상류에서 활동하다가 唐末에 강력한 세력으로 성장하였고, 당의 멸망을 계기로 건국하였다(907). 발해를 멸망시켜 국세를 크게 키웠고 五代에 현 秦皇島市와 唐山市 일대를 점령하고 平州路를 설치하였으며, 다시 後晉(936~946)의 건국을 도와주는 조건으로 현 하북성과 산서성 북단에 자리한 燕州(현 북경시)와 雲州(현 산서성 大同市)를 비롯한 16개 주를 할양받았다. 요는 이렇게 장성 이남의 요충지를 장악함으로써 정치적·군사적 우위를 점한 상태에서 중원 정권을 상대할 수 있었고, 이원 통치체제를 통해 유목민과 농경민의 생활방식을 활용하는 등 효율적인 국정운영을 도모하였다. 이 '燕雲 16주'와 平州路를 둘러싼 군사·외교적 각축이 바로 본서『삼조북맹회편』의 핵심 내용 가운데 하나다.

6   蓟州 : 거란 南京道 소속이며 軍額은 尙武軍, 州格은 軍事州이다. 치소는 漁陽縣(현 천진시 蓟州區)이고 관할 현은 三河縣·漁陽縣·玉田縣 등 3개이다. 지명은 관내의 蓟門關에서 유래하였고, 安祿山이 거병한 곳이자 송조의 개국공신인 趙普의 고향으로 유명하다. 燕山산맥과 화북평야가 만나는 곳으로 북경의 동쪽 출구이다. 관할구역은 현 천진시 蓟州區를 중심으로 唐山市 玉田縣과 廊坊市 三河市에 해당한다.

7   文登縣 : 京東東路 登州 소속이며 등급은 중이다. 지명은 진시황이 동해를 순시하면서 문인들을 모아 등산한 데서 유래하였다. 昆崳山脈 산지와 구릉지, 평야로 이루어졌으며, 현 산동성 산동반도 동부 威海市 城區 남쪽의 文登區에 해당한다.

8   『宋史』권20「徽宗本紀」에서도 政和 1년 9월에 사신으로 파견하였다고 하였으나, 절강성 杭州市 順安縣 屛門鄕에 있는 정윤중 墓의 牌坊에서는 大觀 1년(1107)에 사신으로 다녀왔다고 적혀 있다.

9   童貫(1054~1126) : 자는 道夫이며 開封府(현 하남성 開封市) 사람이다. 휘종이 총애하던 환관으로 蔡京이 재상이 되는 데 일조하였다. 채경의 추천을 받아 西北監軍이 된 뒤 군공을 과장하여 樞密院知事가 되어 20년간 군권을 장악하였다. 靑唐 지역에서의 군공을 바탕으로 熙河蘭湟·秦鳳路經略按撫制置使, 武康軍節度使가 되었으며 檢校司空으로 승진하였다. 환관으로서 처음 거란에 사신으로 파견되었고, 휘종에 영합하여 금과의 동맹을 주도하고, 方臘의 난을 진압한 공과 연경 점령의 공로를 분식하여 환관 출신 최초로 왕위를 받았다. 하지만 금군의 전면 공세에 제대로 대처하지 못한 채 개봉으로 도피하였고, 欽宗이 開封留守로 임명하였

으나 휘종을 따라 강남으로 도망쳐 6賊의 하나로 지탄받아 유배 도중에 처형되었다.

10 鄭允中 : 兩浙路 嚴州 淳化縣(현 절강성 杭州市 淳安縣) 사람이다. 거란에 사신으로 다녀와 그 공으로 御史大夫에 발탁되었고, 政和 4년에 工部尙書를 지냈으며, 이어서 禮部尙書를 지냈다. 본문의 '尙書'는 파견 당시 實職이 아니고 상서 명의로 파견했거나 후에 상서를 지냈기 때문에 붙여진 것으로 보인다.

11 燕京 : 거란 南京道 南京 析津府(치소는 현 북경시 城區)의 이전 지명이자 별칭이다. 거란 태종은 936년에 後唐의 幽州를 幽都府로 승격시키고 盧龍軍節度使司를 두었고, 다시 남경 석진부로 승격시켰으나 곧 상실하였다(938). 하지만 후진이 燕雲 16주를 할양하여 곧 다시 차지하였다. 이에 留守司 및 都統軍司를 설치하고 盧龍軍節度使司를 폐지하였다(1012). 정식 행정지명은 석진부지만, 거란과 송 모두 관용적으로 연경이라 칭하였다. 춘추시대 燕이 인근 燕山山脈에서 국호와 도성의 명칭을 취한 것이며, 지금도 북경의 별칭으로 사용 중이다.

12 潞陰縣 : 거란 南京道 析津府 소속이다. 지명은 潞水의 남쪽에 자리한 데서 취하였다. 거란 황제의 봄 사냥터여서 많은 관원과 병사가 수행하여 인구가 늘어나고 경제적으로 번성하자, 太平 연간(1021~1031)에 潞縣에서 분리되어 설치되었다. 京杭大運河의 북쪽 기점이며, 현 북경시 동부 通州區의 남동쪽 潞縣鎭에 해당한다.

13 契丹 : 본래 '강철'이란 말인데, 거란인은 이를 자신의 족명으로 삼았다. 몽골제국 때 중국을 방문한 서양인과 아랍인은 북중국을 가리켜 'Cathay'라고 했는데, 이는 거란Khitay의 음역이다. 러시아어에서 중국을 'Китай(kitai)'라고 칭하는 것 역시 마찬가지다. 契丹은 본래 '계란'으로 발음하다가 점차 '글안'을 거쳐 '거란'으로 변한 것으로 보인다.

14 女眞 : 중국의 동북지역과 러시아의 연해주에 살던 일족에 대한 명칭으로서 女直이라고도 한다. 춘추전국시대에는 肅愼, 漢代에는 挹婁, 위진남북조시대에는 勿吉, 수·당대에는 靺鞨이라고 했고, 10세기부터 거란에 의해 처음으로 여진이라 불렸다. 동북 및 연해주에 사는 사람들 가운데 거란인·발해인·한인을 제외한 말갈의 여러 部를 뜻한다. 통상 거란의 직접 통치를 받는 熟女眞과 간접 통치를 받는 生女眞으로 나누어진다고 알려졌지만, 본서에 수록된 내용을 보면 생여진에 대한 통치가 나름 엄밀하였음을 알 수 있다. 이들 가운데 금을 세운 생여진

108

의 일족인 完顔部는 신라의 후예였고 발해인과 동족의식을 지녔다는 점이 눈에
띈다. 여진이라는 족명은 명대에도 계속 쓰였지만, 청대에는 滿洲族으로 바뀌
었다.

15　원문은 '上書'이다. 전국시대까지 신하가 올리는 글은 모두 '書'라고 하였으나 진
시황은 이를 '奏'로 바꾸었다. 그 뒤 '疏'는 관리가, '書'는 재야인사가 황제에게 올
리는 문서 형식으로 구분하였지만 그 구분이 명확하지는 않았고, 上疏보다 上書
라는 용어가 더 일반적으로 사용되었다. 이 책에서는 '글을 올리다'로 번역한다.
다만 '伏闕上書' 등은 관습적 용례에 따라 '상소'로 번역하였다.

16　蔡京(1047~1126) : 자는 元長이며 福建路 興化軍 仙遊縣(현 복건성 莆田市 仙遊縣) 사람
이다. 起居郎으로 거란에 사절로 다녀와 中書舍人이 되었는데 동생인 蔡卞도 중
서사인이어서 형제가 동시에 황제의 조서를 작성하는 영광을 누렸다. 司馬光이
집권하자 개봉부지사로서 신법 폐지에 앞장섰고, 후에 章惇을 도와 신법을 부활
시키는 등 기회주의적 처신을 일삼았다. 휘종 즉위 직후 환관과 결탁했다는 간
관의 비판을 받고 항주에 은거하던 중, 파견 나온 童貫과 손을 잡고 개인적 재능
과 뛰어난 서예 솜씨, 王安石 변법에 대한 옹호 등을 바탕으로 휘종에게 중용되
어 4차례나 재상에 임용되어 17년 동안 권력을 장악하였다. 특별한 정치적 식견
없이 휘종의 과시욕과 예술적 재능에 영합하고, 환관에게 절도사 직을 수여하
게 하는 등 국기를 문란케 하며 권력을 유지하였다. 태평성세를 이룩했다며 궁
궐을 확장하고 花石綱을 일으키는 등 사치 풍조를 조장하여 국고를 탕진하였다.
또 여진과 연합하여 거란을 협공하는 정책을 추진함으로써 결국 송을 멸망으로
몰고 갔다. 국난을 초래한 六賊의 우두머리로 귀양 가던 중 병사하였다.

17　薛嗣昌 : 자는 亢宗이며 永興軍路 河中府 萬泉縣(현 산서성 運城市 萬榮縣) 사람이다.
崇寧 연간에 熙河路轉運判官, 梓州路·陝西路轉運副使를 거쳐 龍圖閣直學士와 集賢殿
修撰이 되었다. 이후 徽猷閣待制·陝西都轉運使와 渭州·慶州·相州·太原府·延安府
지사를 지낸 뒤 顯謨閣直學士, 延康殿·宣和殿學士, 예부·형부상서를 지냈다. 관
직 생활 중 6~7회에 걸쳐 기망죄로 貶官되었을 정도로 황제의 총애를 받기 위
해 거짓말을 일삼았던 인물이었다. 연경 공격을 위해 첩자의 보고를 윤색하여
전란의 구실을 제공하였고, 거병 소식에 감격의 눈물을 흘려 후에 큰 비판을 받
았다.

18 和詵 : 자는 子美이며 京東西路 濮州 甄城縣(현 산동성 菏澤市 鄄城縣) 사람이다. 부친 和斌 사후 蔭補로 출사하여 岢嵐郡지사·雄州지사·威州刺史를 지냈으며 童貫의 연경 공략에 부화뇌동하며 강경책을 주장하였다. 300보 밖의 표적을 관통할 수 있는 鳳凰弓을 개발한 공 등으로 榮州防禦使·相州觀察使가 되었다. 연경 공략에 참전하였으나 평소의 호언장담과 달리 현장에서는 퇴각을 주장하여 패전 후에 筠州에 안치되었다. 후에 복권되어 正奉大夫·宣州觀察使가 되었다.

19 幽薊 : 거란 南京道 析津府(치소는 현 북경시 城區)의 별칭이다. '幽'는 북방이 太陰에 속한다고 하여 '幽冥'에서 취한 지명이고, '薊'는 薊門關에서 유래한 지명이다. 漢代부터 唐代까지 현 북경 일대를 포괄하는 범칭으로 쓰였지만, 관할 범위는 시대에 따라 달랐다. 그래서 幽薊 외에도 幽州·幽燕·燕京 등 다양한 별칭이 사용되었다. 따라서 '禹貢 9州'의 유주를 뜻하는 것이 아니면 '연경'으로 번역하여도 무방하다.

20 雄州 : 河北東路 소속이며 등급은 중, 郡名은 易陽郡, 州格은 防禦州이다. 치소이자 관할 현은 歸信縣·容城縣(현 하북성 保定市 雄縣) 2개이다. 본래 거란의 涿州 歸義縣으로 瓦橋關이 있던 곳이었는데, 後周 世宗이 점령한 뒤 거란과의 대치에 따른 군세를 과시하기 위해 雄州로 승격시켰다(959). 소속 현은 1개였으나 乾德 1년(963)에 2개 현이 되었다. 당시 최전방 방어 거점이었고 송이 거란으로 보내는 세폐의 전달 장소이기도 했다. 그래서 웅주지사는 河北沿邊安撫使를 겸직하여 전선 일대 군정과 정보 탐지 업무를 총괄하였으며, 주의 연간 예산도 통상의 2천 관보다 3배 가까운 5,500관이었다. 웅주는 전방에 拒馬河가, 뒤로는 하북 최대의 호수인 百洋淀과 南易水가 있어 수로와 습지를 이용한 자연 방어망 구축에 유리한 조건을 갖추고 있었다. 그래서 북송은 저습지를 최대한 확대 연결하여 길이가 총 800里에 달하는 강력한 수상 방어망을 구축하였다. 관할구역은 현 하북성 중서부 保定市의 동쪽, 百洋淀 북쪽에 해당한다.

21 朔方 : 본래 '북쪽'을 가리키는 말이다. 하지만 漢文帝가 河套 지역에 朔方縣을 설치한 이래 현 河套(오르도스) 지역을 뜻하기도 했다. 또 唐의 朔方節度使司 치소였던 靈州(현 寧夏자치구 銀川市 靈武市)를 뜻하기도 했다. 송대에는 西夏가 靈州를 차지한 뒤 서하와의 접경지대를 가리키는 용어로도 쓰였다.

22 사인 : 원문은 '士'이다. 송대 지식인을 칭하는 용어로 士는 통상 士人과 士大夫로

구분한다. 사대부를 '관리와 지식인을 포함'하는 폭넓은 개념으로 봐야 한다는
견해도 있지만, 지식인을 士人, 관리를 士大夫로 명확하게 구분해야 한다는 견해
가 주류를 이룬다. 본서에서도 후자의 구분을 따랐다.

23 燕山 : 통상 연산산맥을 뜻하나 본문에서는 燕山府路를 가리킨다. 송조는 연경 점
령을 앞둔 宣和 4년(1122), 연산산맥 남쪽의 山前 지역(현 북경시 일대)에 燕山府路
를 미리 설치하였다. 연산부로는 燕山府·景州·經州·薊州·檀州·順州·易州·營
州·涿州·平州 등 10개 주로 이루어졌고, 관할 縣은 총 20개였다. 하지만 이듬해
금조로부터 실제 할양받은 것은 灤州·營州·平州를 제외한 7개 주였고, 그마저도
2년 후인 선화 7년(1125)에 다시 금조에게 빼앗기고 말았다. 따라서 연산부로는
명실이 일치하지 않고, 단기간 유지되었기에 고유의 행정지명으로 처리하기에
도 애매할 정도지만 송조에서는 연산이라는 지명을 가급적 사용하고자 하였다.

24 中山府 : 河北西路 소속 定州가 政和 3년(1113)에 府로 승격된 것이다. 등급은 次府,
郡名은 中山郡, 軍額은 定武軍, 州格은 節度州이다. 치소는 安喜縣(현 하북성 保定市 定
州市)이고 관할 현은 曲陽縣·唐縣·望都縣·無極縣·北平縣·新樂縣·安喜縣 등 7개,
軍은 北平軍 1개이다. 唐代에는 29개 주를 총괄하는 定州大總管府가, 후주 때는 義
武軍節度使司가, 太平興國 1년(976)에 定武軍節度使司가 설치되었다. 慶曆 8년(1048)
에 安撫使路인 定州路安撫使司가 설치되어 定州·保州·深州·祁州·廣信軍·安肅軍·
順安軍·永寧軍 등 8개 州軍을 관할하였다. 송대에 太原府·河間府와 함께 하북 3鎭
의 하나로 손꼽혔다. 定州는 北魏가 後燕을 격파하고(400) '천하를 평정하였다'는
뜻에서 취한 것이며, 中山府는 전국시대 中山國에서 유래하였다. 화북평야 서단
으로 남북 교통의 요지였다. 관할구역은 현 하북성 중서부 保定市 서남쪽 定州市
를 중심으로 보정시 남쪽, 石家莊市의 북쪽에 해당한다.

25 고양관로 : 원문은 '高陽關'이다. 後晉의 石敬瑭이 연운 지역 16개 주를 거란에 할
양할 때 당조가 거란을 방어하기 위해 설치한 淤口關(현 하북성 廊坊市 覇州市 동쪽
新安鎭)·瓦橋關(현 하북성 保定市 雄縣 서남쪽)·益津關(현 하북성 廊坊市 覇州市 도심) 등
'3關'도 포함되었다. 後周 世宗은 顯德 6년(959)에 莫州(현 하북성 滄州市 任丘市)·瀛州
(현 하북성 滄州市 河間市)와 함께 淤口關·瓦橋關·益津關 등 '3關'를 점령하고 이 지역
을 '關南'이라 칭하였다. 송조는 太平興國 7년(982)에 관남지역을 '高陽關'으로 고쳤
고, 慶曆 8년(1048)에 瀛洲를 치소로 高陽關路를 설치하고 安撫使를 임명하여 10개

주군을 관할하게 하였으며 大觀 2년(1108)에는 瀛洲를 河間府로 승격하였다. 한편 高陽은 현 하북성 중부 保定市의 동남쪽에 해당하는 河北西路 順安軍 高陽縣(현 하북성 保定市 高陽縣)의 지명이기도 하다. 이처럼 高陽關은 3關이나 高陽縣과 무관하고 關門 명칭이 아닌 지역명이다. 따라서 982~1047년간의 일이 아니면 고양관로로 번역하는 것이 혼동을 줄일 수도 있다. 하북 최대의 소택지인 百洋淀 남쪽에 있으며 동서 100여 ㎞의 습지를 형성하고 있어 백양정 북쪽에 있는 雄州와 함께 거란 기병을 방어하는 전략 요충지였다.

26 安撫使 : 唐代 전기에 전란이나 재난지역을 안정시키기 위해 대신을 임시 파견하면서 나온 관명이다. 송조 역시 처음에는 임시직이었지만 陝西·河東·河北·兩廣 등 국경지역에는 상설직으로 임명하였다. 각 路의 민정과 군정을 장악하고 '便宜行事'할 권한을 갖고 있어 실제로는 路의 장관과 마찬가지였으므로 각 路에서 가장 중요한 府·州의 지사를 겸직하였다. 안무사는 太中大夫 이상이나 侍從官 역임자만 맡을 수 있고, 2品 이상의 관리에게는 '安撫大使', 이하에게는 '主管某路安撫司公事'나 '管勾安撫司事'라고 칭하여 엄격하게 구분하였다. 南宋 초에는 路마다 安撫使司를 설치하되 廣南東路·廣南西路 등은 '經略安撫使司'로 구분하였다. 寧宗 이후 각 路의 민정과 군정을 都統制司 등과 나누어 관장하게 하면서 점차 한직이 되었다.

27 吳玠(1093~1139) : 자는 晉卿이며, 秦鳳路 德順軍 隆德縣(현 감숙성 平涼市 靜寧縣) 사람이다. 젊은 나이에 西夏와의 전쟁에서 큰 공을 세웠고, 張浚이 富平戰에서 패한 뒤 都統制로서 잔여 부대를 모아 동생 吳璘과 함께 사천을 공략하려는 兀術 병력을 和尙原에서 격파하여 금과의 전투에서 최초의 대승을 거두었다(1131). 이듬해에는 仙人關에서 10만 금군을 다시 격파해서 사천·섬서로 진격하려던 금군의 공세를 차단하여 금군이 강남 공략에 집중할 수 없도록 하였다. 병력을 정예화하여 예산을 절감하고 둔전과 수리 개발에 힘써 주민의 지지를 받는 등 혁혁한 공적으로 開府儀同三司 및 四川宣撫使가 되었으나 과로로 사망하였다. 후에 涪王으로 추증되었다.

28 燕雲 : 938년에 後晉 石敬瑭이 거란에 할양한 燕京(현 북경시)과 雲州(현 산서성 大同市)를 뜻하기도 하지만 연경과 운주를 비롯한 하북성·산서성 북부지역 16개 주의 약칭이기도 하다. 이 16개 주는 唐代의 행정단위여서 송대의 상황과는 차

이가 있고 후주 世宗이 莫州·瀛州, 그리고 幽州·涿州의 일부를 되찾았기 때문에 '16개 州'라 할 수 없다. 그러함에도 북송 말부터 '잃어버린 장성 이남의 땅' 내지 '수복해야 할 장성 이남의 땅'이라는 상징적 용어로 쓰였고, 남송 이후 고유한 역사 용어로 정착하였다. 북경대학 교수 侯仁之는 宣和 연간부터 '燕雲'으로 連稱하기 시작했다고 하였다(「燕雲 16州考」 참고).

29 河東路 : 太平天國 4년(979)에 北漢을 멸망시킨 뒤 설치된 것으로 보이며 至道 3년 (997)에 전국 15개 轉運使路의 하나로 운영되었다. 치소는 太原府로 알려졌으나, 南京大 李昌憲 교수는 '提點刑獄司의 치소만 태원부이고 轉運使司의 치소는 潞州였는데, 전비 조달을 위해 靖康 연간에 비로소 轉運使司를 태원부로 옮겼다'고 하였는데, 상당히 타당한 의견으로 보인다. 하동은 춘추전국시대는 물론 秦·漢 代에 수도인 長安을 기준으로 황하의 동쪽, 즉 현 산서성 서남부지역을 가리키는 말이었으나 唐代부터는 산서성 전체를 뜻하였다. 송대에는 현 서남부 運城市를 제외한 산서성 內長城 이남지역에 해당한다. 宣和 5년(1123), 하동로는 3개 府, 14개 州, 8개 軍, 81개 縣으로 이루어졌다. 하동은 동으로는 太行山脈, 서와 남은 황하에 둘러싸인 고원이라는 지리적 특징상 하북·하남·섬서 평야지대로 진출하기 유리한 지정학적 장점을 지닌 지역으로 강력한 군사력을 자랑하던 沙陀族의 근거지여서 後唐·後晉·後漢 세 왕조의 발상지였고, 거란과 손을 잡은 北漢이 가장 치열하게 저항하던 곳이었다. 그래서 송 태종은 北漢을 멸망시킨 뒤 太原을 초토화하고 幷州로 격하시켰다. 병주가 태원부로 승격된 것은 嘉祐 4년(1059)에 이르러서였다. 오랜 상무적 전통과 거란·서하와 국경을 이루고 있어 송군 가운데 정예병이 많았다.

30 經略使 : 북송 건국기인 開寶 8년(975)에 南唐을 점령한 뒤 常州·潤州에 經略巡檢使를 임명한 것이 효시였다. 咸平 4년(1001)에 서북·서남 등 변방의 路를 통제하는 문관 출신 고위 지휘관에게 부여하는 직책으로 경략사를 임명하였고, 1039년 西夏와의 전쟁 때 陝西와 河東路의 安撫使에게 經略使를 겸하게 하여 군의 지휘와 유목민 안무를 맡긴 뒤로 經略安撫使를 임명하는 것이 관례가 되었다. 經略은 『左傳』 杜預의 注에 실린 "(천자가) 천하를 경영하심에 사해 내를 모두 아우르신다.(經營天下, 略有四海, 故曰經略)"에서 유래한 말이다.

31 河朔 : 黃河 이북지역에 대한 통칭으로 현 하북성·산서성과 산동성 일부를 포함

하는 지리적 개념이다. 朔은 본래 '시작하다'라는 뜻인데, 북방이 만물이 시작하는 곳이라는 관념에서 북방을 가리켜 朔方이라 칭한 데서 유래하였다.

32 원문은 '禁密'이다. 본래 궁중의 기밀을 뜻하는 말로 궁중 내의 官署나 황제의 측근 대신을 가리키는 말이기도 하다. 薛嗣昌이 황제의 측근인 童貫과 蔡京의 눈에 들기 위해 허황된 보고를 했음을 말한다.

33 代州 : 河東路 소속이며 등급은 上, 郡名은 雁門郡, 州格은 防禦州이다. 치소는 雁門縣(현 산서성 忻州市 代縣)이고 관할 현은 崞縣·繁時縣·雁門縣·五臺縣 등 4개이다. 지명은 商의 제후국 代國에서 유래하였다. 거란과 국경을 이룬 恒山山脈의 험준함을 이용한 난공불락의 雁門關 소재지로도 유명한 군사 요충지여서 沿邊安撫使司가 설치된 적도 있었다. 관할구역은 현 산서성 중북부 忻州市의 북동쪽에 해당한다.

34 武州 : 거란 西京道 소속이며 軍額은 宣威軍, 州格은 軍事州이며 朔州 順義軍절도사사의 통제를 받았다. 치소 겸 관할 현은 神武縣(현 산서성 忻州市 神池縣)이다. 唐朝는 현 하북성 張家口市 宣化區에 武州를 설치하였는데, 거란은 武州를 歸化州로 바꾸는 한편 현 산서성 忻州市 神池縣 일대를 武州로 개칭하였다(1040). 따라서 당의 무주는 하북성, 거란의 무주는 산서성으로 각기 다른 곳이다. 管涔山脈과 蘆芽山脈의 분기점이며, 관할구역은 현 산서성 중북부 忻州市 서북쪽의 神池縣과 五寨縣에 해당한다.

35 應州 : 거란 西京道 소속이며 軍額은 彰國軍, 州格은 節度州이다. 치소는 金城縣(현 산서성 朔州市 應縣)이고 관할 현은 金城縣·河陰縣·渾源縣 등 3개이다. 지명은 龍首·雁門 2개의 산이 남북으로 대응하고 있는 지형에서 취하였다. 太原에서 북쪽으로 뻗은 길은 朔州와 代縣으로 갈라졌다가 응현에서 만나 大同으로 이어진다. 大同市 남부 평야 지대이며, 관할구역은 현 산서성 북서부 朔州市의 동서쪽에 해당한다.

36 忻州 : 河東路 소속이며 등급은 下, 郡名은 定襄郡, 州格은 團練州이다. 치소는 秀容縣(현 산서성 忻州市 忻府區)이고 관할 현은 秀容縣·定襄縣 2개이다. 지명은 平城에서 흉노에게 포위되어 위기에 처했던 한고조가 忻口에 이르러 비로소 안전해졌다고 여기자 '전군이 모두 집에 돌아온 것처럼 기뻐하였다(六軍欣然如歸)'는 데서 유래하였다. 忻定盆地의 중심으로 산서의 남북을 잇는 간선망에 있다. 관할구역

은 현 산서성 중북부 흔주시 城區와 그 주위에 해당한다.

37 詔令：황제·황후·태후 등이 내린 詔·敕·旨·誥·制·冊·諭·令·檄 등 모든 공문에 대한 통칭이다. 민간에서는 통상 聖旨라고 하였다.

38 駝磯島：산동반도와 요동반도 사이에 있는 섬으로 長山列島라고도 칭하는 廟島列島 가운데 하나이다. 진시황이 불로초를 구하려 했다는 方丈·蓬萊·瀛洲라는 바다의 三神山으로 알려지기도 했지만, 송대에는 중죄인 유배지인 沙門島로 쓰였다. 현 산동성 동북부 烟台市 북쪽의 長島縣 駝磯鎭에 해당한다.

39 渤海(698~926)：고구려 別部 출신의 大祚榮이 세운 국가로서 영토는 중국의 동북, 러시아 연해주, 한반도 동북부에 걸쳐 있었으며 전성기에는 海東盛國이라 칭해졌다. 하지만 본서에서 언급하고 있는 '발해'는 거란의 지배를 받고 있던 발해 유민, 즉 발해를 國名으로 보지 않고 '발해족'이라고 하여 거란족·여진족·奚族 등과 함께 동북 및 연해주에 거주하던 주요 族名의 하나이자 때로는 이들이 사는 지역을 뜻하는 용어로 쓰였다.

40 遼河：내몽고·길림·요녕성을 흘러 발해로 유입되는 강으로서 길이는 1,345km로 중국 내 7위이고 유역면적은 219,000㎢이다. 동요하·서요하 2개의 지류로 이루어졌으며, 서요하는 다시 시라무렌과 요하의 2개 지류로 이루어졌다. 漢代 이전에는 句驪河, 한대에는 大遼河라고 했고 오대부터 遼河라고 칭하였다. 사용량에 비해 수량은 풍족하지 않은 편이며 홍수가 자주 발생하고 含沙量이 황하·海河에 이어 세 번째로 많아서 하구 삼각주가 계속 커지고 있다.

41 蘇州：거란 東京道 소속이며 軍額은 安復軍, 州格은 節度州이다. 치소는 來蘇縣(현 요녕성 大連市 金州區)이고 관할 현은 來蘇縣·懷化縣 2개이다. 같은 지명으로 송의 兩浙路 蘇州(현 강소성 蘇州市)가 있다. 관할구역은 현 요녕성 요동반도 남부 大連市의 북동쪽에 해당한다.

42 復州：거란 東京道 소속이며 軍額은 懷遠軍, 州格은 節度州이다. 치소는 永寧縣(현 요녕성 大連市 瓦房店市)이고 관할 현은 德勝縣·永寧縣 2개이다. 관할구역은 현 요녕성 요동반도 남부 大連市의 중앙에 해당한다.

43 興州：거란 東京道 소속이며 軍額은 中興軍, 州格은 節度州이다. 치소 겸 관할 현은 常安縣(현 요녕성 鐵嶺市 鐵嶺縣)이고 지명은 발해의 흥주 주민을 이주시켜 설치한 데서 유래하였다. 같은 지명으로 利州路 興州(현 섬서성 漢中市)가 있다. 관할구역

은 현 요녕성 동북부 鐵嶺市의 남쪽에 해당한다.

44 瀋州 : 거란 東京道 소속이며 軍額은 昭德軍, 州格은 節度州이고 별도로 巖州를 관할하였다. 치소는 樂郊縣(현 요녕성 瀋陽市 瀋北新區)이고 관할 현은 樂郊縣·靈源縣 등 2개이다. 이 두 현의 본래 이름은 三河縣·漁陽縣이었는데 연운 16주를 할양받은 뒤 지명의 중복을 피해 낙교현과 영원현으로 바꿨다. 지명은 관내 瀋河에서 취하였다. 遼河와 渾河의 충적작용으로 이루어진 비옥한 평야지대이며, 관할구역은 현 요녕성 북중부 沈陽市의 城區에 해당한다.

45 同州 : 거란 東京道 소속이며 軍額은 鎭安軍, 州格은 節度州이며 별도로 지명 미상의 1개 주를 관할하였다. 치소는 東平縣(현 요녕성 鐵嶺市 開原市)이고 관할 현은 東平縣·永昌縣 2개이며, 거란 태조가 발해의 東平寨를 주로 승격시켰다. 같은 지명으로 송의 永興軍路 同州(현 섬서성 渭南市 大荔縣)가 있다. 구릉지와 遼河·淸河의 충적 평야 지대이며, 관할구역은 현 요녕성 동북부 鐵嶺市의 북동쪽에 해당한다.

46 咸州 : 거란 東京道 소속이며 軍額은 安東軍, 州格은 節度州이고 道宗 이후 咸州路兵馬司·北女直詳穩司가 설치되었다. 치소 겸 관할 현은 咸平縣(현 요녕성 鐵嶺市 開原市)이다. 金 太祖의 즉위 장소이고 거란인 耶律留可가 東遼를 건국하였던 곳이며 (1213), 이듬해에는 金의 大將 蒲鮮萬奴가 東遼를 공격하고 이곳에 東夏를 건국하는 등, 짧은 기간이었지만 함주는 金·東遼·東夏 등 3개국의 수도가 되었던 전략적 요충지다. 요하의 동쪽, 장백산맥의 지맥으로 산지와 구릉지가 많으며, 관할구역은 현 요녕성 동북부 鐵嶺市의 북동쪽에 해당한다.

47 咸州 등 6개 주 모두 현 요동성 북쪽의 開原부터 鐵嶺·瀋陽을 거쳐 요동반도의 남단인 大連을 잇는 遼河 동쪽지역에 해당한다. 이 가운데 咸州가 가장 컸을 것으로 짐작되나 정확한 戶口 수는 알 수 없고 興州는 200戶에 불과하였다.

48 中使 : '宮中에서 파견한 使者'라는 말인데 宦官이 전담하였기에 환관을 뜻하기도 한다.

49 관저 : 원문은 '第'이다. 漢代에 三公이나 大將軍 같은 최고위직 관료에게는 자신의 저택을 관아로 삼아 조정에 출근하지 않고 국사를 처리할 수 있는 특권을 부여하였다. 이를 가리켜 '開府儀'라고 칭하는데, 魏晉 이후 그 범위가 더 넓어져 송대로 이어졌다.

50 宋太宗(939~997, 재위 976~997) : 태조 趙光胤의 동생인 趙匡義(후에 '炅'으로 개명)이

다. 태조의 정책 기조를 계승하여 문치주의에 입각한 황제 권력 강화에 힘쓰는
한편 정통성의 문제를 해결하기 위해 형을 능가하는 공적을 쌓고자 하였다. 태
종은 吳越과 北漢을 차지함으로써 오대십국의 분열 국면을 종식하는 데 성공하
였다. 그러나 주변 국가 및 제 세력과 긴밀한 외교적 군사적 유대를 맺고 以夷
制夷 전략을 통해 거란을 제압하고자 했던 계획은 전혀 성과를 거두지 못하였
고, 오히려 거란에 대한 두 차례의 전면 전쟁에서 완패하고, 서하와도 대립 국
면을 자초함으로써 '積弱積貧'이라는 구조적 문제점을 후대에 안겨 주었다. 발해
만을 이용한 해상 교통로를 통해 여진에서 말을 구입한 것도 이런 대외정책의
일환이었다. 한편 사학계에서는 조광의가 형을 살해하고 등극하였다는 견해가
많다.

51 蔡絛(1096~1162) : 자는 約之이며 福建路 興化軍 仙遊縣(현 복건성 莆田市 仙遊縣) 사람
    으로 권신 蔡京의 다섯째 아들이다. 徽猷閣待制·禮部尙書 겸 侍講을 거쳐 龍圖閣直
    學士 겸 시강이 되었다. 宣和 6년(1124) 채경이 다시 집권했지만 78세여서 실무를
    처리하기 힘들어하자 채조가 업무를 대행하여 국사를 처리했고 조회에도 대리
    참석하였다. 권력을 자의적으로 행사하며 부정을 일삼았으며 후에는 권력을 놓
    고 채경과 갈등을 빚기도 했다. 靖康 1년(1126), 금군의 전면 공세 때 廣南西路 白
    州로 유배되었으나 紹興 말년까지 살아남았다. 정치적으로 발호를 일삼았지만
    박학했고 문재가 뛰어나 그의 문집 『鐵圍山叢談』에는 乾德~紹興 연간의 많은 일
    화가 기록되어 있고, 『國史後補』에는 궁중의 일부 금기사항도 수록되어 있으며,
    元祐 구법당 인사의 작품이 많이 수록된 『西淸詩話』 등을 남겼다.

52 『北征紀實』 : 蔡絛가 연경 공략의 시말을 적은 2권의 책으로서 원본은 없어졌으나
    일부가 본서에 수록되어 있어 그 개략적인 모습을 엿볼 수 있다. 북송 멸망에
    가장 큰 책임을 저야 할 채경 부자의 정치적 입지를 감안할 때 『北征紀實』의 객관
    성에 대해 의문을 가질 수 있지만, 예상 밖으로 상당히 객관적인 편이다.

53 天祚帝(1075~1128, 재위 1101~1125) : 거란의 9대 황제로서 이름은 延寧이고 중국
    식 이름은 耶律延禧이다. 황태자였지만 모함을 받아 실각된 뒤 살해당한 耶律濬
    의 아들이자 道宗의 손자로 황위를 계승하였다. 즉위 당시 거란은 이미 말기적
    증세가 두드러졌음에도 천조제는 사냥과 사치에 빠져 국세 회복에 소홀하였다.
    1114년, 阿骨打가 거병한 뒤 두 차례에 걸친 전투에서 패하였고, 이듬해 친정에

나섰다가 패퇴한 뒤 정국 주도권을 상실하였다. 송·금의 협공 위협과 발해인의 반란에 시달리던 천조제는 1122년 中京을 상실하면서 급격히 몰락하였다. 천조제는 西京을 거쳐 夾山山脈으로 도피하였고, 그 사이 燕京에서 耶律淳이 天錫皇帝로 즉위하자 고립무원에 빠지고 말았다. 결국 산서 應州에서 포로가 되었고 금국으로 압송되어 재위 25년 만에 거란은 멸망하였다.

54 中國 : 西周 초기 청동기인 何尊의 銘文에서 처음 쓰인 용어이다. 西周 때는 關中·河洛을, 東周 때는 주 왕실의 복속지를 뜻하였고, 이후 제후국의 영토 확장에 따라 범위가 커지면서 秦漢 이후에는 중원왕조의 전 영역을 포괄하는 것으로 바뀌었다. 다만 역대 어느 왕조도 국호로 사용하지 않은 것에서 볼 수 있듯이 中原과 유사한 지리적 개념이자 문화적 정통성을 뜻하였다. 北魏가 중국을 자처하면서 남조를 島夷라고 깎아내렸고, 남조 역시 中國을 자처하면서 북위를 魏虜라며 인정하지 않은 것처럼 거란과 북송, 금과 남송 역시 각자 중국을 자처하면서 상대를 중국으로 인정하지 않았다. '중국'이 국호로 정착된 지금 '중국'을 지역명으로 수용하기가 어색하지만 '중원'과는 또 다른 어감을 지니고 있어 '중국'으로 번역하였다.

55 二浙 : 浙江東路와 浙江西路의 합칭으로 兩浙·兩浙路과 같은 말이다. 양절로는 太平興國 3년(978)에 兩浙東北路와 西南路로 출발하였는데, 太平興國 6년(981)에 양절로로 통합되었고, 至道 3년(997)에 전국 15개 轉運使路의 하나가 되었다. 치소는 杭州이고 관할 주는 14개이다. 熙寧 7년(1074)부터 다시 錢塘江을 기준으로 세 차례 東路와 西路로 분리와 통합을 거듭하다가 建炎 3년(1129) 이후 분리가 지속되었다. 약칭은 浙東과 浙西였고 治所는 紹興府와 臨安府였으며, 절동 관할 주는 紹興府·衢州·明州·婺州·溫州·處州·台州 등 7개이고, 절서 관할 주는 臨安府·睦州·常州·蘇州·秀州·潤州·湖州 등 7개이다. 현 절강성을 중심으로 강소성 장강 이남과 상해에 해당한다.

56 火閣 : 큰 전각은 난방이 어려우므로 보온 효과를 높이기 위해서 전각 안에 작은 집처럼 만든 설비이다.

57 尙書 : 尙書省 산하에 설치한 吏部·戶部·禮部·兵部·刑部·工部 등 6부의 장관 명칭이다. 황제 옆에서 문서 수발을 담당하는 관직에서 유래한 관명으로 북송 전기에는 정3품이었고, 원풍 관제개혁 이후에는 종2품이었다. 송대의 6부는 당대

와 달리 유명무실하였지만, 고위직으로서의 위상은 여전하였다.

58 節度使 : 唐代 민정·군정·재정을 총괄하던 大軍區의 군정장관이다. 節度는 '節制 調度', 즉 '부절을 갖고 병력을 통제'한다는 뜻인데, 임명할 때 旌節를 수여한 데 서 유래하였다. 당은 전쟁이 발발할 때마다 行軍大總管을 임명하여 군을 지휘하 게 하였는데, 번거롭고 효율이 떨어졌다. 이에 玄宗은 10개 大軍區를 설치하고 절도사에게 권력을 집중시켰다. 절도사는 자신이 직할하는 府州 외에도 몇 개의 州를 支郡으로 거느렸고 특히 강력한 친위대인 牙軍이 권력의 중추를 형성하면 서 安祿山의 난 이후 절도사가 사실상 반독립 정권으로 변하였다. 이에 송 태조 는 절도사의 재정권을 제약하고 정예병을 금군으로 차출하는 등 권한을 축소하 는 데 힘썼으며, 태종 때에는 실제 부임하지 않는 명예직으로 전락시켰다. 그렇 지만 무관 최고직인 都督을 임명하지 않아 절도사가 최고의 명예직으로 인식되 었고, 통상 同中書門下平章事나 中書令 등에 수여하는 선망의 직책이었다. 품계는 정3품이고 의례는 宰執과 동일하였다. 遼·金 역시 큰 州에 절도사를 두어 민정 과 군정을 통괄하게 하였다.

59 환관이 정식 사신으로 타국에 파견된 것은 송조는 물론 중국사에서 전례가 없 는 일이었다. 따라서 동관은 최초의 환관 출신 사신이라는 기록을 갖고 있다.

60 走馬承受 : 조정을 대신하여 현지에서 軍務를 협의하고 장수를 감찰하는 업무를 지닌 파견직이다. 春秋시대부터 있었으며, 唐 玄宗이 환관을 監軍으로 임명한 것 이 거란과 宋에도 관례로 이어졌으나 권한은 다소 약해졌다. 북송 초부터 河北· 河東·陝西·川峽·廣南 등 변경 路마다 1명씩 三班使臣이나 內侍로 임명하였다. 통 상 1년 1회 入奏하고, 긴급한 경우에는 수시로 보고하게 하였다. 정식 명칭은 '諸 路經略安撫總管司走馬承受並體量公事'지만 너무 길어서 '走馬承受並體量公事·諸路 承受公事·走馬承受公事·走馬承受·走馬·承受' 등으로 약칭하였으며 통상 '주마승 수'라고 칭하였다. 관품 자체는 낮았지만 通判의 상위직급이었다. 원래 經略安撫 總管司 소속이었으나 崇寧 연간(1102~1106) 이후로는 路 감사의 통제를 받지 않 고 직접 조정에 상주할 수 있는 특권이 부여된 廉訪所에 속하였으나, 靖康 연간 (1126~1127)에 예전의 제도로 환원되었다.

61 童師敏 : 환관으로 동관의 양자였다. 政和 연간(1111~1118)에 재상인 채경 관저의 상주문을 휘종에게 전달하는 업무를 맡았다. 종5품인 中衛大夫로 四方館使와 榮

州防禦使를 제수받았다.

62 御筆 : 황제가 직접 쓴 조서로서 手詔라고도 한다. 黃紙에 散文體 문장으로 작성하며 親王·宰相·樞密使의 陳情에 대한 답변에 사용하고 參知政事 등 부재상 이하에는 사용하지 않는 것을 원칙으로 하였다. 단 자신의 문장력과 서예에 자부심을 지니고 있던 휘종은 이런 관례를 무시하고 어필을 남발하였다.

63 遷 : 승진 절차에 따라 차례로 승진한다는 '序遷'의 준말이다.

64 실록원수찬 : 원문은 '修撰'인데 實錄院에서 實錄 편수를 담당하는 사관인 '實錄院修撰'의 약칭이다. 송대에는 翰林學士·給事中·尚書·侍郎 등 황제의 측근에서 근무하는 侍從官의 하나로서 매우 명예로운 관직으로 인정받아 明·清代에도 통상 장원 급제자에게만 하사하였다. 侍從官으로서 修撰 직을 맡더라도 직급이 약간 낮으면 實錄院同修撰이라고 하였고, 侍從官이 아니면서 修撰 직을 맡으면 權實錄院同修撰이라고 구분하였다. 송 초에는 集賢殿修撰·直龍圖閣·直祕閣 3등급이었으나, 政和 6년(1116)에 集英殿修撰·右文殿修撰·秘閣修撰·直龍圖閣·直天章閣·直寶文閣·直顯謨閣·直徽猷閣·直祕閣 등 9등급으로 늘어났다. 紹興 10년(1140) 이후에는 다시 直敷文·煥章·華文·寶謨·寶章·顯文閣 등으로 등급이 더 늘어나면서 그 위상이 현저하게 떨어졌다.

65 『봉씨편년』 : 원문은 『封有功編年』이다. 『삼조북맹회편』 서문의 書目과 卷1에서만 『봉유공편년』이라고 하였을 뿐 뒤에서는 『封氏編年』으로 19회, 『封氏紀年』으로 1회, 『編年』으로 3회 나온다. 학계에서는 '封有功'을 편찬자 이름으로 추정하나 책이 일실되어 구체적인 서지사항은 확인할 수 없다. 모두 『봉씨편년』으로 번역한다.

66 밀랍에 싼 문서 : 원문은 '蠟彈'이다. 趙昇의 『朝野類要』 「帥幕」의 '蠟彈'조에 따르면 비단에 글을 쓴 뒤 밀랍으로 싸서 넓적다리나 팔뚝의 피부에 붙여 적에게 노출되지 않게 하는 것을 말한다. 납탄 안에 넣은 문서를 가리켜 臘書라고 한다.

67 天慶(1111~1120) : 天祚帝의 두 번째 연호로서 徽宗의 政和 연간(1111~1118)에서 宣和 2년(1120)까지 해당한다.

68 光祿寺 : 원문은 '光祿'이다. 고대 중앙정부의 핵심 기관인 9寺의 업무는 魏晉 이후 尚書省의 6부로 이관되기 시작했지만 9시는 황제의 일상을 챙기는 관서로 바뀌어 명청대까지 이어졌다. 따라서 자연히 6부와 9시의 업무는 상당 부분 중복되

는데, 光祿寺는 원래 궁궐 경호와 시종 업무를 맡았다가 北齊 이후 황실 음식과 장막 기물을 담당하였다.

69 光祿寺卿 : 원문은 '光祿卿'이다. 9寺의 하나인 光祿寺의 장관으로 품계는 종4품이며 서열은 9卿 가운데 太常寺卿과 宗正寺卿에 이은 3위이다. 약칭은 光祿卿 또는 光祿이다.

70 足下 : 친구 사이의 敬稱, 혹은 아랫사람이 윗사람을 부르는 경칭으로 쓴다. 晉文公은 논공행상에 불만을 품고 綿山(현 산서성 介休市)에 은거한 介子推를 불러내려고 산불을 놓았지만 개자추는 하산을 거부한 채 결국 큰 나무에 매달린 채 타 죽고 말았다. 이에 진문공은 그 나무로 나막신을 만들어 자신이 신발보다 못하다고 자책하며 '슬프구나, 足下여!'라고 한탄하며 개자추를 기린 데서 유래하였다.

71 요순의 덕정 : 원문은 '堯風'인데 본래 '堯風舜雨'로서 '요순의 덕정이 봄바람과 여름의 비(春風夏雨)처럼 백성에게 미친다'는 의미로 태평성세를 뜻한다.

72 유목민의 옷 : 원문은 '左衽'이다. 옷섶을 왼쪽으로 여미면 左衽, 오른쪽으로 여미면 右衽이라고 하는데, "왼쪽으로 옷섶을 여미는 사방의 夷狄도 모두 의지하지 않을 수 없으리니(四夷左衽, 罔不咸賴)"라는 『書經』「周書」의 '畢命篇'에서 유래하여 유목민의 복장을 가리킨다.

73 원문은 '邊報'인데 파견한 첩자가 획득한 敵情 등 변방의 군사 정보 문건을 말한다. 송조의 경우, 긴급 사태는 별도의 책임자를 보내고 그렇지 않으면 驛站을 이용해 매일 추밀원에 보고하는 것을 원칙으로 하였다. 특별한 일이 없더라도 '日具平安狀'으로 시작하는 간결한 상용 문구를 보내야 했으며, 모든 변보는 밀봉을 원칙으로 하였다.

74 塗炭 : '진흙탕에 빠지고, 석탄불에 떨어지다'라는 말로서 간난신고가 극심함을 비유한다.

75 太師 : 정1품인 3公 가운데서도 수석이며 6卿의 수장이었으나 秦代 이후 정치적 부담 때문에 공석으로 둔 경우가 많았으며, '太宰'라고도 한다. 『周禮』에서는 太師·太傅·太保를, 『尙書』와 『禮記』에서는 司馬·司徒·司空을 3公이라 하였고, 당의 제도를 계승한 송은 태사·태부·태보를 3師, 太尉·사도·사공을 3公이라고 하고 정1품의 宰相·使相·親王에게 수여하는 최고의 명예직으로 삼았다. 다만 휘종은 3公을 없애고 太師·太傅·太保를 3公으로 바꾼 뒤 명예직이 아닌 재상의 정식 명

칭으로 삼았다. 따라서 政和 2년(1112)부터 宣和 7년(1125)까지는 3公을 재상으로 번역하는 것이 더 타당할 수도 있다.

76 太尉 : 秦·漢代에 군권을 장악하는 최고위 장관으로서 秦代에는 '丞相·太尉·御史 大夫'를 가리켜 '3公'이라고 하였다. 군권 장악에 따른 부담 때문에 일찍부터 명 예직으로 변하여 隋代부터 공관과 막료를 없애고 宰相·親王·使相에 대한 加官이 나 贈官의 수단으로 활용하였다. 그런데 政和 2년(1112)에 무관 寄祿官의 하나로 바뀌었고, 紹興 연간에 제정한 52개 품계 중 1위였다. 품계는 正2품으로 서열은 執政官의 아래, 節度使의 위였다.

77 界河 : 본래 국경을 이루는 강을 말하지만, 송대에는 거란과의 계하 가운데 가장 대표적인 白溝를 뜻하였다. 현 海河 지류인 백구는 세폐의 전달 장소이자 국경무 역이 이루어지는 곳이었다. '전연의 맹약'을 통해 국경을 확정한 양국은 임의로 국경을 넘는 행위에 대하여 매우 엄격하게 관리하였는데, 특히 송은 거란과의 군사적 충돌을 사전에 방지하기 위해 매우 엄격하게 통제하였다.

78 延慶殿 : 朱全忠은 後梁을 건국하면서 개봉의 宣武軍節度使 관아를 建昌宮으로 이 름만 바꿔 궁궐로 사용하였다. 건창궁은 後晉 때 大寧宮으로 개칭되었을 뿐 북송 건국 때까지 그대로 유지되었고, 건창궁에 있던 연경전의 본래 명칭은 萬歲堂이 었는데, 당말에 萬歲殿으로, 大中祥符 7년(1014)에 다시 연경전으로 이름만 바뀌 었을 뿐 건물은 그대로 유지되었다.

79 阿骨打(1068~1123, 재위 1115~1123) : 여진어 아구다Aguda를 音借한 것으로서 '너그 럽고 넓은 아량·모양'이라는 뜻이다. 금 太祖 完顔 아골타는 女眞 完顔部의 族長 으로서 烏雅束의 뒤를 이어 君長인 都勃極烈에 올랐다(1113). 아골타는 300호를 1 謀克, 10모극을 1猛安으로 조직하여 군사력을 강화하고, 이듬해에 寧江州 공략을 시작으로 出河店에서 거란 10만 대군을 격파했고(1114), 會寧(현 흑룡강성 哈爾濱市) 에서 금을 건국하고 제위에 올랐다(1115). 그리고 길림의 요충지 黃龍府를 함락 시켰다. 또 10만 대군을 이끌고 친정에 나선 천조제를 2만 병력으로 격파하여 전장의 주도권을 완전히 장악한 뒤 거란의 수도 上京(1120)과 중경·연경을 연이 어 함락시키는(1122) 등 불과 8년 만에 거란을 완전히 멸망시켰다. 일개 부족연 합에서 거대한 제국을 건설하기까지 10년도 걸리지 않았다는 점에서 아골타의 지도력과 전쟁 수행 능력은 역사적으로도 유례를 찾아보기 힘들다. 여진에 내

재된 '폭발적' 잠재력의 규명은 많은 사가의 관심사이다.

80 원문은 '壺漿'인데 본래 '簞食壺漿'으로서 '簞'은 밥을 담는 소쿠리, '壺'는 국을 담는 단지로 백성들이 음식을 들고 와서 군인들을 환영한다는 말이다. 『孟子』의 「梁惠王上」 "簞食壺漿以迎王師"에서 유래하였다.

81 朝請大夫 : 문관 寄祿官 29개 품계 중 12위이며 從5品上이었으나 元豊개혁 후 30개 품계 중 17위, 從6品으로 바뀌었다. 承務郞(從9品)부터 朝請大夫까지는 4년에 1단계 승급할 수 있으나 朝議大夫부터는 결원이 있어야 가능하였다.

82 秘閣 : 본래 궁중에서 도서를 보관하는 장소를 일컫는 말이었다. 唐代부터 내려오던 史館·昭文館·集賢院 등 3館을 太平興國 3년(978)부터 崇文院으로 통칭하였고, 端拱 1년(988)에 崇文院 안에 비각을 추가 설치하여 三館秘閣이라고 통칭하였다. 秘閣의 서열은 3관 아래이며 判秘閣事·直秘閣·秘閣校理 등의 관원이 임명되었다. 숭문원은 元豊 3년(1080) 관제 개혁 이후 비서성 소관으로 바뀌었다. 소장한 전적의 보관 및 편수가 주 업무지만, 황제 자문에도 응하여 더욱 중시되었다.

83 待詔 : 漢代부터 재능 있는 士人을 초빙하여 대기시킨 뒤 수시로 황제의 詔令을 작성하게 하였기 때문에 '待詔'라는 명칭이 생겼다. 唐代부터 翰林院에 소속되어 翰林待詔라 불리었고, 송대에도 詔書를 작성하였으나 당대와 달리 초안 작성 대신 글을 쓰는 역할만 담당하였다. 하지만 조서 관련 업무를 맡은 데다 정원이 3명뿐이어서 선발에 각별하게 신경을 썼다. 이양사에게 대조 직책을 하사한 것은 파격적인 우대에 해당한다.

84 중국은 전형적인 농업국가여서 농지세가 세액 가운데 가장 중요한 비중을 차지해 왔으나 송대에는 중농정책의 표방 등으로 농지세를 고정시키고, 그 대신 상세와 전매세를 통해 세수를 증대시키는 방향으로 전환하였다. 그 결과 상세와 전매세가 농지세보다 더 큰 비중을 차지하였다.

85 화적법 : 원문은 '和糴'이며, 본래 정부가 농민으로부터 곡식을 구매하는 것을 말한다. 그런데 唐 중기 이후 재정이 곤궁해지자 구매 대신 강제로 필요한 수량을 배정하고 심지어 수송까지 부담시키면서 수탈의 수단으로 바뀌었다. 송대의 화적 역시 처음에는 부호·상인에게 지정한 장소로 곡식을 운반시킨 뒤 관에서 구매하는 방식(置場和糴)이었는데, 후에 상인들이 서로 결탁하여 관이 손해를 보는 일이 많아지자 戶等·家業錢額·稅錢額·稅糧額·頃畝額 등을 근거로 강제 배정하는

방식(抑配徵購)으로 변하였다. 또 나중에는 支移·折變·加耗·大鬥·大斛 등 각종 잡세에 이르기까지 배정의 근거로 악용되었다. 북송 때 河東路의 경우 원래 兩稅額은 39만 石이었지만, 화적은 82만 石에 달했고, 남송 후기에는 더욱 커져 常熟縣의 경우, 秋稅가 7만 石인데, 화적은 14~30만 石에 달하였다.

86 균적법 : 원문은 '均糴'이며, 재산과 토지 소유 정도에 따라 일정량의 곡식을 구매하게 하고, 이를 다시 관에서 수매하는 제도를 말한다. 본래 政和 3년(1113)에 陝西에서 시작해 전국 각지로 확산된 것인데, 관의 수매가가 납세자들의 실제 구매가보다 낮은 경우가 대부분이어서 또 하나의 부가세로 작용하였다.

87 대적법 : 원문은 '對糴'이며, 납세자가 부담해야 할 세액과 대등한 가격의 곡식을 수매하는 것을 말한다. 단 수매량의 기준이 예상 세액을 전제로 하는 것이어서 실제 수매 물량은 얼마든지 더 늘어날 수 있다.

88 함적법 : 원문은 '銜糴'이다. 『三朝』 본문에 처음 등장하는 것으로서 현재로서는 그 정확한 내용을 알 수 없다. 다만 관에서 필요한 비축량이 모자랄 경우, 곡식이 남는 집안을 수색하여 그들이 사용할 양만 남기고 관에서 모두 강제 수매하는 括糴과 유사한 것이 아닐까 추측할 뿐이다.

89 쌀 수매 예산 : 원문은 '糴本'인데 관에서 농민으로부터 곡식을 수매하는 和糴에 필요한 예산이다. 적본이 많아야 화적을 늘릴 수 있기 때문에 동전·철전·은 외에도 소금·차·향료를 비롯해 관리의 신분증인 官告와 승려의 출가를 허용하는 度牒까지 활용 대상은 매우 폭넓었다.

90 進武校尉 : 政和 2년(1112)에 설치한 무관 寄祿官 관명으로 紹興 연간에 제정한 52개 품계 밖에 있는 無品官에 해당한다. 단 무품관 8階 가운데 선임이다. 본문의 경우 장교라고는 하나 품계가 없던 하위직 군인과 역시 품계가 없던 서리에게 명의상의 관직을 부여한 것이다.

91 平海軍 : 복건로 泉州의 軍額이다. 太平興國 3년(978), 복건의 泉州·漳州 지역을 장악한 채 할거하던 평해군절도사 陳洪進이 투항하자 송 태종은 즉시 평해군을 없애버렸다. 이후 평해군이란 군부대 명칭은 登州의 수군이 사용하였으나 廂軍에 불과하였다가 인종 때 禁軍으로 승격되면서 기존의 平海軍과는 별도로 澄海軍이 신설되었다.

92 원문은 '指揮'인데 송대에는 '지휘한다'는 의미 외에도 詔敕과 命令을 모두 '지휘'

라고 칭하였을 뿐 아니라 '지휘'는 禁軍의 기본 편제 단위이기도 하다. 보병은 100명을 1都, 500명을 1개 指揮(=營)라고 하였으며 기마병은 400명이었다. 간혹 보병 700명인 경우도 있었다. 登州의 수군은 平海水軍와 澄海水軍 각각 2개 지휘로 이루어졌으니 편제상 2천 명의 수군을 보유한 셈이다.

93 青州 : 京東東路의 치소로서 7개 주, 1개 군을 관할하였다. 등급은 望, 郡名은 北海郡, 軍額은 鎭海軍, 州格은 節度州이다. 州의 치소는 益都縣(현 산동성 濰坊市 青州市)이고 관할 현은 博興縣·壽光縣·益都縣·臨朐縣·臨淄縣·千乘縣 등 6개이다. 청주는 『尙書』「禹貢」에 나오는 9州 가운데 하나로 태산 이동의 산동지역을 뜻하는 매우 오랜 지명이다. 산동 중부 산악지대와 북쪽 평야가 만나는 곳이지만 전반적으로 평탄한 지형이다. 송대에는 황하 하구가 지금보다 북서쪽으로 흐르고 있었고 東營市 중부 이북의 황하 삼각주는 형성되기 전이었다. 송대에는 현 산동성 서북부의 濱州市·德州市·聊城市가 하북동로 소속이어서 청주 북단이 하북동로와 연해 있었다. 관할구역은 현 산동성 중동부 濰坊市의 서쪽지역을 중심으로 臨淄市·濱州市·東營市 일부에 해당한다.

94 宣撫司 : 국경 부근의 군사적 요충지를 중심으로 설치한 임시 고위 군지휘 기구인 宣撫使司의 약칭이다. 직제는 宣撫使·宣撫副使·判官·參謀官·參議官·機宜文字 등인데 상설 조직이 아니기 때문에 선무사와 선무부사를 임명하는 것이 상례지만, 둘 가운데 하나만 임명하는 등 탄력적으로 운영하였다.

95 편관 유배 : 원문은 '編配'이다. 관리에 대한 문책의 하나로 유배에 앞서 반드시 관직과 품계에 대한 취소 처분, 入仕 이래 모든 인사 경력의 파기 처분이 내려지고, 유배지 내에서 해당 관아의 감시와 관리를 받는 엄중한 처벌에 해당한다. 除名보다는 한 등급 가볍지만 安置보다는 한 등급 더 엄중한 처벌에 해당한다. 編管·編置라고도 한다.

96 군영 : 원문은 '軍前'으로 본래 戰場이나 戰線, 또는 전선에 있는 陣地를 뜻한다. 본서에서는 '야전군 지휘부'로 쓴 경우가 더 많지만, 원문을 살려 '군영'으로 번역하되 필요에 따라서 '전선, 군 지휘부, 종군' 등으로 번역하기도 하였다.

97 監司 : 路의 장관으로 재정 담당인 轉運使, 군사 담당인 安撫使, 사법 담당인 提點刑獄使, 구제·전매 담당인 提擧常平使는 본래 업무 외에도 주현 관리를 감찰하는 책무를 지니고 있어 통상 감사라고 칭하였다. 이들 외에도 提擧茶馬·提擧茶鹽을

비롯해 走馬承受(원래 勾當公事였으나 高宗을 피휘하여 개칭함)까지 감사의 범주 안에 광범위하게 포함되었다. 部使·部使者·監司使者라고도 한다.

98 안무사 : 원문은 '帥臣'이며, 安撫使의 약칭으로 '帥司'라고도 한다. 路의 軍政을 담당하는 기관이 安撫司·經略安撫司이며, 安撫司의 장관인 安撫司使를 통상 安撫使라 칭했고 약칭은 '帥' 또는 '帥臣'이라 하였는데, 經略使도 '帥臣'이라 칭하였다. 한편 宣撫使와 宣撫副使의 약칭도 각각 '大帥'와 '帥'였고, 紹興 3년(1133)에 설치한 制置使·制置大使의 약칭도 '帥'였다. 이렇듯 '帥' 또는 '帥臣'은 군 고위 지휘관의 통칭으로 폭넓게 쓰였다.

99 武義大夫 : 政和 2년(1112)에 설치한 무관 寄祿官 가운데 세 번째인 諸司正使 등급에 속한 관명이다. 紹興 연간에 제정한 52개 품계 중 21위이며 正7품으로 諸司正使 가운데 7位이다.

100 馬政 : 자는 仲甫이며 秦鳳路 洮州(현 감숙성 甘南 장족자치주 臨潭縣)라는 기록도 있지만 秦鳳路 熙州 狄道縣(현 감숙성 定西市 臨洮縣) 사람으로 보인다. 이는 아들 馬擴이 자신을 '熙河人'이라고 칭하였기 때문이다. 당시 登州 防禦使로 있던 마정의 품계는 正7品 武義大夫였지만 유배된 상태였고, 호연경의 신분도 平海軍 指揮使였기 때문에 국가를 대표하는 사신치고는 품계가 매우 낮다. 이는 아마도 정식 국교를 맺기 전의 탐색 단계였기 때문일 것이다.

101 지휘사 : 원문은 '卒長'인데 본래 '100명의 병졸을 이끄는 계급'을 뜻하는 말로서 송조의 정식 관직은 아니다. 당시 呼延慶의 실제 직급은 병력 500명으로 이루어진 부대 편제인 '指揮' 또는 '營'의 지휘관인 指揮使였다. 이에 '지휘사'로 번역한다.

102 呼延慶 : 北宋 건국기 명장이었던 呼延贊의 후손으로 당시 平海軍 指揮使였다.

103 '辦船'은 '배를 잘 몬다'는 말이고 '辨博'은 博聞과 같아 '박식하다'는 말이다. 등주에서 蘇州까지의 거리는 100여 km에 불과하고 중간에 廟島列島 등 섬이 연이어 있어서 오고 가는 데 별다른 난관이 없었다. 또 평해군 지휘사였던 呼延慶이 직접 배를 몰았을 가능성은 크지 않다. 따라서 辦船보다는 辨博으로 보는 것이 더 타당할 것이다.

104 원문은 '兵級'인데 '兵丁'과 '節級'의 합칭이다. 節級은 副都頭 아래에 있는 十將·將虞候·承局·押官의 총칭으로 현대의 군 편제로는 하사관에 해당한다.

126

105 太宰 : 정1품인 최고위 명예직 '太師'의 별칭이다. 단 政和 2년(1112)부터 宣和 7년(1125)까지는 명예직이 아닌 재상의 정식 명칭이었다.

106 鄭居中(1059~1123) : 자는 達夫이며 開封府(현 하남성 開封市) 사람이다. 휘종의 총애를 받던 貴妃의 종형제로 서로 크게 의지하였다. 起居舍人 · 給事中 · 翰林學士 등의 요직을 지냈고, 1107~1120년 사이에 세 번이나 樞密院지사를 지냈다. 처음에는 채경이 재상으로 복귀하는 것을 도왔으나 후에 사사건건 채경과 대립하면서 한때 사대부의 신망을 얻기도 했으나 급사하였다. 휘종도 채경을 견제하기 위해 정거중을 중용한 측면도 있었다. 본서에는 정거중과 등순무가 채경과 동관 주도의 거병에 강력히 반대하였으며, 그들을 저지할 수 있는 거의 유일한 인물이었던 것으로 그려져 있다.

107 朝堂 : '野'의 상대어로서 帝王이 관리들과 국정을 논의하는 곳, 즉 朝廷을 뜻하며 朝寧 · 朝治 · 朝苑 · 朝省 · 朝家 등 다양한 별칭이 있다.

108 재상 : 원문은 '首臺'이다. 본래 재상을 복수로 임명하였을 경우 선임 재상을 뜻하나, 단독으로 임명한 경우에도 높여 '首臺'라고 칭하였다. '首宰' · '上宰' · '冠臺席'이라고도 한다.

109 원문은 '廟算'인데 출전하기에 앞서 각급 지휘관들이 太廟에 있는 明堂, 즉 廟堂에 모여 철저하게 전쟁의 계획을 짠다는 뜻이다. 『孫子兵法』의 '未戰而廟算'에서 유래하였으며, '廟略'이라고도 한다.

110 章聖皇帝(968~1022, 재위 998~1022) : 송의 3대 황제인 眞宗 趙恒으로 尊諡는 '膺符稽古神功讓德文明武定章聖元孝皇帝'이다. 통상 간략하게 '章聖皇帝'라 칭한다.

111 昭聖皇帝(972~1031, 재위 982~1031) : 거란 성종이 즉위하자 신하들이 올린 첫 尊號였다. 이듬해 존호를 天輔皇帝로 바꾸었고, 1006년에 다시 '至德廣孝昭聖天輔皇帝'로 바꾸었으며, 친정을 시작한 뒤인 1012, 황태자를 낳은 1021년에 계속 더욱긴 존호로 바꾸었다. 통상 간략하게 '昭聖皇帝'라 칭한다.

112 宋(960~1279) : 後周 恭帝는 즉위 직후 趙匡胤을 歸德軍節度使로 임명하였는데, 귀덕군은 宋州(현 하남성 商丘市)에 있었다. 이듬해 조광윤이 황제에 즉위하면서 관례에 따라 자신이 분봉 받은 송주의 지명을 취하여 국호를 '宋'이라고 하였다.

113 兵者不祥之器 : "무릇 병기란 상서롭지 못한 기물이어서 만물이 그것을 싫어한다. 그러므로 도를 닦은 자는 그것에 집착하지 않는다.(夫兵者, 不祥之器, 物或惡之, 故有

道者不處)”는『道德經』31篇에서 유래하였다.

114 宋眞宗(968~1022, 재위 998~1022) : 북송 제3대 황제로 거란·서하와의 전쟁 패배에 따른 난제를 물려받은 상태에서 거란의 전면 침공을 맞았다. 진종은 親征을 통해 전세를 대등하게 만들었고, 澶淵의 맹약 체결(1004)로 위급한 사태를 수습하는 데 성공하였다. 하지만 歲幣로 자존심에 상처를 입은 진종은 위신 회복을 위해 간신 王欽若과 丁謂의 건의를 받아들여 天書와 符瑞를 조작하고, 泰山의 封禪과 汾陰의 后土 제사를 감행하였다. 이로써 국고 탕진과 함께 허위의식 만연 풍조를 초래하였다.

115 寇準(961~1023) : 자는 平仲이며, 永興軍路 華州 下邽縣(현 섬서성 渭南市 華州區) 사람이다. 강직한 성품과 직언으로 유명하여 태종에 의해 樞密副使·參知政事로 발탁되었다. 진종 즉위 후 工部·刑部·吏部를 거쳐 三司使가 되었으며 景德 1년(1004)에 畢士安과 함께 재상이 되었다. 그해 말 거란이 전면 공세에 나서 澶州 등 하북 지역을 공격하자 많은 신하가 피난과 천도를 제안하였지만, 구준은 진종의 친정을 강권하는 등 적극적인 대응을 주장하였다. 결국 구준은 거란의 공세를 저지한 뒤 '澶淵의 맹약(1004)'을 맺어 100여 년에 걸친 장기 평화를 가능하게 하였다. 세폐 또한 100만까지 허용한 진종과 달리 30만을 관철하도록 하여 성공하였다. 강직한 성품과 과단성 있는 결정으로 높이 평가받았으나 王欽若과 丁謂는 진종에게 전연의 맹약이 사실상 '城下之盟'에 불과하다며 자존심을 건드렸고, 구준은 결국 실각되어 장기 유배에 처해졌다. 天禧 3년(1019)에 재상으로 복귀했고 萊國公에 봉해졌으나 丁謂에 밀려서 다시 실각되고 유배에 처해졌다.

116 瓦橋關 : 河北東路 雄州(현 하북성 保定市 雄縣)에 있는 관문이다. 거란을 방어하기 위해 당이 건설한 '3關(淤口關·瓦橋關·益津關)' 가운데 하나인데, 石敬瑭이 거란에 燕雲 16주를 할양할 때 와교관도 포함되어 거란의 涿州 歸義縣 관할 關門이 되었다(936). 後周 世宗이 점령한 뒤 와교관에 雄州가 설치되었다(959). 전방의 拒馬河를 사이에 두고, 거란과 대치하던 최전선이었다. 현 하북성 중서부 保定市 동쪽의 雄縣 大淸河 옆에 해당한다.

117 와교관 남쪽의 땅 : 원문은 '關南地'이다. 後周 世宗은 石敬瑭이 거란에 할양하였던 淤口關·瓦橋關·益津關 등 3관과 그 남쪽의 莫州(현 하북성 滄州市 任丘市)·瀛州(현 하북성 滄州市 河間市)를 점령하고 '關南'이라 칭하였다(959). 거란과 후주의 하북지역

국경 중앙에서 남쪽으로 U자형으로 깊숙하게 돌출된 곳이고 하북 최대의 소택지인 百洋淀이 있고 拒馬河·易水·溇沱河 등 동서로 흐르는 3개의 강이 천연 방어망을 형성하고 있는 곳이라서 군사적으로 매우 중요한 곳이었다. 거란은 북송 건국 전 거란의 영토였음을 들어 영유권을 주장하며 계속 반환을 요구하였다. 현 하북성 보정시 百洋淀 동쪽에 있는 雄縣에서 남쪽으로 任邱市·河間市로 깊이 들어온 지역에 해당한다.

118 宋仁宗(1010~1063, 재위 1023~1063) : 북송 제4대 황제로 13세에 즉위해 41년 동안 재위하였다. 관후한 성품과 절제력을 바탕으로 여러 유능한 관료를 중용함으로써 각종 현안을 해결하는 데 주력하여 장기 안정과 발전을 구가하였다. 그래서 인종 재위기는 송조의 안정기로 평가되기도 하지만 한편으로는 토지 집중, 관료와 군의 팽창, 서하와의 전쟁 패배, 재정 악화 등 구조적 모순이 점차 심화된 시기이기도 하다. 이에 范仲淹을 중심으로 '慶曆新政'이 추진되기도 했지만 뚜렷한 성과는 거두지 못하였다. 1042년, 서하와의 전쟁에서 연패한 틈을 타 거란이 關南地 할양을 요구하면서 군사적 압력을 가해 오자 富弼을 파견, 서하에 대한 외교적 중재를 조건으로 20만의 세폐를 증액해 주기도 하였다.

119 富弼(1004~1083) : 자는 彦國이며 京西北路 西京 河南府(현 하남성 洛陽市) 사람이다. 慶曆 2년(1042), 거란이 대군을 국경에 집결하고 關南地 반환을 요구하자 부필은 接伴使로 정보를 잘 파악한 뒤 위험을 무릅쓰고 사신으로 가서 토지 할양 대신 세폐를 증액해 주는 조건으로 교섭에 성공하여 장기 평화의 기틀을 다졌다. 후에 재상·추밀사 등으로 승진하였으며 左僕射·門下侍郎·同平章事 등 거의 모든 요직을 역임하였다. 개혁적 풍모를 지녔던 초기와 달리 후에는 보수화되어 신법 추진을 반대하였으며, 특히 神宗에게 '20년 동안 전쟁은 입에 담지도 말라'고 권하면서 대외 확장정책을 극도로 경계하였다.

120 報聘使 : 대등한 상대 국가와의 사신 교류를 가리켜 交聘이라고 한다. 상대 국가로부터 사신 방문을 요청받는 것을 受聘, 그에 따른 사신 파견을 報聘, 사신을 報聘使라 칭한다. 교빙은 사신 파견의 원칙과 목적, 인원과 의례, 방문 일정과 노선 등을 상세하게 정하여 그에 따라 진행된다.

121 府庫 : 문서와 서적의 수장, 재물과 병기의 보관 기능을 담당한 창고이다. 통상 '국고'를 뜻한다.

122 세적에 올라있는 백성 : 원문은 '編戶'이다. 고대 호적에서는 직업·빈부에 상관 없이 토착민을 主戶, 그 외는 모두 客戶라고 칭했는데, 唐 開元 연간(713~741)에 대 규모 호구 조사를 통해 세금을 낼 자산을 가진 주호를 編戶로, 자산이 없는 객호 를 附籍客戶라고 바꿨다. 建中 연간(780~783)에 兩稅法을 실시한 뒤 용어가 바뀌었 지만 稅役 부담이 있는 中上等戶를 가리켜 관습적으로 編戶라 칭하였다.

123 歲幣 : 송이 거란·서하·금에 매년 주던 은과 견을 말한다. 澶淵의 맹약을 체결한 뒤 거란에 30만을 주었고, 慶曆和議를 체결한 뒤 거란에 50만, 서하에 25만 5천 을 주었다. 돈으로 평화를 산다는 점에서 논란도 많았지만, 전체 국가 예산 가운 데 3/4 이상이 국방비로 지출되는 상황에서 세폐의 부담은 그다지 크지 않았고, 114년에 걸친 장기 평화를 유지하였다는 점에서 나름 합리적인 타협이었지만 자존심을 크게 훼손시킨 것도 사실이다. 일부에서는 모병제와 세폐 등 재정투 입을 통해 국방 문제를 해결하려 한 송조의 특성을 가리켜 '財政國家' 모델의 전 형이라고도 평한다.

124 匹兩 : 송대에는 단일 회계 기준 없이 곡식은 石, 비단은 匹, 은은 兩, 땔감은 束 등 으로 표기하였다. 따라서 곡식·비단·은·땔감을 각기 '100만 石·匹·兩·束'이라 고 한 기록으로는 각각의 비중이 얼마인지 알 수 없어서 객관적인 총액 산정이 불가능하다. 이런 회계상의 모호함은 청대까지도 명확하게 개선되지 않았다.

125 鄭居中의 주장은 和帝 永元 3년(91) 袁安의 상주문을 근거로 한 것이다. 원안의 상 주문은 『資治通鑑』 卷47에 실려 있다.

126 여러 강족 : 원문은 '諸羌'이다. 원래 현 감숙·청해·사천 등지에 살던 서부지역 유목민에 대한 범칭으로 쓰였다. 일찍부터 중원과 교류하였으며, 西周와 밀접한 관련을 맺은 姜族, 西夏를 건국한 党項族도 이들의 일족으로 알려졌다.

127 盧山 : 江西省 九江市에 위치한 盧山인 것으로 보인다. 盧山은 높이가 1,474m인 데, 鄱陽湖와 붙어 있어 상대적으로 더 높게 보이고 기암괴석이 많지 않으나 1,300~1,500m에 이르는 능선의 길이가 25㎞에 달하며, 국립공원으로 지정된 면 적만도 500㎢에 달해서 웅장한 크기를 자랑하는 산으로 유명하다. 본문에서는 쓸데없는 곳에 방대한 재정을 투입함을 말한다.

128 흉노가 사는 북쪽 땅 : 원문은 '狼望之北'인데, 匈奴의 근거지 地名과 이리 똥을 사 용하여 봉화를 올리며 적정을 살피는 변방지역이라는 두 가지 의미가 있다. 후

자의 경우 변방 봉수대에서는 연기가 흩어지지 않고 반듯하게 올라가도록 연료에 이리 똥을 섞어서 태웠기 때문이다. 두 가지 뜻 중에 '흉노가 사는 곳'으로 번역하였다.

129 知樞密院事 : 국방 관련 업무를 총괄하는 樞密院 장관으로 본래 직칭은 樞密使이며, 다른 직책을 맡은 상태에서 추밀원 업무를 관장할 때는 知樞密院事라고 구분하고, 약칭은 知院이라고 하였다. 하지만 樞密使와 知樞密院事는 사실상 다를 바가 없어 곧 둘 다 추밀원 장관의 호칭으로 통용되었다. 재상 겸직 금지 원칙을 어기고 재상 呂夷簡에게 추밀원사를 겸직시키면서 判樞密院使로 임명한 사례도 있었고, 휘종은 知樞密院事를 임명하는 대신 기안권이 제한된 簽書樞密院事에게 대행하게 했고 다시 첨서추밀원사를 領樞密院事로 바꾸기도 하였다.

130 鄧洵武(1057~1121) : 자는 子常이며 成都府路 成都府 雙流縣(현 사천성 成都市 雙流區) 사람이다. 부친 鄧綰의 평판이 좋지 못하였으나 관운이 좋아서 起居舍人 · 給事中 · 吏部侍郎 · 刑部尙書 · 尙書左丞 · 中書侍郎 등의 요직을 거쳐 燕京 공략을 둘러싼 논의가 한창이던 政和 6년(1116)에 知樞密院事가 되었다.

131 鄧綰(1028~1086) : 자는 文約이며 成都府路 成都府 雙流縣(현 사천성 成都市 雙流區) 사람이다. 당시 실권자인 왕안석과 呂惠卿 등에게 노골적으로 아부하여 御史中丞 · 龍圖閣待制 · 翰林學士가 되었으나 지나치게 시류에 편승하였다는 비판을 받았다. 악화된 여론 때문에 말년에는 陳州 · 陜州 · 靑州 · 鄧州지사 등 지방관을 전전하였다.

132 『淸波別志』 : 周煇(1126~1198)가 지은 3권의 책이다. 12권으로 이루어진 『淸波雜志』의 별집으로 당시 사람에 관한 많은 일화를 비롯해서 官制에 관한 자료가 수록되어 있다.

133 鄧洵武는 起居舍人 시절 신법을 계승하기 위해서는 蔡京을 재상으로 중용하는 수밖에 없다고 휘종에게 강력하게 주장한 바 있다. 휘종 때의 고위 관료 가운데 채경과 무관한 사람이 거의 없었고 그의 추천을 받아 관계에 진출했다는 점에서는 등순무 역시 예외가 아니었다. 따라서 등순무가 연경 공략에 반대하였고, 그 문제로 채경과 대립하였다고는 해도 『家傳』의 기록처럼 그렇게까지 강경하였는지는 의문이다. 『송사』의 평가 역시 채경의 전횡은 등순무의 지원이 있었기에 가능하다고 하였다. 단 『가전』에 실린 설득 논리 등은 당시 반대론자의 입장

을 살펴보는 데 도움이 된다. 아무튼 채경이 국가를 멸망시킨 6賊의 수괴로 몰린 남송 초, 그의 후손들은 등순무가 채경과 극한 대립을 보였다는 점을 더욱 강조하고 싶었던 것만은 분명하다.

134 樞密院 : 당말에 황제의 명령을 전하는 환관의 기관으로 출발해 오대부터 정식 관료 조직으로 발전하였으며, 송대에는 中書省과 함께 '二府'라고 불리는 국정 최고 기관으로서 국방 관련 업무를 총괄하였다. 樞密使·추밀부사·도승지·부도 승지·부승지 등이 주요 업무를 담당하였고, 실무 기구로 5房을 두었으나 元豐 연간에 12房으로, 그 뒤 다시 25房으로 확대하는 등 기능을 확대하였다. 단 황제의 군권 장악을 위해 추밀원은 兵籍 관리와 무관의 선발 및 인사, 군대의 이동·배치권, 국경 방어만 담당하고, 군대의 훈련과 관리는 三衙에서, 군 지휘권은 각 부대 지휘관이 나누어 가졌다. 별칭으로는 '右府·西府·樞府' 등이 있다.

135 황제 : 원문은 '官家'인데, 황제를 가리키는 존칭이다. 황제는 공평무사한 존재라는 뜻으로 남북조 때부터 쓰기 시작하였다. 한편 관아, 또는 관리를 뜻하기도 한다.

136 相公 : 아내가 남편을 부르는 호칭으로 많이 쓰였지만, 君子·生員·宰相 등의 별칭으로도 널리 쓰였다.

137 원문은 '條對'인데 '황제의 질문에 조목조목 대답한다'는 말이다. 『漢書』「梅福傳」에서 유래하였다.

138 본문의 '常有此擧, 是時'에서 '是時'는 특정 시점을 말하므로 앞의 '常'과 부합하지 않는다. '常'은 '嘗'으로 써야 한다.

139 曹彬(931~999) : 자는 國華이며 河北西路 眞定府 靈壽縣(현 하북성 石家莊市 靈壽縣) 사람이다. 북송 초의 명장으로서 사천지방을 점령하면서 살육과 약탈을 막아 민심을 얻었고, 974년에는 南唐을 성공적으로 공략하면서도 파괴와 살육을 최소화하여 높은 평가를 받고 樞密使로 승진하였다. 986년 太宗이 연경 지역 공략에 나섰을 때, 조빈은 중앙군을 지휘했으나 岐溝關에서 대패하여 전군의 퇴각을 불러일으켰다. 조빈은 군사적 재능이나 성취보다 문관에 대한 존중과 겸손한 태도로 인해 사대부에 의해 군인의 典範으로 높이 평가받았다.

140 河北 : 본래 황하의 북쪽을 지칭하는 말인데, 송대에는 하북동·서로에 해당한다. 하북동·서로는 일반 행정구획과 달리 남북으로 가늘고 길게 형성되었는데,

거란의 공격 노선에 대응하여 설계된 것으로 보인다. 관할구역은 현 하북성의 保定市 이남 지역과 황하 이북의 하남·산동에 해당한다.

141 潘美(925~991) : 자는 仲詢이며 北京 大名府(현 하북성 邯鄲市 大名縣) 사람이다. 송 태조와 오랜 교류를 나눴던 북송 초의 명장이자 개국공신으로서 970년 南漢을 멸망시킨 뒤 山南東道節度使와 廣州지사 겸 市舶使를 지냈고, 974년에는 曹彬과 함께 南唐을 성공적으로 공략하여 檢校太傅가 되었다. 979년에는 北漢을 정벌하는 데 성공하였으나 거란과의 전투에서는 패하였다. 986년 太宗의 대거란전쟁 때 반미는 산서에서 출병하여 승리를 거두었으나 조빈의 패배로 철수를 명받고 寰州·朔州·雲州·應州 주민들을 내지로 이동시키며 거란의 추격을 막았다. 하지만 그 과정에서 楊業의 군대가 전멸하고, 그것이 '楊家將' 사건으로 비화하여 불명예스러운 일을 겪기도 했다. 하지만 곧 檢校太師로 복직했고 同平章事가 더해졌다.

142 河東 : 춘추전국시대는 물론 秦·漢代에는 수도인 長安을 기준으로 황하의 동쪽, 즉 현 산서성 서남부지역을 가리키는 말이었으나 唐代부터는 산서성 전체를 뜻하였다. 송대에는 河東路로서 宣和 5년(1123) 기준 3개 府, 14개 州, 8개 軍, 81개 縣으로 편제되었고, 현 서남부 運城市를 제외한 산서성 內長城 이남 지역에 해당한다.

143 南陽縣 : 京西南路 鄧州 소속이며 등급은 중하이다. 지명은 伏牛山脈 이남, 漢江 이북에 자리한 데서 유래하였다. 南陽盆地의 중심으로 남쪽이 개방된 ∩자형 지형이며, 하남에서 漢江을 통해 長江으로 진출할 수 있는 전략적 요충지이다. 현 하남성 남서부 南陽市의 城區에 해당한다.

144 趙普(922~992) : 자는 則平이며 薊州(현 천진시 薊州區) 사람이다. 태조의 書記로 시작해 960년 陳橋兵變을 주도하여 북송 정권 창출의 일등 공신이 되었다. 조보는 황제 중심의 강력한 중앙집권화를 위해 절도사의 군권과 재정권을 몰수하고, 중앙 금군을 강화하며, 남쪽을 먼저 공략하여 통일을 달성하자는 계책을 제시하는 등 송조 건국의 청사진을 제시하였다. 동시에 실세 재상으로서 10여 년간 막강한 권력을 휘둘렀으나 권력 남용으로 일시 지방관으로 물러났다가 981년, 太宗의 황위 계승에 대한 정통성 문제를 해결해 준 공로로 다시 재상에 발탁되었다. 983년 다시 재상에서 물러났고, 986년에 태종의 대거란 원정이 길어지자 조속한 철군을 촉구하였다. 988년 세 번째로 재상에 발탁되어 관리의 불

법행위 통제와 함께 党項族에 대한 간접 통치 방식을 제안 실행하였다. 992년 사임이 받아들여지지 않아 재상 신분으로 병사하였고 韓王으로 추봉되었다. 태조와 달리 태종과는 정치적 이해를 함께 하였지만, 인간적 거리감은 해소되지 못한 듯하다. 하지만 태종으로서는 본인의 정통성 문제, 對 거란 전쟁의 실패 등으로 인한 후유증을 해소하는 데 조보보다 더 유용한 대안이 없었기 때문에 부득이 발탁했던 것으로 보인다.

145 曹彬과 潘美가 패한 것은 연경이지 雲州는 아니다. 본문에서는 거란의 영토라는 점에서 구분 없이 뒤섞어서 쓴 경우가 많지만, 본문에 따라 번역한다.

146 祖宗 : 선대 황제 등 조상에 대한 존칭으로 쓰지만, 특히 왕조를 개창한 태조와 태종을 가리키며, 그들이 건국 초에 정한 법과 제도, 즉 일종의 국시인 '祖宗之法'을 뜻하기도 한다.

147 王黼(1079~1126) : 자는 將明이며 開封府(현 하남성 開封市) 사람이다. 원래 이름은 王甫였으나 후에 휘종이 '黼'로 개명하도록 하였다. 채경의 재상 복귀를 도왔고, 환관 梁師成을 아버지처럼 모셔 파격적으로 출세하였다. 후에 잘생긴 외모와 언변, 채경에 대한 부정적 여론을 등에 업고 채경과 대립하며 감세로 명성을 높였으나 실제로는 아첨을 일삼고 사치스러운 생활을 즐겼다. 方臘의 난이 발생했지만 그 사실을 은폐하며 방관하였다. 송금동맹 체결 움직임이 일자 동관을 적극적으로 사주하여 휘종을 설득하고 3省에 經撫房을 설치해 樞密院을 우회하여 북벌 문제를 전담하였다. 그리고 전쟁과 수탈로 텅 빈 연경 일대를 막대한 돈을 들여 사고 그 공을 내세워 太傅 겸 楚國公으로 승진하였다. 欽宗 즉위후 '6賊'의 하나로 살해되었다.

148 원문은 '兼弱攻昧'이다. 왕보가 주장한 '약소국을 겸병하고 어리석은 군주를 공격하는 것은 군의 정당한 운영이며, 만약 오늘 차지하지 않으면 여진이 반드시 강해질 것이고, 앞으로 다시는 중원의 고토를 우리가 차지할 수 없다.(兼弱攻昧, 武之善經也. 今弗取, 女眞必强, 中原故地將不復爲我有.)'는 말은 『書經』 '仲虺之誥'의 "兼弱攻昧, 取亂侮亡"에서 유래하였다.

149 禁軍 : 원문은 '禁旅'이다. 본래 황실이나 수도 경비를 맡은 황제 직속 군대를 뜻했지만 송대에는 중앙에서 통제하는 정규군을 뜻한다. 牙軍이라는 私兵 위주로 편제된 오대의 군편제는 점차 정규군인 侍衛親軍으로 통합되었으나 시위친군

이 쿠데타의 주역이 되어 황권을 위협하자 별도로 殿前司를 설치하여 병권을 분산시켰고, 수도 방위 외에도 순환 근무를 통해 전국 각지에 파견하여 사병화를 방지하였다. 금군은 殿前司・侍衛親軍馬軍司・侍衛親軍步軍司의 3司로 이루어졌고 편제는 廂・軍・營・都로 이루어졌다. 보병은 都 100명, 營(=指揮) 500명이고 軍은 5營, 廂은 10軍을 관할하였다. 병력 규모도 송 초의 20만에서 중기에는 80만여, 최대 120만여까지 늘어났지만 실제 동원 가능한 병력의 수는 훨씬 적었고, 지휘 통제의 문제점과 무인에 대한 홀대 등으로 인해 전투력은 매우 취약하였다.

150 郊祀 : 교외에서 황제가 주관하는 천신과 지신에 대한 제사를 뜻한다. 冬至에는 南郊에서 하늘에, 夏至에는 北郊에서 땅에 제사를 지내는데, 천자로서의 정통성을 과시한다는 점에서 매우 중요한 행사로 간주된다. 특히 3년 1회 거행되는 南郊에서의 제사를 마치면 통상 대사면과 함께 후한 포상과 蔭補의 혜택을 제공하므로 교사에 참여할 수 있는 관직에 포함되느냐의 여부가 관리들에게는 매우 중요한 사안이었다. '郊禮・郊祀禮'라고도 한다.

151 의장대원 : 원문은 '立仗人'으로 宮門 밖에 세워놓는 의장대의 병력을 가리킨다.

152 廉訪使者 : 군대를 감독하는 업무를 담당하던 走馬承受를 政和 6년(1116)에 개칭한 것으로서 약칭은 廉訪・廉訪使이다. 염방사자의 관서인 廉訪所는 路 監司의 통제를 받지 않고 직접 조정에 상주할 수 있는 특권이 부여되었다.

153 鄧椿 : 자는 公壽이며 成都府路 成都府 雙流縣(현 사천성 成都市 雙流區) 사람이다. 鄧洵武의 손자로서 知事通判을 지냈으며 남송 회화사의 대표작인 『畫繼』의 저자다. 등춘은 文人畫의 가치에 대해 높게 평가하고 '氣韻生動'이 작품 성패의 관건이며, 작가의 인품을 반영하는 것이라며 문화적 수양과 예술적 의취를 강조하였다. 등춘이 『화계』에서 언급한 작가와 작품에 대한 견해는 매우 높은 평가를 받고 있다.

154 跋文 : 책이나 글의 뒤에 쓰는 後記의 일종으로 통상 그 저술 과정을 설명하거나 쓴 내용을 평가하는 것으로 이루어진다.

155 원문은 '右'이다. 고문헌에서 '右'는 앞서 서술한 내용 전체를 가리킨다.

156 御史中丞 : 원문은 '中丞'이며, 관리를 감찰하는 기구인 御史臺의 실질적인 장관이다. 원래 어사대의 장관은 御史大夫지만 권한이 막강하므로 부장관인 어사중승만 임명하고 품계도 다소 낮게 하는 것이 역대 왕조의 오랜 관례로 내려왔다.

따라서 통상 中丞이라고 칭하는 御史中丞이 어사대의 실질적인 장관이었으며, 正
3品에서 正4品官으로 임명하되 반드시 황제가 직접 임명하였다. 中丞·中司·執
法·司憲 등의 별칭이 있다.

157 勾龍如淵(1093~1154) : 자는 行父이며 成都府路 永康軍 灌縣(현 사천성 成都市 都江堰市)
사람이다. 校書郎·作佐郎·起居舍人을 거쳐 同知貢擧로 과거를 주관하였고 給事
中·中書舍人 겸 侍讀이 되었다. 高宗과 秦檜의 주화론 주장이 趙鼎·王庶 등의 강력
한 반대에 부딪혀 곤경에 처하자 紹興 8년(1138), 給事中·中書舍人이었던 구룡여
연은 자신을 御史臺의 장관인 御史中丞으로 발탁해 주면 주전론을 제압할 수 있
다고 자청하였다. 이렇게 어사중승이 된 구룡여연은 王庶를 무고하고 해직시켜
고종의 신임을 얻었으나 사회적 지탄을 면치 못하였으며, 후에 고종도 구룡여
연이 사악하다고 여겨 배척하였다. 따라서 鄧椿은 구룡여연이 쓴 발문으로는 할
아버지인 鄧洵武의 명예를 지키기가 어렵다고 판단하였을 것이다.

158 汪應辰(1118~1176) : 자는 聖錫이며 江南東路 信州 玉山縣(현 강서성 上饒市 玉山縣) 사
람이다. 빈한한 집안에 태어났는데 신동으로 유명하였고, 紹興 5년(1135)의 과거
에서 18세에 장원급제한 수재였지만 秘書省 正字로서 秦檜의 主和論을 비판하여
17년 동안 고생하다가 진회 사후 비로소 중앙관계에 진출할 수 있었다. 福州지
사·四川制置使·成都府지사·平江府지사·吏部尙書·翰林學士 겸 侍讀을 역임하였
는데 정직하고 직언을 마다하지 않아 여러 차례 권력층과 충돌하고 사임하기를
반복하였다. 鄧椿이 왕응진에게 다시 발문을 써 달라고 부탁한 것은 송금동맹
체결에 따른 책임 소재를 분명히 하기 위한 것이므로 勾龍如淵과는 정반대 입장
인 왕응진을 선택하였을 것이다.

159 鄧椿의 가치관과 작품 수집 등에서 드러난 건실한 태도, 그리고 당시의 사회적
여론 등으로 미루어 볼 때 자신의 조부 鄧洵武가 蔡京과 다른 부류의 사람임을
강조하고 싶었음은 자명하다고 하겠다. 여기에는 증조부 鄧綰이 王安石·呂惠卿
등에게 적극적으로 아부하며 신법당으로 활약했던 감추고 싶은 집안 내력도 분
명히 작용하였을 것이다.

160 원문은 '徽考'이다. '考'는 이미 사망한 父親을 가리키는 말로서 徽考는 곧 송의 제
8대 황제인 徽宗(1082~1135, 재위 1100~1126)이다. 徽宗은 神宗의 11번째 아들인데
형인 哲宗이 후사가 없는 상태에서 사망하여 후계자가 되었다. 경박하여 제왕감

이 아니라는 비판 속에서 즉위한 휘종은 新法 계승을 표방하고 蔡京을 중용하였다. 휘종은 서예와 회화의 대가였으나 정치적 능력도 관심도 없었고 간신배에 국정을 맡긴 채 방탕한 생활을 영위하였고, 본인의 사치를 위해 강남의 기암괴석과 수목을 수탈하기 위한 花石綱을 운영하여 개봉에 艮岳이란 정원을 조성하였다. 또 도교를 맹신하여 '教主道君皇帝'라고 자처하며 각처에 도관을 세우고 道學制度를 도입하며 미신 풍조를 만연시켰다. 각종 수탈이 극에 달하자 宋江·方臘의 난이 일어나는 등 통치 위기가 심각해졌음에도 불구하고 휘종은 연운 16주를 차지하여 개국 이래 누구도 달성하지 못한 업적을 세우려는 과시욕에 불타 금조와 연합하여 거란을 협공하였다. 하지만 거듭된 오판으로 '靖康의 難'을 자초하여 아들 欽宗과 함께 포로로 끌려가 온갖 굴욕을 당하다 흑룡강성 哈爾濱市 依蘭縣에서 사망하였다. 사후에 부여된 廟號는 徽宗이며 陵號는 永祐이다.

161 刪定實錄 : 實錄은 황제의 언행을 매일 기록한 起居注 등 1차 사료를 바탕으로 황제나 국가의 주요 사건을 연월일 순으로 적고, 사망한 관료의 전기를 추가해 편찬한 편년체 사서다. 실록은 다시 삭제와 정리 과정을 거친 '산정실록' 단계를 거쳐 정사가 된다. 따라서 실록은 한차례 가공한 사료이긴 하지만, 정사보다 사료적 가치가 높다. 정사 편찬이 끝나면 실록은 파기하는 것이 상례여서 명·청대 실록과 달리 원대 이전의 실록은 거의 남아 있지 않다. 송대의 경우 『태종실록』만 일부 남아 있다.

162 太常寺 : 원문은 '少卿'인데, 여기서는 '태상시 소경'이므로 두 개의 주석을 첨부한다. 고대 중앙정부의 핵심 기관인 9寺의 업무는 魏晉 이후 尙書省의 6부로 이관되기 시작했지만 9시는 황제의 일상을 챙기는 관서로 바뀌어 명청대까지 이어졌다. 따라서 자연히 6부와 9시의 업무는 상당 부분 중복되는데, 太常寺는 조회와 예악, 제사와 능묘 관리를 주관하고 관원에 대한 시호 제정 업무를 담당하였다.

163 少卿 : 황제의 일상을 챙기는 관서인 9寺의 장관과 차관 모두 卿이라 칭하되, 장관을 大卿, 부장관을 少卿으로 구분하였다. 차관인 少卿 가운데 선임인 太常寺少卿과 宗正寺少卿만 종5품이고 그 밖의 소경은 정6품이다.

164 馮方 : 秘書省 正字를 거쳐 校書郎으로 張浚 都督府에서 參議官으로 활동하였고 太常寺 少卿을 지냈다. 王十朋 등과 함께 태학생에 의해 「太學五賢詩」에 선정된 인물이었기에 鄧洵武 후손이 『家傳』의 跋文을 써달라고 부탁한 것으로 보인다.

165 추밀원 : 원문은 '西府'로 樞密院의 별칭이다. 熙寧 연간(1068~1077)에 개봉부의 동쪽에 中書門下省을, 서쪽에 樞密院을 설치하여 東府(政府)에는 재상이, 西府(樞府)에는 樞密使가 머물렀다. 그래서 이 東西 兩府를 합하여 二府라고 칭하였다.

166 洛水 : 섬서성 渭南市 華州區에서 발원하여 洛陽을 지나 황하로 유입되는 447km의 강이다. 지류 가운데 伊河의 비중이 크기 때문에 伊洛河라고도 한다. 서주에서 雒邑(현 하남성 洛陽市)을 건설한 뒤 雒水라고 칭하였으나 秦의 통일 후에는 洛水로, 漢은 雒水로, 삼국의 魏는 洛水로 거듭 바뀌었고 지금은 洛河를 공식 명칭으로 쓴다.

167 朱勝非(1082~1144) : 자는 藏一이며 京西北路 蔡州(현 하남성 駐馬店市 汝南縣) 사람이다. 東道副摠管으로 남경 應天府를 관장하다가 靖康의 난을 맞아 高宗의 즉위를 권하고 尙書右丞·中書侍郞·尙書右僕射 등 여러 요직을 거쳤다. 소흥 2년에 상서우복야·同中書門下平章事 겸 추밀원지사가 되어 재상으로서 부재상 趙鼎과 함께 岳飛를 적극적으로 지원하며 북벌을 주장하였으나 고종의 반대로 좌절되었다. 후에 주화파 秦檜가 재상이 된 뒤 사이가 좋지 않아 사임하였다.

168 『秀水閒居錄』 : 朱勝非가 사임 후 8년 동안 은거하면서 지은 책이다. 남송 건국기 고종의 즉위와 苗傅의 반란 등에 대하여 언급하였는데, 朱熹는 주승비가 책에서 고종의 즉위에 관한 자기 공적을 지나치게 과장했다고 비판하였다. 秀水는 은거지였던 江西 袁州의 강 이름이다.

169 董龐兒 : 거란 南京道 易州 淶水(현 하북성 保定市 淶水縣) 사람이다. 빈한한 가정에서 성장했으나 무용이 뛰어났다. 天慶 7년(1117), 거란 말기의 혼란을 틈타 만여 명을 모아 반란을 일으켰으나 易水와 涿鹿에서 거란군에게 거듭 패한 뒤 현 하북 및 산서 일대에서 횡행하였다. 후에 董才라고 개명하였고, 송으로 귀순한 뒤 董龐으로 개명하였다가 다시 휘종에게 趙詡라는 이름을 받았다.

170 三省 : 隋·唐代에 완성된 중앙 행정 조직으로서 조서의 초안을 작성하는 中書省, 조서에 대한 심의 기능을 가진 門下省, 집행 기관인 尙書省을 가리킨다. 장관은 각각 중서령·문하시중·尙書令이지만, 상서성이 실무부서인 6부 24司를 모두 관장하므로 실제로는 尙書左·右僕射를 장관으로 임명하였다. 하지만 송대에는 문하성이 일찍이 중서성에 통합되어 중서문하성이 되었고, 다시 상서성까지 통합 운영되어 樞密院과 함께 각각 민정과 군정을 담당하는 최고 기관의 역할을 하였

다. 추밀원을 西府라고 하는 것에 상응해 東府라고도 한다.

171 표문 : 원문은 '表'이다. 신하가 제왕에게 올리는 글을 가리켜 전국시대에는 모두 '書'라고 했는데, 漢代부터 章·奏·表·議로 나누었다. 章은 謝恩, 奏는 탄핵, 議는 다른 의견을 올리는 글이다. 表는 狀보다 상위 문서이며 주로 제왕에 대한 충성과 감사를 표하는 글이므로 서정적 내용이 많고, 통상 '臣某言'으로 시작해 '臣某 誠惶誠恐, 頓首頓首, 死罪死罪' 등으로 끝난다.

172 陝右 : 현 섬서성 關中 지역과 하남성 서부 일부를 포괄하는 지명으로 통상 陝西라고 칭한다. 황제의 남면을 기준으로 방위를 정하니 右는 서쪽을 가리키기 때문이다. 陝西와 陝東은 周代 周公과 召公이 '陝原(현 하남성 三門峽市 張汴原)을 중심으로 동서로 나누어 다스린다(分陝而治)'는 말에서 유래하였다. 安史의 난이 발생한 뒤 陝西節度使를 임명하면서부터 陝西는 행정지명이 되었고, 송대에 陝西路를 설치한 뒤 지금까지 내려온 데 비해 陝東은 河南으로 대치되면서 사라졌다.

173 원문은 '更戍'이다. 송 태조는 재상 趙普의 건의를 받아들여 禁軍을 수도와 변방 주둔군으로 나누고 서로 일정 기간 순환 근무하도록 하였는데, 이를 가리켜 更戍法이라고 한다. 개봉 부근의 병영에서 훈련하고 변방으로 이동하여 현지 지휘관의 통제를 받게 함으로써 군의 私兵化와 토착 세력화를 방지하려고 한 것이다. 송대 군 복무 중 가장 힘든 것 가운데 하나가 경수법에 따른 장거리 이동이었다. 통상 3년 단위 순환이지만 보급과 근무 여건에 따라 차이가 있었다.

174 장강 남쪽 : 원문은 '江外'인데 '장강 너머의 땅'이라는 말로 장강 이남지역, 즉 '江南'을 가리킨다. 각 지역에 대한 방위 표시는 중원의 황제가 남쪽을 바라보고 앉아 있는 것을 기준으로 설정하였다.

175 州軍 : 송의 지방행정 단위는 州와 縣이지만 州는 다시 상급 주인 府, 일반 州, 군사적 요충지인 軍, 세액이 특별히 많은 監으로 다시 나누어진다. 府는 다시 수도에 해당하는 京府와 일반의 次府로 나누는데, 가장 많았을 때 경부 4개와 차부 30개 등 총 34개가 있었다. 元豐 연간(1078~1085)에는 일반 州 245개, 軍 54개, 監 3개였다. 또 주의 등급은 인구에 따른 행정등급과 군사적인 중요성에 따른 6등급, 즉 都督州·節度州·觀察州·防禦州·團練州·軍事州(=刺史州) 등 2개가 부여된다. 軍과 監은 대소 軍·監으로 나눈다. 大軍은 州·府와 동급이지만 관할 현은 많지 않았고, 대신 堡와 寨를 관할하였다. 小軍은 州府에 예속된 현급 행정단위인데

많지 않았고 일부는 관할 주민이 없는 경우도 있었다. 監은 雲陽監만 州와 동급이었고 나머지는 현과 동급이었다. 현의 수는 太平興國 4년(979)에 1,236개, 元豐 8년(1085)에 1,132개, 북송 말에 1,245개로 큰 변화가 없었다. 현도 인구에 따라 10등급으로 나눈다.

176 眞定府지사였던 趙遹 역시 董才를 받아들여서는 안 된다고 강력하게 주장하자 童貫과 王黼는 조휼이 휘종에게 직접 간언하는 것을 막기 위해 조휼을 熙河蘭湟經略安撫使로 전보시킨 뒤 동재의 귀순을 허용하였다.

177 上皇 : 宣和 7년(1125), 금군이 대거 남진하자 徽宗은 제위를 欽宗에게 억지로 양위하고 淮南東路 亳州 蒙城縣(현 안휘성 亳州市 蒙城縣)로 도망갔다. 이렇게 생전에 양위한 황제를 가리켜 太上皇이라고 하나, 황제의 모친을 황태후, 조모를 태황태후로 부르기 때문에 호칭의 대응이 다소 부자연스럽다. 이에 태상황을 上皇이라고도 칭한다. 본서에서도 휘종을 가리켜 상황과 태상황이란 호칭을 섞어서 쓰고 있다.

178 易州 : 거란 南京道 소속이며 軍額은 高陽軍, 州格은 軍事州이다. 치소는 易縣(현 하북성 保定市 易縣)이고 관할 현은 淶水縣·易縣·容城縣 등 3개이다. 959년 후주 세종이 점령하자 거란은 統和 7년(989)에 岐溝關 근처에 易州를 다시 설치하였는데, 선화 4년(1122) 9월, 郭藥師의 주도로 지사 高鳳이 송에 투항하여 송의 영토가 되었다. 지명은 南·北·中易水 등 3개의 易水가 있는 데서 유래하였으며 易水 외에도 拒馬河·漕河 등이 있어 수자원이 풍부한 곳이었다. 관할구역은 현 하북성 중부 保定市 북쪽의 易縣 일대에 해당한다.

179 淶水縣 : 거란 南京道 易州 소속이며 지명은 관내의 淶水에서 취하였다. 서북쪽은 太行山脈 동쪽 기슭이고, 동남쪽은 拒馬河로 인해 형성된 충적평야이다. 현 하북성 중부 保定市 북쪽의 淶水縣으로 북경시 남쪽과 연접한 곳에 해당한다.

180 飛狐縣 : 거란 西京道 蔚州 소속이며 지명은 관내 飛狐口에서 유래하였다. 太行·燕山·恒山山脈이 교차하는 험준한 산지이며, 현 하북성 중부 保定市 서북쪽의 淶源縣에 해당한다.

181 靈邱縣 : 거란 西京道 蔚州 소속이며 지명은 전국시대 趙의 武靈王 능에서 유래하였다. 동쪽은 太行山脈, 남쪽은 五臺山脈, 북쪽은 恒山山脈에 둘러싸인 험준한 산지이며, 현 산서성 북동부 大同市 남동쪽의 靈丘縣으로 하북성과의 접경에 해당

한다.

182 雲州 : 거란 西京道 소속이며 重熙 13년(1044)에 西京 大同府(치소는 현 산서성 大同市 雲州區)로 승격되어 德州·弘州 2개 주를 관할하였다. 본래 당의 雲州인데 天寶 1년(742)에 雲中으로, 乾元 1년(758)에 다시 운주로 바꾸었다. 936년 後晉이 거란에 할양한 연운 16주 가운데 朔州·應州·寰州와 함께 산서성에 속한 할양지인데 거란의 행정지명을 인정하고 싶지 않았던 송조는 大同府 대신 雲州라는 唐代의 지명을 선호하였다. 주로 구릉지와 평야로 이루어졌으며, 관할구역은 현 내몽고·하북성과 연결되는 산서성 북부의 大同市에 해당한다.

183 朔州 : 거란 西京道 소속이며 軍額은 順義軍, 州格은 節度州로서 西京都部署司 관할이다. 치소는 鄯陽縣(현 산서성 朔州市)이고 관할 현은 馬邑縣·鄯陽縣·寧遠縣 등 3개이다. 지명인 '朔'은 땅의 북단 변방을 뜻한다. 휘종 宣和 5년(1123)에 투항하자 휘종은 朔寧府로 승격시켰지만, 1년도 안 되어 金軍에게 점령되어 다시 朔州로 환원되었다. 삭주 남쪽에서 동서로 전개된 恒山山脈에 설치한 雁門關과 陽方口를 통해 송의 忻州와 연결된다. 관할구역은 현 산서성 북서부 朔州市 城區와 忻州市 神池縣에 해당한다.

184 牛欄監軍寨 : 원문은 '牛欄'이다. 『契丹國志』 卷22의 기록에 따르면 연경에 설치한 거란군 부대의 주된 임무는 송조의 공격에 대비하는 것으로 燕京에 都總管府·節制馬步軍控鶴指揮使·都統軍司·牛欄監軍寨·石門詳穩司·南北皮室司·猛拽剌司·並隸總管府 등을 설치하였다. 단 『遼史』·『契丹國志』·『亡遼錄』 등에는 각 부대의 명칭만 적어 놓았을 뿐 편성과 규모, 지휘계통 등에 대하여는 구체적으로 언급하지 않았다. 따라서 牛欄監軍寨의 구체적인 상황은 파악하기 힘들다.

185 監軍 : 앞 60번 '走馬承受' 주석 참조.

186 岢嵐軍 : 河東路 소속이며 大業 3년(607)에 설치된 岢嵐鎭이 永淳 2년(683)에 岢嵐柵(683)으로, 太平興國 5년(980)에 岢嵐郡(980)으로, 熙寧 2년(1069)에 岢嵐軍으로 바뀌었다. 치소 겸 관할 현은 嵐谷縣 1개(현 산서성 忻州市 岢嵐縣)이다. 지명은 관내의 岢嵐山(2,783m)에서 유래하였으며, 바로 남쪽에 붙어있는 嵐州(현 산서성 呂梁市 嵐縣)도 가람산에서 지명을 취하였고, 嵐州의 속칭도 岢嵐州여서 혼동하기 쉽다. 管涔山脈의 서북쪽에 있으며 황하의 지류인 嵐漪河가 서쪽으로 흐른다. 관할구역은 현 산서성 북서부 忻州市 서남쪽의 岢嵐縣 일대에 해당한다.

187 解潛 : 峕嵐軍지사와 制置副使를 거쳐 紹興 연간에 荊南鎭撫使가 되어 둔전용 경지 개간에 상당한 공적을 세웠다. 三衙의 都指揮使까지 올라갔으나 후에 秦檜의 주화론에 반대하여 南安軍으로 유배되었다.

188 胡越 : 북방의 胡와 남방의 越이라는 말로서 북방과 남방의 夷族에 대한 범칭이다.

189 『宋文鑑』 : 원명은 『皇朝文鑑』으로서 孝宗의 명을 받고 呂祖謙이 800여 문집에서 고른 200여 北宋 작가들의 대표적인 詩文을 모아 놓은 150권의 책이다. 정치적 상황을 반영하는 대표적인 奏議도 포함되어 있으며, 수록된 작품의 수준이 당대를 대표하는 우수한 것이어서 널리 전파되었다.

190 李燾(1115~1184) : 자는 仁甫·子眞이며 成都府路 眉州 丹棱縣(현 사천성 眉山市 丹棱縣) 사람이다. 일찍 관직에 나갔으나 중용되지 못한 편으로 禮部侍郎과 同修國史를 지냈고 敷文閣學士로 사임하였다. 박학다식하였으며 문헌의 정리와 고증에 관심이 많아 『자치통감』의 체제에 따라 『續資治通鑑長編』을 저술하는 등 모두 50여 종의 많은 저서를 남겼다. 매우 강직한 성품의 소유자였으며, 사마광의 정치적 노선에 대하여 대단히 높게 평가하였다.

191 『續資治通鑑長編』 : 북송 168년의 역사를 편년체로 상세하면서도 정밀하게 기록한 가장 대표적 사서다. 이도는 『자치통감』을 계승한다고 자부하고 저술하면서도 '아직 다듬어지지 않은 草稿'라는 의미의 '長編'이라는 용어를 붙여 겸손함을 더하였다. 총 40년 세월을 들여 980卷을 만들었으나 방대한 분량 때문에 판각 작업이 이루어지지 못하여 일찍 사라졌고, 현존하는 520권도 『四庫全書』를 만들면서 『永樂大典』 안에 수록된 내용을 집록한 것이다. 治平 4년(1067) 4월~熙寧 3년(1070) 3월, 元祐 8년(1093) 7월~紹聖 4년(1097) 3월, 元符 3년(1100) 2월~12월, 그리고 徽宗·欽宗 記事가 누락되었다. 통상 『長編』으로 약칭한다.

192 箚子 : 관에서 사용하는 문서 형식의 하나로 唐代에는 表나 狀이 아닌 형식을 牓子·錄子라고 했고, 宋代에 들어와 箚子·札子라고 하였다. 본래 황제에게 상주하기 전, 미리 검토하는 단계로 제출하는 비교적 간단한 형식의 문서였는데, 북송 전기부터 중서문하성과 추밀원에서 작성하는 일반 공문, 즉 지시·파견·위임 등의 내용이 담긴 하행 공문도 포함하였다. 재상과 參知政事, 樞密使와 부사가 서명하였으며 중서성의 차자는 省札이라고 하여 추밀원의 札子와 구분하였다.

193 太平興國 8년(983) 10월, 조보는 재상에서 면직되어 武勝軍節度使·檢校太尉 겸 侍中

142

자격으로 鄧州지사로 부임하였다. 그리고 雍熙 3년(986) 봄, 太宗이 연경 일대를 공격하러 나선 뒤 오랫동안 회군하지 않자 속히 철군할 것을 주장하는 상소를 올린 바 있다. 본서의 상소와 차자가 바로 그것이다.

194 幽州 : 거란 南京道 析津府(치소는 현 북경시 城區)의 속칭이다. 북방은 太陰에 속한 다고 하여 幽冥에서 취한 것으로 漢代부터 唐代까지 현 북경 일대를 포괄하는 지 명으로 쓰였다. 유주의 치소(현 북경시 城區)는 큰 변화가 없었지만, 관할 범위는 시대에 따라 크게 달라서 幽州 외에도 幽薊·幽燕·燕京 등 다양한 별칭이 사용되 었다. 따라서 '禹貢 9州'의 '유주'가 아니면 통상 '연경'으로 번역하여도 무방하다.

195 원문은 '科配'인데, 정식 조세가 아닌 임시 부가세액을 재산이나 사람 수에 비례 하여 부과한다는 말이다. 『舊唐書』 「裴耀卿傳」에서 유래하였다.

196 浙右 : 오대십국의 하나였던 '吳越(907~978)'을 가리킨다. 오월의 영역은 강소·복 건 일부를 포함하기는 하지만 현 절강성과 거의 일치한다. 오대십국 가운데 가 장 경제적으로 번성했던 오월은 978년 錢俶이 투항함으로써 전쟁을 거치지 않 고 송조에 편입되어 경제적 번영과 사회적 안정을 유지할 수 있었다. 따라서 송 태종이 오월을 '평정하여 거두어들였다'는 말은 통치자의 위업을 드높이기 위해 사용하는 의례적 표현일 뿐이다.

197 河東 : 오대십국의 하나였던 北漢(951~979)을 가리킨다. 後漢 高祖 劉知遠의 동생이 자 하동절도사였던 劉崇은 郭威에 의해 후한이 망하자 복속을 거부하고 후주의 계승자를 자칭하며 국호를 계속 漢이라고 하였지만, 후대 사가들은 편의상 北漢 이라 칭한다. 국세가 약해 거란의 姪皇帝를 자청해 후주·송과 맞섰지만 계속된 전쟁으로 피폐해져서 결국 송 태종에게 멸망당했다. 산서는 後唐·後晉·後漢 등 세 왕조의 발상지였고, 北漢이 거란과 손을 잡고 북송에 완강하게 대치했기 때 문에 태종은 太原城을 불사르고 파괴한 뒤 汾河를 끌어들여 침수시키는 등 완전 히 초토화하였다. 또 이른바 '龍脈'을 단절시키기 위해 풍수상 중요한 곳을 인위 적으로 파괴하였다. 그리고 북쪽에 새롭게 도시를 만들어 이주시킨 뒤 幷州로 격하하였다. 병주가 太原府로 승격된 것은 嘉祐 4년(1059)에 이르러서였다. 태종 이 태조와 비교해 우위를 점한 거의 유일한 공적이 바로 북한 정벌 성공이었기 때문에 조보는 그 점을 특히 강조하고 있다.

198 宋 太祖는 開寶 1년(968)과 2년(969)에 잇달아 북한 공략에 나섰지만, 거란이 출병

하여 북한을 도왔기 때문에 실패하였고, 개보 9년(976)에 3차 공략에 나섰지만, 본인의 갑작스러운 사망으로 중단되었다. 태조의 공략이 성공을 거두지는 못하였지만, 3차에 걸친 공략은 국세가 빈약했던 북한을 더욱 위축시켰고, 이것이 결국 태종이 성공하게 된 요인이었다는 점에서 일방적으로 평가하기는 힘들다.

199 四海 : 중국·중원의 별칭이며 '천하'의 대용어로도 쓰인다. 중원을 중심으로 동서남북 4면에 바다가 있다고 상정한 데서 나온 지리적 개념이다. 그래서 중국을 '바다 가운데'라는 뜻을 지닌 '海內'라고 칭하기도 한다. 『史記』에서는 진시황의 중국 통일을 가리켜 '海內一統'이라고 하였다.

200 雍熙 : '和樂升平'을 뜻하는 태종의 연호(985~988)이다. 조보가 '雍熙'를 강조한 것은 화락승평한 시대를 표방한 태종이 전쟁을 일으키는 행위를 지적하는 중의적 표현일 수도 있다.

201 원문의 '臣讀『史記』,' 네 글자는 뒤에 당 현종의 고사가 인용되고 있어 적절하지 않다. 『宋文鑑』 권41 「雍熙三年請班師」는 본서와 문구가 다소 달라 직접 비교는 안 되나 '臣讀『史記』,' 없이 '竊見'으로 썼다. 여러 사서를 보았다는 의미이겠으나 일단 원문 대로 번역한다.

202 漢武帝(기원전 156~기원전 87, 재위 기원전 141~기원전 87) : 전한의 제7대 황제이다. 16세에 즉위해 54년을 재위하면서 推恩令을 내려 제후국의 세력을 약화시키고, 전국을 13개 주로 나누어 刺史를 임명하였으며 건국 이래 유지해 온 無爲之治 대신 유학의 국교화를 통한 사상적 통일 등 중앙집권화를 강력하게 추진하였다. 또 告緡令을 통해 富商을 파산시켜 정치 세력화를 방지하였고, 소금과 철을 전매하여 유통의 이익을 국가가 독점하도록 하였다. 대외적으로는 흉노를 공격하여 축출하고 실크로드를 개척하는 등 한의 전성기를 열었다. 반면 전제에 따른 혹정, 원정으로 인한 재정 파탄 등 심각한 후유증을 남기기도 하였다. 최초로 建元이라는 연호를 사용하여 제왕의 즉위를 기준으로 시간을 기록하는 전통을 수립하였다. 漢代에는 '孝로 천하를 다스린다'는 원칙을 강조하기 위해 모든 황제의 諡號에 '孝'자를 더하였기 때문에 武帝는 속칭이고, 諡號는 孝武皇帝이다.

203 主父偃(?~기원전 127) : 臨淄(현 산동성 淄博市) 사람이다. 원래 縱橫家였으나 무제가 유학을 중시한다는 말을 듣고 유가로 전환한 인물이다. 衛靑의 추천에도 불구하고 황제로부터 주목받지 못하다가 '推恩令'에 관한 상소를 올려 그날로 무제를

알현하고 徐樂·嚴安과 함께 郞中이 되면서 출셋길을 달렸다. 하지만 폭로를 빙자해 뇌물을 수수하는 등 악행을 저질렀고, 결국 그로 인해 멸족되었다.

204 徐樂(기원전 156~기원전 87) : 無終(현 천진시) 사람이다. 서락은 무제의 전성기에 드리워진 문제점을 예리하게 지적하고, 정치적 성패를 결정하는 것은 민심의 향배에 있다고 하였다. 요컨대 陳涉의 반란은 천하를 무너트리는 '土崩', '吳楚七國의 난'을 '瓦解'에 비유하면서, 통치자는 '土崩'이 일어나지 않도록 항상 憂患意識을 갖고 秦의 멸망 과정을 되풀이하지 않도록 해야 한다고 주장하였다.

205 嚴安(기원전 156~기원전 78) : 臨淄(현 산동성 淄博市) 사람이다. 무제에게 흉노 격파의 득실을 논하여 높은 평가를 받았고, 당시 횡행하던 사치풍조에 대해 비판하였다. 주나라는 국력이 약해서 망했지만 진나라는 강했음에도 망한 것은 시대의 변화에 따르지 못한 까닭이라며 과도한 대외전쟁을 삼가야 한다고 진언하였다. 뛰어난 문재로 司馬相如 등과 함께 무제의 文學侍從으로 활동하였다.

206 唐玄宗(685~762, 재위 712~756) : 唐의 제7대 황제로서 서예와 음악, 운동 등 다재다능한 인재였고 성품이 매우 원만하면서도 과단성을 갖추었다. 韋皇后가 정권을 장악하기 위해 中宗을 살해하고 睿宗까지 살해하려 하자 李隆基는 고모인 太平公主와 함께 위황후를 제거한 뒤 예종을 복위시켰다. 이융기는 뒤이어 태평공주를 제거하고 제위를 양위받아 즉위한 뒤 姚崇·宋璟 등 賢相의 보좌를 받아 민생을 안정시키고 대외원정에 성공하는 등 당조의 전성기인 '開元의 치세'를 열었다. 하지만 균전제와 모병제 등 기본 시스템의 구조적 전환이 절실한 시점에 사치와 안일에 빠져 적절한 조치를 하지 못하였고 지나친 대외원정으로 국력을 낭비하였다. 특히 양귀비에 빠져 李林甫와 楊國忠 등에게 국정을 맡기고 향락에 빠져들어 국정의 혼란을 자초하였다. 이런 상황에서 갑자기 安史의 亂이 발발하자 당조의 번영은 순식간에 나락으로 떨어졌다. 현종은 피난길에 오르면서 모든 권력을 상실하고 유폐되어 생을 마감하였다. 경국의 위기를 자초한 황제지만 후세 사가들에 의해 낭만적 인물로 긍정적 평가를 받는 매우 예외적인 존재이기도 하다. 元宗은 본래 南唐의 제2대 황제 李璟(916~961)이며, 당조에는 '元宗'이 없다. 이는 송 진종(968~1022) 때 민간신앙에서 재물신으로 추앙받던 趙玄朗을 조씨의 조상으로 추존해 넣으면서 '玄'자가 피휘자가 되었고, 청대에도 康熙帝의 이름인 玄燁를 피휘하기 위하여 唐 玄宗을 '원종'으로 바꿔썼다.

207 姚元崇(650~721) : 자는 元之이며 陝州(현 하남성 三門峽市 陝州區) 사람이다. 원래 이름은 姚元崇이었는데 후에 반란을 일으킨 돌궐인과 이름이 같아서 姚元之로 개명하였다가 다시 연호 '開元'을 피휘하려고 姚崇으로 개명하였다. 兵部郎中으로 거란의 침공에 잘 대응해서 측천무후에 의해 同中書門下平章事에 발탁되었다. 현종이 재상으로 발탁하자 측천무후 때의 엄형 폐지, 외정의 중단, 공정한 법 집행, 환관의 정치 간여 금지, 황족·외척의 諫官 임용 금지, 외척 참정 제한, 사대부에 대한 예우, 간언 수용, 세목의 간편화와 잡세 폐지, 궁전·절·도관 증설 금지 등 10개 항의 내용을 상소하였다. 宋璟과 함께 開元의 盛世를 연 현명한 재상이자 則天武后·睿宗·玄宗 세 조정에서 재상을 역임한 "救時宰相"이라 일컬어졌다.

208 원문은 "무릇 전쟁이 오래가면 변란이 일어나고, 사태가 어려워지면 생각이 바뀌게 된다.(且夫兵久則變生, 事苦則慮易.)"로서 『史記』「平津侯主父列傳」에서 유래하였다.

209 秦始皇(기원전 259~기원전 210, 재위 기원전 246~기원전 210) : 13세에 秦王에 즉위하여 22세에 친정을 시작하였다. 10년 동안 6개국을 멸하고 통일을 달성한 뒤 최초의 황제에 즉위하였다. 봉건제를 폐지하고 전국을 36개 郡과 1,400여 개 縣으로 재편하고 태수와 현령을 파견하는 중앙집권제를 추진하며 오랜 봉건사회의 기득권을 전혀 인정하지 않았다. 또 문자를 비롯해 화폐·도량형·도로 등의 표준화 작업을 충실히 시행하고 법가 중심의 강력한 사상 통제를 추진하여 명실상부한 통일제국을 건설하였다. 그러나 지나치게 급격하고 강압적인 통일 정책을 추진하고 대규모 토목공사를 남발한 후유증으로 그의 사후 5년 만에 秦이 멸망하고 말았다. 그래서 오랫동안 폭군으로 매도되었으나 후에 그의 정책을 따르지 않은 황제가 없었고, 중국의 최대 특색인 황제제도와 통일제국이란 유산을 남겨 놓았다는 점에서 중국사에서 가장 큰 영향력을 끼친 인물로 재평가되고 있다.

210 천하 : 원문은 '三千'이다. '三千大天世界'의 약칭으로서 '온 세상' 또는 '천하'를 가리킨다. 불교의 천문학에서는 수미산을 중심으로 日月과 四洲, 九山八海로 이뤄진 하나의 세계가 있고, 이것이 1천 개 모인 小千世界, 소천세계가 1천 개 모인 中千世界, 중천세계가 1천 개 모인 大千世界가 있다고 한다. 삼천은 소천·중천·대

천을 가리키니, 삼천대천세계는 하나의 대천세계를 뜻하며 이것이 하나의 불국
토를 이룬다고 한다.

211 영원한 기틀 : 원문은 '八百之基'이다. 周 왕조는 기원전 1046~기원전 256년까지
거의 800년 동안 총 37명의 왕을 배출하여 단일 왕조로 가장 오랜 기간을 유지
하였다. 따라서 '八百之基'는 주의 800년에 걸친 국가·정권·제왕의 기초를 뜻
한다.

212 원문은 '屍諫'이다. 춘추시대 衛의 史官이었던 史魚는 어진 蘧伯玉을 靈公에게 추
천했으나 위령공은 거백옥을 중용하지 않았고 오히려 미남자로 유명한 彌子瑕
를 총애하였다. 이에 사어는 여러 차례 간언하였지만, 영공은 듣지 않았다. 후
에 사어는 임종 직전 '자신은 군주를 바로잡지 못한 신하이므로 죽어서 예를 다
한 장례를 받을 자격이 없다.'며 시신을 묻지 말고 창문 아래 그냥 두라고 유언
하였다. 조문하러 갔다가 이 사연을 알게 된 위령공은 자신의 잘못을 깨닫고 국
사에 매진하였다. 여기서 시신으로 국왕에게 간언한다는 '屍諫'이라는 용어가 나
왔다. 공자는 『논어』 「衛靈公」에서 "올곧도다! 사어여! 나라에 도가 있을 때에도
화살처럼 곧고, 나라에 도가 없을 때에도 화살처럼 곧구나!(子曰, 直哉史魚! 邦有道,
如矢, 邦無道, 如矢.)"라고 칭찬하였다.

213 원문은 '瀝膽'인데, '쓸개즙을 거르다'라는 말로서 '충성을 다한다'는 뜻이다. '瀝膽
抽腸'·'瀝膽披肝'이라고도 한다.

214 鄧州 : 원문은 '當州'이다. 京西南路 소속이며 등급은 望, 郡名은 南陽郡, 軍額은 武勝
軍, 州格은 節度州이고 후에 安撫使司와 提點刑獄司의 치소가 되었다. 치소는 穰縣
(현 하남성 南陽市 鄧州市)이고 관할 현은 南陽縣·內鄉縣·淅川縣·順陽縣·穰縣 등 5개
이다. 지명은 춘추시대 鄧侯國에서 유래하였으며 京東東路 登州(현 산동성 威海市와
烟台市 중동부)와 혼동하기 쉽다. 서북이 높고 동남이 낮은 南陽盆地이며, 하남에
서 漢江을 통해 長江으로 진출할 수 있는 전략적 요충지이다. 관할구역은 현 하
남성 남서부 南陽市와 그 서남쪽에 해당한다.

215 鄧州 縣의 수는 趙普가 지사로 있을 때는 南陽縣·內鄉縣·穰縣 등 3개였다. 淅川縣
과 順陽縣은 崇寧 연간(1102~1106)에 추가되어 5개가 되었다. 따라서 본문의 5개
현은 후대에 수정된 내용이었을 가능성이 크다.

216 客戶 : 원문은 '客'이다. 외지에서 이주해 온 사람 또는 소작농을 뜻한다. 고대의

호적에서는 직업이나 빈부에 상관없이 토착민이 아니면 모두 客戶라고 칭했는데, 唐 開元 연간(713~741)에 대규모 호구 조사를 통해 編戶로 바꾸고 附籍客戶라고 칭했다. 建中 연간(780~783)에 兩稅法을 실시하면서 자산이 없는 경우 稅戶에 포함되지 않아 '主·客戶'는 점차 '主·客戶'로 바뀌기 시작하여 소작인을 가리켜 客戶, 또는 莊客이라고 하였다. 후에 莊園 안에서 客戶들이 모여 사는 마을을 '莊', 그 주택을 '莊戶', 농민을 '莊家人'이라고 한 기원이 바로 이것이다. 송대는 이주 여부보다 자산 정도에 따라 '主·客戶'를 구분하였다. 송대 전체 인구에서 객호가 차지하는 비율은 통상 1/3 내외였다. 따라서 객호의 비율이 정말로 2/3에 달한다면 전국에서도 가장 높은 매우 예외적인 사례에 해당한다. 과장된 수치일 가능성이 높다.

217 원문은 '差配'로 관에서 백성들에게 賦稅나 勞役을 배정하는 것을 말한다.

218 莫州 : 河北東路 소속이며 등급은 上, 郡名은 文安郡, 州格은 防禦州이다. 치소 겸 관할 현은 臨邱縣(현 하북성 滄州市 任丘市)이다. 지명은 전국시대 莫邑에서 유래하였으며, 같은 지명으로 거란 上京道 莫州(현 내몽고 通遼市 科爾沁左翼後旗)가 있다. 959년, 後周 世宗이 거란의 莫州와 함께 瀛州·3關을 점령하고 '關南'이라 칭한 곳이다. 하북 최대의 호수인 百洋淀 동남방으로 수로와 소택지가 종횡으로 형성된 전략적 요충지였다. 관할구역은 현 하북성 남동부 滄州市 서북쪽의 任邱市에 해당한다.

219 鄧州에서 莫州까지 거리는 鄧州~開封~任丘를 잇는 국도를 이용할 경우, 등주에서 개봉까지 400km, 개봉에서 임구까지 550여 km로 대략 950km, 왕복 1,900km가 된다. 본서에서 기술한 里는 1리에 0.5km인 華里이므로 왕복 1,900km는 3,800리에 해당한다. 물론 당시 이용한 노선과 현 노선은 어느 정도 차이가 있기는 하겠지만 이곳의 평탄한 지형을 고려해 볼 때 큰 차이는 없을 것이다. 따라서 왕복 4천 리라는 조보의 말은 상당히 정확하다고 하겠다.

220 주민 : 원문은 '人戶'이다. 중국 역대 왕조마다 조세 징수와 부역 부과를 위해 인구 파악과 통제에 유의하였고, 지도와 호적은 정권 인수인계의 상징으로 간주될 정도였다. 그래서 일찍부터 가능한 모든 수단과 방법을 동원하여 인구 파악에 주력하는 한편, 관리 범주 밖으로의 임의 이주를 엄격하게 금지하였다. 하지만 조세와 부역을 피하기 위한 반발과 회피, 행정력의 한계로 실제 조사와 관리가 어려워 주로 人보다는 戶를 파악하는 데 힘썼다. 그래서 '戶와 그에 속한 사람'

이란 뜻의 戶口보다는 人戶가 사람 위주의 파악에 좀 더 주력한 단어 같은 어감을 주지만 그 차이를 살려 번역하기는 힘들다. 이에 '인구'·'주민'·'백성'·'사람' 등으로 번역하였다. '人口'란 용어는 『漢書』「王莽傳」에 처음 등장한다. 서양에서 戶와 유사하게 '거주하다populus'라는 어원에서 유래한 'population'이라는 단어를 처음 사용한 사람은 베이컨(1561~1626)이었다.

221 노자 : 원문은 '盤纏'으로 '路資·旅費' 등을 말한다. '盤'은 '감싸다', '纏'은 '얽다'라는 의미로 길을 떠날 때 동전을 실에 꿰매고 허리에 감아서 편리와 안전을 도모한 데서 유래하였다.

222 무리 : 원문은 '黨'인데, 본래 집堂의 굴뚝에 묻은 검댕이黑를 가리키는 말로서 黨人·黨派 모두 '속이 검은 사람'이란 부정적인 의미를 지닌 말이다. 이는 모든 관리는 오직 황제에게 충성해야 할 뿐 자신의 이익을 위해 패거리를 형성해서는 안 된다는 생각이 반영된 것이다. 본서에는 黨을 비롯해 親黨·私黨·朋黨·姦黨·賊黨·母黨·妻黨·交黨, 또 黨與·黨類 등의 용어가 실려 있는데 親黨·私黨·朋黨을 제외한 다른 용어는 적절한 번역어를 찾기가 힘든 경우도 많아 최적의 용어는 아니지만, 설명을 붙여 '무리'·'패거리' 등으로 번역하였다.

223 중서문하성 : 원문은 '兩省'이다. 唐代에는 中書省·門下省·尙書省 가운데 관계가 가장 밀접한 중서성과 문하성을 가리켜 '兩省'이라고 칭하였다. 하지만 송대에는 문하성이 일찍이 중서성에 통합되어 중서문하성이 樞密院과 함께 각각 민정과 군정을 담당하는 최고 기관의 역할을 하였다. 추밀원을 西府라고 하는 것에 상응해 東府라고도 한다.

224 사천감 : 원문은 '靈臺'인데 천문과 역법, 시간 관련 업무를 맡은 비서성 소속 司天監의 별칭이다. 편제는 司天監監·少監·丞·春官正·夏官正·中官正·秋官正·冬官正·保章正·挈壺正·靈臺郎 등으로 이루어졌다.

225 邵伯溫(1057~1134) : 자는 子文이며 京西北路 西京 河南府(현 하남성 洛陽市) 사람이다. 周敦頤·張載·程顥·程頤와 함께 '北宋五子'라고 칭하는 邵雍의 아들이다. 아버지의 제자인 章惇이 1094년 재상이 되어 거듭 관직에 나올 것을 청하였으나 모두 거절할 정도로 강직하였다. 또 휘종의 청에 의해 상소를 올렸는데 직언을 마다하지 않아서 권신들이 기피하는 인물이 되었으며 童貫 같은 부류와는 대면조차 하지 않았다. 果州지사와 利州路轉運使를 지냈다. 북송의 멸망에 대하여 심사숙고

하며 많은 저술을 남겼고, 왕안석의 신법이 북송의 멸망을 초래하였다고 생각
하였다.

226 洛陽 : 京西北路의 치소인 西京 河南府(현 하남성 洛陽市)의 오랜 지명이다. 서주 때
본래 雒邑이라고 했는데, 전국 때부터 오행을 고려, 雒水의 북쪽에 있다고 하여
雒陽이라고 고쳐 불렀다. 秦의 통일 후에는 雒水를 洛水로, 漢은 雒水로, 삼국의 魏
는 洛水로 거듭 고치면서 도시 이름도 그에 따라 변화하였다. 북쪽의 산서성, 서
쪽의 섬서성, 동쪽의 하북성을 통제할 수 있는 중원의 중심지여서 長安과 함께
13개 왕조의 도성으로 각광을 받았다. 관할구역은 현 하남성 중북부 낙양시와
鄭州의 鞏義市 · 登封市, 황하 북쪽 焦作市 일부에 해당한다.

227 葉子冊 : 두루마리나 병풍 형태의 책이 지닌 불편을 해소하기 위해 낱장을 만든
뒤 다시 실로 묶어 만든 線裝本을 말한다. 唐代부터 만들기 시작해서 인쇄술의
발전에 힘입어 보편화되었다.

228 중서령 : 원문은 '中令'으로 中書省의 장관인 中書令의 약칭이다. 국정 전반에 걸
쳐 황제에게 직언하고 관리를 규찰할 수 있는 막강한 권한을 가지고 있어서 실
제로는 재상이 명예직으로 겸직하거나 아예 임명하지 않았고 통상 차관인 中書
侍郞에게 대행시켰다.

229 『國史』: 황제의 언행을 기록한 起居注와 중서성과 추밀원에서 각각 작성한 時政
記에 기타 자료를 추가해서 원사료를 편년체로 재구성한 日曆이 만들어지면 원
사료의 내용을 수정한 편년체 實錄이 만들어진다. 이 실록을 정사의 紀傳體로 만
든 것이 국사이다. 송대에는 『三朝國史』 등 모두 4部의 국사가 편찬되었다.

230 宋太祖(927~976, 재위 960~976) : 군인 가정에서 태어나 젊어서 고생하였으나 後漢
의 추밀사 郭威의 수하로 들어가 전공을 세웠고 951년 곽위가 後周를 세우고 황
제로 즉위할 때 공을 세워 禁軍 장수로 발탁되었다. 後周 世宗을 도와 北漢과의 전
투에서 큰 공을 세워 殿前都點檢으로 승진하였다. 959년 여름 후주 세종이 갑자
기 사망하자, 960년 1월 군사 정변을 통해 황제에 즉위하였다. 재위 16년 동안
당말오대의 혼란을 극복하기 위해 중앙집권화와 문민통치의 틀을 만들었고 남
중국을 통일하는 등 많은 업적을 세웠으며, 온건한 정치적 개혁을 통해 정권 교
체에 따른 후유증을 최소화하는 데 성공하였다. 그러나 말년에 동생 趙光義에게
살해당하였으며, 그로 인한 정통성 문제가 계속 송조의 후유증으로 남았다.

231 幽燕：唐代의 幽州가 전국시대 燕의 영역과 대체로 일치하기 때문에 생긴 일종의 관용적 표현이다. 행정지명이 아니기 때문에 다른 행정지명과 함께 서술하였을 경우 번역하기 애매한 경우가 많다. 북송 말의 상황에 따라 거란의 '남경'으로 번역하는 것이 정확하지만, '연경'으로 번역할 수도 있다.

232 曹翰(924~992)：北京 大名府(현 하북성 邯鄲市 大名縣) 사람이다. 後周 世宗을 따라 高平關과 瓦橋關 점령에 공을 세웠다. 송 건국 후에는 李筠의 난 평정, 사천과 南唐 정벌 등에 공을 세웠고, 979년 太宗의 北漢 원정과 거란 공략에도 참여하였다. 뛰어난 지모와 지휘 능력을 발휘하여 많은 군공을 세웠지만, 교활하고 탐욕스러워 남당 점령 과정에서 많은 재물을 강탈했고, 지방관 재직 시 뇌물 수수와 부패로 물의를 일으켜 사형을 언도받았으나 태조가 登州 유배로 감형해 주었다.

233 燕薊：燕과 薊 모두 현 북경 지역을 가리키는 지명이며 별칭이기도 하다. 바로 앞의 幽燕과 마찬가지로 행정지명이 아니라 燕京을 가리키는 일종의 관용적 표현이다.

234 賜進士出身：송대에는 과거 합격자를 등수에 따라 1甲~5甲으로 구분하고 1~2甲에는 進士及第, 3~4甲에는 進士出身, 5甲에는 同進士出身이라는 칭호를 하사하였다. 칭호를 하사한다해고 하여 '賜進士及第', '賜進士出身', '賜同進士出身'이라고 하고 모든 합격자를 통틀어서 '登進士第'라고 하는데 이 말들이 명사처럼 쓰인다. 명청대에는 甲의 구분이 3단계로 간략해졌다.

235 정1품 관모：원문은 '頭品頂戴'이다. '朝冠'이라 칭하던 관모를 가리켜 청대에는 '禮帽' 또는 '頂戴'라 바꿔 불렀고, 관품에 따라 장식 구슬을 달리하였다. '頭品'은 최고위 관직이란 뜻으로서 頭品頂戴는 정1품관의 관모지만 통상 종1품 總督에게 예우용으로 쓰게 하였다.

236 四川：乾德 3년(965), 북송은 後蜀을 멸망시키고 成都府(현 사천성 成都市)를 치소로 西川路를 설치하였다. 開寶 6년(973)에 서천로 동부지역을 분리하여 夔州를 치소로 하는 峽路를 신설하였고, 太平興國 2년(977)에는 다시 서천로 동북지역을 분리하여 東川路를 신설하였다. 이로써 西川路·東川路·峽路 등 3개 路가 만들어졌는데, 太平興國 7년(982)에 東川路를 다시 西川路에 편입하여 2개 路가 되었다. 이로써 至道 3년(997)에 전국 15개 路 체제가 완성되었다. 그러다가 咸平 4년(1001), 西川路를 益州路로 바꾸고 일부를 분리하여 興元府를 치소로 하는 利州路를 설치하

였다. 또 陝路를 夔州路로 바꾸고 일부를 분리하여 梓州를 치소로 한 梓州路를 설
치하였다. 얼마 후 익주로를 成都府路로 바꾸면서 마침내 成都府路·利州路·夔州
路·梓州路 등 4개 로가 성립되어 '川峽四路' 또는 '四川路'라고 칭하게 되었다. 梓
州路는 남송 때 潼川府路로 명칭을 바꿨고, '사천'이 지금처럼 사천성을 총괄하는
지명으로 자리를 잡은 것은 元代부터이다.

237 承宣布政使司 : 承宣은 '계승하고 發揚한다'는 뜻으로서 원대의 行中書省에서 유래
한 명청대 지방행정기구이다. 省의 민정과 재정을 관리하는 기관이다.

238 布政使 : 청대 각 省의 최고 책임자로는 總督과 巡撫가 있는데, 총독은 하나 또는
복수의 성을 총괄하였고, 순무는 1개 성을 총괄하였다. 순무 아래에는 교육과
과거를 총괄하는 提督學政, 사법을 총괄하는 按察使, 민정과 재정, 관리 고과를
총괄하는 布政使가 있다. 총독은 정2품, 순무와 포정사는 종2품이다.

239 淸苑縣 : 淸 直隸省 保定府 소속이며 直隸省 巡撫의 치소였다. 지명은 한대 淸苑亭侯
의 식읍에서 유래하였다. 하북평야의 북쪽 지대이며, 현 하북성 중부 保定市 城
區인 淸苑區에 해당한다.

240 許涵度(1853~1914) : 자는 紫蕥이며 청 直隸省 保定府 淸苑縣(현 하북성 保定市 淸苑區)
사람이다. 光緖 2년(1876)에 과거에 급제하여 16년간 忻州지사를 지낸 뒤 潞安府
지사를 거쳐 陝西按察使·陝西權布政使·四川布政使 등을 지냈다. 유능하였음에도
솔직하고 강직한 성격이라서 관운은 그다지 순탄하지 못하였다.

삼조북맹회편

三朝北盟會編

卷2

[政宣上帙2]

起政和八年五月二十七日戊申, 盡十二月二日己卯.

정화 연간(1111~1117)부터 선화 연간(1119~1125)까지를 기록한
상질의 제2권 : 정화 8년(1118) 5월 27일 무신일부터 12월 2일 기
묘일까지.

五月二十七日戊申, 廣安軍草澤臣安堯臣上書, 乞寢燕雲
兵事①.

① [按] 乞寢燕雲兵事 : 袁本에서는 '乞寢燕雲等事'로 썼다.

정화 8년(1118) 5월 27일 무신일, 광안군¹에 은거하는 사
인 안요신²이 글을 올려 연운에 대한 출병 중단을 간청하
였다.³

「書」曰 : 政和八年五月二十七日, 草澤臣安堯臣謹昧死裁書, 百拜獻於
皇帝陛下. 臣觀商高宗嘗命傅說曰 : "朝夕納誨, 以輔台德!" 說復於王
曰 : "惟木從繩則正, 后從諫則聖, 后克聖, 臣不命其承, 疇敢不祗若王
之休命?" 臣每讀至此, 未嘗不掩卷歎息, 以爲天下萬幾, 一人聽斷, 雖
甚憂勞, 不能盡察 ; 堂上遠於百里, 堂下遠於千里, 以九重之深, 而欲
盡於四方萬里之遠①, 百辟之忠邪賢佞, 生民之利害休戚, 顧不難哉! 是
以帝王之德, 莫盛於納諫, 諫行言聽, 則膏澤下於民, 天下同臻於宴安之
域, 社稷之利也.

① [按] 而欲盡於四方萬里之遠 : 袁本에서는 '而欲盡聞四方萬里之遠'으로 썼다.

상소문의 내용은 다음과 같다.

정화 8년(1118) 5월 27일, 재야에 묻혀 사는 신 안요신은 어리석게도 삼
가 죽음을 무릅쓰고 백번 절한 뒤 황제 폐하께 이 글을 씁니다. 신이 『상
서』「열명」에서 보았사온데, 상의 고종⁴께서 부열⁵에게 "주위의 깨우쳐

주는 말들을 조석으로 받아들여 나의 덕에 보태거라."라고 명하셨습니다. 그러자 부열은 고종에게 이렇게 답하였습니다.

"무릇 나무는 먹줄을 따라 자르면 반듯해지고 군주⁶는 간언을 따르면 성군이 됩니다. 군주가 성군이 될 수 있다면 신하는 시키지 않아도 받들 것이니 그 누가 감히 대왕의 훌륭한 명령을 받들지 않겠습니까?"⁷

신은 매번 이 부분을 읽을 때마다 책을 덮고 탄식하지 아니한 적이 없습니다. 천하를 다스리는 큰 계획을 한 사람이 전단한다면 병이 날 정도로 몹시 근심하고 힘쓰더라도 모든 것을 다 살필 수는 없습니다. 당상관⁸은 백 리 밖에, 당하관⁹은 멀리 천 리 밖에 있는 것처럼 폐하와는 거리가 있기 마련이니 구중궁궐 깊은 곳에서 사방 만 리 먼 곳까지 모든 관리들의 충직함과 간사함, 현명함과 아첨함, 그리고 백성의 이익과 손해, 기쁨과 걱정까지를 다 알고자 하나 어찌 어렵지 않겠습니까? 그러므로 제왕의 덕 가운데 간언을 받아들이는 것보다 훌륭한 것이 없습니다. 간언을 듣고 따라 준다면 그 혜택이 백성에게 미치어 천하가 다 함께 편안해지니 이야말로 사직에 이로운 것입니다.

臣聞陛下臨御之初, 從諫如流, 嘗下求言之詔曰 : "言之不當, 朕不加罪." 於是謇諤之士, 冒昧自竭, 咸效愚忠. 而憸人欲杜塞言路, 竊弄威柄, 乃熒誤①陛下, 加以詆誣之罪, 遂使陛下負拒諫之謗於天下久矣! 比年以來, 言事之臣, 朝奏夕貶, [002-02] 天下之人結舌杜口, 以言爲諱 ; 乃者宦寺專命, 交結權臣, 共唱②北伐之議, 思所以蠹國而害民, 上自宰執下至臺諫, 曾無一人肯爲陛下言者, 咸③以前車爲戒, 陛下復何賴焉?

①[按] 熒誤 : 袁本에서는 '營誤'로 썼다.

신이 듣기로는 폐하께서 즉위하시던 초기에는 간언을 따라 주심이 흐르는 물과 같았고, 일찍이 간언을 구하는 조서를 내려 "간언이 부당하더라도 짐은 죄를 묻지 않겠다."고 말씀하셨습니다. 이에 정직하게 직언하는 사인들이 좌우를 돌아보지 않고 자신의 힘을 다하여 모두 우직하게 충성을 다하였습니다. 그러나 간사한 사람들이 언로를 막고 권력을 농단할 셈으로 폐하를 현혹하고 오도하면서 간언한 사람에게 무고죄를 덮어씌워 폐하께서 간언을 거부한다는 비방을 온 천하로부터 듣게 한 지가 오래되었습니다.

최근 몇 년 동안 바른말 하는 신하가 아침에 아뢰면 저녁에 좌천되니 세상 사람들이 혀를 묶고 입을 봉하며 말하기를 꺼리고 있습니다. 근래에는 환관들이 왕명을 전단하고 권신들과 결탁하여 함께 북벌에 관한 논의를 주장하고 있습니다. 그들이 생각하는 것은 바로 나라를 좀먹고 백성을 해하는 것이지만 위로는 재집10으로부터, 아래로는 감찰관과 간관11에 이르기까지 누구 한 사람 폐하를 위해 말씀드리지 않는 것은 모두 앞의 사례를 보고 몸을 사리기 때문입니다. 그렇다면 폐하께서는 다시 누구에게 의지하실 것입니까?

臣愚以爲①燕雲之役興, 則邊隙②遂開 ; 宦寺之權重, 則皇綱不振, 此臣所以日夜寒心③者也. 臣螻蟻之微, 自頂至踵, 不足以膏陛下之斧鉞 ;

儻使上冒天威, 必罰無赦. 臣雖死無悔, 何憚而不言哉! 願畢其說以
獻焉.

① [按] 以爲 : 袁本에서는 '謂'로 썼다.
② [按] 邊隙 : 袁本에서는 '邊釁'으로 썼다.
③ [按] 日夜寒心 : 袁本에서는 '日夜爲陛下寒心'으로 썼다.

　　신의 어리석은 생각으로는 연운에서 전쟁이 일어나면 국경의 틈이 더
욱 벌어질 것이고, 환관의 권력이 커지면 폐하의 기강은 떨칠 수 없게 됩
니다. 바로 이 점이 신이 밤낮으로 걱정하는 바입니다. 신은 땅강아지
나 개미처럼 미천하여 머리끝부터 발끝까지 폐하의 도끼에 피를 묻히기
에도 부족합니다. 하오나 만약 제가 폐하의 위엄을 범하였다면 용서치
말고 반드시 벌을 주십시오. 신은 죽더라도 후회가 없으니 무엇을 꺼려
서 말씀드리지 못하겠습니까! 말씀드려야 할 것은 다 말씀드리고자 합
니다.

臣聞中國內也, 四夷外也(刪中國至此八字). 憂在內者, 本也 ; 憂在外者,
末也. 夫天下無內憂, 必有外懼. 蓋自古夷狄之於中國, 有道未必服, 無
道未必不來(刪蓋自至此二十字). 聖人以一身寄乎巍巍之上, 安而爲泰
山, 危而爲累卵, 安危之機, 每不在於夷狄之服叛去來也. 則(刪安危至此
十七字)有天下國家者, 必固本以釋末, 未嘗竭內以事外, 雖覇糜制禦
不失, 徒使爲中國之藩籬而已, 曷嘗與之謀大事圖大功, 俾憂生乎內也!

신이 듣건대, 중국은 안이고 사이四夷는 밖이며, 안의 걱정거리는 근본적인 문제이고 바깥의 걱정거리는 지엽적인 것입니다. 대체로 세상은 안에 근심거리가 없으면 반드시 밖에 두려운 일이 있기 마련입니다.[12] 예로부터 중국에 대한 이적夷狄들의 태도를 보면 대체로 중국에서 도가 행하여진다고 해서 꼭 복종한 것도 아니었고, 도가 행하여지지 않는다고 침략해오지 않는 것도 아니었습니다.

성인은 높고 높은 곳에 한 몸을 의탁하고 있어 평안할 때는 태산과 같지만 위태로울 때는 알을 포개어 놓은 것 같습니다. 그 평안함과 위태로움의 갈림은 매번 이적들의 복종과 이반, 왕래 여부에 달린 것이 아니었습니다. 따라서 천하와 국가를 경영하는 이는 반드시 그 근본을 굳건히 함으로써 지엽적인 것을 해결하였습니다. 예로부터 안의 힘을 탕진하여 밖의 일을 하는 법은 없습니다. 설령 어느 정도 기미[13]와 제어를 하더라도 결국은 그들에게 중국의 울타리 역할만 맡길 뿐입니다. 예로부터 어찌 그들과 함께 큰일이나 큰 공을 도모해서 안에서 걱정거리가 생기게 하였겠습니까?

昔王郁說契丹入塞以擊^①晉兵, 定人皆以爲後患, 可不鑒哉! 古者夷狄憂在外, 今者夷狄憂在內^②(删古者至此十四字), 外憂之患, 吾能固本以釋末, 將賢而虜(改作敵)惰^③, 卽可翦滅其患, 不及中原, 泰山之安, 有足恃者. 內憂之懼, 由吾竭內以事外, 邦本凋殘, 海內虛耗, [002-03] 累卵之危, 指日可待. 外憂之不去, 聖人猶且恥之, 內憂而不爲之懼, 臣愚不知天下之所以久安而無變, 甚可懼也! 陛下亦思^④之乎!

① [按] 擊 : 袁本에서는 '牽'으로 썼다.

옛날에 왕욱[14]이 거란에게 국경을 넘어와 후진의 군대를 공격해 달라고 설득하자 정주[15] 사람들 모두가 그 후환을 걱정하였으니 이를 거울삼지 않을 수 있겠습니까! 옛날에 이적夷狄들은 바깥의 우환이었지만 지금은 이적들을 안으로 끌어들여 생긴 우환입니다. 바깥의 우환은 우리가 근본을 굳게 하며 지엽적인 것을 해결하고, 우리의 현명함과 병사들의 용맹함이면 그 우환을 소멸시켜 중원에 미치지 못하게 할 수 있으니, 태산 같은 편안함을 믿어도 좋을 것입니다.

안으로 끌어들여 생긴 근심이 두려운 것은 우리가 근본인 안의 힘을 탕진하여 밖의 일을 하면 나라의 근본이 피폐해지고 천하의 힘이 소모되어 누란의 위기가 눈앞에 닥칠 것이 불 보듯 환하기 때문입니다. 성인들은 바깥의 우환을 해결하지 못한 것도 부끄럽게 여겼는데, 지금은 안에서 우환이 생겼는데도 오히려 두려워하지 않고 있습니다. 신이 어리석어 천하가 오랫동안 편안하고 변고가 없는 까닭을 알지는 못하나 심히 두려울 뿐입니다. 폐하께서도 그 점을 생각해 보시기 바랍니다.

方今①天下之勢, 危如累卵, 奈何陛下不思所以固本之術, 委任姦臣竭生靈之膏血, 欲奉强胡②(改作敵)以取必爭之地, 使上累聖德, 此億兆所同憂也. 且天生北狄, 謂之犬戎, 投骨於地, 奮然③而爭者, 犬之常也 ;

今乃搖尾乞憐(刪天生至此二十七字添彼字), 非畏吾也. 蓋(刪此字)邊境
之上, 未有可乘之隙. 狼子野心(刪此四字), 安得不蓄其銳而伺吾隙,
以逞其所大欲耶? 將見四夷交侵, 雖有智者不能善其後矣(刪將見至此
十六字).

① [按] 方今 : 袁本에서는 '厥今'으로 썼다.
② [按] 強胡 : 袁本에서는 '彊胡'로 썼다.
③ [按] 奮然 : 袁本에서는 '猖然'으로 썼다.

　바야흐로 지금 천하의 형세는 위태롭기가 알을 포개어 놓은 것 같은
데, 어찌하여 폐하께서는 근본을 굳건히 하는 방법은 생각하지 않으시고
간신들에게 나랏일을 맡겨 백성의 고혈을 짜내게 하고, 강한 호인胡人을
섬겨 반드시 분쟁이 생길 땅을 차지하시어 폐하의 성덕에 누를 끼치려
하시는지요? 이 모든 것들은 억조창생이 다 함께 근심하는 바입니다.
　또 하늘이 북적北狄을 낳았으니 그들을 가리켜 견융[16]이라고 합니다. 뼈
다귀를 땅에 던지면 그것을 차지하려고 온 힘을 다해 다투는 것이 개의
천성인데, 지금 꼬리를 흔들며 연민을 구걸하는 것은 결코 우리를 두려
워해서가 아닙니다. 그것은 국경에서 쳐들어올 틈이 아직 없기 때문입니
다. 이리와 같아 교화할 수가 없는 자들인데, 그들이 어찌 군대를 키우고
우리의 허점을 엿보며 그 큰 욕심을 드러내지 않겠습니까? 장차 사이四夷
가 서로 쳐들어오리니 그때는 비록 지혜로운 사람이 있더라도 어찌해 볼
도리가 없을 것입니다.

昔秦始皇續六世之餘烈, 旣倂六國, 南取北越之地, 以爲桂林、象郡 ;

北築長城, 而守藩籬, 卻匈奴七百餘里. 其意非所以衞邊地救民死, 乃貪

戾①而欲廣大也, 故功未立而天下亂. 漢孝武資累世之積蓄, 財力有餘,

士馬强盛, 務恢封略, 圖制匈奴, 患其兼從西結南寇②, 列四郡, 開玉門,

通西域, 以斷匈奴右臂. 師旅之費, 不可勝計, 至於用度不足, 算及舟車,

因之以凶年, 寇盜並起, 始棄輪臺之地, 下哀痛之詔, 豈非聖人之所以

悔哉③!

① [許] 乃貪戾而欲廣大也 : '利'를 '戾'로 잘못 썼다.

② [許] 其兼從西結南寇 : 일부 판본에서는 '其兼從西國結黨南寇乃表河曲'으로 썼다.

③ [許] 豈非聖人之所以悔哉 : 일부 판본에서는 '聖人'을 '仁聖'으로 썼다. '以'는 衍字

　 이다.

예전에 진시황이 6대에 걸친 선조의 업적을 이어받아서 6국을 병합
하고 남쪽으로는 월나라의 북쪽 땅을 차지해 계림군과 상군을 설치했으
며,[17] 북쪽에는 장성을 수축하여 변경을 지켰고 흉노를 700여 리나 내쫓
았습니다. 하지만 그 뜻은 변방을 지키고 백성을 죽음에서 구하려는 것
이 아니라 바로 욕심이 많고 포악하여 영토를 넓히려 한 것이었습니다.
그렇기에 공을 이루기도 전에 천하가 혼란해졌던 것입니다.

한 무제[18]는 여러 대에 걸친 축적 덕분에 재정에 여유가 있었고, 군대
와 군마도 강성하여 흉노에게 빼앗긴 영토를 회복하는 데 힘쓰며 흉노를
제압하려고 하였습니다. 흉노가 서쪽 나라들을 종속시키고 하서주랑河西
走廊 남쪽의 도적과 손을 잡을까 우려하여 사군[19]을 설치하였고, 옥문관[20]
을 두어 서역과 통교하며 흉노의 오른팔을 잘랐습니다. 하지만 그로 인

한 군비 지출이 헤아릴 수 없이 커졌습니다. 결국은 재정적자에 시달리게 되자 배와 수레에도 세금을 부과하였고, 그로 인해 살기 어렵게 된 데다 흉년이 들어 도적 떼가 각처에서 일어나자 비로소 윤대 지역[21]을 포기하였으며, 백성들의 고통에 대해 애통함을 표하는 자책의 조서를 내렸으니 어찌 성인의 뉘우치는 바가 아니겠습니까?

宋文帝元嘉中, 自比西漢文、景, 分命諸將, 經略河南, 致拓跋瓜步之師, 因而國蹙. 陳宣帝纘業之後, [002-04] 拓土開疆, 志大不已, 遂有呂梁之敗, 江左日蹙, 力殫財竭, 旋爲隋氏所滅. 隋煬帝負其富強之資, 思①逞無厭之欲, 頻出朔方, 三駕遼左, 旌旗萬里, 賦斂百端, 四海騷然, 土崩魚爛, 喪身滅國. 唐太宗定海內, 時稱英主 ; 然而東有遼海之軍, 西有昆明②之役, 師旅數動, 百姓疲勞, 雖未致③於禍敗, 然不免有中材庸主之譏.

① [按] 思 : 袁本에서는 '志'로 썼다.
② [按] 昆明 : 袁本에서는 '昆邱'로 썼다.
③ [按] 未致 : 袁本에서는 '未至'로 썼다.

송 문제[22]는 원가 연간(424~453)에 스스로 서한의 문제[23]·경제[24]에 견주면서 여러 장수에게 명하여 하남을 경략하도록 하였으나 과보산 전투에서 북위 탁발씨에게 패하여 국세가 기울고 말았습니다.[25] 진陳의 선제[26]가 제위를 이은 뒤에 영토를 확대한다며 그 뜻은 끝없이 컸으나 곧 여량 전투[27]에서 패하고 강좌[28]를 빼앗겨 전력과 재력을 다 소모하여 곧 양씨의 수나라에게 망하고 말았습니다.

수 양제[29]는 그 부강한 자산을 등에 업고 끝없는 야욕을 드러내고자 번 번이 삭방으로 출병하여 세 번이나 요동[30] 지역 친정을 감행하였습니다. 군대의 깃발이 만 리에 달했고, 갖가지 핑계를 다 대면서 조세[31]를 거둬들 이니 사해가 소란해져 흙더미가 무너지고 물고기가 문드러지듯[32] 근본이 무너져 내려 자신은 살해되었고 나라는 망하였습니다.

당 태종[33]은 천하를 평정하여 당시 영명한 군주라고 불렸음에도 불구 하고 동쪽으로는 요해[34]에 군대를 보낸 일이 있고, 서쪽으로는 곤명[35]에 서 전투가 있었으니 군대가 거듭 동원되어 백성들은 피로하였습니다. 비 록 그 화가 나라를 망하게 하는 데 이르지는 않았지만 중간 정도의 평범 한 군주에 불과하다는 비난을 면하지 못하였습니다.

明皇開元之際, 宇內謐如, 邊將邀寵, 競圖戰伐, 西陲青海之戌, 遼東天 門之師, 磧西怛邏之戰, 雲南渡瀘之役, 沒於異域數十萬人. 幽寇乘之天 下離潰, 是皆窮兵貪地, 好功勤遠, 罔守持盈之道, 不願勞民之弊[①].

①[訂] 不願勞民之弊 : '顧'를 '願'으로 잘못 썼다. 교주를 따른다.

당 현종[36] 개원 연간(713~741)에 천하가 안정되었으나 변방을 지키는 장 수가 총애를 받고자 경쟁적으로 전쟁을 일으켜[37] 서쪽 변방 청해의 전 투,[38] 요동 천문령의 전투,[39] 적서[40] 탈라스의 전투,[41] 운남 노수의 전투[42]로 이역만리에서 죽은 사람이 수십만 명에 달하였습니다. 유주의 도적 안록 산[43]은 천하가 이반하고 붕괴한 틈을 타서 반란을 일으켰으니 이는 모두 궁핍한 병사들이 땅을 탐내고 공을 세우고자 멀리 원정하는 데만 힘써 이미 이루어 놓은 업적을 지키지 않고, 백성을 곤고하게 하는 폐단을 돌아보지 않았기 때문입니다.

孰若周宣中興, 玁狁爲害, 追之太原①, 及境而止, 蓋不欲弊中國, 怒遠
夷(删此三字)也, 故享國日久, 詩人詠其美. 孝文專務以德化民, 凡有不
便, 輒弛以利民, 與匈奴結和親後, 乃背約入盜, 令邊備守②, 不發兵深
入, 恐勞百姓, 是以國富刑淸, 漢祚日永, 天下歸仁. 孝元亦納賈捐之議,
棄珠崖之陋, 後世以爲美談. 東漢建武中, 人康俗阜, 臧宮、馬武請殄匈
奴, 報曰 : "捨近謀遠者, 勞而無功 ; 捨遠謀近者, 逸而有終. 務廣地者
荒, 務廣德者强 ; 有其有者安③, 貪人有者殘." 自是諸將莫敢復言兵事,
可謂深達治源者乎!

①[訐] 追之太原 : '至'를 '之'로 잘못 썼다. 교주를 따른다.
②[訐] 乃背約入盜, 令邊備守 : '邊令'을 '令邊'으로 잘못 썼다. 교주를 따른다.
③[訐] 有其有者安 : '保'를 '有'로 잘못 썼다. 교주를 따른다.

이는 주 선왕[44]의 중흥기에 험윤[45]이 해를 끼치자 그들을 감숙성 태원[46]
까지 쫓아갔지만, 국경에 이르러 추격을 멈춘 것만 못합니다. 이는 중국
을 피폐하게 만들고 싶지 않았고, 멀리 있는 이적夷을 화나게 하고 싶지
않았기 때문입니다. 그랬기에 국가가 오래 유지될 수 있었으며 시인들은
그 미덕을 노래하였던 것입니다.

한의 효문제는 오직 덕으로 백성을 교화하는 데 힘썼고, 백성에게 불
편한 것은 바로 없애서 백성에게 이롭게 하였습니다. 흉노와 화친을 맺
은 뒤에는 그들이 화친을 어기고 침입하여 도적질하더라도 국경을 잘 지
키도록 명하였을 뿐 군대를 일으켜 적진 깊숙이 쳐들어가지 않았으니 이

는 백성을 수고롭게 할까 봐 우려했기 때문입니다.⁴⁷ 그랬기에 국가는 부유해지고 형벌이 줄어들었으며 한의 덕이 오래도록 이어지고 천하가 어진 정치에 순응하였습니다.

한의 효원제⁴⁸ 역시 가연지⁴⁹의 건의를 받아들여 해남도의 작은 주애군⁵⁰을 포기함으로써 후세에 미담이 된 것입니다.⁵¹

동한 건무 연간(25~56)에 사람들이 평안하고 부유해지자 장궁과 마무⁵²는 함께 상소를 올려 흉노를 섬멸하자고 청하였습니다. 이에 광무제⁵³는 이렇게 답하였습니다.

"가까운 것을 버리고 먼 것을 도모하면 힘만 쓸 뿐 공이 없고, 먼 것을 버리고 가까운 것을 도모하면 힘 안 들이고도 성과가 있기 마련이다. 땅을 넓히는 데 힘쓰면 황폐해질 것이나 덕을 넓히는 데 힘쓰면 강해질 것이다. 자기 것을 지키면 편안하나 남의 것을 탐내면 다칠 것이다."

이로 인해 여러 장군이 감히 다시 거병을 언급하지 못하였으니 다스림의 근원에 깊이 통달한 것이라고 하겠습니다.

歷觀前代①, 雖征討殊類(删此四字), [002-05] 時有異同, 勢有可否, 謀有得失, 事有成敗, 然毒痛②四表, 瘡痍兆姓, 未嘗不由好大喜功, 竭內事外者也. 昔人謂："國雖大, 好戰必亡"；故聖人務德, 不務廣土. 王者不治夷狄, 『春秋』亦'內諸侯而外夷狄'(删王者至夷狄十六字), 非謂中國之力不能制之；以其言語不通, 贄幣不同, 種類乖殊, 法俗詭異③(删此八字), 居於絶域之外, 山河之表, 崎嶇川谷險阻之地, 是以外而不內, 疏而不戚, 政教不及其人, 正朔不加其國, 誠不欲竭內以事外故也.
①[按] 前代 : 袁本에서는 '前世'로 썼다.

　역대 왕조들을 살펴보면 비록 정벌 대상이 다르고, 시기에 차이가 있으며, 형세가 다르고, 전략에 득실이 있었으며, 결과가 다르긴 했으나 백성들이 고통받고 나라가 피폐해진 것은 항상 큰 욕심을 부리고 나라 안의 일보다 밖의 일에 힘쓴 데서 비롯되었습니다. 옛사람들은 "비록 나라가 크더라도 전쟁을 좋아하면 반드시 망한다."고 하였습니다. 그래서 성인들은 덕에 힘쓸 뿐 영토를 넓히는 데 힘쓰지 않았습니다.

　어진 왕들도 이적夷狄을 다스리려 하지 않았고, 『춘추』[54] 역시 "제후를 우선하고 이적을 뒤로 한다"[55]고 했으니 중국이 힘으로 그들을 제압하지 못해서가 아닙니다. 다만 언어가 통하지 않고, 예물이 서로 다르며, 종족이 다르고, 풍속이 기이하며, 그들이 사는 곳은 세상 끝의 밖[56]으로 땅은 광활하고[57] 내와 계곡은 깊어 열악한 곳입니다.[58] 그래서 안에 들이지 않고 밖에 두었으며, 가까이 두지 않고 거리를 둔 것이며, 중국의 정치와 교화가 그들에게 미치지 않고, 천자의 달력을 그 나라에 주지 않는 것입니다. 이는 실로 나라 안의 것을 쏟아부어 밖의 일을 하고 싶지 않았기 때문입니다.

樊噲嘗願得十萬眾, 橫行匈奴中, 季布謂其可斬；馮奉世矯詔斬莎車王, 宣帝議加爵賞, 蕭望之謂矯制違命, 雖有功不可爲法, 恐後奉使者爲國家生事；陳湯誅郅支康居①, 匡衡劾其矯制而顯命；郝靈筌②斬默啜,

姚崇慮彼邀功者生心, 三朝不加賞③, 抑有由矣! 是故古者天子守在四
夷, 來則懲而禦之, 去則備而守之, 其慕義而貢獻, 則接之以禮, 覊縻不
絶; 使曲在彼, 乃(删此五字)聖王制禦夷狄(删此四字)之常道也.

① [按] 郅支康居 : 袁本에서는 '郅支'로 썼다.
② [按] 郝靈筌 : 袁本에서는 '郝靈筌'으로 썼다.
③ [許] 三朝不加賞 : '三朝終不加賞'으로 써야 한다. 교주를 따른다.

한의 번쾌[59]가 일찍이 10만의 병력만 준다면 흉노가 사는 지역에 가서
그들을 휩쓸어 버릴 수 있다고 하자 계포[60]는 번쾌를 참수형에 처해야 마
땅하다고 하였습니다. 한의 풍봉세[61]가 황제의 명이라 속이고 사차왕을
죽이자, 선제는 작위와 상을 더해 주려고 신하들과 논의하였습니다. 하
지만 소망지[62]는 그가 조서를 빙자하고 명령을 위반하였으니 비록 공을
세웠더라도 모범이 돼서는 안 된다고 지적하고, 만약 작위와 상을 준다
면 후에 사신으로 파견된 자가 국가를 위한다며 공연한 일을 저지를 수
있다며 반대하였습니다. 서한의 진탕[63]이 강거에서 질지선우를 죽이자,
광형[64]은 그가 조서를 빙자하고 명령을 전단했다고 탄핵하였습니다. 당
의 학령전[65]이 돌궐의 묵철선우를 죽이자, 요숭[66]은 그를 포상할 경우, 공
을 노리는 자들의 경쟁심을 불러일으킬까 우려하였습니다.

세 황제께서 끝내 상을 더하여 주지 않은 것 또한 그 까닭이 있었던 것
입니다. 그런 까닭에 옛 황제들은 사이四夷를 방어하다가, 그들이 쳐들어
오면 응징하며 물리치고, 물러가면 대비하여 막았습니다. 그들이 의를
사모하고 공물을 헌납하면 예로써 대하고, 계속해서 어느 정도의 군사적
통제와 함께 자치권을 인정해주었습니다. 얼마나 곡진하게 하느냐는 것

은 저들에게 달린 것입니다. 이것이 바로 성왕이 이적夷狄을 막고 통제한 일관된 도리입니다.

在昔東胡避李牧, 北虜憚郅都, 南蠻服孔明, 西戎畏郝玭, 此四人者皆明智而忠信, 寬厚而愛人, 君臣同體固守邊疆, 故能威震四夷. 胡人不敢南下而牧馬, 士不敢彎弓而報怨(删在昔至此六十八字). 或有僥倖一時, 爲國生事, 興造邊隙, [002-06] 邦憲具在, 夫何足云①?

① [按] 夫何足云 : 袁本에서는 '夫何患云'으로 썼다.

옛날에 동호[67]가 조趙의 이목[68]을 두려워하여 피하였고, 흉노北虜가 한의 질도[69]를 꺼려 했으며, 남만이 제갈량[70]에게 진심으로 항복하였고, 서융西戎이 학빈[71]을 두려워했습니다. 이 네 사람은 모두 밝은 지혜와 신실함을 지니고 있었으며 관후하고 사람들을 아꼈습니다.

임금과 신하가 한 몸이 되어 변방을 굳게 지켰기 때문에 능히 사이四夷들에게 위세를 떨칠 수 있었던 것이고 호인胡人들이 감히 남하하여 말을 키우려고 하지 못하였으며, 중국의 병사들이 감히 활시위를 당겨 원한을 갚으려고 하지 못하였던 것입니다. 혹 일시적인 요행을 바라고 국가를 위한다며 공연한 마찰을 일으키고 국경에서 충돌을 조성하더라도 나라의 법이 온전히 있다면 대저 무슨 말이 필요하겠습니까?

我宋太祖皇帝撥亂反正, 躬擐甲冑, 總熊羆之衆. 當時將相大臣皆所與取天下者, 然卒不能下幽燕兩州之殘寇(删之殘寇三字), 豈勇力智慧不足哉! 蓋兩州^①之地, 犬戎所必爭者(删兩州至此十字), 不忍使吾赤子重困鋒鏑, 乃置而不問. 章聖皇帝澶淵之役, 以匈奴(改作契丹)大擧來寇(改作侵), 不得已而與戰, 旣戰而勝, 乃聽其求和, 遂與之盟, 逡巡引兵而退, 蓋亦欲固邦本, 而不忍困民力也. 明矣.

①[按] 兩州 : 袁本에서는 '二州'로 썼다.

우리 송의 태조황제께서는 혼란한 국면을 종식하고 정상적인 질서를 회복하셨으며,[72] 몸소 갑주를 두르고 용맹한 군대를 모두 통솔하셨습니다. 당시 장수와 재상, 대신들 모두 함께 천하를 쟁취한 인물들이었습니다. 그런데도 결국 연경과 운주 2개 주[73]에 잔존했던 도적殘寇을 항복시키지 못하였으니[74] 어찌 용기와 힘, 지혜가 부족했기 때문이겠습니까? 대체로 두 개 주의 땅은 견융犬戎들이 반드시 쟁취하려고 하는 곳이기 때문에 차마 우리 선량한 백성[75]들에게 전란으로 인한 무거운 부담을 지게 할 수 없어서 더는 그들의 죄를 묻지 않았던 것입니다.

장성황제의 전연 전역[76]도 거란[77]이 대거 남침하자 부득이 그들과 싸운 것이며, 일단 싸워서 승리하자 그들의 강화 요구를 들어주어 바로 동맹을 맺고 곧장 병력을 이끌고 물러섰으니[78] 이 역시 대체로 국가의 근본을 공고히 하기를 원했기 때문이며, 차마 백성의 재력을 곤고하게 할 수 없었기 때문입니다. 사리는 이처럼 분명한 것입니다.

伏願陛下思祖宗積累之艱難^①, 監歷代君臣之得失^②, 杜塞邊隙, 務守景德舊好, 愼選忠義智勇之人, 如李牧^③、郅都者, 使守險塞, 而軍高壘^④

毋戰, 閉關據挖⑤, 荷戟⑥而守之, 無使夷狄(删此二字)乘間伺隙, 窺我中
國(删此四字). 上以安宗廟, 下以保生靈, 豈不韙歟!

① [按] 艱難: 袁本에서는 '艱'으로 썼다.
② [按] 得失: 袁本에서는 '失'로 썼다.
③ [按] 李牧: 袁本에는 '李牧'이 없다.
④ [許] 而軍高壘: '而嚴軍高壘'로 써야 한다. 교주를 따른다.
⑤ [許] 閉關據挖: 일부 판본에서는 據挖을 '挖險'으로 썼다.
⑥ [按] 戟: 袁本에서는 '戈'로 썼다.

엎드려 바라옵기는 폐하께서는 조종께서 겪은 많은 어려움을 생각하
시고, 역대 군신들의 성공과 실패를 거울삼아 변방의 충돌을 근본적으
로 막고 경덕 연간(1004~1007)에 맺은 오랜 맹약을 지키는 데 힘쓰십시오.
이목이나 질도처럼 충성스럽고 지혜로우며 용맹한 이를 신중히 선택하
시어 험준한 요새를 지키게 하고, 군대를 정돈하고 요새를 높게 쌓되 싸
우지 말며, 관문을 닫고 요새에서 웅거하며 무기를 들고 지켜서 이적夷狄
이 틈을 타 엿보고 우리 중국을 넘보지 못하도록 해야 합니다. 이것이야
말로 위로는 종묘사직을 편안하게 하고, 아래로는 모든 백성을 보존하는
것이니 이 어찌 옳다 하지 않겠습니까!

臣前所謂燕雲之役, 役①興則邊隙遂開者, 此也. 臣觀自古國家之敗, 未
嘗不由宦者專政, 時君世主心②非不知其然, 而因循信任, 不能斷而馭
之. 故終至委靡頹弊③傾覆, 神器不可枝梧④而後已. 大抵此曹手執帝
爵, 口銜天憲, 則臣下之死生禍福在焉 ; 出入臥內, 靡間朝夕, 巧於將

迎, 則君心爲之必移⑤ ; 況隆以高爵, 分以厚祿, 加之以信任, 以資其威
福之權哉!

① [按] 役 : 袁本에는 '役'이 없다.
② [按] 時君世主心 : 袁本에서는 '當時君臣之心'으로 썼다. 교주를 따른다.
③ [按] 弊 : 袁本에서는 '敝'로 썼다.
④ [按] 枝梧 : 袁本에서는 '支吾'로 썼다.
⑤ [計] 則君心爲之必移 : '密'을 '必'로 잘못 썼다. 교주를 따른다.

　신이 앞에서 연주와 운주에서의 전쟁에 대하여 말씀드렸는데, 일단 전
쟁을 시작하면 국경에서 전쟁이 곧 확산될 것이라고 한 것이 바로 이것
입니다. 신이 보기에 자고로 국가의 패망은 일찍이 환관이 국정을 전단
한 데서 말미암지 않은 것이 없으니 당시 군주와 신하 모두 속으로 그것
을 모르지 아니하였으나 습관적으로 그들을 신임하였고, 단호하게 그들
을 제어하지 못하였습니다. 그래서 마침내 무력해지고 무너지고 뒤엎어
져서 제위를 더는 지탱할 수 없는 지경에 이르고 말았던 것입니다.
　대체로 이 환관들이 군주의 봉작권을 손에 쥐고, 입으로는 천자의 법
을 핑계 대고 있으니 이는 바로 신하들의 생사와 화복이 환관의 손에 달
린 것입니다. 환관은 군주의 침실까지 출입하며, 시도 때도 없이 함께하
면서 교묘히 군주의 뜻에 영합하니 군주의 마음이 자신도 모르게 움직이
기 마련입니다. 게다가 높은 작위를 더해 주고 많은 녹봉을 나눠 주며 신
임까지 더하여 주시니 그들의 권세가 얼마나 크겠습니까!

我宋開基, 太祖皇帝鑒前世之弊, 務行剗革①, 內品、供奉不過二十人,

[002-07] 徒使供門戶掃除之役；寶元以後, 員數倍增, 祿廩從優. 咸平、
至和中洛苑使秦之翰②、雷有功③因討王均之亂, 旣而有功, 授以思州④
刺史；自後劉保信等初無纖毫功⑤, 咸起⑥僥倖之心, 乃攀援前文, 遂皆
遙領團練、刺史, 議者否之. 繼以明道, 制命出於幃幄, 威福假於宦寺,
斜封墨勅, 授之匪人, 委用漸大, 玆風一扇, 先朝之典制盡廢.

① [按] 劃革：袁本에서는 '劃削'으로 썼다.
② [按] 咸平·至和中洛苑使秦之翰：袁本과 四庫本에서는 '咸平中洛苑使秦翰'으로 썼다.
　교주를 따른다.
③ [按] 雷有功：袁本에서는 '雷有終'으로 썼다. 교주를 따른다.
④ [按] 思州：『宋史』 권466, 「秦翰列傳」에서는 '恩州'로 썼다. 교주를 따른다.[79]
⑤ [按] 纖毫功：袁本에서는 '纖毫之功'으로 썼다.
⑥ [按] 咸起：袁本에서는 '咸啓'로 썼다.

　　우리 송조가 개국한 뒤 태조황제께서 전대의 폐단을 거울삼고 그것을
혁파하는 데 힘써 내품[80]과 공봉관[81] 직을 수여받은 환관 수는 20명을 넘
기지 않았고, 그들에게는 단지 문을 여닫고 청소하는 일만 맡도록 하였
습니다. 그런데 인종 보원 연간(1038~1039) 이후로 환관의 정원이 두 배로
증가하였고, 녹봉도 우대하여 주었습니다.

　　함평 연간(998~1003)에 낙원사[82] 진한[83]은 뇌유종[84]과 함께 왕균[85]의 반란
을 토벌하러 나갔다가 공을 세워서 은주[86]자사[87]에 제수되었습니다. 그
뒤로 유보신[88] 등은 원래 터럭만큼의 공도 없으면서 모두 요행을 바라는
마음으로 이전의 문서를 다 끌어다 댔고,[89] 결국 다들 단련사[90]나 자사 직
을 받았습니다.[91] 국사를 논하는 이들은 모두 이를 비판하였습니다.[92]

　　명도 연간(1032~1033)부터 황제의 제명[93]이 휘장 뒤에서 나오고,[94] 상벌

권이 환관[95] 손에 맡겨져서 사봉과 묵칙[96]을 통해 잘못된 사람에게 봉작을 내렸습니다. 맡겨진 권한이 점점 더 커져 이 같은 풍조가 크게 일더니 선대의 제도가 모두 폐지되기에 이르렀습니다.[97]

當時臺諫以死爭之, 期必行而後已 ; 今乃不然, 宦寺之數不知其幾, 但見腰金拖紫充滿朝廷. 處富貴之極, 忘分守之嚴, 專總威權, 決議中禁, 蔽九重之聰明, 擅四海之生殺. 懷諂諛之心, 巧媚曲求者[①], 則擧而登用 ; 勵匪躬之操, 直情忤意者, 則旋見排斥 ; 以致中外服從, 上下屛氣.

① [按] 巧媚曲求者 : 袁本에서는 '曲媚营求者'로 썼다.

당시에는 감찰관과 간관이 목숨을 걸고 간쟁하여 자신들의 주장이 시행될 때까지 포기하지 않았습니다만 지금은 사정이 달라져 환관의 수가 얼마인지를 알 수 없고 금으로 장식한 허리띠를 차고 자주색 인장 끈을 늘어뜨린 자가 조정에 가득합니다. 더할 수 없는 부귀를 누리며 분수의 엄중함을 망각하고 오직 위세와 권력을 독차지하고 궁중 안에서 일을 결정하며, 황상의 눈과 귀를 덮어 가리고 천하 백성의 생사를 결정하는 권한을 천단하고 있습니다.

아첨하는 마음을 품고 교묘하게 아양을 떨어 사악하게 구하는 자는 뽑혀서 등용되고, 일신의 이해를 돌아보지 않고 충성을 다하는 지조를 지키며[98] 마음이 곧아 환관의 뜻을 거스른 사람은 즉시 배척당했습니다. 이렇게 해서 안팎으로 모두 환관에게 복종하게 되고, 위아래 모든 관리가 숨을 죽이게 되었습니다.

府第羅列大都，親族布滿丹陛；南金、和璧、冰綃、霧縠之積，富侔天
子；嬙媛、侍兒、歌童、舞女之玩，僭擬後宮；狗馬飾彫文，土木被緹
繡；更相援引，同惡相濟，一日再賜，一月累封；爵祿極矣，田園廣
矣；金繒溢矣；奴婢官矣．縉紳士大夫盡出其門矣．非復向時掖廷永巷
之職，闈牖房闥之任也！皇綱何由而振邪！是以賢才噤齚，志士窮棲，莫
此爲甚．昔人謂宦者專而國命危，良有以也！

　도성에는 그들의 저택이 줄을 섰고, 조정[99]에는 그들의 친족이 가득 찼
습니다. 진귀한 금은보화,[100] 최고급 견사[101]와 고운 비단[102] 등을 쌓아 두었
으니 그 부유함은 천자에 비할 만하고 희첩과 몸종, 노래하는 사내와 춤
추는 여자 등을 누리고 즐기는 것이 참람하게도 황제의 후궁과 비길 만
하며, 기르는 개나 말도 멋있는 장식물을 걸쳤고 벽과 기둥도 붉은 비
단[103]을 휘감았습니다. 번갈아 끌어주고 밀어주며 서로 도와 함께 악행을
일삼아도, 하루에도 두 번 은사를 받고 한 달이면 가장 높은 작위에 올랐
습니다.[104] 작위와 봉록은 극히 높고, 전답은 넓으며, 금과 비단은 넘쳐나
고, 노비는 관부처럼 완비되었습니다. 진신[105]사대부[106]가 모두 그들의 문
하에서 나왔습니다. 더는 옛날처럼 후궁[107]을 시중들고 골목[108]과 창문, 침
실을 청소하는 일을 하지 않습니다.

　이러한데 황제 폐하의 기강이 어떻게 진작되겠습니까! 그래서 어질고
재주 있는 인재가 탄식하고 원망하며, 뜻있는 사대부가 세상을 피해 은
거하는 일이 지금보다 더 심한 때가 없는 것입니다. 옛사람은 환관이 국
정을 전단하면 나라의 운명이 위태로워진다고 하였으니 이는 분명 까닭
이 있는 것입니다.

臣布衣賤士, 無官守言責, 不敢纖悉條具, 上瀆聖聰. [002-08] 請以誤國
之大者童貫而論之. 臣謹按貫起自卑微, 本無知謀①, 陛下付以兵柄, 俾
掌典機密 ; 自出師陝右, 已彌歲禩, 專以欺君罔上爲心, 虛立城砦, 妄奏
邊捷, 以爲己功 ; 汲引羣小, 易置將吏, 以植私黨, 交通饋遺, 鬻賣官爵,
超躐除授, 紊亂典常.

① [按] 知謀 : 袁本에서는 '智謀'로 썼다.

신은 벼슬하지 않은 미천한 사인으로서 간언에 책무를 진 관리가 아
니므로 감히 상세하게 하나하나 말씀드려 황제 폐하의 성총을 더럽힐 수
는 없으나 나라를 가장 잘못된 방향으로 이끄는 자인 동관에 대해서만은
말씀드리고자 합니다. 신이 삼가 살펴보건대 동관은 미천한 출신으로서
본래 학식도 계책도 없는데, 폐하께서는 군권을 맡기시고 군국의 기밀을
전담하게 하였습니다. 섬우에 출병한 지 이미 십여 년[109]이 지났는데, 그
동안 폐하를 속이는 데만 마음을 써서 세우지도 않은 성채를 세웠다 하
고, 거짓으로 승전보고를 하여 자신의 공으로 삼았습니다. 많은 소인배
를 긁어모아 장수와 관리로 바꾸어 자신의 파벌을 키웠고, 서로 뇌물을
주고받고 있습니다. 또 관직과 작위를 팔며, 규정을 무시하고 벼슬을 마
구 내려 국가의 법도를 어지럽히고 있습니다.

有自選調不由薦舉, 而改京秩者 ; 有自行伍不用資格, 而得防團者 ; 有
放逐田里不應甄敘, 而擢登淸禁者 ; 有託儒爲姦懵①不知書, 而任以蘭
省者. 或陵德鮮禮不通世務, 徒以家累億金, 望塵下拜②, 公行賄賂, 而

致身靑雲者, 比比皆是. 或養驕恃勢, 不知古今, 徒以門高閥閱, 搖尾乞
憐, 僥倖請託, 而立登要津者, 紛紛接踵. 一時鮮廉寡恥之人爭相慕悅,
侵漁百姓, 奉其所欲, 惟恐居後.

① [按] 姦懵 : 袁本에서는 '姦慣'로 썼다.
② [按] 望塵下拜 : 袁本에서는 '望塵擁拜'로 썼다.

어떤 사람은 후보 관원[110]에서 추천[111]도 없이[112] 임의로 선발되어 경
관[113]으로 승진한 자도 있습니다.[114] 군대에 있다가 자격이 없는데도 방어
사[115]나 단련사 직을 얻은 자도 있습니다. 시골로 쫓겨났다가 심사 절차를
거치지도 않고 궁중의 요직에 발탁된 자가 있고, 학자인 체하나 간사하
고 어리석어 경서를 제대로 알지도 못하는데 난성[116]에 보임된 자도 있습
니다.

부덕하고 무례하며 실무에 어두워도 그저 집에 재산이 많고 아부만 할
줄 아는[117] 자들 가운데 공공연하게 뇌물을 바쳐서 출세한 자들이 즐비합
니다. 또한 교만하고 권세에 기댈 줄 만 알 뿐 고금의 사정도 모르는 자
들이 그저 권문세가에 꼬리치고 매달려서 요행수나 바라고 청탁을 일삼
아 요직에 오른 자들이 줄을 이었습니다. 염치도 모르는 자들이 한꺼번
에 자신의 이익만 추구하여 백성들을 괴롭히며 자기 욕심을 채우려고 서
로 앞을 다툽니다.

兵戍戰士冒石傷弓, 生有金帛之賜①, 死有襃贈之榮 ; 自法權②歸貫, 紛
更殆盡, 戰傷③之卒, 秋毫無所得. 死者又誣以逃亡之罪, 賞罰不明, 兵

氣委靡 ; 凱還未歌④, 書⑤品已崇, 庖人、廝卒、掃門、執鞭之隷, 冒功奏賞, 有馴致節鉞者, 名器一何輕哉!

①[按] 兵戍戰士冒石傷弓, 生有金帛之賜 : 袁本에서는 '兵法戰士躬冒矢石, 傷有金帛之賜'로 썼다.

②[按] 法權 : 袁本에서는 '兵權'으로 썼다. 교주를 따른다.

③[按] 戰傷 : 袁本에서는 '傷戰'으로 썼다.

④[按] 歌 : 袁本에서는 '久'로 썼다.

⑤[許] 書品已崇 : '寶'를 '書'로 잘못 썼다. 교주를 따른다.

전쟁에 나간 군인들은 돌과 화살에 다칠 위험을 무릅쓰고 싸워서 살아남으면 금과 견을 하사품으로 받게 되고, 죽으면 추증의 영광이 있습니다. 그러나 병권이 동관에게 집중된 뒤 상벌을 제멋대로 뒤바꿔서 전사하거나 부상을 당한 병졸들은 아무런 보상도 받지 못했습니다. 게다가 전사자에게 탈영하였다는 죄를 덧씌우는 등 상벌이 분명치 않아 사기가 땅에 떨어졌습니다.

개선의 노래를 부르기도 전에 품계를 높이 써서 올리고, 취사병과 마구간의 군졸, 청소하고 말고삐 잡던 무리까지 거짓 공적을 내세워 상을 달라고 하고, 심지어는 절월[118]을 요구하기도 합니다. 명예로운 벼슬을 어찌 이리 가볍게 할 수 있는지요!

山西勁卒, 貫盡選爲親兵, 實自衛也. 方戰伐之際, 它①兵躬行陣之勞, 班師之後, 親兵冒無功之賞, 意果安在? 此天下所共憾, 而陛下恬然不顧也. 貫爲將帥, 每得內帑金帛, 以濟軍需, 悉充私藏 ; [002-09] 乃立軍期

之法, 取償於州縣, 依勢作威, 倚法肆貪, 暴征②橫斂, 民不堪命, 將士爲
之解體, 貫方且意氣洋洋, 自爲得計, 兇熖勃然. 臺諫之臣間有剛毅不回
之士, 愛君憂國一言議及, 則中以危法, 遂使天下不敢言, 而敢怒歸怨陛
下矣③.

① [按] 它 : 袁本에서는 '他'로 썼다.

② [按] 暴征 : 袁本에서는 '暴賦'로 썼다.

③ [按] 不敢言, 而敢怒歸怨陛下矣 : 袁本에서는 '不言, 而敢歸怨陛下'로 썼다. 교주를 따른다.

동관은 산서의 정예병을 모두 친위병으로 선발하였으니 이는 자기 자신을 지키기 위한 것일 뿐입니다. 정말 전쟁이 벌어질 때 다른 부대는 직접 전투에 참여하는 노고를 감당하지만 회군하고 난 뒤에는 동관의 친위병만 아무 공도 없이 상만 탐하니 그 의도가 과연 어디에 있겠습니까? 이는 세상 사람 모두가 개탄하는 바인데도 폐하께서만 안이하게 여기시며 신경도 쓰시지 않습니다.

동관은 장수가 되어 매번 내탕고[119]의 금과 견을 받아 군수품으로 쓴다고 하면서 모두 자기 배를 채웠습니다. 군에서 정해 준 기일을 엄수하도록 법을 만들고[120] 주현에 보상해 주겠다면서 권세를 믿고 위세를 떨치며, 법을 핑계로 탐욕을 채우기 위해 가렴주구하고 있으니 백성들은 목숨을 부지하기 힘들고 군사들은 그 때문에 흩어져 버렸지만, 동관은 더욱 의기양양하여 스스로 훌륭한 계책을 세웠다고 여기며 모질고 사납기가 갈수록 더해 갑니다. 감찰관과 간관 중에 강직하고 굳센 사대부가 있어 폐하를 아끼고 나라를 걱정하는 마음에서 한마디라도 언급한 즉 위험한 법망에 걸려들게 되니, 세상 사람들이 감히 말하지는 못하지만, 마음 속의 분노를 감히 폐하께 돌리고 있습니다.[121]

今者, 中外之人咸謂貫深結蔡京, 同納燕人李良嗣以爲謀主, 共唱^①北伐之議；經營之久^②, 國旣匱乏^③, 乃更^④方田以增常稅, 均糴以充軍儲, 茶鹽之法, 朝行暮改, 民不奠居；加之以饑饉, 迫之以重斂, 其勢必無以自全. 陛下苟能速革其弊, 則赤子膏血不爲此曹涸也. 今天下之民, 被玆毒蠱久矣! 其貧至矣! 養生送死不足之恨^⑤, 亦深矣. 昔人謂刻核太至者, 必有不肖之心應之. 臣愚深恐無恆心之民, 以刻核太至, 不能自安, 或起不肖之心, 其患有至於不可禦者. 又^⑥況天視自我民視, 天聽自我民聽, 民積怨氣, 天心憫焉, 非朝廷福也.

① [按] 共唱 : 袁本에서는 '共倡'으로 썼다.
② [按] 經營之久 : 袁本에서는 '經營旣久'로 썼다.
③ [按] 國旣匱乏 : 袁本에서는 '國用匱乏'으로 썼다.
④ [按] 乃更 : 袁本에서는 '乃始'로 썼다.
⑤ [許] 養生送死不足之恨 : '憾'을 '恨'으로 잘못 썼다.
⑥ [按] 又 : 袁本에는 '又'가 없다.

근래에 안팎의 사람들 모두 동관이 채경과 긴밀하게 결탁하여 함께 연경 사람 이양사를 받아들여 주모자로 삼고, 공동으로 북벌의 논의를 주창하고 있다고 말합니다. 이들이 나라를 경영한 지 오래되어 국고가 고갈되자 이에 방전균세법[122]을 다시 시행하여 경상 세액을 늘렸고, 균적법으로 군 비축 식량을 충당하고, 차와 소금 전매법[123]도 조석으로 바꾸니 백성들이 한곳에 정착하여 살 수 없게 되었습니다. 거기에다가 기근이

겹치고 과중한 수탈까지 압박하고 있으니 그 형세는 절대로 자신을 보전할 수 없는 지경입니다. 실로 폐하께서 속히 그 폐단을 혁파하실 수만 있다면 선량한 백성들의 고혈이 이들 무리 때문에 다 마르는 일은 없을 것입니다.

지금 세상의 백성들은 이런 해악에 피해를 본 지 오래되었습니다! 그 빈궁함이 극심합니다! 부모를 봉양하고 장례 치르기에도[124] 부족한 원통함 또한 절절합니다. 옛 성인이 말하길 가혹함이 너무 지나치면 반드시 불순한 마음이 일어난다 했습니다.

신이 어리석으나 항심이 없는 백성들이 지나친 가혹함 때문에 자신의 온전함을 도모할 수 없게 되면 혹 불순한 마음을 품게 되고, 그것이 제어할 수 없는 상태까지 이르지 않을까 심히 두려울 뿐입니다. 하물며 '하늘은 우리 백성들이 보는 것을 통해 보시고, 하늘은 우리 백성들이 듣는 것을 통해 들으신다'[125]고 하였으니 백성들의 원망이 쌓이고 천심이 이를 가엾게 여긴다면 이는 조정에 복이 아닐 것입니다.

劉賁謂自古宦者預軍政, 未有不敗國喪師者, 其言載之青史, 雖愚夫愚婦①莫之或非. 陛下儻優游不斷, 異時禍稔②蕭牆, 姦生幃幄, 追悔何及? 伏願陛下擴天日之明, 塞陰邪之路, 制侵凌迫③脅之心, 復門戶掃除之役, 使安其分可也. 史臣亦謂宦者亂人之國, 其源深於女禍, 陛下何苦暱之, [002-10] 此臣愚所不識也. 恭惟陛下以社稷爲心, 以生靈爲念④, 思禍患於未明之機⑤, 戒其所當戒, 更其所當更, 斷自宸衷, 決而行之, 無恤邪論之紛紛, 天下幸甚! 臣前所謂宦寺之權重, 則皇綱不振者此也.

① [按] 愚婦 : 袁本에는 '愚婦'가 없다.

② [按] 禍稔 : 袁本에서는 '禍稔'으로 썼다.

③ [按] 凌迫 : 袁本에서는 '陵迫'으로 썼다.

④ [按] 以生靈爲念 : 袁本에서는 '生靈爲念'으로 썼다.

⑤ [許] 思禍患於未明之機 : '萌'을 '明'으로 잘못 썼다. 교주를 따른다.

유분[126]은 자고로 환관이 군정을 간여하여 국정을 망치고 군사를 잃지 않은 경우가 없다고 말하였습니다. 그 말은 사서에 기록되어 있으니 비록 어리석은 백성이라 할지라도 그런 일이 없다고 부인하거나 아니라고 하지 못할 것입니다. 폐하께서 만약 우유부단하시어 아무런 조치도 취하지 않으신다면 훗날 재앙이 궁궐 안에서 무르익어[127] 간악함이 휘장 뒤에서 생길 것이니 뒤늦게 후회하신들 무슨 소용 있겠습니까?

엎드려 바라옵건대 폐하께옵서는 하늘의 해 같은 밝음을 넓히시고 음험하고 사악한 길을 막으시며, 능멸하고 협박하려는 마음을 제압하시어 환관들에게 본래 그들이 하던 문지기와 청소부의 일을 다시 하게 하시어 그 분수에 만족하게 하심이 가할 것입니다. 사관들 또한 말하길 환관이 어지럽힌 나라는 그 문제의 근원이 여색으로 인한 화근보다 더 깊다고 하였습니다. 그런데도 폐하께서는 무엇 때문에 기어코 그들을 가까이하려 하십니까? 이것이야말로 신이 어리석어 이해하지 못하는 바입니다.

삼가 받들어 생각하오니[128] 폐하께서는 사직을 마음에 두시고, 백성을 염두에 두시기 바랍니다. 재난이 아직 일어나지 않은 때에 이를 유의하셔서 마땅히 경계하여야 할 바를 경계하시고, 마땅히 고쳐야 바를 고치

서야 합니다. 폐하의 뜻[129]에 따라 결단이 이루어지고 그것이 행해져야 하며, 삿된 논의가 분분하더라도 개의치 않으셔야 세상의 큰 복이 됩니다. 신이 앞서 환관의 권세가 크면 곧 황제의 기강이 힘을 떨치지 못한다고 말씀드린 것이 바로 이 점입니다.

臣一介草茅, 世食陛下之祿, 沐浴陛下膏澤久矣. 當此之時, 人各隱靜, 以言爲諱[①], 臣獨[②]輒吐狂直, 上觸天威；非不知言出而禍從, 計行而身戮, 蓋痛紀綱之壞, 生靈之困[③], 變亂將起, 社稷將危, 忠憤所激, 有不能自已[④], 不識陛下能赦之否?

① [許] 人各隱靜, 以言爲諱 : 일부 판본에서는 '靜'을 '情'으로 썼다.
② [按] 臣獨 : 袁本에서는 '臣'으로 썼다.
③ [按] 生靈之困 : 袁本에서는 '哀生靈之困'으로 썼다.
④ [按] 有不能自已 : 袁本에서는 '有不能自已者'로 썼다.

신이 일개 야인으로 평생 폐하의 녹을 먹고, 폐하의 은혜에 몸을 적신 지 오래입니다. 지금 사람들은 각기 벼슬길을 버리고 은거하면서 말하기를 꺼리는데, 유독 신 혼자 번번이 격한 직언으로 천자의 위엄을 범하였습니다. 이는 그런 말을 하면 화가 따르고 그런 계책을 실행코자 하면 죽임을 당하는 것을 몰라서가 아니라 기강이 무너지고 백성이 곤궁해졌으며, 앞으로 변란이 일어나고 사직이 장차 위태롭게 됨을 마음 아프게 여겼기 때문이며 충심이 격해져 자제할 수 없었기 때문입니다. 과연 폐하께서 용서해 주실지 모르겠습니다.

臣聞唐貞觀時, 有上封事者, 或不切事情, 文皇厭之, 欲加譴黜, 魏鄭公
諫曰 : "古者立誹木, 欲聞己過, 封事, 其誹木之遺乎. 陛下思聞得失,
當咨其所陳言, 而是乎, 爲朝廷之益 ; 非乎, 無損於政." 帝悅, 皆勞遣
之. 今臣惓惓非望陛下之勞遣, 願陛下咨其所陳, 撫其實而行之 ; 使納
諫之. 君不獨專美於前代, 臣子之至願也, 惟陛下裁之.

신이 듣기로, 당 정관 연간(627~649)에 봉함 상소[130]를 올린 사람이 있
었는데, 그 가운데는 실제 상황과 동떨어진 내용도 있어 문황[131]께서 그
를 미워하여, 관직을 낮춰 외지로 쫓아내려 하였습니다. 이때 정국공 위
징[132]이 다음과 같이 간언하였습니다.

"옛 성왕은 방목[133]을 세워 자신의 과실을 듣고자 하였는데, 봉사는 바
로 그 방목의 유풍입니다. 폐하께서 잘잘못을 듣고자 생각하신다면 마
땅히 그 진언하는 바를 자문하심이 마땅합니다. 그 말이 맞다면 조정
에 이익이 될 것이고, 아니라고 해도 나라를 다스리는 일에 손해는 없습
니다."

이에 문황께서 기뻐하시며 모두 사람을 보내 위로하였습니다.

지금 신은 삼가 폐하께서 사람을 보내 위로하여 주시는 것은 바라지도
않습니다. 폐하께서 제가 아뢴 바를 물어봐 주시고 그 가운데 사실들을
모아 행하시며, 간언한 것이 받아들여지게 해 주시길 원할 뿐입니다. 오
직 옛 성왕만 훌륭할 뿐이라고 말하지 않도록 해 주시는 것이 신의 간절
한 소원입니다. 폐하께서 이를 헤아려주시길 바랍니다.

嗚呼! 犯顏逆鱗者, 人臣之盡忠；廣覽兼聽者, 聖人之盛德；臣之所以自處者①, 可謂忠矣. 陛下所以處臣宜何如焉? 願少緩天誅, 庶開忠諫之路, 永保無窮之基；儻或不容, 身首異處, 取笑士類, 臣亦不恤也②. 臣無任昧死, 俯伏聽命之至! 臣堯臣誠惶誠恐③, 頓首頓首, 謹言. [002-11]

아아, 황상의 뜻을 거슬러 가며 직간을 하는 것은 신하된 자로서 충성을 다하는 것이며, 널리 살펴보고 여러 의견을 듣는 것은 성인의 큰 덕입니다. 신이 이렇게 처벌을 자청하는 것은 충성이라 할 수 있을 것입니다. 폐하께서 신을 처벌하시는 것은 마땅히 어떠해야겠습니까? 저에 대한 죽임을 잠시라도 늦추시어 충성 어린 직언을 할 수 있는 길이 열려 무궁한 나라의 기틀을 길이 보존하시기를 바랄 뿐입니다. 혹여 제 뜻이 받아들여지지 않아 목이 잘려 사대부 사이에서 비웃음을 살지라도 신은 또한 마음 쓰지 않겠습니다. 신은 달게 죽음을 받아들이고 폐하의 명이 이르기를 고개 숙이고 엎드려 기다리겠나이다. 신 안요신 실로 황공하옵게도 거듭 머리를 조아리며 삼가 아뢰옵니다.

童貫上平燕策.

동관이 연경을 평정하는 계책을 올렸다.

蔡絛『北征紀實』日:是歲童貫上平燕策, 大抵謂雲中根本也;燕薊枝葉
也. 當分兵撓燕薊而後, 以重兵取雲中, 其語汗漫無取;蓋時貫尙未有
名, 士大夫從之, 加以緣飾其姦爾.

채조의 『북정기실』에는 다음과 같이 적혀 있다.

그해 동관은 연경을 평정하는 계책을 올리면서 무릇 운중[134]은 근본이
며 연계는 지엽에 해당하니, 군대를 나누어 연계를 교란한 뒤 주력부대
로 운중을 차지하는 것이 옳다고 하였는데, 그 말이 허황되어 취할 만한
것이 없었다. 당시 동관은 아직 유명하지는 않았지만, 사대부들이 그를
따랐을 뿐 아니라 그의 간교함을 교묘하게 덮어 주었다.

八月四日甲寅, 馬政同呼延慶等行.

정화 8년(1118) 8월 4일 갑인일, 마정은 호연경 등과 함께
길을 떠났다.

馬政同高藥師等行齎禮物①. 令:"見女眞酋領②(改作國主), 再議舊好,
復依建隆、雍熙以來賣馬事;次可附口詔, 傳宣撫問, 迤邐議及夾攻大

遼事, 脫或有意可言, 次遣使來議 ; 須密諭之." 遂就登州, 乘平海軍
船去.

마정은 고약사 등과 함께 예물을 가지고 출발하였다. 동관은 마정에
게 다음과 같이 명하였다.

"여진 추장酋領을 만나 옛날의 수교 관계를 다시 논의하고, 건륭(960~
962)과 옹희 연간(984~987) 이래 말을 팔았던 전례에 따라 그 일을 복원시
키도록 하라. 그다음 황상의 구두 조서와 선무사[135] 동관의 문안 인사를
덧붙여도 좋다. 이어서 이러저러한 논의를 하다가 대요를 협공하는 일에
대해 만약 생각이 있고 대화를 할 만하다면 다음에 사신을 보내서 의논
하자고 해라. 이 일은 반드시 은밀히 처리해야 한다."

이에 곧 등주로 가서 평해수군의 병선을 타고 여진이 사는 지역으로
떠났다.

九月二十九日戊午, 聖旨將安堯臣書送尙書省眾議以聞.

정화 8년(1118) 9월 29일 무오일, 성지를 내려 안요신이
올린 글을 상서성[136]에 보내 상의하고 보고하라 하였다.

閏九月九日戊辰, 馬政等下船達北岸.

정화 8년(1118) 윤9월 9일 무진일, 마정 등은 배에서 내려 북쪽 해안에 도달하였다.

馬政與高藥師下海①, 達北岸, 爲邏者所執, 奪其物, 屢欲殺之 ; 藥師辯論再四, 得免②, 遂縛以行.

① [按] 下海 : 袁本에서는 '下船'으로 썼다. 교주를 따른다.
② [按] 得免 : 袁本에는 '得免'이 없다.

마정은 고약사와 배에서 내려 북쪽 해안에 도달하였으나 순찰병에게 체포되고 가져간 물건을 빼앗겼다. 순찰병들은 여러 차례 그들을 죽이려 하였으나 고약사가 거듭 따지고 들어 겨우 죽음을 면하였지만 결국 포박당해 끌려갔다.

二十七日丙子, 馬政等至女眞所居阿芝(改作安扎)川淶流(改作拉林)河.

정화 8년(1118) 윤9월 27일 병자일, 마정 등은 여진이 사는 아지천[137] 래류하[138]에 도착하였다.

馬政被縛行，經十餘州，方至其酋(改作國主)所居阿芝(改作安扎)川淶流
(改作拉林)河，約三千餘里；其用事人曰'粘罕(改作尼堪)'；曰'阿忽(改
作阿呼)'；曰'兀室(改作烏舍)'，皆呼'郎君'；請問遣使之由，[002-12] 政對
以：「先是貴朝，在大宋太祖皇帝建隆二年時，常遣使來買馬；今來主
上聞貴朝攻陷契丹五十餘城，欲與貴朝復通前好；兼自契丹天怒人怨，
本朝欲行弔伐，以救生靈塗炭之苦，願與貴朝共伐大遼；雖本朝未有書
來，特遣政等軍前共議．若允許後必有國使來也．」阿骨打(改作阿固達)
與粘罕(改作尼堪)、阿忽(改作阿呼)、兀室(改作烏舍)共議數日，遂質登州
小校王美、劉亮等六人，而遣使①同馬政來．

①[按] 而遣使：袁本에서는 '發人'으로 썼다.

　마정은 포박당한 채 길을 떠나 10여 개 주를 지나 마침내 여진 추장이
사는 아지천 래류하에 이르렀는데, 그곳까지의 거리는 약 3천 여리나 되
었다. 여진 국왕을 도와서 일하는 사람으로 '점한[139]·아홀·올실[140]'이 있
는데, 그들을 모두 '낭군'[141]이라고 불렀다. 그들이 사신을 파견한 까닭을
묻기에 마정은 다음과 같이 답하였다.

　"귀 조정은 우리 대송 태조황제 건륭 2년(961)에 일찍이 사신을 보내서
말을 팔았습니다.[142] 근래에 주상께서는 귀 조정이 거란의 50여 성을 함
락시켰다는 말을 들으시고 귀 조정과 전처럼 수교를 회복시키길 원하십
니다. 아울러 거란이 하늘의 노여움과 백성의 원망을 사기 시작하자 본
조정에서는 도탄에 빠져 고통에 시달리는 그 백성들을 구하기 위한 정벌
을 감행하고자 하며, 귀 조정과 함께 대요를 토벌하기를 원합니다. 비록
본 왕조에서 국서를 가지고 오지는 못했으나 특별히 저 마정 등을 귀 왕

조의 군영에 파견하여 함께 논의케 하였으니, 만약 이를 윤허하여 주신다면 후에 반드시 국서를 가진 사신이 올 것입니다."

아골타는 점한·아홀·올실과 며칠 동안 함께 논의하더니 등주 소속 하급 무관 왕미·유량 등 6명을 인질로 삼고, 마정과 함께 송에 사신을 보내왔다.

十一月己酉朔, 是日改元重和元年.

정화 8년(1118) 11월 초하루 기유일, 이날 중화 원년으로 개원하였다.[143]

十三日辛酉, 以安堯臣上書, 頗有可採, 除承務郎.

중화 1년(1118) 11월 13일 신유일, 안요신이 올린 글 가운데 채택할 만한 내용이 제법 있어 승무랑[144]을 제수하였다.

是日御批云(舊校云 : 是段見周煇『淸波別志』) : "比緣大臣建議恢復燕雲故地, 安堯臣遠方書生(能陳), 歷代興衰之迹[①], 達於朕聽. 臣僚咸謂毁薄時政, 首沮大事, 乞重行竄殛. 朕以承平日久, 言路壅蔽, 敢諫之士, 不當置之典刑[②], 議加爵賞, 僉論未允. 朕獨何私? 契勘安堯臣, 崇寧四年已曾許用安惇遺表恩澤奏補, 因得責降, 遂寢不行. 今惇雖未復舊官,可特與追復正奉大夫③遺表恩澤, 令吏部檢元狀, 先次補蕘臣."

①[按] 歷代興衰之迹 : 袁本에서는 '旣陳歷代興衰之迹'으로 썼다.

②[按] 不當置之典刑 :『續資治通鑑長編拾補』卷38에서는 '不忍寘之典刑'으로 썼다.

③[按] 可特與追復正奉大夫 : 袁本에서는 '可特與正奉大夫'로 썼다.

이날 황상의 비답[145]은 다음과 같았다. [구 교감은 다음과 같다 : 이 단락[146]은 주휘[147]의『청파별지』에서도 볼 수 있다.]

"근래에 대신들이 연운의 옛 땅을 회복하자는 건의와 관련해서 안요신이라는 먼 곳에 사는 서생이 역대 흥망의 도리를 잘 진술하여 짐에게 들으라고 상주하였다. 신료들 모두 안요신이 최근의 정사에 관해 경박하게 비방하며 국가 대사를 크게 저해하고 있으니 극형에 처해야 한다고 거듭 아뢰고 있다. 짐은 오랜 세월 평화와 안정을 누리다 보니 언로가 막힌 것이라 여기고 과감히 간언하려는 사인을 무거운 형벌로 처벌하는 것은 합당치 않다고 보노라. 경들은 논의하여 작위와 상을 더해 주도록 하라. 안요신을 처벌하자는 중론을 윤허하지 않노라. 짐이 어떤 사적인 감정으로 독단적으로 안요신을 용서하자고 하겠는가?"

안요신에 대해 확인해 보니[148] 안돈[149]의 사후 표문[150]에 대해 숭녕 4년 (1105)에 이미 은택을 내리고 관직을 주라고 명하였지만[151] 안돈이 문책을 당해 강등되어 끝내 실행되지 못하였다. 지금까지도 안돈의 옛 관직을 회복하지는 못하였으니 특별히 다시 정봉대부[152]를 추증하도록 하여 사후 표문에 은택을 내리도록 하라. 이부에서는 표문 원본을 확인하고 안요신을 우선 보임하라.

尙書吏部恭奉御筆：比緣大臣云云①. 本部尋檢②到崇甯四年七月十一日，都省批送下故特進安惇妻淸河郡夫人張氏；陳乞補堯臣狀，[002-13] 詳覆遵依御筆施行. 故追復正奉大夫，惇遺表恩澤與親姪，堯臣文資右擬補承務郎. 惇，廣安軍人，在哲宗朝爲樞密使. 主上卽位之初，其子郊嘗指斥乘輿，有不欲立上之語，後爲族人所告，敕令合州根治，既得其實，郊論棄市③，惇去十官，至是復正奉大夫.

① [按] 比緣大臣云云：『續資治通鑑長編拾補』 卷38에서는 '比緣大臣云云, 至補堯臣'으로 썼다. 교주를 따른다.

② [按] 本部尋檢：袁本에서는 '至補堯臣本部尋檢'으로 썼다.[153]

③ [按] 郊論棄市：袁本에서는 '郊乃棄市'로 썼다.

상서성 이부에서는 "근래에 대신들이 … '안요신을 보임하라'"고 한 위의 어필을 봉행하였다.

본 이부에서는 은택을 내리라는 숭령 4년(1105) 7월 11일의 성지를 찾았고, 도성[154]에서는 특진[155]이었던 고 안돈의 처 청하 군부인[156] 장씨에게 비준한 문서를 하달하였다. 안요신의 상서에 대한 포상으로 관직에 보임해 줄 것을 간청함에 상세히 조사하여 어필에 따라 시행하였다. 그래서 안돈에게는 다시 정봉대부를 추증하였고, 안돈의 사후 표문에 따른 은택을 친조카인 안요신에게 내리며, 안요신의 문재가 우수한 것을 고려하여 승무랑에 보임하였다.

안돈은 광안군 사람으로 철종[157] 때 추밀사[158]를 지냈다. 주상께서 즉위할 무렵 안돈의 아들 안교가 일찍이 황상이 탄 가마에 대고 손가락질하며 옹립하지 않았으면 좋겠다는 말을 한 일이 있었다. 후에 그 일로 친족에게 고발당하였다. 합주[159]에 칙령을 내려 철저하게 추궁하라고 하였다. 그 결과 사실로 밝혀지자 안교는 시장에서 공개 처형하도록 결정되었고, 안돈은 관품이 10단계 떨어졌었는데, 지금 다시 정봉대부로 복위된 것이다.

十二月二日己卯, 馬政同女眞人渤海李善慶等來.

중화 1년(1118) 12월 2일 기묘일, 마정이 여진의 발해인 이선경 등과 함께 돌아왔다.

女眞發渤海人一名李善慶, 熟(删此字)女眞一名(改作二人)小散多(改作小索多), 生女眞一名(删此五字)勃達(改作布達), 共三人 ; 齎國書, 幷北珠、生金、貂革、人參、松子爲贄, 同馬政等俜來, 還禮朝覲①(删此二字), 以十二月二日至登州, 遣詣京師.

① [許] 俜來, 還禮朝覲 : '朝覲還禮'를 '還禮朝覲'으로 잘못 썼다. 교주를 따른다.

여진은 이선경이라는 발해인 1명, 소산다라는 숙여진[160]인 1명, 발달이라는 생여진인 1명 등 모두 세 사람을 파견하였고, 그들에게 국서와 함께 북방 진주[161] · 정련하지 않은 금[162] · 담비 가죽[163] · 인삼 · 잣 등을 예물로 보내면서 마정 등과 함께 도성으로 가서 황상을 배알하고 답례품을 전하게 하였다.

12월 2일 등주에 도착하자 등주에서는 그들을 도성으로 보냈다.

賜進士出身頭品頂戴四川等處承宣布政使司布政使淸苑許涵度校刊. [002-14]

　'사진사출신'이며 특별히 정1품 관모를 쓸 수 있도록 허락받은 사천성 승선포정사사의 포정사인 보정부 청원현 출신 허함도가 교감하여 간행하다.

○●○

『三朝北盟會編』, 卷2, 校勘記

古者夷狄憂在外今者夷狄憂在內(一作古者夷狄憂在內不在外) 乃貪利而欲廣大也(利誤作戾) 其兼從西結南寇(一作其兼從西國結黨南寇乃表河曲) 豈非聖人之所以悔哉(聖人一作仁聖以字衍) 不顧勞民之弊(顧誤作願) 追至太原(至誤作之) 乃背約入盜邊令備守(誤作入盜令邊備守) 保其有者安(保誤作有) 習俗詭異(習誤作法) 三朝終不加賞(脫終字) 而嚴軍高壘(脫嚴字) 閉關據扼(據扼一作扼險) 則君必爲之密移(密誤作必) 資品已崇(資誤作書) 養生送死之憾(憾誤作恨) 思禍患於未萌之機(萌誤作明) 人各隱靜以言爲諱(靜一作情) 臣亦所不恤也(脫所字) 俾來朝覲還禮(誤作還禮朝覲)

1 廣安軍 : 梓州路 소속이며 치소는 渠江縣(현 사천성 廣安市 廣安區)이고 관할 현은 渠
江縣·新明縣·岳池縣 등 3개이다. 지명은 넓은 지역을 안정되게 관리하길 기원하
는 길상어에서 취하였는데 咸淳 2년(1265)에 寧西軍으로 바뀌었다. 중경 도심을
향해 남쪽으로 흐르는 嘉陵江과 그 지류인 渠江에 자리하였으며, 사천분지의 가
장자리로서 관할구역은 현 사천성 동중부 廣安市에 해당한다.

2 安堯臣 : 潼川府路 廣安軍(현 사천성 廣安市) 사람이다. 安惇의 조카로 과거에 응시했
다가 합격하지 못하였다. 정화 8년(1118)에 연경 공략을 위한 출병에 반대하고
동관을 비롯한 환관의 전횡을 강력하게 비판하는 상소문을 올려 承務郎에 제수
되었다. 靖康 1년(1126)에도 대신들이 국정을 잘못 이끌고 있다는 비판과 함께
잠시 3진을 포기하고 우선 내치에 힘쓰고 천천히 수복을 도모해야 한다는 상소
를 올렸다.

3 안요신의 상소문은 王明清의 『玉照新志』에도 전문이 실려 있다.

4 商高宗(재위 기원전 1250~기원전 1192) : 高宗은 상의 전성기를 구가한 제22대 왕 武
丁의 廟號이다. 현재 安陽에서 출토되는 상의 갑골문과 청동기 대부분은 무정 시
기 것이며, 그의 왕후인 婦好의 분묘는 출토 유물이 풍부한 것으로 유명하다. 상
의 왕위 계승은 형제 상속이 일반적이었으나 무정 사후 처음으로 부자 상속이
시작되었다.

5 傅說(기원전 1335?~기원전 1246?) : 商王 武丁의 재상이며 탁월한 정치력을 발휘하
여 '武丁中興'의 전성기를 열었고, "아는 것은 어렵지 않으나 실행하는 것이 어렵
다(非知之艱, 行之惟艱)"라는 명구와 함께 「說命」 3篇을 남겼으며, 최초로 版築을 고
안했다고도 한다.

6 군주 : 원문은 '后'이다. 본래 '군주를 계승하는 자'라는 말로서 제왕·군주·제후
등을 뜻하였으나 후대에 황후를 뜻하는 용어가 되었다.

7　원문은 '惟木從繩則正, 后從諫則聖, 后克聖, 臣不命其承, 疇敢不祗若王之休命.'으로 『尙書』 「說命 · 上」에서 유래하였다.

8　堂上官 : 관리의 9品階 가운데 정3품 堂上 이상의 고위 관리를 가리키는 말이다. 唐代 상서성의 6부 尙書가 정3품 堂上이었다.

9　堂下官 : 관리의 9品階 가운데 정3품 堂下부터 정7품관까지 관리를 가리키는 말로 參上官이라고도 한다. 종7품관 이하는 參下官이라고 칭한다.

10　宰執 : 宰相과 執政의 약칭이다. 송대에는 同平章事 · 尙書左右僕射 · 左右丞相을 재상이라고 칭하고, 參知政事와 그 후신인 門下侍郎 · 中書侍郎 · 尙書左丞 · 尙書右丞, 추밀원의 장관인 樞密使 · 知樞密院使, 차관인 同知樞密院事 · 樞密副使 등 부재상급을 가리켜 執政이라고 칭하였으며 이 둘을 합하여 宰執 또는 宰輔라고 하였다. 조정의 주요 현안은 재집의 연석회의를 통해 결정하였다.

11　감찰관과 간관 : 원문은 '臺諫'이다. 唐代에는 감찰과 간언을 담당하는 관리를 臺官과 諫官으로 나누었고, 宋代에도 규찰을 담당하는 侍御史 · 殿中侍御史 · 監察御史 등을 臺官, 간언을 담당하는 諫議大夫 · 拾遺 · 補闕 · 正言 등을 諫官이라고 구분하였고, 이 둘을 합하여 臺諫이라고 칭하였다. 그러나 양자의 기능이 섞여 있다 보니 자연히 諫官도 감찰권을 갖게 되어 실제로는 御史臺 · 監司 · 諫官을 통칭하는 용어로 쓰였다.

12　원문은 '內憂外懼'인데 蘇洵의 『嘉祐集』 권1 '審敵'에서 유래하였다.

13　覊縻 : 통상 羈縻라고 쓴다. 羈는 말의 굴레를, 縻는 소의 고삐를 뜻하는데, 중원 왕조 주변 세력의 기득권을 존중하여 일정 정도의 군사적 통제를 하되 관작을 부여하는 등 자치권을 인정하는 방식으로 중국의 종주권을 간접적으로 인정하게 하는 제도를 말한다. 명목상의 관직만 부여하는 방식과 직접 羈縻府州을 설치하는 방식이 있는데, 당 전기의 절정기에는 856개의 기미부주가 있었고 송대에도 광서 · 귀주는 물론 호북 · 사천 · 광동 등에 다수의 기미주가 있었다.

14　王郁 : 永興軍路 京兆府 萬年縣(현 섬서성 西安市) 사람이다. 後晉이 921년에 鎭州(현 하북성 石家莊市 正定縣)를 공격하자 定州에 있던 義武軍節度使 王處直은 鎭州와 定州가 脣齒의 관계라고 보고 아들인 王郁을 시켜 거란에 원조를 청하였다. 이에 왕욱은 거란 태조에게 양자 관계를 자청하고 新州를 거란에 할양함으로써 원조를 얻는 데 성공하였다. 하지만 왕처직이 양자인 王都에게 권력을 빼앗긴 뒤 살해

되자, 거란은 군대를 보내 정주와 진주를 함락시켰다.

15 定州 : 河北西路 소속이며 政和 3년(1113)에 中山府로 승격되었다. 등급은 次府, 郡名은 中山郡, 軍額은 定武軍, 州格은 節度州이다. 치소는 安喜縣(현 하북성 保定市 定州市)이고 관할 현은 7개, 軍은 北平軍 1개이다. 太平興國 1년(976)에 定武軍節度使司가 설치되었고, 慶曆 8년(1048)에 定州路安撫使司가 설치되어 8개 州軍을 관할하였다. 송대에 太原府·河間府와 함께 하북 3鎭의 하나로 손꼽혔다. 定州는 北魏가 後燕을 격파하고(400) '천하를 평정하였다'라는 뜻에서 취한 것이며, 中山府는 전국시대 中山國에서 유래하였다. 화북평야 서단으로 남북 교통의 요지였다. 관할구역은 현 하북성 중서부 保定市 서남쪽 定州市를 중심으로 보정시 남쪽, 石家莊市의 북쪽에 해당한다.

16 犬戎 : 중원에서 서북지역 유목민의 통칭 및 멸칭으로 썼다. 현 감숙·섬서 지역에 거주하던 이들은 서주를 멸망시켜 중원에 큰 충격을 주기도 하였다.

17 춘추전국시대 越은 楚와의 전쟁에서 패한 뒤(기원전 306) 사실상 멸망하였다. 따라서 진시황이 월을 직접 멸망시킨 것은 아니다. 진시황은 중국을 통일한 뒤 월의 옛 영토에 會稽郡을 설치하였고(기원전 222), 이어서 嶺南 지역을 점령하고 桂林郡·象郡·南海郡을 설치하였다(기원전 214).

18 漢 孝武帝(기원전 156~기원전 87, 재위 기원전 141~기원전 87) : 전한의 제7대 황제로 통상 한무제라 칭한다. 漢代에는 '孝로 천하를 다스린다'는 원칙을 강조하기 위해 모든 황제의 諡號에 '孝'자를 더하였기 때문에 武帝는 속칭이고, 諡號는 孝武皇帝이다. 16세에 즉위해 54년을 재위하면서 推恩令을 내려 제후국의 세력을 약화시키고, 전국을 13개 주로 나누어 刺史를 임명하였으며, 건국 이래 유지해 온 無爲之治 대신 유학의 국교화를 통한 사상적 통일 등 중앙집권화를 강력하게 추진하였다. 또 告緡令을 통해 富商을 파산시켜 정치 세력화를 방지하였고, 소금과 철을 전매하여 유통의 이익을 국가가 독점하도록 하였다. 대외적으로는 흉노를 공격하여 축출하고 실크로드를 개척하는 등 한의 전성기를 열었다. 반면 전제에 따른 혹정, 원정으로 인한 재정 파탄 등 심각한 후유증을 남기기도 하였다. 建元이라는 최초의 연호를 사용하여 제왕의 즉위를 기준으로 시간을 기록하는 전통을 수립하였다.

19 四郡 : 한 무제가 설치한 4개의 군으로 甘肅의 하서주랑에 위치한 酒泉(현 감숙성

酒泉市), 張掖(현 감숙성 張掖市), 武威(현 감숙성 武威市), 敦煌(현 감숙성 酒泉市 敦煌市)을 말한다. 南寇는 티베트의 南羌를 뜻한다.

20 玉門關 : 남쪽에 있는 陽關과 함께 최서단 관문이다. 옥문이라는 지명은 호탄 등 西域에서 玉을 수입하는 길목에 자리한 데서 유래하였다. 현 감숙성 酒泉市 敦煌市 서북 90km 지점에 해당한다.

21 輪臺 : 현 신강성 巴音郭楞蒙古自治州 輪台縣을 뜻하기도 하지만, 안요신이 가리키는 것은 한 무제가 무리하게 장악한 서북 변방을 말한다.

22 宋 文帝(407~453, 재위 424~453) : 남조 송의 제3대 황제로서, 宋 武帝 劉裕의 셋째 아들이다. 무제가 사망하자 태자 劉義符가 계승하여 少帝가 되었으나 방탕하여 정사를 돌보지 않자 대신들이 2년 만에 폐위시키고 동생인 劉義隆을 옹립하였다. 文帝는 정권을 장악한 뒤 권신을 제거하고 流民을 현 거주지 호적에 등재한 '義熙土斷'(413)에 기초하여 체납된 오랜 조세를 탕감해 주고 인구를 정확하게 파악하는 한편 인재의 등용, 학문의 권장, 농업의 진흥 등에 힘써 '元嘉之治'라 칭하는 번영을 이루었다. 그러나 北魏와의 3차례 전쟁은 모두 실패하였다.

23 漢 文帝(기원전 203~기원전 157, 재위 기원전 180~기원전 157) : 西漢의 3대 황제다. 漢 高祖 사후 呂后가 권력을 장악하였는데, 대신 周勃·陳平 등이 여후 사망을 계기로 여씨 일족을 제거하고 代王 劉恒을 옹립하였다. 문제는 겸손함과 근검절약에 힘쓰고 농업과 수리에 주력하며 감세정책의 추진, 혹형의 완화 등 전형적인 無爲政治를 통해 경제적 발전과 사회적 안정을 가져와 아들 景帝와 함께 '文景之治'라는 성세를 이루었다. 한편 제후왕의 세력이 과도하게 커지고 輕稅로 인한 빈부격차의 심화, 그리고 미봉책으로 일관한 흉노 문제를 숙제로 남겨 두었다.

24 漢 景帝(기원전 188~기원전 141, 재위 기원전 157~기원전 141) : 한 문제의 장자로 제4대 황제에 즉위한 경제는 중농억상, 경세정책 등 선대의 무위정치 기조를 유지하는 한편 관료의 기강을 바로잡고 私鑄錢을 금하여 사회경제적 안정을 추구하였다. 또 건국 이래의 과제였던 제후왕의 세력 억제를 위해 晁錯의 건의를 받아들여 영지를 삭감했다가 吳楚七國의 난으로 한때 위기에 처하였으나 진압에 성공하여 중앙집권화를 강화할 수 있었다. 흉노와의 화의를 유지하면서도 대규모 사민정책을 실시하여 북방을 안정시키는 등 아들 무제의 치세를 위한 기초를

다졌다. 문제와 경제의 치세는 중국사에서 가장 모범적인 정치로 손꼽혀 '文景之
治'라 칭한다.

25 宋 文帝는 하남 지역을 잠식해 오는 北魏를 상대로 반격에 나섰다가 瓜步山(현 강
    소성 南京市 六合區)에서 패하였다(431). 그리고 魏 太武帝가 60만 대군을 이끌고 하
    남과 강소를 쳐들어오자 겨우 막는 데는 성공하였으나(451), 전란으로 인한 경
    제적 파탄으로 '元嘉之治'가 종식되고 말았다. 따라서 송 문제가 개인적 과시욕
    때문에 전쟁을 일으켰다고 비난한 것은 사실과 다르다.

26 陳 宣帝(528~582, 재위 569~582) : 선제는 수리 사업과 개간에 힘썼고, 北齊에게 빼
    앗긴 淮南 지역을 수복하는 데도 성공하여, 진의 국세를 크게 진작시켰다. 그러
    나 북제 멸망 후 徐州·兗州 지역의 주도권을 놓고 北周와 싸웠다가 패하여 淮南
    을 다시 상실하고 말았다(578). 이를 계기로 진의 국력은 급속도로 쇠퇴하기 시
    작했고, 결국 北周를 계승한 隋에 의해 망하였다(589).

27 呂梁 전투 : 北周가 北齊를 멸망시켰다는 소식을 들은 陳 宣帝가 선제 공격에 나섰
    다. 하지만 577년 10월부터 578년 2월까지 5개월 동안 벌어진 치열한 공방전 끝
    에 진은 주력 3만 명이 포로가 되고 군수물자를 전부 상실하는 대패를 당하였
    다. 여량은 현 강소성 徐州市 銅山區에 있던 呂梁城으로 당시에는 황하 북안에 있
    었다.

28 江左 : 황제의 南面을 기준으로 방향을 정하므로 동쪽은 '左', 서쪽은 '右'가 된다.
    따라서 江左는 '江東'이라고도 하며 장강 하류 남단, 또는 東晉·宋·齊·梁·陳 등
    南朝의 통치지역을 뜻하기도 한다. 한편 장강이 鄱陽湖에서 鎭江市까지 안휘성
    경내에서 동북 방향으로 사선으로 흐르는데 이를 기준으로 강동과 강서, 강좌
    와 강우를 나누는 지리 개념이 당대 이전, 특히 위진남북조 때 성행하였다. 그에
    따르면 협의의 江左는 현 남경 일대이고, 광의로는 안휘성 맞은 편의 강소성 일
    대를 뜻한다.

29 隋煬帝(569~618, 재위 604~618) : 뛰어난 외모와 다양한 재능, 전략적 역량을 지닌
    인물로서 陳을 멸망시키고 南北朝의 오랜 분열을 끝내 통일을 이룩하였다. 그 뒤
    강남을 잘 통치하였으며, 또 북방의 돌궐을 퇴치하는 데도 공을 세웠다. 이후 황
    태자인 형을 축출하고 황제가 된 뒤 대업을 이루고자 하는 야심으로 수도인 大
    興城 건설과 대운하 공사에 매진하였으나 오히려 민심이 크게 이반하였으며, 특

히 3차에 걸친 고구려 원정의 후유증으로 각처에서 반란이 일어나 양주로 대피하였다가 결국 피살되어 폭군의 대명사가 되었다. 단 대운하의 준공은 양제의 폭정으로 비판받기도 했지만 이후 중국을 경제적으로 통합하는 데 매우 긍정적인 영향을 준 것으로 인정받는다.

30 遼東 : 원문은 '遼左'로 '遼東'의 별칭이다. 황제의 南面을 기준으로 방위를 정하므로 左는 東, 右는 西에 해당한다.

31 賦斂 : 당대에 1년 2회 곡물로 내는 兩稅法이 도입된 뒤 곡물이 조세의 주종을 이루었기 때문에 곡물로 내는 賦와 현금으로 내는 잡세인 斂을 합하여 賦斂이라고 칭하였다. 하지만 후에 상세·전매세·잡세가 정식 세목으로 자리를 잡자 稅賦라고 칭하게 되었고, 송대에는 상세와 전매세의 비중은 물론 잡세까지 賦보다 더 커지게 되자 점차 賦稅라 칭하게 되었다. 따라서 시대에 따라 賦斂·賦稅·稅賦의 사용례가 전반적으로 변하지만, 여전히 혼용되기도 하였다. 이에 賦斂과 稅賦는 '조세'로, 부세는 '부세'로 번역하였다.

32 원문은 '土崩魚爛'이다. '흙이 무너지고 물고기가 문드러져 썩는다'는 뜻으로, 물고기가 내장부터 썩고 쌓아 올린 흙이 위부터 점점 무너져 내리는 것처럼 나라가 안으로부터 어지러워지고 무너진다는 의미이다. '魚爛土崩'이라고도 하며, 漢代 陳琳의 『爲曹洪與魏文帝書』에서 유래하였다.

33 唐 太宗(599~649, 재위 626~649) : 당의 2대 황제로서 고조의 둘째 아들이며 이름은 李世民이다. 근거지 晉陽에서의 거병을 주도하였고, 竇建德·王世充·劉黑闥 등 할거 세력을 진압하는 등 당조 창건에 큰 공을 세웠다. 626년에 현무문에서 쿠데타를 일으켜 형과 동생을 제거하고 제2대 황제에 즉위하는 무리수를 두었으나 간언을 잘 수용하고 국정에 힘써 '貞觀의 治'라는 성세를 이룩하였다. 원로대신을 존중하는 한편 신진 인사도 중용하여 균형을 유지했고, 학업에 힘쓰는 한편 역사서를 국가 차원에서 편찬하는 관행을 수립하였다. 또 돌궐의 분열을 조장한 뒤 전쟁에서 승리하여 安西四鎭을 설치하는 등 북방 유목민을 실질적으로 제압하고 '天可汗' 칭호를 받음으로써 돌궐에게 臣屬하던 입장을 벗어남은 물론 농경·유목민을 아우르는 명실상부한 대제국을 이룩하였다. 그러나 고구려 원정에서 패한 점, 후계자 선정을 잘못한 점은 태종의 대표적인 문제점으로 지적된다.

34 遼海 : 遼河 유역 동쪽의 바다, 즉 遼東灣을 포함한 지역을 가리키는 말이다.

35 昆明 : 『史記』 「西南夷列傳」에서 昆明은 지명이 아니라 서남 지역에 대한 族名으로
   썼고, 이는 唐代에도 마찬가지였다. 따라서 현 운남성 昆明市가 아닌 사천성 남
   부 일대를 가리키는 것이다. 元 至元 3년(1276)에 昆明縣을 설치한 것이 행정지명
   으로는 처음이었다.

36 원문은 '明皇'인데, 唐의 제7대 황제인 玄宗(685~762, 재위 712~756)을 가리킨다. 唐
   玄宗의 諡號는 '至道大聖大明孝皇帝'이다. 이에 唐 후기부터 '孝明皇帝' · '明皇' 등으로
   부르기 시작했고, 청대 이후로는 康熙帝의 이름 '玄燁'을 피하여 '玄宗' 대신 '唐明
   皇'이라고 불렀다.

37 당 현종 때는 태종 · 고종 때와 달리 대규모 전쟁은 없었으나 吐蕃 · 契丹 · 南詔 등
   과의 소모적인 전쟁은 끊이지 않고 계속되었다. 이는 현종이 자신의 공명심을
   만족시켜 주는 장수를 총애하자 장수들이 경쟁적으로 원정을 추진한 결과였다.
   특히 재상 李林甫가 자신의 권력을 유지하기 위한 수단의 하나로 변방의 장수인
   牛仙客을 재상으로 임명한 뒤부터 원정이 출세의 수단으로 주목을 받았던 것도
   큰 자극을 주었다.

38 靑海의 전투 : 吐蕃은 현 靑海省 일대의 吐谷渾을 공략하고(663) 난 뒤 甘肅回廊의
   敦煌부터 四川 일부 지역에 이르기까지 군사적 압박을 가해왔다. 충돌과 화의를
   거듭하던 양국 관계는 玄宗 때에 이르러 石堡城을 놓고 20년 동안 공방을 벌이면
   서 많은 희생자가 발생하였다. 특히 749년 隴右節度使 哥舒翰이 6만 명을 동원하
   여 석보성을 점령하는 데 성공하였으나 사상자가 수만 명에 달하는 등 후유증
   이 심각하였다.

39 天門嶺 전투 : 거란의 李盡忠이 당과 충돌하자 그 틈을 타 營州에 거주하던 고구려
   후예 등은 독자적인 세력을 구축하였다(696). 이에 당조는 李楷固를 파견하여 진
   압하게 했는데, 大祚榮은 天門嶺(현 요녕성 撫順市 淸原滿族自治縣 哈達嶺)에서 당군을
   격파하고 발해 건국의 기초를 확립하였다.

40 磧西 : 哈順沙漠을 가리키는 唐代의 지명이다. 唐은 여기에 8대 절도사의 하나인
   磧西節度使를 설치하고 安西 · 北庭大都護府를 관장하도록 하였다. 현 신강성 동북
   부 哈密市와 감숙성 서부 敦煌市 사이에 해당한다.

41 탈라스 전투 : 원문은 '怛邏'이다. 고구려 출신의 高仙芝가 이끄는 唐軍과 압바스

Abbasids 왕조 군대가 탈라스강 유역(현 카자흐스탄 타슈켄트 부근)에서 중앙아시아의 패권을 두고 싸운 전투였다(751). 당군은 전투 중 우군이었던 카르특이 압바스 왕조 편으로 돌아서면서 괴멸당하였다. 당조는 탈라스 전투 패배 직후 발생한 안사의 난으로 인해 서역 경영에 힘을 쏟을 수 없었고, 중앙아시아는 이슬람 세력권으로 바뀌기 시작하였다. 탈라스 전투를 계기로 중국의 제지술이 이슬람 세계를 거쳐 서양에 전달되었다.

42 노수의 전투 : 원문의 '渡瀘之役'은 '瀘水之役'으로 써야 하며 '渡'는 衍字로 보인다. 瀘水는 장강 지류 가운데 하나인 金沙江이다. 南詔는 당조의 운남태수 張虔陀의 폭거에 격분해 군대를 일으켜 장건타를 살해하였다(天寶 10년, 750). 그러자 당조는 이듬해에 劍南節度使 鮮于仲通에게 8만 병력을 이끌고 南詔를 공격하게 했다. 선우중통은 초기 승리에도 불구하고 전염병 등으로 고생하다 퇴각하던 중 瀘水의 남쪽에서 대패하여 6만 명이 전사하였다. 당조는 754년에 다시 남조를 공격하였으나 또다시 전멸하고 말았다.

43 安祿山(703~757) : 당의 河北道 營州(현 요녕성 朝陽市) 사람으로 본래 이름은 알락산軋犖山 또는 아락산阿犖山인데, 돌궐어로 '전투'라는 뜻이라고 한다. 어려서부터 돌궐족과 생활하면서 북방 유목민의 여러 언어에 능통하여 국경무역을 담당하는 互市郎이 되었고 幽州節度使 張守珪의 양자가 되었다. 이후 군공을 세워 파격적인 승진을 거듭했고 현종의 신임을 얻어 49세에 范陽(현 북경시)·平盧(현 요녕성)·河東(현 산서성) 3개 절도사를 겸직함으로써 당조 군대의 핵심을 모두 장악하게 되었다. 그러나 권신 楊國忠과의 반목으로 754년에 반란을 일으켜 낙양과 장안을 점령하고, 이듬해 大燕을 세워 황제에 즉위했지만, 곧 아들 安慶緒에게 살해되었다. 하지만 반란은 史思明으로 이어져 7년이나 지속되었고, 절도사 할거 국면이 조성되어 당조는 치명적인 타격을 입었다. 안사의 난을 계기로 당조의 성세 속에 가려져 있던 각종 사회경제적 모순이 일거에 드러나면서 이른바 '唐宋變革期'라고 일컫는 구조적 변화가 진행되었다. 본문에서 '유주의 도적'이라고 한 것은 범양절도사 치소가 幽州에 있었기 때문이다.

44 周 宣王(?~기원전 782, 재위 기원전 828~기원전 782) : 西周의 11대 왕이며 폭정을 일삼다 쫓겨난 厲王의 아들로서 共和政이 종식된 뒤 왕위에 즉위하였다. 召穆公·尹吉甫 등 명신을 중용하여 국정을 안정시키고 獫狁을 격파하는 등 '宣王中興'이라

고 칭하는 성취를 이루었다. 하지만 말년에는 제후국에 대한 과도한 간섭과 잔혹한 통치, 연이은 패전, 특히 千苗 전투에서 羌戎에게 대패함으로써 국력이 다시 쇠퇴하기 시작하였다. 따라서 '선왕중흥'에 대한 평가는 매우 다양한 편이다.

45 獫狁 : 현 감숙·섬서·영하 및 내몽고 서부 지역에 거주하던 유목민으로서 西周에 매우 위협적인 존재였다. '嚴允·薰育' 등 여러 가지 이름으로 불린다.

46 太原 : 周 宣王 5년(기원전 823)에 선왕은 대신 尹吉甫와 함께 섬서에서 험윤을 공격하여 태원에서 승리를 거두고 험윤을 서북쪽으로 밀어내는 데 성공하였다. 당시의 태원은 현 감숙성 동북부 慶陽市 서남쪽의 鎭原縣에 해당한다.

47 文帝가 즉위하고 3년 만에 匈奴 右賢王이 河南으로 쳐들어와 피해가 극심하였다. 이때 백전노장이었던 丞相 灌嬰이 8만 명의 경기병을 이끌고 이들을 축출하는 데 성공하였다. 그 뒤로도 흉노가 여러 차례 변경을 침략했으나 문제는 국경 시찰과 徙民政策 추진, 군마 양성 등 전력 강화에 힘쓰면서 수비에만 전념할 뿐 군사적 충돌을 최대한 자제하였다.

48 漢 孝元帝(기원전 75~기원전 33, 재위 기원전 49~기원전 33) : 西漢의 8대 황제로서 국세를 중흥시킨 宣帝의 아들이다. 다재다능했고 史書와 음률에도 정통했으며 유학을 중시하였는데, 유약하여 흔히 '柔仁好儒'한 황제로 알려져 있다. 형법을 완화하고 절검에 힘썼으며 전매를 폐지하는 등 선정을 하려고 했지만, 재정은 오히려 나빠졌고 환관과 외척을 중용하여 부역과 조세 부담이 늘어났으며 치안과 국방도 불안해지는 등 서한의 사회경제적 모순은 원제 때를 계기로 두드러지기 시작해서 국력이 점차 쇠락하기 시작하였다. 외척의 중용과 유교의 숭배로 이후 王莽의 득세를 가능하게 했고, 기원전 33년에 발생한 王昭君 사건의 당사자로도 유명하다.

49 賈捐之(?~기원전 43) : 자는 君房이며 洛陽(현 하남성 洛陽市) 사람이다. 賈誼의 증손으로서 반란이 끊이지 않는 현 해남도 일대를 포기할 것을 元帝에게 제안한 「棄珠崖議」로 유명하다. 가연지는 이 글에서 "秦이 군대를 일으켜 먼 곳을 공격하며 밖의 영토를 탐하여 국내를 허하게 하여 결국 나라를 망쳤다", "長城의 노래가 아직도 끊이지 않고 있다"고 지적하며 불필요한 전쟁을 그쳐야 한다고 주장하였다.

50 珠崖 : 漢 武帝가 元鼎 6년(기원전 111)에 海南島 동북부에 설치한 郡인데, 이후 거듭

된 저항에 元帝가 철폐하였다(기원전 46). '朱厓'라고도 쓰며 해남도의 별칭, 또는 변경 지역을 뜻하는 말로도 쓰인다.

51 송 문제와 진 선제, 당 태종에 대한 안요신의 부정적 평가와 주 선왕이나 한 원제에 대한 긍정적 평가 모두 자신의 주장을 입증하기 위해 견강부회한 부분이 많다.

52 臧宮(?~58)·馬武(?~61) : 東漢의 개국 명장으로서 光武帝 劉秀를 도와 많은 전공을 세웠다. 51년, 장궁과 마무는 흉노가 전염병으로 세력이 약화한 틈을 타서 高句驪·烏桓·鮮卑에게 좌측 공격을, 河西 4郡·天水·隴西의 羌胡에게 우측 공격을 맡기고 자신들이 중앙에서 공격하면 흉노를 섬멸할 수 있다고 주장하였다. 그러나 광무제는 '부드러운 덕이 강한 힘을 제압할 수 있다.'며 오랜 전란에 시달린 사회의 안정을 위해 거병에 반대하면서 본문에서 인용한 주장을 전개하였다.

53 光武帝(기원전 5~57, 재위 25~57) : 한고조 劉邦의 9세손으로 王莽에 저항해 거병한 뒤 更始帝를 중심으로 왕망을 격파하였다. 이어 更始帝와 결별하고 황제에 즉위하여 12년에 걸쳐 각처의 할거 세력을 진압하는 데 성공하였다. 토지의 측량과 농지세 인하, 군의 중앙 통제 강화 등에 힘쓰는 등 오랜 전란의 후유증을 잘 극복하여 '光武中興'이란 평가를 받았다. 왕망의 집권을 가능케 한 유학의 문제점을 고려해 명예와 절조를 중시하는 유교적 예교주의의 기초를 다졌다.

54 『春秋』 : 기원전 5세기 초, 孔子가 편찬한 것으로 알려진 史書로서 春秋時代 魯나라의 隱公 1년(기원전 722)부터 哀公 14년(기원전 481)까지의 事跡을 연대순으로 기록하였다. 명실상부함을 강조하는 正名, 칭찬과 비판을 엄격히 하는 褒貶으로 直筆의 원칙을 고수하였다. 이렇게 기록을 통해 亂臣賊子를 두려움에 떨게 한다는 筆誅의 엄정함을 가리켜 '춘추필법'이라고 칭한다. 『春秋』는 '五經' 중의 하나이다.

55 원문은 '內諸侯而外夷狄'으로 '안의 제후를 우선하고 밖의 이적은 뒤로 한다'는 말로서 안이 평안하면 밖의 일은 저절로 이루어진다는 뜻이다. 『史記正義』 권1의 '杜預云'에서 유래하였다.

56 원문은 '絶域之外'이다. '絶域'은 외부와 단절된 극히 먼 곳으로 통상 머나먼 외국을 뜻하는 말이다. 여기에 '之外'가 더해져서 다소 어색하지만 '세상 끝의 밖'으로 번역한다.

57 원문은 '山河之表'인데, '山河의 表裏'라는 말로서 험준한 지세나 매우 광활함을 뜻한다. '山河表裏' 또는 '表裏山河'라고도 한다. 『春秋左傳』「僖公28년」條에서 유래하였다.

58 원문의 '以其言語不通 … 險阻之地'는 『晉書』권56「江統傳」의 '徙戎論'에서 유래하였다.

59 樊噲(기원전 242~기원전 189) : 沛縣(현 강소성 徐州市 沛縣) 사람이다. 蕭何·曹參과 함께 劉邦의 오랜 친구로서 미천한 신분이었으나 鴻門에서 유방의 목숨을 구해 주었고, 각종 전투에서 승리를 거듭하는 등 혁혁한 무공을 세워 한의 개국공신이 되었다. 건국 후에도 각종 반란을 진압하며 정권 안정에 힘썼다. 惠帝가 즉위한 직후, 흉노가 呂后를 모독하는 서신을 보내자 번쾌는 병력 10만을 준다면 흉노를 섬멸하겠다고 자청하였다. 후덕한 성품과 한 고조와 동서지간이라는 점 때문에 여후 집권 기간에도 무사할 수 있었으며, 후에 舞陽侯에 봉해졌다.

60 季布 : 項羽 휘하의 5대 장군 가운데 하나로 의협심이 뛰어났다. 항우의 패망 이후 숨어 지내다가 투항하여 발탁되었다. 흉노가 서신을 보내 呂后를 모독하자 모두 여후의 체면을 고려하여 강경론을 펼 때 계포는 한 고조가 30만 대군을 거느리고도 平城에서 포위되었는데 번쾌가 10만으로 흉노를 공략한다는 것은 불가능하며, 대규모 전쟁은 제2의 陳勝을 낳을 것이라며 반대하였다. 개국공신이자 呂后의 妹夫인 번쾌를 처형하여야 한다고 주장할 정도로 강직하였다.

61 馮奉世(?~기원전 39) : 자는 子明이며 長安(현 섬서성 西安市) 사람이다. 서한 중기, 서역에 대한 출정이 계속되었는데, 宣帝는 흉노 공략을 위해 풍봉세를 大宛에 파견하여 협력 관계를 강화하고자 했다. 풍봉세는 대완으로 가던 중 莎車國에서 정변이 발생하여 흉노에게 우호적인 정권이 수립되었다는 보고를 듣고 신속한 대응을 위해 갖고 있던 符節을 이용해 주변 각국의 병력을 소집하여 莎車를 제압하는 데 성공하였다. 이 소식이 서역 각국에 신속히 전해져 한의 위세가 널리 알려졌고 사신 업무도 성공적으로 마칠 수 있었다.

62 蕭望之(기원전 114~기원전 47) : 자는 長倩이며 東海郡 蘭陵縣(현 산동성 臨沂市 蘭陵縣) 사람이다. 서한의 개국공신 蕭何의 6세손으로서 宣帝와 元帝 때의 중신이자 저명한 經學家이다. 일찍이 霍光·霍禹 부자의 권력 남용을 정면 비판하여 宣帝의 신임을 얻었고, 공평한 인사와 합리적인 태도로 명망이 높았다. 선제가 풍봉세에게

작위를 주려고 하자 사신이 임의로 조서를 빙자해 정권을 교체하는 전례를 남겨서는 안 된다며 반대하였다. 그리고 宣帝에게 烏孫과 정략결혼을 맺을 것을 권하는 한편 내란에 빠진 흉노를 공격하자는 대다수 의견에 반대하고 오히려 呼韓邪單于를 도와 내란을 평정할 수 있게 하였다. 또 호한야선우에 대한 의례를 정중하게 하고 王昭君을 출가시킴으로써 100여 년에 걸친 흉노와의 충돌을 종식하는 데 크게 기여하였다.

63 陳湯(?~기원전 6) : 자는 子公이며 山陽郡 瑕丘縣(현 산동성 濟寧市 兗州市) 사람이다. 西漢 元帝 때 西域副校尉로서 西域都護 甘延壽와 함께 흉노의 郅支單于를 급습하여 제거하는 큰 공을 세웠다. 宣帝 때 흉노는 5명의 선우가 왕위를 놓고 내란에 빠졌는데 그 가운데 질지선우는 康居王(현 신강성 북부)의 도움을 받고 烏孫을 비롯한 많은 국가를 공격하며 세력을 키운 뒤 마침내 康居를 파괴하고 한에 대하여 적대적인 태도를 견지하였다. 이에 陳湯과 甘延壽는 출병하여 질지선우를 격파하고 살해하였다(기원전 36).

64 匡衡 : 자는 稚圭이며 東海郡 承縣(현 산동성 棗莊市 嶧城區) 사람이다. 西漢의 經學家이며 元帝 때 丞相을 지냈다. 유학에 관심이 많던 원제에 의해 발탁되어 경학을 통치의 기반으로 할 것을 주장하였으며, 成帝 때에는 환관 石顯의 전횡을 고발, 처형하게 하였다. 광형은 陳湯과 甘延壽가 질지선우를 제거하는 데 큰 공을 세웠으나 그 과정에서 조서를 임의로 바꾸고 명령을 천단했으니 오히려 처벌해야 한다고 주장하였다. 결국 元帝는 양자의 입장을 절충하는 선에서 논공행상 문제를 정리하였다. '鑿壁借光' 고사의 주인공이기도 하다.

65 郝靈筌 : 당 玄宗 때 돌궐과의 전투에서 啜默可汗을 급습하여 그를 살해하고, 그 수급을 궁중에 보낸 뒤 불세출의 공을 세웠다고 자부하였다. 그러나 당시 재상 宋璟은 현종이 무공을 세우기 좋아하니 학령전을 포상하면 총애를 노린 경쟁이 가속화될 수 있다며 포상을 극력 반대하였다. 결국 해를 넘겨 郎將職을 수여하는 것으로 정리되자 학령전은 통곡을 하며 죽었다.

66 姚崇(650~721) : 자는 元之이며 陝州(현 하남성 三門峽市 陝州區) 사람이다. 원래 이름은 姚元崇이었는데 후에 돌궐 반군과 이름이 같아서 姚元之로 개명하였고, 다시 연호 '開元'을 피휘하기 위해 姚崇으로 개명하였다. 宋璟과 함께 開元의 盛世를 연현명한 재상으로 평가받고 있다. 郝靈筌에 대한 포상에 반대한 것은 본문과 달

리 姚崇(=姚元崇)이 아니라 宋璟이었다. 아마도 안요신의 착각인 듯하다.

67 東胡: 春秋戰國時期에 강성하였던 동북방 유목민으로서 匈奴의 동쪽에 위치하였다고 해서 붙여진 이름인데, 그 기원 등은 다소 불명확하다. 燕 · 趙는 물론 匈奴에게도 강한 군사적 압박을 가할 정도로 강력하였던 동호는 秦末에 흉노에게 패하여 복속되었으나 일부는 烏桓山脈 일대로 이주하여 烏桓이 되었고, 일부는 鮮卑山脈 일대로 이주하여 鮮卑가 되었다. 그리고 鮮卑에서 慕容 · 宇文 · 拓跋氏를 비롯하여 柔然 · 契丹 · 室韋 · 蒙古 등 매우 많은 유목민이 분화되었다.

68 李牧(?~기원전 229): 戰國時代 趙나라의 명장으로 白起 · 王翦 · 廉頗와 함께 전국시대 4대 명장에 꼽히는 인물이다. 趙는 유명한 '胡服騎射'라는 개혁을 통해 북방의 강국으로 부상하였으나 늘 흉노의 침입과 秦의 공세에 시달렸다. 흉노에 대한 방어 책임을 맡은 이목은 철저한 수비 위주 전략을 통해 전력을 비축하는 한편 적의 방심을 조장해 유인작전을 펴서 일거에 흉노 10만 병력을 섬멸하였고, 이어서 흉노의 속국이었던 東胡도 격파하였다. 그 후에도 이목은 秦의 대군을 각개격파하는 방식으로 섬멸하는 등 혁혁한 전공을 세웠지만, 진의 이간책에 넘어간 조왕에 의해 살해되었다. 마지막 보루였던 이목이 사망한 뒤 3개월 만에 조의 수도 邯鄲이 함락되고 조왕이 포로가 되면서 조는 멸망하고 말았다.

69 郅都: 河東郡 楊縣(현 산서성 臨汾市 洪洞縣) 사람이다. 당시 불법을 일삼던 호족을 엄격하고 공정한 법 집행을 통해서 처벌하여 높은 명성을 얻었다. 후에 흉노 격파에 대한 전권을 부여받아 雁門郡에 부임하자 흉노는 자진해서 군대를 철수시키고 그가 죽을 때까지 침범하지 않았다.

70 諸葛亮(181~234): 자는 孔明이고 호는 臥龍이며 徐州 琅邪軍 陽都縣(현 산동성 臨沂市 沂南縣) 사람이다. 전란을 피해 荊州의 南陽 隆中에 은거하다가 劉備의 三顧草廬에 荊州와 益州를 차지하고 孫權과 연합하면 曹操와 대항할 수 있다는 '隆中對'를 제시하고 그를 보좌하여 삼국시대를 열었다. 뛰어난 외교력과 정세 판단력, 합리적 정무 처리와 청렴함, 그리고 주군에 대한 충성심 등 유가적 덕목을 한 몸에 집약한 名臣으로 역사에 이름을 날렸다. 유비 사후에는 국정 일체를 책임지고 처리하였는데, 당시의 최대 과제는 東吳와의 국교 회복과 南中諸郡의 반란을 진압하는 것이었다. 225년, 諸葛亮은 南中 정벌에 나서서 완전한 승복을 받아낸 뒤 행정구역을 세분화하고 자치권을 부여하는 방식을 택해 부담을 최소화하면서

효율적으로 통제하였다. 이때 반군 수령 孟獲을 상대로 '七縱七擒'이라는 고도의 심리전을 편 것이 유명하나 그 사실 여부에 대해서는 논란이 있다.

71 郝玼 : 唐 중기의 명장으로서 30년 동안 서북 변방을 지키면서 용맹을 떨쳤다. 학빈은 다른 장수와 달리 출전하면서 군량을 휴대하지 않고 현지에서 조달할 정도로 자신감과 전투력을 자랑하였다. 포로를 잡으면 잔혹하게 살해하여 우는 아이도 그 이름만 들으면 그칠 정도로 공포의 대상이었기에 吐蕃 국왕은 "학빈을 생포해 오는 사람에게 그의 신체 크기만큼의 금을 상으로 주겠다"고 할 정도로 치를 떨었다.

72 송 건국 직후 영토는 黃河와 淮河 유역뿐이었고, 주변에는 契丹 외에도 산서의 北漢, 사천의 後蜀, 강서의 南唐, 절강의 吳越, 호북의 平南, 호남의 楚, 광동의 南漢 등 7개국이 있었다. 이에 송 태조는 조보의 건의를 받아들여 남방을 먼저 통일하기로 하고 平南과 楚를 점령하고(963), 後蜀(965)과 南漢(971)을 점령한 데 이어 南唐을 정벌하여(975) 약소한 吳越을 제외한 남방 통일에 성공하였다.

73 본문의 '幽燕'은 '燕雲'을 잘못 쓴 것으로 보인다. 安堯臣의 상소는 물론 송대 다수의 문헌에서 이런 부정확한 표현이 보이는데, 어떤 유목민이건 본질적으로 차이가 없다는 선입견이 이런 결과를 초래한 것으로 보인다. 이에 '연운'으로 번역한다.

74 송 태조는 968년, 969년, 976년 세 차례에 걸쳐 北漢을 공략했으나 거란의 방해로 실패하였으며, 거란의 남경(연경)은 한 번도 공격한 적이 없다. 안요신의 주장은 객관적 사실과 부합하지 않는다.

75 선량한 백성 : 원문은 '赤子'로 본래 '갓 태어난 아기'를 가리키는 말인데, 아기처럼 순수하고 착한 백성이란 뜻으로 쓴다. 일반적으로 쓰는 백성과 구분하여 '착한·선량한 백성' 등으로 번역한다.

76 澶淵의 전투 : 宋 眞宗 景德 1년(1004)에 거란의 蕭太后와 聖宗은 瓦橋關 수복을 명분으로 대군을 거느리고 대규모 공세를 시작하였다. 개전 초 송조는 升州(현 남경시)나 益州(현 성도시) 천도를 고려할 정도로 위축되었으나 澶州에서 전선이 교착 상태에 빠지자, 眞宗은 재상 寇準과 畢士安의 제안을 수용하여 전주에 가서 督戰하며 대응하였다. 거란은 초기의 우세에도 불구하고 장기 대치 국면이 조성되고, 南京統軍使 蕭撻覽이 전사하는 등 예기치 못한 상황이 전개되자 후방 차단의

위협을 우려하여 송조와의 화의 체결에 나섰다. 澶淵은 河北東路 澶州의 별칭이며 현 하남성 북동부 濮陽市에 해당한다.

77 거란 : 원문은 '匈奴'이다. 이는 契丹을 잘못 말한 것인데, 안요신이 흉노와 거란을 구분하지 못하였을 까닭이 없는데 왜 이런 오류를 범했는지는 알 수 없지만 송대 문헌에서 이 같은 사례가 적지 않다. 아마도 흉노든 거란이든 북방의 유목민은 모두 다 마찬가지라는 편견에서 나온 것으로 보인다.

78 澶淵의 盟을 체결하고 난 직후 거란은 자신들이 점령한 遂城과 瀛州와 莫州를 송에 반환하였다. 따라서 동맹을 맺은 뒤 진종이 병력을 이끌고 물러섰다고 한 것은 의례상의 표현일 뿐 사실과 부합하지는 않는다.

79 본문의 '思州'는 '恩州'를 잘못 쓴 것이다. 당 貞觀 4년(630), 현 귀주성 銅仁市 沿河自治縣에 처음 설치된 思州는 唐末에 폐지되었다가 政和 8년(1118)에 夔州路 소속의 羈縻州로 다시 설치되었다. 그러나 4년 뒤인 宣和 4년(1122)에 다시 폐지되었다. 따라서 秦翰은 思州刺史가 될 수 없었다.

80 內品 : 內侍省 祗候班의 약칭이다. 內侍高班·內侍黃門과 함께 종9품이다.

81 供奉官 : '공봉'은 '황제의 좌우에서 시중을 드는 사람'이라는 뜻으로 唐代에는 侍御史 9명 가운데 3명을 內供奉으로 임명하였고, 玄宗이 '翰林供奉'을 임명한 사례도 있어 환관 고유 직책은 아니었다. 송대에도 '東·西頭供奉官'은 무관 품계에, '內東·西頭供奉官'은 환관 품계에 두었으나 품계만 표시할 뿐 실직은 아니었다. 入內內侍省 소속이며 政和 2년(1112)에 入內內侍省供奉官으로 개칭하였다. 궁중 숙직·요리·파견 등 다양한 업무를 맡았으며 품계는 종8품이다.

82 洛苑使 : 북송은 서경인 낙양에 作坊使·內園使·洛苑使·左藏庫使 등 이른바 西京4使를 두고 각각 居民區·皇宮·皇家園囿·左藏庫를 관리하게 했다. 洛苑使는 西京4使의 正使에 해당하는 무관 직급으로 정7품이다. 政和 2년(1112)에 武略大夫로 개칭하였다.

83 秦翰(?~1016) : 자는 仲文이며 河北西路 眞定府 獲鹿縣(현 하북성 石家莊市 鹿泉區) 사람이다. 979년에 崔彦進이 거란군을 격파할 때 환관으로서 都監을 맡아 선전함으로써 송 태종으로부터 일반 관직을 받기 시작해 궁중 내관직과 야전군 都監 직을 거듭 맡았으며, 994년에는 党項族 李繼遷의 반란에 대해 지략을 발휘하여 큰 공을 세웠다. 송 眞宗 즉위 후 洛苑使가 되었고, 1000년에 益州에서 王均이 반란을

일으키자 선두에 서서 반란을 진압하였다. 1001년에는 莫州에서 거란군 수만 명을 전멸시키는 대승을 거둬 內園使로 승진하고 恩州刺史職을 부여받았다. 1002년에는 거란군 2만 명을 격파하였고, 邠寧·涇原路에서는 유목민을 투항하게 하였다. 1004년에는 澶州와 魏州에서 방어시설 확충에 힘써 澶淵의 맹약을 맺을 수 있는 기틀을 마련하여 宮苑使 직이 더해졌고 內都知로 승진하였다. 秦翰은 모두 49곳이나 부상당하면서 용감하게 전투에 앞장선 용장이었고, 겸손하고 후덕한 인품까지 구비하여 평판이 대단히 좋았다.

84 雷有終(947~1005) : 자는 道成이다. 송 태종 말기인 淳化 연간(990~994)에 支鹽鐵副使·江南嶺外茶鹽制置使 등의 관직을 역임하였고, 사천에서 발생한 李順의 亂을 진압한 뒤 陝路隨軍轉運使·同知兵馬事 등을 맡아 군을 잘 통제하였다. 진종 咸平 연간(998~1003)에 益州지사로서 王均의 난을 진압하고 幷代路都部署가 되었다. 眞宗을 수행하여 澶淵에 가서 성공적으로 임무를 수행한 공으로 宣微北院使로 승진하였다.

85 王均(?~1000) : 四川은 송조에 편입되는 과정에서 많은 희생자가 발생하여 반감이 많았다. 게다가 과중한 조세 부담과 布帛 거래 금지 등의 조치로 인해 불만이 증폭하여 993년 王小波·李順의 반란이 일어나서 益州가 함락되기도 하였다. 1000년에도 益州鈐轄 符昭壽의 전횡으로 인해 군인들이 都虞候 王均을 옹립하고 大蜀을 수립하는 반란이 일어났다. 진종은 雷有終을 益州兼川峽兩路招安捉賊知事로 임명하여 진압하게 하였다. 뇌유종은 고전 끝에 7개월 만에 익주를 점령하고 난을 진압하였다. 이후 송조는 사천의 거듭된 반란을 막기 위해 사천으로 부임하는 지방관에게는 가족을 대동하지 못하도록 하는 규제 조치, 즉 지방관의 가족을 인질로 삼는 조치를 취하기도 하였다.

86 恩州 : 河北東路 소속이며 등급은 하, 郡名은 淸河郡, 軍額은 永淸軍, 州格은 節度州이다. 치소는 淸河縣(현 하북성 邢台市 淸河縣)이고 관할 현은 武城縣·歷亭縣·淸河縣 등 3개이다. 기존의 貝州를 慶歷 8년(1048)에 恩州로 바꾸었는데 관할 5개 현 가운데 漳南縣과 靑陽縣이 鎭으로 강격되어 등급도 望에서 下로 떨어지고 節度使司도 철폐되었다. 같은 지명으로 거란 中京道 恩州(현 내몽고 赤峰市 喀喇沁旗)가 있다. 옛 황하 수계의 범람으로 형성된 퇴적평야 지대여서 수해 피해가 컸던 지역이다. 관할구역은 현 하북성 남부 邢台市 동남쪽의 淸河縣을 중심으로 衡水市·德州市 일

부에 해당한다.

87 刺史 : '刺'는 '검사하고 질문하다', '史'는 '御史'라는 뜻으로 진·한대에는 지방을 대
상으로 한 감찰관이었으나 서한 말부터 지방 행정장관으로 바뀌었고, 수·당대
에는 郡의 태수, 州의 자사로 구분하였다. 송대 주의 등급은 행정·군사 2개 편
제를 부여하는데 州格은 都督州·節度州·觀察州·防禦州·團練州·軍事州(=刺史州) 등
6등급으로 나뉜다. 하지만 都督은 실제 임명하지 않고 節度使·觀察使·防禦使·團
練使·刺史만 임명하였다. 正任 무관계의 하위직인 자사는 북송 전기에는 종3품~
정4품下였으나 원풍 관제 개혁 때 단련사·자사와 함께 종5품으로 조정되었다.
주로 종실이나 환관에게 제수하는 명예직으로 활용되었다.

88 劉保信 : 慶曆 4년(1044)에 保州巡檢司의 雲翼軍이 都監 韋貴를 옹립하고 반란을 일
으켰다. 이에 인종은 右正言 田況과 內供奉官 劉保信을 保州로 파견하여 진압하게
하였다. 이들은 군사적 압박을 가하는 한편 투항을 적극적으로 권유하여 雲翼軍
의 항복을 얻어내는 데 성공하였다.

89 嘉祐 5년(1058), 劉保信·王保寧·鄧保壽·王世寧 등 4명의 환관은 保州 병란을 처리
한 공을 빙자해 단련사·자사 직을 제수해 달라고 청하였다.

90 團練使 : 州의 민병대 조직인 團練의 지휘관이다. 唐朝는 단련을 관장하는 관직
으로 관찰사 겸직의 都團練使와 자사 겸직의 州團練使를 두었고 송조도 그 제도
를 계승하였다. 하지만 서하와의 접전지인 서북 지역을 제외하곤 부마·종실·
환관 등에게 주로 수여하는 무신 寄祿官으로서 團練使職을 운영하여 실제 업무나
정원 규정이 없었고 부임도 하지 않는 유명무실한 직책이었다. 주지사와 동급
인 무신 기록관 서열은 節度使·承宣使·觀察使·防禦使·團練使·刺史 순이었고, 단
련사 품계는 원풍개혁 이후 종5품이었다.

91 원문은 '遙領'인데 '관직을 받고 실제로는 부임하지 않는다'는 뜻으로서 團練使나
刺史 등 직함만 있고 직무는 없는 寄祿官이 된다는 말이다.

92 殿中侍御史 呂誨는 아무 공도 없는 이들에게 秦翰과 같은 수준의 포상을 하면 인
사 원칙이 무너지고, 군대의 전투 의지를 상실케 한다고 반대하였으나 인종은
결국 이들의 포상을 윤허하였다.

93 制命 : '制'는 '황제의 명령체 문서', '命'은 '명령'을 가리키는 말이다. 군국대사에 관한
황제의 결정이나 인사 관련 문서가 주를 이룬다. '制'는 낭독의 편의를 위해 '四六駢儷

體'로 작성하고 용지는 일반인의 제작과 판매가 금지된 宣紙를 사용하게 하였다. 용지는 폭 1尺 3寸, 길이 2尺이다.

94 원문은 '幃幄'으로 수렴청정처럼 황제는 아무 권한도 없고 휘장 뒤에 있는 환관의 의지에 따라 정치가 행해진다는 말이다.

95 환관 : 원문은 '宦寺'이다. 宦은 본래 '궁궐에서 일하는 노예', 寺는 '손과 발이 되어 일하다'라는 뜻이어서 의미는 큰 차이가 없다. 단 內侍는 본래 황제의 시종관이란 말로서 궁중 내에서 근무하는 관원을 포괄하는 용어여서 光祿寺·太常寺 등 황제의 일상을 챙기는 중앙 관서인 9寺의 명칭으로 쓰였다. 하지만 황제를 위해 일한다는 의미가 강조되어 거세한 환관과 용어상 구분이 되지 않아 후에 寺人·內侍·宦官·宦寺 모두 함께 사용되었다. 寺는 후에 불교가 전래된 뒤에는 '부처를 모시다'라는 의미에서 '절'을 뜻하게 되자 이를 구분하기 위해서 '절 사'와 '관청 시'로 나누어졌다.

96 斜封墨勅 : 斜封은 조정에서 정식으로 명령을 내려 작위나 관직을 내리지 않는 것을 말하고, 墨勅은 황제가 관련 부서의 동의 印章을 찍지 않고 친필 서신을 통해 직접 명령을 내리는 것을 말한다. 모두 정식 결재 과정을 거치지 않고 관작을 임의로 제수함을 말한다. 당 中宗 때 시작된 편법인데, 이렇게 임명된 관리를 가리켜 당시 斜封官이라고 칭하였다.

97 송 태조는 唐末五代에 환관이 국정을 좌지우지하던 선례를 거울삼아 환관을 50명 이하로 제한하고 정사에 관여하지 못하도록 하였다. 이러한 제한 조치는 1053년에 仁宗이 180명으로, 1087년에 哲宗이 100명으로 규제하는 등 대체로 유지되었다. 그러나 徽宗이 환관의 수를 천명 이상으로 늘리고 권력을 위임하면서 환관의 득세가 본격화되었고 이것 또한 북송 멸망의 주된 요인 가운데 하나가 되었다.

98 원문은 '匡躬之操'로 자신의 이익을 돌보지 않고 왕실을 위해 충성을 다하는 지조를 가리킨다. '匡躬之節'이라고도 한다.

99 조정 : 원문은 '丹陛'이다. 본래 붉은색으로 장식한 궁궐 계단을 가리키는 말로 조정이나 황제를 뜻하기도 한다.

100 금은보화 : 원문은 '南金和璧'이다. '南金'은 남방에서 생산되는 구리를 가리키는 말로 '赤金'이라고도 하였다. '和璧'은 完璧·雙璧의 어원이 된 '和氏璧'을 가리키는

말이다. 둘 다 귀중한 재화를 뜻하는 말이다.

101 최고급 견사 : 원문은 '冰綃'로 얇아서 얼음처럼 투명하고 눈처럼 흰 최고급 견사를 가리키는 말이다. 唐 王勃의 「七夕賦」에서 유래하였다.

102 고운 비단 : 원문은 '霧縠'으로 엷은 안개처럼 가볍고 부드러운 비단을 가리키는 말이다. 『文選』의 「神女賦」에서 유래하였다.

103 붉은 비단 : 원문은 '緹繡'로 고운 수를 놓은 붉은 비단으로 고급 견직물을 뜻한다.

104 원문은 '累封'인데 가장 높은 작위를 가리키는 말이며, 거듭하여 관직이나 작위가 오른다는 말이기도 하다. 또 거듭 관작을 받은 것에 대한 존칭으로도 쓴다.

105 縉紳 : 縉(=搢)은 '꽂는다', 紳은 '관복의 허리띠'를 가리키는 말이다. 縉紳은 '조회를 할 때 관복 허리띠에 笏을 꽂은 관리'를 가리키는 말이다. 이처럼 관직을 가지고 있다는 점에서 사대부와 같지만, 지식인을 전제로 한 관리인 사대부와는 다소 구분된다. '薦紳'이라고도 한다.

106 士大夫 : 士 · 士人 · 士大夫는 지식인이란 공통점을 가지고 있어 사대부를 '관리와 지식인을 포함'하는 폭넓은 개념으로 봐야 한다는 견해도 있지만, 지식인을 士人, 관리를 士大夫로 명확하게 구분해야 한다는 견해가 주류를 이루며, 본서에서도 양자를 명확하게 구분하였다. 또 송대 사대부는 나름의 시대적 정체성을 지니고 있어 선비, 또는 독서인이라는 일반적 용어로 번역하기에는 적절하지 않다. 이에 '사인'과 구분하여 '사대부'로 번역하였다.

107 후궁 : 원문은 '掖廷'으로 비빈들이 사는 건물을 가리키는 말이다. 생활 공간뿐 아니라 궁녀들에 대한 교육 장소와 감옥 등을 포함한다. '掖庭'으로도 쓴다.

108 골목 : 원문은 '永巷'이다. 본래 궁궐 내 좁고 긴 길을 가리키는 말로서 궁내 妃嬪과 궁녀들이 머무는 공간을 말한다. 후에는 궁궐 내 여성 범죄자를 가두는 감옥을 뜻하는 말로도 쓰였다.

109 십여 년 : 원문은 '歲禩'이다. '歲'는 12년을 주기로 하는 木星을 뜻하고 '禩'는 商代에 1년을 가리키는 말로 쓰였다.

110 후보 관원 : 원문은 '選調'로 임명을 대기 중인 후보 관원을 뜻한다. 秦漢 이래 관리가 되면 당연히 일정한 직책을 맡았지만 송대부터는 官과 職이 분리되어 관리가 되더라도 특정한 직책을 받아야 부임할 수 있었다. 실질적인 직책을 받은 관

리를 가리켜 職事官이라고 하는데, 통상 差遣이라 칭하는 파견 형식으로 직책을 주었다. 파견은 황제가 직접 명령하는 경우, 중서문하성에서 임명하는 경우(堂除라고 함), 審官院 등의 인사기구에서 심사를 거치는 경우(銓選이라고 함)로 구분되는데, 대부분 銓選을 거쳐야 했다. 문관의 파견 기간은 통상 2년이었다. 파견을 마치고 승진심사 자격을 갖춘 관리(應選官이라고 함)가 되면 소정의 심사를 거쳐 해당 부서에 보내졌다. 하지만 대기자가 정원의 5~6배나 되어서 상당 기간의 대기가 불가피했다.

111 추천 : 원문은 '薦擧'이다. 唐代와 마찬가지로 송대 역시 중하급 관리의 승진과 전보에 추천이 필수적이었다. 추천에 의한 임용이라는 점에서 保任이라고도 하였는데, 추천자를 가리켜 保主·擧主·擧將이라고 하고 京官 이상만 가능하였다. 송대에는 적임자 추천이 고관의 의무이자 권리로 인식되어 추천을 장려하는 조령이 모두 231회나 공포되었을 정도다. 추천으로 인한 청탁의 만연과 파벌 형성 등의 후유증이 있었지만 한편 피추천자의 사후 처신에 대해 추천자에게 연좌 처분하여 통제하였다.

112 8~9품의 選人에서 京官으로 승진하려면 문관의 경우 6년 이상 위법행위가 없어야 하고 추천 자격을 구비한 5명의 추천서가 필요하였다. 무관의 경우 더욱 추천 규정이 엄격해 大中祥符 5년(1012) 이후 7명의 추천서가 필요하였다.

113 京官 : 원문은 '京秩'이다. 송대 관리는 7품 이상의 京官과 8~9품관인 選人으로 크게 나누었다. '秩'은 봉록이나 품계를 뜻하므로 '京秩'은 京官과 같은 뜻이다. 경관의 差遣은 중서성의 差遣院에서 담당했는데, 차견원은 審官院으로 바뀌었다가 熙寧 3년(1070) 관제 개혁 때 다시 審官東院과 審官西院으로 바뀌었다. 東院은 심관원의 업무를 계승했고, 西院은 추밀원 관련 중저급 무관 인사 업무를 담당하였다.

114 송대 관원 가운데 8~9품의 選人은 다시 7등급으로 나누어진다. 이 선인 내에서 승진을 가리켜 循資라고 칭하고, 선인에서 경관으로 승진하는 것을 가리켜 改官·改秩이라고 칭한다.

115 防禦使 : 송대 주의 등급은 행정·군사 2개 편제를 부여하는데 州格은 都督州·節度州·觀察州·防禦州·團練州·軍事州(=刺史州) 등 6등급으로 나뉜다. 하지만 都督은 실제 임명하지 않고 節度使·觀察使·防禦使·團練使·刺史만 임명하였다. 방어사는 正任 무관계의 4번째 직책으로 원풍 관제 개혁 때 단련사·자사와 함께 종5품

으로 조정되었다. 주로 종실이나 환관에게 제수하는 명예직으로 활용되었기에 별도의 정원은 없었다.

116 蘭省 : 蘭臺와 함께 秘書省의 별칭이다. 송 초에는 제사용 축문 작성을 맡았으나 元豊 3년(1080) 관제 개혁 이후 3館의 업무가 이관되면서 도서 및 國史 관리, 천문 및 제사 등을 관장하였다. 편제는 秘書省監·少監·丞이 있고, 속관으로는 著作郎·秘書郎·著作佐郎·校書郎·正字 등이 있었다.

117 원문은 '望塵下拜'이다. 『晉書』「潘嶽傳」의 '望塵而拜'에서 유래한 말이다. 西晉 著作郎 潘嶽과 부호 石崇은 당시 실권자인 장군 賈謐에게 잘 보이기 위해서 가밀 일행의 수레에서 일어나는 먼지만 봐도 길에서 절을 하였다. 이런 아부에 힘입어 반악은 給事黃門侍郎이 될 수 있었지만 '8왕의 난'으로 가밀이 실각하자 곧 살해당하였다.

118 節鉞 : 절은 符節, 월은 도끼를 가리킨다. 부절은 대나무나 옥 등으로 만들어 명령을 전달하거나 병력을 파견하는 증서로 썼는데 반은 조정에서 보관하고 반은 현지 관원이나 지휘관이 보관하였다. 월은 도끼로서 지휘관에게 생사여탈권을 부여한다는 뜻으로 하사하였다. 모두 황제로부터 권한을 위임받았음을 상징한다.

119 內帑庫 : 국가 재정을 담당하는 三司의 경비 부족에 대비해 운영하는 황실 창고인 左藏庫의 별칭이다. 大府寺가 관할하였으며 재정 여유분, 전매 수입, 權貨務의 금은 수입, 하북 등 69개 주의 上供絹 등을 주 수입원으로 하였다. 북송 초기에는 황실 창고를 左藏庫라고 했는데 후에 左·右藏庫, 4庫로 나누는 등 필요에 따라 분리와 통합이 여러 차례 이루어졌고 그때마다 명칭이 바뀌었다. 左藏北庫를 內藏庫로 개칭한 뒤 內庫·內帑庫라는 별칭을 갖게 되었다.

120 원문은 '軍期之法'인데 군사 분야에서 약정한 기한을 말하며, 포괄적 의미에서의 군령을 뜻하기도 한다.

121 휘종은 환관의 수만 대폭 늘린 것이 아니라 東頭供奉官까지 승진할 수 있는 인사 규정을 완전히 무시하고 10여 명에게 절도사 직을 수여하였다. 또 일반 관료들과의 접촉을 허용함으로써 환관이 관료를 장악하고 자기들을 중심으로 파당을 형성할 수 있게 했으며 재상 임용도 환관과 논의해 임명장만 보낼 정도로 환관에게 힘을 실어 주었다. 특히 동관에게 領樞密院事를 맡겨 환관에게 재상직을 부

여하고 군권을 맡겼을 뿐 아니라 후에 선무사 직을 겸하게 하여 작전권과 인사권을 분리한다는 송조의 국시를 파기하기도 하였다. 안요신의 상서는 바로 이러한 병폐를 정확하게 지적한 것이다.

122 方田均稅法 : 방전이란 사방 1천 步를 1方으로 하는 경작지 측량을 뜻하고, 균세란 토질에 따라 세액을 공평하게 정한다는 뜻이다. 인종 때 부분적으로 실시한 것을 왕안석이 화북 전역으로 확대하였는데, 이는 토지대장을 정비하고 공평하게 과세함으로써 조세 정의와 재정 확충을 동시에 달성하려는 것이었다. 1072년부터 1085년 사이에 전국 경지의 1/2에 해당하는 경지를 측량·과세하여 상당한 효과를 거두었지만 결국 지주들의 반대, 공평과세보다는 사실상 증세였다는 점, 강남을 제외하고 화북에서만 실시했다는 점 등으로 반대에 봉착하여 중단하고 말았다. 그 후로도 신·구법당이 정권을 교체할 때마다 실시와 중단을 거듭하다가 결국 宣和 2년(1120)에 완전히 폐지되었으며 기존에 측량한 것도 무효화시켰다. 방전균세법은 본래의 취지와 무관하게 정치적 상황에 따라 혼선을 거듭함으로써 오히려 부작용만 양산하고 말았다. 채경은 신법당 계열이었기 때문에 방전균세법 시행에 주력하였다.

123 차와 소금 전매법 : 원문은 '茶鹽法'이다. 송조는 鹽鐵使를 두어 소금의 생산·운반·판매 전 과정을 관리하였는데, 관에서 모든 소금을 수매하여 개인 판매를 원천 봉쇄하였다. 지정된 생산량을 초과한 분량(浮鹽이라고 함)도 정부가 수매하였다. 하지만 제대로 관리가 되지 않자 휘종은 路마다 提擧茶鹽司를 설치하였으나 결국 민간 상인에 위탁하는 방식이 대세를 이루었다. 당 말부터 시작된 차의 전매는 오대를 거치면서 더욱 제도화되었고, 송조는 榷茶務를 두어 관리하였는데, 점차 소금과 마찬가지로 군량을 운반해 준 대가로 받은 交引으로 차를 수령하여 판매하는 방식을 취하였다. 다만 소금과 차 모두 지정한 지역 내에서만 판매해야 했다.

124 원문은 '養生送死'이다. 부모 살아생전에 잘 봉양하고, 돌아가신 후에는 정중히 장사지냄을 이르는 말로서 자식으로서 해야 할 당연한 도리를 말한다.

125 원문 '天視自我民視, 天聽自我民聽'은『尙書』「泰誓中」에서 유래하였다.

126 劉蕡(773~846) : 자는 去華이며 幽州 昌平縣(현 북경시 昌平區) 사람이다. 환관이 국정을 좌지우지할 뿐만 아니라 황제의 즉위와 폐위를 결정하는 등 권력 남용이 극

에 달하였던 唐 大和 2년(828)에 賢良方正으로 추천받으면서 올린 策文에서 환관의 발호 때문에 국가가 위태롭다며 그들이 아무리 강하더라도 반드시 주멸시켜야 한다고 강력하게 주장하였다. 심사관 모두 유분의 글에 대해 극찬하였으면서도 환관 세력을 두려워하여 감히 선발하지 못하였다. 후에 令狐楚와 牛僧孺가 막료로 중용했고 秘書郞이 되었지만 결국 환관에 의해 유배되고 말았다. 본문의 내용은『舊唐書』와『新唐書』의「劉蕡傳」에 실려 있다.

127 원문은 '禍稔蕭牆'인데 禍는 禍와 같은 말이고 稔은 '무르익다'는 말이다. 蕭牆은 궁궐 대문 안에 설치한 가림 벽으로서 '塞門・門屛'이라고도 한다. '照壁'과 유사하게 밖에서 직접 집안을 볼 수 없게 횡으로 만든 벽이다. 소장을 지나야 궁궐 안으로 들어갈 수 있으므로 '蕭牆의 안'이란 바로 궁궐 안을 뜻한다. 따라서 '禍稔蕭牆'은 '재앙이 궁궐 안에서 무르익다'는 뜻이다.『論語』「季氏」에서 공자는 실권자 季孫氏가 작은 국가 顓臾를 치려고 고심하지만 계손씨의 문제점은 오히려 궁내에 있다("吾恐季孫之憂, 不在顓臾, 而在蕭牆之內也")고 하여 궁 안에 있는 魯 哀公이 계손씨의 전횡을 좌시하지 않을 것이라고 한 바 있다.

128 원문은 '恭惟'인데 글을 시작하면서 기원을 뜻하는 發起詞로 쓴다.

129 폐하의 뜻 : 원문은 '宸衷'이다. 宸은 북극성이 있는 곳을 말하며 후에 帝王이 머무는 곳이란 뜻으로 파생되어 王位・帝王의 대칭 또는 '제왕의 생각'이란 뜻으로 쓰인다.

130 봉함 상소 : 원문은 '封事'로 황제가 직접 뜯어보도록 봉함을 한 章奏・疏・書를 말한다. 대부분의 疏는 별도로 봉하지 않으나 특별히 비밀을 유지하여야 할 경우, 검은 비단 봉투를 쓰고 이중으로 봉한 데서 나온 명칭이다. 漢代에 처음 도입된 제도이며, 명대 이후로는 '密奏・密呈'이라고 하였다.

131 文皇 : 당 태종의 시호가 '文武大聖皇帝'이기 때문에 文皇이라고도 칭한다.

132 魏徵(580~643) : 자는 玄成이며 巨鹿郡(현 하북성 邢台市 巨鹿縣) 사람이다. 태자 李建成의 참모로 唐 太宗과 적대 관계였다가 태종에게 중용되어 侍中이 되었으며 200여 차례 직간한 명신으로서 '貞觀의 치세'를 이룩하는 데 크게 기여하였다. 당 태종이 집권한 뒤 10년이 지나자 '잘해야 한다는 생각이 예전만 못하고, 허물을 들으면 반드시 고치는 것이 예전만 못하다'고 지적하고 '얻기는 어렵지만 지키는 것은 쉬운 법인데, 어렵게 얻은 것을 지키지 못하는 까닭이 무엇이냐?'고

지적하며 부단한 노력을 강조한 상소가 특히 유명하다. 위징이 죽자 太宗은 '거울로 거울을 삼으면 의관을 바르게 할 수 있고, 과거를 거울로 삼으면 흥망을 알수 있고, 사람을 거울로 삼으면 득실을 알 수 있다. 위징이 죽었으니 짐은 거울하나를 잃어버렸다'며 위징을 높이 평하였다. 후에 鄭國公에 봉해졌다.

133 謗木 : 사람들이 많이 오가는 길목에 兎는 북을, 舜은 나무를 세워 백성들에게 자신들의 의견을 자유롭게 드러내도록 하였다고 한다. 이를 가리켜 '간언의 북(敢諫之鼓)', '비방의 나무(誹謗之木)'라고 한다.

134 雲中 : 거란 西京道의 치소인 서경 大同府의 唐代 지명이다. 당조는 天寶 1년(742)에 雲州를 雲中으로, 乾元 1년(758)에 다시 운주로 바꾸었다. 거란은 後晉으로부터 雲州를 할양받은 뒤 大同軍節度使司를 설치하였다가(937) 重熙 13년(1044)에 西京 大同府로 승격시켰다. 하지만 거란의 정통성을 부인하고 싶은 宋朝는 시종 거란의 지명 대신 당대의 명칭인 운중이라 칭하였다. 주로 구릉지와 평야로 이루어졌으며, 관할구역은 현 내몽고·하북성과 연결되는 산서성 북부의 大同市에 해당한다.

135 宣撫使 : 국경 일대의 군사 업무를 처리하기 위해 임시 설치한 고위 군 지휘 기구인 宣撫使司의 장관이다. 재상부터 최하 殿閣學士까지 從3品 이상의 고관이 맡았으며, 制置使·招討使·安撫使·轉運使·鎭撫使 등 모든 使職을 통제하였다. "건국 이래 임명한 각종 使職 가운데 선무사보다 중요한 직책이 없었으며, 대부분 현직 執政官으로 임명하였다."고 할 정도로 중책이었다.

136 尙書省 : 수·당대 상서성은 吏·戶·禮·兵·刑·工 등 6부와 그 아래 24개의 司로 구성되어 거의 모든 행정업무를 망라하던 중앙 행정기관이었다. 북송 초에 의전 업무만 주관하는 기관으로 축소되었으나 元豊 3년(1080)의 관제 개혁을 거치면서 기능이 다소 회복되고 28司로 늘어났지만, 관습상 여전히 24司라고 칭하였다. 6부 내 이견이나 논란이 된 사안은 합의 처리했고, 관리의 상벌 문제도 주관하였다. 徽宗이 安堯臣의 상서를 어떻게 처리할 것인지 상서성에 지시한 것도 이때문이었다.

137 阿芝川 : 현 흑룡강성 哈爾濱市에서 송화강에 합류하는 남쪽 지류인 阿什河의 이칭으로 '阿朮火河'라고 칭하던 금대의 명칭을 한자로 번역한 것이다. 위진과 당대에는 '安車骨水', 금대에는 '按出虎水' 또는 '阿朮火河', 명대에는 '金水河', 청초에는

'阿勒楚喀河'로 불리다가 1725년에 이르러 현재의 '阿什河'로 개칭하였다. 『松漠紀
聞』의 기록에 따르면 금 건국기에 조운의 중심지였다.

138 淶流河 : 현 흑룡강성과 길림성의 분계선에 자리한 송화강의 지류인 拉林河이다.
『松漠紀聞』의 기록에 따르면 混同江에서 10리 떨어진 寧江州 서쪽에 있는 來流城
부근에 있다고 하였다.

139 粘罕(1080~1137) : 黏罕으로도 표기하며 원명은 粘沒喝이고 중국식 이름은 完顔宗
翰이다. 金 太祖의 조카로서 거란에 항거하여 거병할 것을 촉구하였으며, 건국
과정에서 거란군을 격파하는 군공을 세웠고, 뛰어난 정치력과 지휘력을 겸비하
여 金 건국의 원훈이 되었다. 거란을 멸망시킨 뒤 북송을 공략하기 위한 전면전
에서 河東 방면의 총사령관을 맡아 河北 방면의 총사령관 斡離不와 함께 연전연
승하여 마침내 개봉을 함락하고 북송을 멸망시켰다. 1132년 都元帥가 되어 점령
지에 대한 모든 통제권을 장악하였으며, 劉豫를 내세워 위성국인 大齊를 운영하
기도 했다. 금 태종 사후 황제 계승에도 영향력을 행사하는 등 최고의 실권자가
되었지만 지나치게 커진 권력 때문에 말년에는 많은 견제를 받았다.

140 兀室(?~1140) : 悟室·胡舍라고도 하며 중국식 이름은 完顔希尹이다. 여진 귀족 출
신으로 뛰어난 전략가이며 장수이자 상당한 문화적 식견을 가진 인물이고 샤먼
으로서 뛰어난 신통력도 지녔다고 한다. 금 태조의 황제 즉위를 권하였으며 그
를 수행하며 西京 점령과 개봉·揚州 공략 등에서 공을 세웠다. 특히 당·송·거
란의 제도와 금의 실정을 조합하여 금조의 관제와 예악, 법률 제정과 女眞文字
창제에 큰 공을 세웠다. 하지만 후에 熙宗이 즉위하면서 권력 중심에서 배제되
었다가 주살되었다.

141 郎君 : 본래 아내가 남편을 부르는 호칭이기도 하고 관리나 부잣집 자제에 대한
통칭으로도 쓰였지만, 거란에서도 폭넓게 사용한 호칭이다. 낭군에 해당하는
거란 용어로 沙里·舍利가 있다. 거란 태조도 夷离堇이 되기 전에 사리를 거친 일
이 있다. 낭군은 일종의 신분이자 관명으로 皇族·國舅·兩院·遙輦·奚王의 직계
자손만 사용하였다. 여진 사회에서는 통치자와 매우 긴밀한 관계를 지닌 권력
집단을 뜻하는 말로 쓰였다.

142 본문의 '常遣使來買馬'는 건륭 2년(961)에 있었던 일을 거론한 것이므로 '常'은 '嘗'
을 잘못 쓴 것으로 보인다. 또 여진이 말을 팔았으므로 '買'도 '賣'를 잘못 쓴 것으

로 보인다. 이에 '詧'과 '賣'로 번역한다.

143 중국의 역대 연호 가운데 重和(1117~1118)는 매우 특이한 사례이다. 휘종이 중화로 개원한 것이 정화 8년 11월이므로 중화 1년은 실제로는 2개월에 불과하다. 또 중화 2년 3월에 선화로 개원하였기 때문에 중화 2년도 실제로는 2개월에 불과하다. 따라서 정화 8년=중화 1년, 중화 2년=선화 1년인 셈이다. 해를 넘기기 전에 개원하는 경우는 정권 교체가 아니고는 찾아보기 힘들 정도여서 중화처럼 개원한 사례는 유례를 찾기 힘들다. 북송은 168년 동안 9명의 황제가 총 35개의 연호를 사용하였으니 같은 기간 거란이 16개를 사용한 것에 비해 2배가 넘는다.

144 承務郎 : 북송 전기 문관 散官 官名으로 29개 품계 중 25위로 從8品下였다. 元豐 3년(1080) 관제 개혁 후 京朝官 30개 품계 중 30위로 종9품이었다.

145 황상의 비답 : 원문은 '御批'이다. '批'는 아래에서 올린 서면 보고에 대해 위에서 의견을 달아서 답하는 문서를 말한다. 통상 신하들의 상주문에 직접 의견을 써서 답하기 때문에 '批答'이라 하며, 비답 문서를 전담하는 대신이 답하는 것이 상례지만, 황제가 직접 작성하거나 별도의 옥새를 찍은 것은 '御批'라고 칭하여 구분하였다.

146 본문의 '叚'는 '段'의 목판본 활자체이다. 이에 '段'으로 번역한다.

147 周輝(1126~1198) : 자는 昭禮이며 淮南東路 泰州(현 강소성 泰州市) 사람이다. 소흥 연간에 博學鴻詞科에 응시한 바 있고, 금국에 다녀온 일이 있긴 하지만 주로 항주의 淸波門 인근에 거주하면서 주로 책을 수집하는 데 전념하여 수만 권의 책을 가진 장서가로 유명하였지만, 책을 아끼지 않고 빌려준 장서가로서 더욱 유명하다.

148 확인해 보니 : 원문은 '契勘'으로 '조사하다 · 살펴보다', '살펴본 바에 따르면' 또는 '대질하여 확인하다'라는 뜻을 지닌 송원대의 공문서 용어이다. 해당 공문에서 다룰 대상이나 사안을 이끌 때 쓰며, 주로 작성자 또는 해당 기관에서 스스로 밝혀낸 사안을 언급할 때 쓴다.

149 安惇(1042~1104) : 자는 處厚이며 梓州路 廣安軍(현 사천성 廣安市) 사람이다. 神宗 때 監察御史를 지냈고 哲宗 때 權吏部侍郎, 右諫議大夫를 거쳐 御史中丞이 되었다. 蔡京 · 蔡卞 · 章惇과 함께 구법당 인사를 공격하기 위한 각종 옥사를 주도해 이른바 '2蔡 · 2惇'이라는 세간의 비판을 받았고 "大惇(章惇) · 小惇(安惇), 殃及子孫"이라는 말

이 도성에서 회자할 정도로 평판이 좋지 못하였다. 결국은 그 후유증으로 일시 퇴진하였으나 채경의 도움을 받아 兵部尙書를 거쳐 同知樞密院事에 임명되었다가 곧 사망하였다. 혹자는 安悙을 채경·동관 등과 함께 북송의 대표적 간신으로 꼽기도 한다.

150 사후 표문 : 원문은 '遺表恩澤'이다. 고위 관료가 사망하기 전에 마지막으로 작성한 뒤 사후에 표문을 올리면 황제는 관직을 추증하거나 자손에 대해 음서를 허용하는 특별한 은덕을 베풀었는데, 이를 가리켜 '유표은택'이라고 한다. 蔭補制의 하나로서 경사가 있을 때 허용하는 大禮·聖節, 고위 관료의 사임이나 사망에 따른 致仕·遺表로 크게 구분한다. 송대가 과거제도의 전성기였지만 과거 출신보다 더 많은 수가 蔭補를 통해 관리로 등용되어 점차 冗官 문제의 근원이 되기도 했다. 단 음보 출신 관리는 일정한 시험제도와 함께 승진 제한 등의 조치가 있었다.

151 安悙 사후 2년 뒤에 큰아들 安郊가 비방죄에 연루되어 자식들이 다 처형되고, 이미 죽은 안돈도 單州團練副使로 강등되었다. 안돈이 죽기 전 올린 유표에 대해 은택이 실행되지 못한 까닭이 바로 여기에 있다.

152 正奉大夫 : 문관 寄祿官(=文散官) 30개 품계 중 7위로 正3品이다. 大觀 2년(1108)에 신설하였다.

153 袁本의 '至補堯臣本部尋檢'은 어필의 범위를 지정하는 후인의 주석을 본문으로 잘못 적은 듯하다.

154 都省 : 尙書省의 별칭이다. 측천무후 때는 文昌都省으로 개칭한 뒤 오대를 거쳐 북송까지 상서성에 대한 별칭으로 사용하였다. 상서성에 대한 별칭은 도성 외에도 文昌省·文昌府·臺閣·中臺·會府·省閣·南省·南宮·南廊 등 대단히 많다.

155 特進 : 본래 '(황제를 알현할 관직이 없는 사람에게) 특별히 황제를 알현하도록 나아가게 해 준다'는 것으로 관직명이 아니고 황제를 만날 때 부르던 호칭이었다. 후에 점차 관직자에게 추가해 주는 관함인 '加官'이 되었으며, 唐代 이후로는 散官(실제 직무는 없는 명예직)의 명칭이 되었다. 북송 전기에는 文散官 29개 품계 중 2위로 정2품이며 재상에게 수여하였는데, 元豊 3년(1080) 관제 개혁으로 寄祿官 30개 품계 중 2위로 종1품이 되었다.

156 郡夫人 : 본래 夫人은 춘추전국시대에 제후의 正妻에 대한 칭호였으나 唐代에는

1품관의 모친과 정처에게 國夫人, 3품관 이상에게는 郡夫人 등의 호칭을 하사하
면서 점차 外命婦에 대한 존칭으로 쓰이기 시작하였다. 송대에는 國夫人·郡夫
人·郡君·縣君을 두고, 光祿大夫(종2품)·太子少保·節度使 등 執政官 이상의 모친과
부인에게 郡夫人을 제수하였다. 政和 2년부터 郡君은 淑人·碩人·令人·恭人으로,
縣君은 宜人·安人·孺人으로 나누었다.

157 宋哲宗(1076~1100, 재위 1086~1100) : 제7대 황제로서 9세에 즉위하였는데, 高太后
가 수렴청정하면서 보수파 司馬光을 재상으로 임명하여 신법을 전부 폐지하였
다. 하지만 이에 대해 불만을 품고 있던 철종은 1093년 친정을 하면서 신법을
전면 회복시켰고, 서하에 대해서도 적극 공세를 폈다. 하지만 친정 후 불과 7년
만에 후사 없이 사망하여 가시적인 성과를 거두지는 못하였다. 또 구법당 인사
를 대신하여 章惇·曾布 등을 중용하였지만 이들의 명망이 蘇軾·蘇轍 등에 미치
지 못하였고, 후계자인 휘종이 북송을 멸망으로 몰고 감으로써 신법 전체가 부
정되는 결과를 낳았다.

158 樞密使 : 국방 관련 업무를 총괄하는 樞密院 장관으로 당말에는 환관을, 오대에는
무관을, 송대에는 문관을 임명하였다. 다른 직책을 맡으면서 추밀사를 겸직하
면 知樞密院事라고 하였지만, 실질적인 구분은 없었다. 행정 관련 업무를 총괄하
는 中書省과 함께 '二府'라고 불리는 국정 최고 기관의 장이어서 재상 겸직을 원
칙적으로 금하였지만, 재상 呂夷簡에게 겸직시키면서 判樞密院事로 임명한 경우
도 있었다. 또 휘종은 宣和 3년(1121)부터 知樞密院事를 임명하지 않고 기안권이
제한된 장관인 簽書樞密院事에게 대행하게 했다가 政和 7년(1117)에 첨서추밀원
사 대신 領樞密院事를 신설하여 童貫을 임명하였다. 하지만 지추밀원사를 임명하
지 않았기 때문에 영추밀원사가 사실상 지추밀원사 권한을 행사하였다. 영추밀
원사는 靖康 1년(1126)에 폐지되었다.

159 合州 : 梓州路 소속이며 등급은 중, 郡名은 巴川郡, 州格은 軍事州이다. 치소는 石照
縣(현 重慶市 合川區)이고 관할 현은 石照縣·漢初縣·赤水縣·銅梁縣·巴川縣 등 5개이
다. 지명은 嘉陵江·渠江·涪江 등 3강이 합하는 곳에 자리한 데서 유래하였다. 四
川 북부 수륙교통의 요지이며 관할구역은 현 중경시 서북부 合川區와 사천성 廣
安市 武勝縣에 해당한다.

160 熟女眞 : 여진의 거주지가 매우 넓었기 때문에 거주지역과 거란과의 예속 관계에

따라 크게 숙여진과 生女眞으로 나눌 수 있다고 알려졌다. 숙여진은 遼東半島 일대로 이주시킨 뒤 거란의 호적에 등재되어 직접적인 지배를 받았고, 生女眞은 松花江 상류 지역에 흩어져 살면서 거란의 간접 통제를 받았다는 것이다. 하지만 『삼조』에 실린 기사를 보면 생여진인 완안부에 대한 거란의 통제가 결코 간접적이고 느슨한 것만은 아니었다. 따라서 그동안 알려진 생여진과 숙여진에 대한 개념은 지나치게 단순화한 것이 아닌지 재검토가 필요할 것으로 보인다.

161 北珠 : 松花江 하류 및 일대 지류에서 채취되는 북방 진주는 재질이 균일하고 맑으며 광택이 좋은 극상품으로서 거란·여진에 의해 알려지기 시작하여 공납품이 되었다. 큰 것은 반 치 정도이고 작은 것은 콩알만 하다. 東珠라고도 한다.

162 원문은 '生金'인데, 정련하지 않은 캐낸 그대로의 금을 말한다. 금 가운데는 정련하지 않아도 무방한 순도 높은 금이 채굴되기도 한다.

163 담비 가죽 : 원문은 '貂革'으로 족제비과에 속하는 담비의 가죽이다. 담비는 서아시아를 제외한 아시아 전역에 걸쳐 분포하며, 숲이 우거진 삼림이나 계곡 주위에 많이 서식한다. 털이 부드럽고 광택이 좋아 고급 모피로 애용되었다.

삼조북맹회편

三朝北盟會編

卷3

[政宣上帙3]

起重和二年正月十日①丁巳, 盡其日.

① 十日 : 袁本에서는 '十一日'로 썼다.

정화 연간(1111~1117)부터 선화 연간(1119~1125)까지를 기록한
상질의 제3권 : 중화 2년(1119) 1월 10일 정사일부터 당일까지.

重和二年正月十日①丁巳, 金人李善慶等至京師.

① 十日 : 袁本에서는 '十一日'로 썼다.

중화 2년(1119) 1월 10일 정사일, 금국의 이선경 등이 도
성에 도착하였다.

是日, 李善慶等入國門, 館於寶相院. 上令蔡京、童貫、鄧文誥見之議
事, 詔補善慶修武朗①、小散多(改作小索多)從義郎②、勃達(改作布達)秉
義郎, 給全俸.

① [按] 修武朗 : 袁本에서는 '脩武朗'으로 썼다.
② [按] 從義郎 : 袁本에서는 '都騎從義郎'으로 썼다.

이날, 이선경 등이 도성의 성문[1]으로 들어와 보상원[2]에 머물렀다.[3] 황
상은 채경·동관·등문고[4]에게 그들을 만나 주요 사안을 논의하라고 명
하였다. 황상은 이선경을 수무랑[5]에, 소산다를 종의랑[6]에, 발달을 병의
랑[7]에 보임하고 녹봉 전액[8]을 지급하라는 조칙을 내렸다.[9]

女眞, 古肅愼國也. 本名'朱理眞', 番語(删此二字)訛爲女眞. 本高麗朱蒙
之遺種①(删本高至此八字), 或以爲黑水靺鞨之種(改作部), 而渤海之別
族, 三韓之辰韓②, 其實皆東夷之小國③(删其實至此八字). 世居混同江之
東, 長白山鴨綠水之源. 又名阿朮火④, 取其河之名, 又曰阿芝川來流河

(删又名至此十八字).

① [按] 遺種 : 袁本에서는 '遺'로 썼다.

② [按] 三韓之辰韓 : 袁本에서는 '三韓辰韓'으로 썼다.

③ [按] 小國 : 袁本에서는 '小國也'로 썼다.

④ [按] 阿朮火 : 袁本에서는 '阿木火'로 썼다.

여진은 옛 숙신[10]의 나라다. 본래 이름은 '주리진'인데, 번인의 말番語을 잘못 옮겨 여진으로 바뀌었다. 본래는 고구려[11] 주몽[12]의 후예인데 혹자는 흑수말갈[13] 종족이라고도 한다. 그러나 발해의 일족이건 삼한[14] 중의 진한이건 사실 이들 모두는 동이[15]의 소국이다. 대대로 혼동강[16]의 동쪽, 장백산[17]의 압록강 발원지에서 살았다. 그 땅을 아출화[18]라고도 하는데, 그곳의 강 이름에서 따온 것이며, 강 이름을 아지천의 래류하[19]라고도 한다.

阿骨打(改作阿固達)建號曰皇帝①. 寨②至亶改曰會甯府, 稱③上京. 東瀕海, 南隣④高麗, 西接渤海鐵離, 北近室韋. 『三國志』所謂挹婁, 元魏所謂勿吉, 隋謂之黑水部, 唐謂之黑水靺鞨⑤. 蓋其地也, 有七十二部落, 無大君長, 其聚落(删此七字)各有酋豪(改作首領)分治之⑥.

① [按] 建號曰皇帝 : 袁本에서는 '建號改曰皇帝'로 썼다.

② [按] 寨 : 袁本에서는 '塞'로 썼다.

③ [按] 稱 : 袁本에는 '稱'이 없다.

④ [按] 南隣 : 袁本에서는 '南鄰'으로 썼다.

⑤ [按] 黑水靺鞨 : 袁本에서는 '黑水靺鞨者'로 썼다.

⑥ [按] 各有酋豪分治之 : 袁本에서는 '各酋豪分治之'로 썼다.

228

아골타가 존호를 황제라 칭하였으며,[20] 제3대 완안단[21]에 이르러 그 본거지 영채 이름을 회령부로 바꿨다가 다시 상경[22]이라고 불렀다. 동쪽은 바닷가에 접해 있고, 남쪽은 고려와 이웃하고 있으며, 서쪽은 발해의 철리[23]와 접해 있고, 북쪽은 실위[24]와 가깝다. 『삼국지』[25]에서 읍루,[26] 원위[27] 때에 물길,[28] 수대에는 흑수부, 당대에는 흑수말갈이라고 불렀다. 대체로 이 지역에는 72개 부락[29]이 있는데, 대군장大君長은 없으며, 취락[30]마다 각기 추장酋豪이 있어서 나누어 다스렸다.

隋開皇中遣使貢獻, 文帝因宴勞之, 使者及其徒起舞於前, 曲拆①皆爲戰鬪之狀. 文帝謂侍臣曰 : "天地間乃有此物, 常作用兵意(删文帝至此十八字)." 唐貞觀中太宗征高麗, 靺鞨佐之, 戰甚力, 駐蹕之敗, [003-02] 高延壽、高惠眞以眾及靺鞨兵十餘萬來降, 太宗悉俾縱之, 獨坑靺鞨三千人(删駐蹕至此三十四字). 開元中其酋(改作長)來朝, 拜勃利州刺史②, 遂置黑水府, 以部長爲都督刺史, 迄③唐世朝獻不絶(删此七字). 五代時始稱女眞, 後唐明宗時常寇(改作入)登州、渤海, 擊走之(删此三字).

① [按] 曲拆拆 : 袁本에서는 '而曲拆'으로 썼다. 교주를 따른다.
② [按] 拜勃利州刺史 : 袁本에서는 '拜勃利刺史'로 썼다. 교주를 따른다.
③ [按] 迄 : 袁本에서는 '訖'로 썼다.

수 개황 연간(581~600)에 여진이 사신을 파견하여 조공을 바쳤다. 그래서 문제[31]가 연회를 베풀어 그들을 위로하자 사신과 수행원들이 일어나 어전에서 춤을 추었는데, 그 굽히고 펴는 춤사위가 모두 전투하는 모습이었다. 문제가 곁에 있는 신하에게 "세상에 저런 것들이 다 있구나, 늘

싸울 생각만 하고 있어!"라고 말하였다.

　당 정관 연간(627~649)에 태종이 고구려 원정에 나섰는데, 말갈이 고구려를 도와주어 매우 힘든 싸움이 되었다. 주필산[32] 전투[33]에서 패한 고구려의 고연수와 고혜진은 휘하 병사 및 말갈 병사 10만여를 이끌고 투항하였다. 태종은 그들을 모두 풀어 주게 하였으나, 유독 말갈 병력 3천 명은 생매장하여 죽였다.[34] 당 개원 연간(713~741)에 말갈 추장이 입조하자 그에게 발리주[35]자사[36]를 제수하였으며, 곧 흑수부[37]를 설치하고 부족 수장部長을 도독[38]과 자사로 삼은 이래, 당이 망할 때까지 조공이 끊이지 않았다.

　그들은 오대[39]에 이르러 처음으로 여진이라 불리게 되었으며, 후당 명종[40] 때 늘 등주와 발해를 노략질하기에 후당은 그들을 쳐서 내쫓았다.

契丹阿保機(改作安巴堅)乘唐衰亂, 開國北方, 幷谷諸番①三十有六, 女眞其一焉. 阿保機(改作安巴堅)慮女眞(删此二字改作其)爲患, 乃誘其强宗大姓數千戶, 移置遼陽之南, 以分其勢, 使不得相通②. 遷入遼陽著籍者名曰合蘇款(改作哈斯罕), 所謂熟女眞者是也(删所謂至此八字). 自咸州之東北, 分界入山谷, 至於粟沫江③, 中閒所居隷屬咸州兵馬司者④, 許與本國往來, 非熟女眞亦非生女眞也(删非熟至此十字).

①[訂] 幷谷諸番 : '呑'을 '谷'으로 잘못 썼다. 교주를 따른다.
②[按] 不得相通 : 『滿洲源流考』에는 '不得與本國相通'으로 썼고, 바로 아래에도 '許與本國往來'로 썼다. 교주를 따른다.
③[訂] 至於粟沫江 : 일부 판본에서는 '粟'을 '東'으로 썼다.
④[按] 兵馬司者 : 袁本에서는 '兵馬司'로 썼다. 교주를 따른다.

거란의 야율아보기[41]는 당조가 쇠퇴하고 혼란한 틈을 타 북방에서 나라를 세우고 36개 번족을 병합하였는데, 여진도 그 가운데 하나였다. 야율아보기는 여진이 우환거리가 될까 염려하여 그들 중 강하고 숫자가 많은 성씨[42] 수천 호를 달래어 동경 요양부[43]의 남쪽으로 이주시킴으로써 그 세력을 분리하고 본래의 근거지와 서로 교통하지 못하도록 하였다.

이때 요양부로 이주해서 새로 호적에 이름을 올린 자들을 '합소관'[44]이라고 칭하였는데, 이들이 이른바 '숙여진'이다. 함주의 동북을 경계로 산골짜기에 접어들어 속말강[45]에 이르기까지, 그 사이에 거주하여 함주병마사에 예속된 자들은 생여진이 사는 본국[46]과의 왕래가 허용되었다. 이들은 숙여진도 아니고 생여진도 아니었다

居粟沫之北①、甯江之東北者②, 地方千餘里, 戶口十餘萬, 散居山谷間, 依舊界外野處, 自推雄豪爲酋(刪此字)長③, 小者千戶, 大者數千戶, 則謂之生女眞(刪則至此六字). 又有極邊遠④而近東海者, 則謂之東海女眞；多黃髮, 鬢皆黃, 目睛綠者, 謂之黃頭女眞(刪多黃至此十六字). 其人戇朴(刪此二字), 勇鷙不能辨生死(刪此五字). 女眞(刪此二字)每出戰, 皆被以(刪此字)重札金甲⑤, 前驅名曰硬軍⑥. 種類雖一(刪此四字), 居處縣遠, 不相統屬, 自相殘殺(刪此四字), 各爭(改作爲)長雄⑦. [003-03]

① [計] 居粟沫之北 : 일부 판본에서는 '居'를 '自'로 썼다.
② [計] 甯江之東北者 : '者'는 衍字이다.
③ [按] 自推雄豪爲酋長 : 袁本에서는 '自推雄豪酋長'으로 썼다.
④ [計] 又有極邊遠 : '又有'는 衍字이다.
⑤ [按] 皆被以重札金甲 : 袁本에서는 '皆被以重鎧'로 썼다.
⑥ [按] 前驅名曰硬軍 : 袁本에서는 '令前驅名曰硬軍'으로 썼다.

속말강 북쪽, 영강주[47]의 동북방에 거주하는 이들은 땅이 사방 천여 리에 이르며, 호구 수가 십만여에 달하였다. 그들은 산골짜기에 흩어져 거주하였으며, 옛 경계[48]의 밖 들판 지역을 근거지로 하여, 자기들끼리 호걸을 추장으로 추대하였는데, 부족이 작은 것은 천 호에 큰 것은 수천 호에 이르렀다. 이들을 생여진이라 한다. 또 먼 변방 끝의 동해 부근에 사는 자들이 있는데 이들을 가리켜 동해여진[49]이라 한다. 누런 머리카락에 귀밑머리도 모두 누런색이며, 눈동자가 녹색인 자들을 가리켜 황두여진[50]이라 한다. 이들은 외고집에 사나워서 죽고 사는 것을 가리지 못할 정도이다.

여진은 전투에 나갈 때마다 모두 무거운 쇠 찰갑[51]을 둘러 입었는데, 그 가운데 선두에 나서는 자들을 '경군'이라고 불렀다. 그들은 모두 같은 종족이지만, 사는 곳이 멀리 퍼져 있어 서로 통제·예속을 받지 않아 서로 살상하며 으뜸가는 영웅이 되려고 다투었다.

其地則至契丹東北隅, 土多林木, 田宜麻穀, 以耕鑿爲業, 不事蠶桑. 土産名馬、生金、大珠、人參及蜜蠟、細布、松實、白附子;禽有鷹、鶻、海東青;獸多牛、羊、麋鹿、野狗、白兔、青鼠、貂鼠;花果有白芍藥、西瓜;海多大魚、螃蟹.

여진인이 사는 지역을 보면, 거란의 동북 끝 지역까지 걸쳐 있다. 수목이 많고 밭은 삼과 곡식을 심기에 알맞아 농사를 생업으로 하고, 양잠은 하지 않는다. 토산품으로는 좋은 말, 정련하지 않은 금, 큰 진주, 인삼과 밀랍, 가는 베, 잣, 백부자[52] 등이 있다. 날짐승으로는 매·송골매·해동청[53]이 있고, 짐승으로는 소·양·사슴·들개·흰 돼지·청설모·담비가 많다. 꽃과 과일로는 백작약과 수박이 있다. 바다에는 큰 물고기와 게가 많이 난다.

冬極寒, 多衣皮, 雖得一鼠亦褫皮藏之(刪多衣至此十二字). 皆以厚毛爲衣, 非入屋不徹①, 稍薄則墮指裂膚 ; 盛夏如中國十月. 西北自雲中至燕山數百里, 皆石坡, 地極高, 去天甚近. 東有蘇、扶等州, 與中國青州隔海相直, 多大風, 風順隱隱聞雞犬聲(刪多大至此十一字).

① [按] 徹 : 袁本에서는 '撤'로 썼다.

겨울은 몹시 추워 가죽옷을 많이 입기 때문에, 쥐 한 마리를 잡더라도 가죽을 벗겨 보관한다. 모두 두꺼운 모피로 옷을 만들어 입고, 집에 들어가지 않는 한 벗지 않으며, 옷을 조금이라도 얇게 입으면 손가락 마디가 떨어져 나가고 살갗이 터 갈라진다. 한여름도 마치 중국의 시월 날씨처럼 시원하다.

서북쪽으로 운중에서 동쪽으로 연산까지[54] 수백 리가 모두 바위 비탈로서 지세가 하늘에 닿을 듯이 매우 높다. 동쪽에 소주·부주[55] 등이 있는데 중국의 청주[56]와 바다를 사이에 두고 마주하고 있다. 거센 바람이 자주 불지만, 순풍이 불 때면 닭 울음과 개 짖는 소리가 은은하게 들려온다.

其人則耐寒忍飢, 不憚辛苦, 食生物, 勇悍(删此字)不畏死 ; 其性奸詐,
貪婪殘忍, 貴壯賤老(删其性至此十二字) ; 善騎, 上下崖壁如飛 ; 濟江不
用舟楫, 浮馬而渡 ; 精射獵, 每見鳥獸之蹤①, 能躡而推之②, 得其潛伏
之所, 以樺皮爲角, 吹作呦呦之聲, 呼麋鹿(添一而字), 射而啖(删此二字)
之, 但存其皮骨. 嗜酒而好殺, 醉則縛而候其醒③, 不然殺人④, 雖父母
不辨也⑤(删但存至此二十七字).

① [按] 每見鳥獸之蹤 : 袁本에서는 ‘每見巧獸之蹤’으로 썼다.
② [許] 能躡而推之 : ‘摧’를 ‘推’로 잘못 썼다.
　 [按] 四庫本과 宇文懋昭의 『大金國志』 역시 ‘推’로 썼다.
③ [按] 醉則縛而候其醒 : 袁本에서는 ‘醉則縛而俟其醒’으로 썼다.
④ [按] 不然殺人 : 袁本에서는 ‘不然殺之’로 썼다.
⑤ [按] 雖父母不辨也 : 袁本에서는 ‘雖父母不能辨也’로 썼다.

　여진인은 추위를 잘 이겨 내고 기근을 잘 견뎌 내며, 힘든 일을 마다하
지 않는다. 음식은 날것을 먹으며 용감하고 사나워 죽음을 두려워하지
않는다. 성품이 간사하고 욕심이 많고 잔인하며, 건장함을 귀히 여기고
늙은이를 천시한다.

　말을 잘 타서 절벽도 나는 듯이 오르내리고, 강을 건널 때도 배를 이용
하지 않고 말을 타고 건너다닌다. 활사냥 솜씨가 매우 뛰어나서, 매번 새
나 짐승의 발자국을 발견하면 곧잘 그 뒤를 밟아 숨은 곳을 알아내고는
자작나무 껍질로 피리를 만들어 ‘유~유~’ 하는 소리로 사슴을 불러내어
활로 쏴서 잡아먹는데, 가죽과 뼈만 남기고 다 먹어 치운다. 술을 즐기
고 살생을 좋아하기 때문에 술에 취하면 묶어 두고 술 깰 때까지 기다려
야 한다. 그러지 않았다가는 살인도 하는데, 심지어는 부모조차 가리지

못한다.

其俗依山谷而居, 聯木爲柵, 屋高數尺, 無瓦, 覆以木板, 或以樺皮, 或
以草綑繆之. 牆垣籬壁, 率皆以木, 門皆東向. 環屋爲土床, 熾火其下,
相與(刪此二字)寢食起居其上, 謂之炕, 以取其煖. 奉佛尤謹. 以牛負物,
或鞍而乘之, 遇雨多張牛革以爲禦.

그 풍속을 보면, 산골짜기에 거주하며 나무를 잇댄 목책으로 울타리를
세운다. 집 높이는 몇 척에 불과하고 기와 없이 나무판자로 덮고는 자작
나무 껍질[57]이나 이엉 등으로 동여맨다. 담이나 울타리는 모두 나무로 만
들고, 문은 모두 동쪽을 향해 낸다. 방 안을 빙 둘러 흙 평상을 만들어 그
아래에 불을 때고, 식구가 모두 그 위에서 먹고 자며 기거하는데, 이것을
'온돌'이라고 하며, 그것으로 난방을 한다. 부처님을 아주 정성껏 모신다.
소로 물건을 실어 나르며, 때로는 안장을 얹어 타기도 한다. 비를 만나면
흔히 소가죽을 펼쳐 비를 막는다.

無儀法, [003-04] 君臣同川而浴, 肩相攀①於道, 民雖殺雞亦召其君同
食②. 父死則妻其母, 兄死則妻其嫂, 叔伯死則姪亦如之, 故無論貴賤,
人有數妻(刪無儀至此五十三字). 飮宴, 賓客盡攜親友而來, 及相近之家,
不召皆至. 客坐畢, 主人立而侍之③, 至食罷, 衆客方請主人就坐, 酒行
無算, 醉倒及逃歸則已(刪此七字).
①[按] 攀 : 袁本에서는 '摩'로 썼다.

②[按] 同食 : 袁本에서는 '同食之'로 썼다.

③[許] 客坐畢, 主人立而侍之 : '食'을 '畢'로, '待'를 '侍'로 잘못 썼다. 교주 가운데 '食'만
따른다.

예의와 법도가 없어서, 군신 간에 개울에서 함께 목욕하고 길에서는
서로 어깨를 나란히 하고 걸으며, 백성들은 닭만 잡아도 그 군주를 불러
서 함께 먹는다. 아비가 죽으면 자신의 어미를 아내 삼고, 형이 죽으면
형수를 아내 삼으며, 삼촌이 죽으면 조카가 또한 그렇게 한다.[58] 그러니
귀천을 가릴 것 없이 남자들은 아내가 여럿 있다.

연회가 있으면, 손님들은 친척과 친구들까지 모두 데리고 오며, 가까
운 이웃 사람은 부르지 않아도 다 온다. 손님들이 앉아서 먹는 동안 주인
은 서서 손님들을 접대하며, 식사가 끝날 즈음에야 손님들은 주인에게
앉으라고 권한다. 술을 마실 때 주량을 가늠하지 않고 마셔대니 술에 취
해 쓰러지거나 집으로 도망가고 나서야 술자리가 끝나게 된다.

其衣布, 好白衣, 短巾左衽①, 婦人辮髮盤髻, 男子辮髮垂後, 耳垂金
環②, 腦後髮以色絲繫之(删耳垂至此十三字). 富者以珠玉爲飾, 衣黑
裘③(舊校云 : 一作木棉)、細布、貂鼠、靑鼠、狐貉之衣 ; 貧者衣牛、馬、
猪、羊、猫、犬、魚、蛇之皮④(删貧者至此十三字).

①[許] 其衣布, 好白衣, 短巾左衽 : 일부 판본에서는 '其衣服則衣布, 好白衣, 短而左衽'으
로 썼다. 교주를 따른다.

②[按] 金環 : 袁本에서는 '金銀'으로 썼다.

236

그 의복을 보면, 베옷을 입고 흰옷을 좋아하였으며 옷의 길이가 짧고 왼쪽으로 여몄다. 부인들은 머리를 땋아 쪽을 지었으며, 남자들은 머리를 땋아 뒤로 늘어뜨렸다. 귀에는 금귀고리를 했고, 뒤통수 머리를 남겨 색실로 묶었다. 부자들은 진주와 옥으로 장식하고, 검은 모피 덧옷,[구 교감은 다음과 같다 : 한 판본에는 면화[59]라고 적혀 있다.] 고운 베나 담비·청설모·여우·오소리 가죽으로 지은 옷을 입었다. 가난한 사람은 소·말·돼지·양·고양이·개·물고기·뱀 등의 가죽으로 옷을 해 입었다.

其飲食①則以糜釀酒, 以豆爲醬, 以半生米爲飯, 漬以生狗血及葱韭之屬, 和而食之, 芼以蕪黃(删以半至此二十四字). 食器無瓢陶②, 無匕筯③, 皆以木爲盆④. 春夏之間, 止用木盆貯⑤(删此三字)鮮粥, 隨人多寡, 盛之以長柄小木杓子, 數柄回還⑥共食(删隨人至此十九字), 下粥肉味無多品, 止以魚生獐生, 閒用燒肉. 冬亦泠飲⑦, 卻以木楪盛飯、木椀盛羹⑧, 下飯肉味與下粥一等. 飲酒無算, 只用一木杓子, 自上而下循環酌之(删飲酒至此十八字). 炙股烹脯, 以餘肉和菜擣臼中糜(删此三字)爛而進, 率以爲常.

[按] 袁本에서는 '匕筯'를 '碗筯'로 썼다.

④[按] 盆 : 袁本에서는 '盤'으로 썼다.

⑤[按] 貯 : 袁本에서는 '注'로 썼다. 교주를 따른다.

⑥[按] 還 : 袁本과 『靖康稗史箋證』에서는 '環'으로 썼다. 교주를 따른다.

⑦[許] 多亦冷飲 : '冷'을 '泠'으로 잘못 썼다. 교주를 따른다.

⑧[許] 木椀盛羹 : '盆'을 '椀'으로 잘못 썼다. 교주를 따른다.

그들의 음식을 보면, 메기장으로 술을 빚고 콩으로 장을 만들었으며, 반쯤 익힌 쌀[60]을 밥으로 먹었고, 개의 생피에 파와 부추 등을 담근 뒤 간을 맞춰 먹고, 연한 느릅나무 순[61]을 국거리로 삼았다. 식기로는 표주박이나 질그릇도 없고 주발과 젓가락도 없으며, 늘 큰 나무 대접을 사용하였다.

봄여름 동안에는 큰 나무 대접에 멀건 죽만 담아 먹었다. 사람 수에 따라 죽통에서 긴 자루가 달린 작은 나무 국자로 몇 번 퍼 담아서 둥글게 둘러앉아 먹었다. 죽에 곁들여 먹는 육류는 종류가 많지 않았으며, 다만 날생선이나 생노루고기가 있었고, 간혹 구운 고기를 먹기도 하였다. 겨울에도 차게 마셨지만 그래도 나무 접시에 밥을 담고 나무 주발에 국을 담았으며, 밥에 곁들여 육류도 먹었는데, 종류는 죽 먹을 때와 같았다.

술 마실 때는 양을 따지지 않고, 그저 나무 국자 하나를 가지고 윗사람부터 아랫사람까지 돌려가며 마셨다. 넓적다리 고기는 굽고, 가슴살은 삶아 먹으며, 나머지 고기는 나물과 함께 절구에 넣고 다져서 먹었다. 대개가 이와 같았다.

其禮則拱手退身爲喏, 跪右膝, 蹲左膝着地, 拱手搖肘, 動止於三爲拜.
其言語則謂好爲感①(改作賽堪), 或爲賽痕②(改作賽音) ; [003-05] 謂不
好爲辣撒(滿洲語邋遢也. 辣撒改作朗色) ; 謂酒爲勃蘇(蒙古語好酒也. 勃
蘇改作博囉達喇蘇) ; 謂拉殺爲蒙山(滿洲語梃也. 蒙山改作穆克珊)、不屈
(滿洲語已死也. 不屈改作布徹赫), 花不辣(滿洲語該殺之謂. 花不辣改作斡
布嚕) ; 謂敲殺曰蒙霜(解見上. 蒙霜改作穆克珊)、特姑(滿州語已打之謂.
特姑改作坦塔哈), 又曰窪勃辣駮③(滿洲語令其殺之也. 窪勃辣駮改作斡布
哈) ; 夫謂妻爲薩那罕(改作薩爾罕) ; 妻謂夫爲愛根(改作額伊根).

① [按] 謂好爲感 : 四庫本의 '賽堪'을 따른다.
② [按] 賽痕 : 袁本에서는 '塞痕'으로 썼다.
③ [按] 窪勃辣駮 : 袁本에서는 '霤勃辣駮'로 썼다.

그 예법을 보면, 두 손을 포개고 몸을 뒤로 빼는 것이 '인사'이다. 오른
쪽 무릎을 세우고 왼쪽 무릎을 땅에 대고 쪼그려 앉은 후 두 손을 포개고
팔꿈치를 흔드는 동작을 세 번 하고 멈추는 것이 '절'이다.

그들의 언어를 보면, '좋다'는 말을 '새감' 혹은 '새혼'이라 하고, '나쁘
다'를 '랄살'[만주어로 랍탑(더럽다·엉망이다·비루하다)이다]이라 하였다. '술'은
'발소'[몽골어로 '좋은 술'이다]라고 하고, '쳐 죽이다'는 '몽산'[만주어로 '몽둥이
질하다']이나 '불굴'[만주어로 '이미 죽었다'], 혹은 '화불랄'[만주어로 '죽여 마땅하
다']이라 하고, '때려죽이다'는 '몽상'[만주어 몽산처럼 '몽둥이질하다']이나 '특
고'[만주어로 '이미 때렸다'], 또는 '와발랄해'[만주어로 '죽여 놓다']라고 하였다.
남편은 아내를 '살나한'이라고 부르고, 아내는 남편을 '애근'이라고 불
렀다.

其節序, 元日則拜日相慶, 重午則射柳祭天. 其人不知紀年, 問之, 則曰 : "我①見草青幾度", 以草一青爲一歲(删其人至此二十三字). 其婚嫁, 富者則以牛馬爲幣 ; 貧者則女年及笄, 行歌於途, 其歌也乃自敘家世、婦工、容色, 以申②求侶之意. 聽者有未娶欲納之者, 卽攜而歸之③(删貧者至此四十三字改作貧者歸), 後方具禮, 偕女來家, 以告父母. 貴游子弟及富家兒, 月夕飲酒則相率④攜尊馳馬戲飲, 其地婦女聞其至, 多聚觀之, 聞令侍坐, 與之酒則飲, 亦有起舞歌謳⑤以侑觴者, 邂逅相契, 調謔往返, 卽載以歸 ; 不爲所顧者, 至追逐馬足, 不遠數里(删貴游至此七十七字). 其攜妻歸甯謂之拜門, 因執子壻之禮. 其樂則惟鼓笛, 其歌有⑥鷓鴣之曲, 但高下長短, 鷓鴣二曲⑦而已(删但高至此十一字).

① [按] 我 : 袁本에서는 '吾'로 썼다.
② [按] 申 : 袁本에서는 '伸'으로 썼다.
③ [按] 之 : 袁本에서는 '其'로 썼다.
④ [按] 相率 : 袁本에서는 '率'로 썼다.
⑤ [按] 歌謳 : 袁本에서는 '謳歌'로 썼다.
⑥ [按] 其歌有 : 袁本에서는 '其歌則有'로 썼다.
⑦ [按] 二曲 : 袁本에서는 '二聲'으로 썼다.

절기에 따른 풍속을 보면, 정월 초하루에는 해를 바라보고 절하며 경축하였고, 단오에는 버드나무 가지를 쏘고,[62] 하늘에 제사를 지냈다. 그들은 연도를 표기할 줄 몰라서, 햇수를 물으면 '풀이 파래지는 것을 본 것이 몇 번'이라고 하는 등, 풀이 한번 파랗게 자라는 것을 1년으로 삼았다.

결혼풍속을 보면 부자는 소와 말을 예물로 보냈다. 가난한 집은 딸이 열다섯 살이 되면 길에서 노래하였는데, 그 노래는 자기의 집안 내력, 살림 솜씨와 용모 등을 스스로 서술하여 배필을 구한다는 뜻을 표시하는 것이었다. 그러면 장가들지 않은 자가 노래를 듣고 그 여자를 맞이하고 싶으면 곧 여자를 데리고 여자 집으로 갔다. 그 뒤 예를 갖춰서 신부와 함께 자기 집에 와서 부모에게 아뢰었다.

귀한 집 자제와 부잣집 아들은 달밤에 술을 마실 때면 함께 몰려다니며 술동이를 들고 말을 달리며 마시는 놀이를 하였다. 그러면 그곳 부녀자들은 그들이 왔다는 이야기를 듣고 무리를 지어 구경하였다. 간혹 그녀들을 옆에 앉히기도 하고 술을 줘서 마시게도 했으며, 또 일어나 춤추고 노래하며 술을 권하는 사내도 있었다. 만나서 서로 뜻이 통하면 수작질을 하다가 말에 태워 데려갔다. 관심을 받지 못한 여자는 맘에 드는 남자의 말 발자국을 뒤쫓아 따라가기도 했는데 몇 리 길도 멀다고 하지 않았다. 신랑이 신부를 데리고 처가에 가는 것을 신행 인사라 하였는데, 이때 사위로서의 예를 올렸다.

악기는 북과 피리만 있고, 노래로는 자고곡이 있는데, 높은 가락과 낮은 가락 두 곡뿐이다.

其疾病則無醫藥, 尙巫祝, 病則巫者殺猪狗以禳之, 或車載病人, 之[①] 深山大谷, 以避之. 其(删病則巫至此二十四字)死亡(删此字)則以刃劙額[②], [003-06] 血淚交下, 謂之送血淚. 死者埋之, 而無棺槨(删以刃起至此二十一字), 貴者生(删此字)焚所寵奴婢(删此四字)、所乘鞍馬以殉之, 所有祭祀飮食之物, 盡焚之, 謂之燒飯. 其道路則無旅店[③], 行者悉主於民家[④]; 主人初則拒之, 拒之不去, 方具飮食而納之; 苟拒而去之[⑤], 則餘家無復納者[⑥]. 其市易則惟以物博易[⑦], 無錢, 無蠶桑, 無工匠, 屋舍車帳往往自能爲之.

① [按] 之 : 袁本에서는 '至'로 썼다. 교주를 따른다.

② [許] 則以刃剺額 : '剺'를 '劈'로 잘못 썼다. 교주를 따른다.

③ [按] 則無旅店 : 袁本에서는 '無旅店'으로 썼다.

④ [按] 悉主於民家 : 袁本에서는 '息於民家'로 썼다. 교주를 따른다.

⑤ [按] 苟拒而去之 : 袁本에서는 '苟拒而去'로 썼다.

⑥ [按] 則餘家無復納者 : 袁本에서는 '則餘家無復納之'로 썼다.

⑦ [按] 其市易則惟以物博易 : 袁本에서는 '其市易則以物博易'으로 썼다.

병이 나면, 치료약이 없어 무당을 숭상하였다. 그래서 병이 나면 무당이 개·돼지를 잡아 굿을 하였고, 때로는 병자를 수레에다 실어 깊은 산골짜기로 데려가 격리하였다.

사람이 죽으면, 유족이 칼로 이마를 그어 피와 눈물을 동시에 떨어뜨리는데, 이를 일컬어 '피눈물로 송별한다'고 한다. 시신은 매장하는데 관이나 곽은 사용하지 않는다. 고귀한 사람은 총애하던 노비와 쓰던 안장과 말을 산 채로 태워 순장한다. 또 제사음식을 모두 다 태워 버리는데, 이를 '제삿밥 태우기'라고 한다.

길에는 여관이 없어서 나그네들은 모두 민가에 묵는다. 주인이 처음에는 거절하는데, 거절하여도 가지 않으면 비로소 음식을 차려 놓고 받아 준다. 정말로 거절당해 다른 곳으로 가야 하면 다른 집들도 다시 받아 주지 않는다.

저잣거리의 교역에는 물품을 맞바꾸는 물물교환만 있고 화폐는 없다. 양잠은 하지 않으며 장인과 기술자가 없으나 가옥이나 수레의 장막 등은 직접 만들 줄 아는 이가 많다.

其姓氏則曰完顏(謂王. 刪注二字), 赤盞(謂張. 刪注二字, 赤盞改作特嘉), 那懶(謂高. 刪注二字, 那懶改作納喇), 排摩(改作費摩)曰①, 獨斥②, 奧敦(改作鄂通), 紇石列(改作赫舍哩), 禿丹(改作圖克坦), 婁由(改作巴延)滿③、釀剋, 夢剋, 陀嗢④(改作圖們), 溫迪掀(改作溫特赫), 棹索⑤, 掬兀居, 尼漫(改作尼瑪)古, 棹角⑥(改作哈珠嘉), 阿審(改作阿克占), 孛朮律(改作博多哩), 兀毯孛朮律⑦(改作富珠哩), 遇雨隆, 晃兀(改作洪果), 獨頂(改作通吉), 阿迭(改作阿達), 烏陵(改作烏凌阿), 蒲察(改作富察), 烏延(改作烏頁), 徒單(改作圖克坦), 僕散(改作布薩), 溫敦(改作溫屯), 麗古.(唐時初稱姓挈, 至唐末部落繁盛共有三十酋領, 每酋領有一姓, 通有三十姓. 麗古改作蒙古. 刪唐時至挈至七字, 酋改作首).

① [按] 排摩曰 : 袁本에서는 '排磨申'으로 썼다.

② [按] 獨斥 : 袁本에서는 '獨斤'으로 썼다.

③ [按] 婁由滿 : 袁本에서는 '婆由滿'으로 썼다.

④ [按] 陀嗢 : 袁本에서는 '陀幞'으로 썼다.

⑤ [按] 棹索 : 袁本에서는 '掉索'으로 썼다.

⑥ [按] 棹角 : 袁本에서는 '掉角'으로 썼다.

⑦ [按] 兀毯孛朮律 : 袁本에서는 여기에서만 '孛朮律'로 쓰고 다른 곳에서는 모두 '孛木律'로 썼다.

그들의 성씨는 다음과 같다.[63] 완안[64]왕씨·적잔장씨·나라고씨·배마왈·독척·오돈·흘석렬·독단·포유만·양완·몽완·타만·온적흔·도삭·요올거·니만고·도각·아심발출률·올담발출률·우우릉·황올·독정·아질·오릉·포찰·오연·도단·복산·온돈·방고 등이다.[당대에 처음으로 '나'라는 성으로 불렸다. 당 말에 이르러 부락이 번성하여 총 30명의 추장이 생겼고, 추장마

다 성씨를 갖게 되어 성이 모두 30개가 되었다.]

其官名則以九曜二十八宿爲號, 日譜版孛極列(大官人. 譜版孛極列改作
安班貝勒), 孛極列(官人. 孛極列改作貝勒). 其職日忒母(萬戶. 忒母改作
圖們), 萌報(千戶. 萌報改作明安), 毛可①(百人長. 毛可改作穆昆), 蒲里偃
(牌子頭. 蒲里偃改作富埒暉). 勃極列(改作貝勒)者統官也, 猶中國言總管
云. 自五十戶②勃極列(改作貝勒), [003-07] 推而上之, 至萬戶勃極列(改作
貝勒), 皆自統兵, 緩則射獵, 急則出戰. 其宗室皆謂之郎君, 事無大小③,
必以郎君總之. 雖卿相盡拜於馬前, 郎君不爲禮, 役使如奴隷④. 又有號
阿盧里(改作阿嘞勒)移賚孛極列(改作伊拉齊貝勒)粘罕(改作尼堪), 爲元帥
後, 雖貴亦襲父官, 而不改其號.

① [按] 毛可 : 袁本에서는 '毛毛可'로 썼다.
② [按] 五十戶 : 袁本에서는 '五戶'로 썼다.
③ [按] 事無大小 : 袁本에서는 '無大小'로 썼다.
④ [按] 役使如奴隷 : 袁本에서는 '役使奴隷'로 썼다.

　　그들의 관직명을 보면, 구요[65]와 이십팔수[66]로 이름을 붙여 '암판발극
렬'[67]대관인 · '발극렬'관인이라 불렀다. 그 직급에는 특모만호[68] · 맹보천호 ·
모가백인장 · 포리언패자두[69]이 있다. 발극렬은 통솔하는 관리로서 중국에
서 말하는 '총관'에 해당한다. 50호 발극렬부터 차례로 위의 만호 발극렬
에 이르기까지 모두가 독자적으로 군대를 통솔하며, 한가할 때는 사냥을
하고 위급할 때는 전쟁에 나선다.

　　그 종실을 보면 모두 '낭군'이라 불렀는데, 대소사를 가리지 않고 모든

일을 낭군이 총괄하였다. 공경·재상이라도 모두 낭군이 탄 말 앞에서 절하였으나 낭군은 따로 답례하지 않았고 그들을 마치 노예 부리듯 하였다. '아로리이뢰 발극렬'이라고 불렸던 점한은 도원수가 된 후, 존귀해졌음에도 호칭을 바꾸지 않고 아버지의 관명을 이어받아 사용하였다.

其法律吏治則①無文字, 刻木爲契, 謂之刻字, 賦斂調度, 皆刻箭爲號, 事急者, 三刻之. 殺人剽刦者, 掊其腦而死之, 其仇家爲奴婢②, 其親戚欲得者, 以牛馬財物贖之 ; 其贓以十分爲率, 六分歸主③, 而四分沒官④. 罪輕者決柳條⑤, 或贖以物, 貸命者⑥則割耳鼻以誌之. 其獄掘地數丈, 置囚於其中. 其稅賦無常, 遇用多寡而斂之. 法令嚴, 殺人·取民錢, 重者死 ; 其他罪無輕重, 悉決柳條笞背, 不杖臀⑦, 恐妨騎馬 ; 罪極重者, 鞭以沙袋. 守一州則一州之官許專決, 守一縣則一縣之官許專決. 凡有官者將決杖之廊廡, 賜以酒肉 ; 官尊者決於堂上, 已杖, 視事如故.

① [按] 則 : 袁本에서는 '別'로 썼다.
② [許] 其仇家爲奴婢 : '家人'을 '仇家'로 잘못 썼다. 교주를 따른다.
③ [按] 六分歸主 : 袁本에서는 '六歸主面'으로 썼다.
④ [按] 而四分沒官 : 袁本에서는 '四沒官'으로 썼다.
⑤ [按] 決柳條 : 袁本에서는 '決以柳條'로 썼다.
⑥ [按] 貸命者 : 袁本에서는 '貸命'으로 썼다.
⑦ [按] 不杖臀 : 袁本에서는 '不杖於臀'으로 썼다.

법과 행정을 운영하는 것을 보면, 문자가 없으므로 나무에 새겨서 문서로 삼았는데, 이것을 '새긴 글자'라고 한다. 조세를 거두거나 인력을 동원할 때 모두 화살 모양을 새겨 표시하였고, 시급한 사안에는 세 개를 새겨 구분하였다.

살인강도를 하면 죄인의 머리를 깨트려 죽이고 그 가족은 노비로 삼 았는데, 친척 중에 그들을 구해 주려는 자가 있으면 소나 말 등의 재물로 대속하게 하였다. 훔치거나 빼앗은 물건은 10등분하여 6할은 주인에게 돌려주고 4할은 관아에 귀속시켰다. 가벼운 죄는 버들가지 태형에 처하 거나 재물로 대속하게 하였다. 사형에 해당하는 죄를 재물로 대속한 자 는 귀나 코를 베어 표시하였다. 감옥은 땅 몇 길을 판 것으로 그 안에 죄 수를 가두었다.

조세는 일정한 기준이 없이 지출의 많고 적음에 따라 그때그때 거두었 다. 법령이 엄격하여 사람을 죽이거나 백성의 돈을 빼앗은 자는 심하면 사형에 처하였다. 기타의 죄는 경중을 가리지 않고 모두 버들가지 태형 에 처하였는데, 등에 매질할 뿐 볼기에 곤장을 치지는 않았다. 왜냐하면 말을 타는 데 지장을 주지 않기 위해서다. 다만 죄가 극히 무거운 자에게 는 모래 자루로 매질을 하였다.

주지사는 자기 주의 업무를, 현지사는 자기 현의 업무를 전결할 수 있 었다. 관직에 있는 자가 형벌을 집행하던 곁채에는 술과 고기를 내려 주 었다. 관직이 높은 자는 당상에서 형을 집행했는데, 집행이 끝나면 이전 처럼 업무를 처리했다.

其用兵則戈爲前行, 人號曰硬軍, 人馬皆全甲, 刀楷自副①. 弓矢在後, 設而不發, 非五十步不射, 弓力不過七斗 ; 箭鏃至六、七寸, 形如鑿, 入 輒不可出, 人攜不滿百②. 隊伍之法, 伍什伯皆有長③ ; 伍長擊柝, 什長 執旗, 伯長挾鼓, 千長則旗幟金鼓悉備. 伍長戰死, [003-08] 四人皆斬 ;

什長戰死, 伍長皆斬 ; 伯長戰死, 什長皆斬. 負鬪戰④之尸以歸者, 則得
其家貲之半. 凡爲將皆自執旗⑤, 人視其所向而趨, 自主帥至步卒皆自執
鞚⑥, 無從者.

① [按] 刀楛自副 : 袁本에는 '楛'가 없다.
② [按] 人攜不滿百 : 袁本에는 '人'이 없다.
③ [按] 伍什伯皆有長 : 袁本에서는 '什伍百皆有長'으로 썼다.
④ [按] 鬪戰 : 袁本에서는 '戰鬪'로 썼다.
⑤ [按] 凡爲將皆自執旗 : 袁本에서는 '凡爲將人自執旗'로 썼다.
⑥ [按] 自執鞚 : 袁本에서는 '自取'로 썼다.

그 용병술을 보면, 창을 든 군인들이 앞줄에 서는데 그들을 '경군'이
라 불렀고, 사람과 말 모두 장갑을 둘렀고 칼과 몽둥이를 휴대하였다. 궁
수들은 뒷줄에 서서 화살을 메운 채 쏘지 않고 기다리다 50보 안에 들어
와야만 쏘는데, 활의 힘이 일곱 말[70]을 넘지 않았다. 살촉은 예닐곱 치인
데 끝 모양이어서 한번 박히면 뽑히지 않으며, 1인당 100개 이하를 휴대
한다.

대오를 짓는 방법을 보면 5명, 10명, 100명마다 지휘관이 있는데, 오
장은 딱따기를 치고 십장은 깃대를 잡고 백인장은 북을 매고 천인장은
기치와 징과 북[71]을 모두 갖추었다. 오장이 전사하면 부하 넷을 모두 참
하고, 십장이 전사하면 오장 모두를 참하며, 백인장이 전사하면 십장 모
두를 참한다. 전사자의 시신을 업고 귀환하면 그 전사자 가산의 반을 준
다. 장교 모두 직접 기를 잡으며, 졸병들은 깃발이 향하는 곳으로 달려간
다. 총사령관에서 졸병까지 모두가 직접 말고삐를 잡으며, 시종은 따로
없다.

國有大事, 適野環坐, 畫灰而議, 自卑者始議, 畢^①即漫滅之, 人不聞聲, 其密如此. 將行軍, 大會而飮, 使人獻策, 主帥聽而擇焉；其合者卽爲特將^②, 任其事. 師還, 又大會, 問有功高下, 賞之以金帛^③若干, 擧以示眾, 或以爲薄, 復增之. 初叛之時, 率皆騎兵. 旗幟之外, 各有字記, 小大牌子繫馬上爲號^④, 每五十人分爲一隊, 前二十人金裝重甲^⑤持棍槍, 後三十人輕甲操弓矢. 每遇敵, 必有一二人, 躍馬而出, 先觀陣之虛實, 或向其左右前後結隊而馳擊之；百步之內, 弓矢齊發, 中者常多；勝則整隊而緩追, 敗則復聚而不散(删此七字)；其分合出入應變, 若神人自爲, 戰則勝.

① [按] 畢 : 袁本에서는 '議畢'로 썼다. 교주를 따른다.
② [按] 特將 : 袁本에서는 '將'으로 썼다.
③ [按] 金帛 : 袁本에서는 '金'으로 썼다.
④ [許] 小大牌子繫馬土爲號 : '上'을 '土'로 잘못 썼다. 교주를 따른다.
   [按] 小大牌子 : 『契丹國志』에서는 '小木牌'로, 明 唐順之의 『武編』에서는 '小大牌'로, 『滿洲源流考』, 『欽定盛京通志』, 『欽定續通典』에서는 '大小牌'로 썼다. 『契丹國志』의 교주를 따른다.
⑤ [許] 前二十人金裝重甲 : '全'을 '金'으로 잘못 썼다. 교주를 따른다.

   나라에 큰일이 있으면 들판에 나가 둘러앉아 재에 그림을 그리며 회의를 하는데, 지위가 낮은 이부터 의견을 말한다. 논의가 끝나면 재를 흩어 없애 다른 사람들은 논의한 말을 들을 수 없게 하여 기밀을 유지한다. 행군을 앞두고는 모두 모여 술을 마시며 사람들에게 계책을 제안하게 한 후, 총사령관이 듣고서 그중에서 선택하고, 계책이 받아들여진 이는 특별 장교가 되어 그 일을 맡는다. 군대가 귀환하면 다시 잔치를 열고 전공에 따라 약간의 금과 견을 상으로 주는데, 상을 들어 모두에게 보여준 뒤 부족하다고 하면 다시 더 주기도 한다.

여진이 처음 거란에 반기를 들었을 때 모두가 기병이었다. 부대의 기치 외에도 각자의 기호가 따로 있었는데, 작은 나무패를 말에 매어 인식표로 삼았다. 50명씩 한 부대를 이뤘는데, 앞에 선 20명은 두꺼운 전신 갑옷에 창과 곤봉을 들었고, 뒤에 선 30명은 가벼운 갑옷에 활을 들었다.

적과 부딪칠 때마다 반드시 한두 명이 말을 내달려 먼저 적진의 허실을 살펴보았고, 때로는 적진의 전후좌우로 대오를 이루어 말을 내달려 몰아쳤다. 100보 안에서 일제히 화살을 쏘는데 적중률이 항상 높았다. 전투에서 이기면 대오를 정리하며 서서히 추격하였고, 패전하더라도 흩어지지 않고 다시 모였다. 병력을 나누거나 합치고 전진하거나 후퇴하는 그 재주가 귀신처럼 자유로워 싸웠다 하면 승리하였다.

遼國沿邊, 置東京黃龍府兵馬都部署司、咸州湯河兵馬詳穩(改作袞)司、東北路統軍司分隸之. 至老主道宗①, 避宗眞廟諱改曰女直②. 遼主歲入秋山③, 女眞嘗從, 呼鹿、射虎、搏熊, 皆其職也. 辛苦則在前, 逸樂則不與. 然時爲邊患④, 或臣於高麗, 或臣於契丹, 叛服不常(刪或臣至此十四字) ; 遼國謂之羈縻酋(改作道)而已.

① [計] 至老主道宗 : '遼'를 '老'로 잘못 썼고, '朝'가 빠졌다.
② [按] 避宗眞廟諱改曰女直 : 袁本에서는 '朝避輿宗之諱改曰女眞'으로 썼다.
③ [按] 遼主歲入秋山 : 袁本에서는 '遼主秋歲入秋山'으로 썼다.
④ [按] 然時爲邊患 : 袁本에서는 '然爲邊患'으로 썼다.

요나라는 여진과의 변경인 동경도[72] 황룡부[73]에는 병마도부서사[74]를, 함주 탕하[75]에는 병마상온사[76]를, 태주에는 동북로통군사[77]를 설치하고 해당 지역 여진인을 각각 이 세 곳에 속하게 하였다.[78] '늙은 주상'이라고 칭하던 도종[79]대에 이르러 도종의 부친 종진[80]의 묘호를 피휘하여 여진을 여직으로 고쳐 부르게 하였다.

요의 국왕이 매년 거행하던 가을 사냥[81]에 여진이 늘[82] 수행했는데, 사슴을 꾀어내고 호랑이를 쏘고 곰을 때려잡는 일은 다 그들의 일이었다. 고생은 앞장서 하고 즐기는 데는 끼지 못하였다. 그리하여 때로는 변경의 우환거리가 되기도 하였는데, 고려를 섬겼다가 거란을 섬겼다가 하며 배반과 복종이 무상하였다. 요나라는 여진을 기미羈縻의 대상인 작은 부족이라고 여길 뿐이었다.

本朝建隆二年始遣使來貢, [003-09] 方物多名馬、貂皮, 自此無虛歲, 或一歲再至. 雍熙中來訴 : "契丹置三柵屯兵, 絶其朝貢之路, 乞遣兵平之." 眞宗爲降詔, 撫諭而不發兵. 又嘗訟 : "高麗誘契丹侵其疆." 高麗陳①言 : "女眞貪殘, 不可信(删高麗至此十一字)." 大中祥符三年契丹征② 高麗, 過其國, 乃與高麗合拒契丹. 女眞眾纔一萬, 而③弓矢精强 ; 又善爲冰城, 以水沃而成, 冰堅不可上 ; 契丹大敗, 喪師而還.

① [按] 陳 : 袁本에서는 '盛'으로 썼다.
② [按] 征 : 袁本에서는 '往伐'로 썼다.
③ [按] 而 : 袁本에는 '而'가 없다.

본조 건륭 2년(961)에 여진이 처음으로 사신을 보내서 공물을 바쳤는데, 지역 특산물로는 명마와 담비 가죽 등이 많았다. 그 이후로 한 해도 거르지 않았으며 때로는 한 해에 두 번 보내오기도 했다. 옹희 연간 (984~987)에는 "거란이 세 곳에 영채를 쌓고[83] 병사를 주둔시켜 송에 조공할 길을 막으니 군대를 파견하여 평정해 달라"고 요청해 오기도 하였다. 진종황제께서는 그들에게 조서를 보내 다독였을 뿐, 군대를 파견하지는 않았다. 또 한 번은 "고려가 거란을 꾀어 변경을 침략합니다."라고 우리 조정에 고발하였는데, 고려에서는 "여진은 탐욕스럽고 잔인하며 신뢰할 수 없습니다."라고 해명하였다.

대중상부 3년(1010)에 거란이 고려를 정벌하러 가면서 여진 땅을 지나 갔다.[84] 그러자 여진은 고려와 함께 거란에 대항하였다. 여진의 병력은 겨우 1만 명이었으나 활과 화살이 올차고 강했다. 또 얼음으로 성을 잘 만들었는데, 물을 대서 얼음으로 성을 만들어 놓으면 단단하여 기어오를 수 없었다. 거란은 대패하여 군사를 잃고 물러섰다.

至仁宗朝, 遂不復通中國. 先是建隆以來, 熟女眞由蘇州泛海至登州賣 馬, 故道猶存. 元豐五年詔 : "先朝時女眞常至登州賣馬, 後聞馬行假 道①, 爲高麗截隔②, 歲久不至. 今朝廷與高麗往還, 可降詔敕③王徽, 如 女眞願市馬中國者, 許假道." 而女眞之使卒不至.

① [許] 後聞馬行假道 : '道徑'을 '假道'로 잘못 썼다.
② [按] 截隔 : 袁本에는 '隔'으로 썼다.
③ [按] 詔敕 : 袁本에서는 '詔'로 썼다.

인종 때에 이르러서 여진은 더는 중국과 왕래하지 않게 되었다. 한

편 예전에는 건륭 연간(960~962) 이래로 숙여진이 소주로부터 바다를 건너 등주에 와서 말을 팔았는데, 그 길은 여전히 남아 있었다.[85] 원풍 5년(1082)에 신종[86]은 다음과 같은 조서를 내렸다.

"선대에는 여진이 늘 등주에 와서 말을 팔았었다. 후에는 들건대 고려가 말 무역로를 빌려주지 않고 차단하여 오랫동안 오지 못했다고 한다.[87] 이제는 조정에서 고려와 왕래를 하고 있으니 고려왕 왕휘[88]에게 조칙을 내림이 좋겠다. 만약 여진이 중국에 말을 팔기를 원하면 길 빌리는 것을 허용하도록 하라."

그러나 여진의 사신은 끝내 오지 않았다.

其初酋(改作部)長本新羅人, 號完顏氏 ; 完顏, 猶漢言王(舊校云 : 此下別本有'女眞以其練事以'七字)爲首領①. 完顏之兄弟三人, 一爲熟女眞酋(改作部)長, 號萬戶, 其一適他國. 完顏年六十餘, 女眞妻之以女, 亦六十餘, 生二子, 其長卽胡來(改作呼蘭欄)也. 自此傳三人至楊哥(改作英格)太師, 以至阿骨打(改作阿固達).

① [按] 猶漢言王(舊校云 : 此下別本有'女眞以其練事以'七字)爲首領 : 袁本에서는 "猶漢言王云. 女眞以其練事, 後隨以首領"으로 썼다.

여진의 첫 번째 추장은 본래 신라 사람으로 완안씨라고 불렀다.[89] '완안'이란 한어의 '왕'과 같은 말이다.[구 교감은 다음과 같다 : 다른 판본에는 그 아래에 '여진은 그가 세상일에 밝아[女眞以其練事以]'라는 7자가 있다.] 그를 수령으로 삼았다. 완안은 3형제였는데, 한 명은 숙여진의 추장으로 만호라 칭했고, 또 한 명은 다른 나라로 갔다. 완안의 나이 60여 세에 여진 사람이 딸을

아내로 주었는데, 그녀 역시 60여 세였다. 아들 둘을 낳았는데,[90] 그 장자
가 바로 호래[91]이다. 그로부터 3대를 거쳐 태사[92]인 양가[93]에 이르렀고, 다
시 아골타에 이르렀다.

阿骨打(改作阿固達)身長八尺, 狀貌雄偉, 沈毅寡言笑, 顧視不常, 而有
大志, 能用其人. 稍稍幷吞傍邊部族①, 或說以誘納叛亡, 或加以盜藏牛
馬, 好則結親以和取之, 怒則加兵以强掠之. [003-10] 力農積穀, 練兵牧
馬, 外則多市金珠良馬 ; 歲時進奉賂遺②, 以通情好, 如此者十餘年.

① [按] 傍邊部族 : 袁本에서는 '傍近都族'으로 썼다.
② [按] 賂遺 : 袁本에서는 '賂遺權貴'로 썼다. 교주를 따른다.

아골타는 8척 장신에 모습이 씩씩하고 뛰어났으며, 침착하고 의연하
고 말과 웃음이 적었으며 눈매가 범상치 않았다. 큰 뜻을 품고 있었으며
사람을 적재적소에 쓸 줄 알았다. 주변 부족들을 하나하나 병합하였는
데, 혹은 배반하고 도망간 자를 꾀어 갔다고 따지고 혹은 소나 말을 도둑
질해서 숨겨 두었다고 덮어씌운 뒤 좋게 나올 땐 화친을 맺어 부드럽게
취하였고, 거슬릴 땐 병사를 일으켜 강제로 빼앗아 버렸다. 농사에 힘써
서 곡식을 축적하고, 군사를 훈련하고 말을 키웠다. 대외적으로는 금이
나 진주, 좋은 말을 많이 팔았고, 명절이면 유력자에게 선물을 바쳐 우호
관계를 맺었다. 십여 년간 이렇게 하였다.

道宗末年, 阿骨打(改作阿固達)來朝, 以悟室(改作烏舍)從. 與遼貴人雙

陸, 貴人投瓊不勝, 妄行馬^①; 阿骨打(改作阿固達)憤甚, 拔小佩刀, 欲剚^②之; 悟室(改作烏舍)急以手握鞘, 阿骨打(改作阿固達)止得其柄搋其胸^③, 不死. 道宗怒, 侍臣以其强悍, 咸勸誅之. 道宗曰: "吾方示信以待遠人, 不可殺." 或以王衍縱石勒, 張守珪赦安祿山, 終致後害爲言, 亦不聽, 卒歸之.

① [按] 妄行馬 : 袁本에서는 '妄行'으로 썼다.

② [按] 剚 : 袁本에서는 '剌'로 썼다.

③ [按] 止得其柄搋其胸 : 袁本에서는 '止得柄劄其胸'으로 썼다.

거란 도종 말년에 아골타가 올실⁹⁴을 데리고 입조하였다. 요의 귀인과 쌍륙⁹⁵ 놀이를 하던 중, 귀인이 주사위를 던져 패가 나쁜데도 자신에게 유리하게 말을 제멋대로 썼다. 화가 치민 아골타가 작은 패도를 뽑아 상대를 찌르려 하자, 올실이 급히 손으로 칼집을 움켜쥐고 제지해서 아골타의 칼 손잡이가 상대의 가슴팍을 찔렀을 뿐 죽지는 않았다. 도종이 크게 화를 냈고, 곁에 있던 신하들 모두 아골타의 사나움을 들어 주살해야 한다고 권하였다. 그러나 도종은 "우리가 지금 신뢰를 강조하며 멀리서 온 이들을 대접하고 있으니 죽일 수는 없다."라며 말렸다.

왕연⁹⁶이 석륵⁹⁷을 놓치고 장수규가 안록산을 용서하였다⁹⁸가 나중에 결국 후환이 되었다고 말하는 자도 있었지만, 도종은 듣지 않고 결국 아골타를 돌려보냈다.

天祚嗣位(天祚, 遼國第九代耶律延禧, 號天祚), 立未久, 當中國崇寧之間,

漫用奢侈, 宮禁競尙北珠. 北珠者, 皆北中來榷場相貿易. 天祚知之, 始
欲禁絶, 其下謂："中國傾府庫, 以市無用之物, 此爲我利, 而中國可以
困, 恣聽之." 而天祚亦驕汰, 遂從而慕尙焉.

천조제가[천조제는 요의 제9대 황제 야율연희로서 호는 천조다.] 즉위하고 얼마
지나지 않아 중국은 숭녕 연간(1102~1106)이었는데, 사치풍조가 널리 퍼
져 황제와 후비들이 다투어 북방 진주를 좋아하였다. 북방 진주는 모두
북방에서 각장[99]으로 가져온 무역품이었다. 천조제가 그것을 알고 처음
에는 무역을 금지하려 하였으나 아랫사람이 다음과 같이 아뢰었다.

"중국이 국고를 기울여 쓸모없는 물건을 사고 있으니, 이는 우리에게
이익이 되고 중국은 곤궁하게 될 수 있습니다. 그냥 놓아두시지요."

그런데 천조제 역시 교만하게 되어 마침내 중국의 사치 풍조를 숭상하
며 따라 하였다.

北珠美者, 大如彈子, 小者若梧子[①], 皆出遼東海汊中. 每八月望, 月色
如晝, 則珠必大熟, 乃以十月方採取珠蚌；而北方沍寒, 九、十月則堅
冰, 厚已盈尺矣. 鑿冰沒水而捕之, 人以爲病焉. 又有天鵝, 能食蚌, 則
珠藏其嗉；又有俊鶻號海東靑者, 能擊天鵝；人旣以俊鶻而得天鵝, 則
於其嗉得珠焉.

①[按] 梧子：袁本에서는 '桐子'로 썼다.

북방 진주 중 좋은 것은 크기가 탄환만 하고, 작은 것은 오동 씨앗만

하다. 모두 바닷물이 육지로 깊이 들어오는 요동의 강어귀에서 난다. 매년 8월 보름에 달빛이 낮같이 밝아지면 진주가 크게 자라고 시월이 되어야 진주조개를 채취할 수 있다. 하지만 북방은 얼어붙을 듯 추워 구시월이면 단단하게 얼음이 얼어 두께가 족히 1척이나 된다. 얼음을 뚫고 물에 들어가 채취하는 일은 사람들에게 매우 고통스러웠다. 그런데 백조는 조개를 잘 잡아먹어 그 모이주머니에 진주가 들어 있고, 해동청이라고 하는 뛰어난 송골매가 백조를 잘 잡았다. 사람들은 송골매로 백조를 잡은 다음 그 모이주머니에서 진주를 얻었다.

海東青者, 出五國. 五國之東接大海, 自海東而來者, 謂之海東青. 小而俊健, 爪白者尤以爲異, 必求之女眞, [003-11] 每歲遣①外鷹坊子弟趣. 女眞發甲馬千餘人②入五國界, 卽海東巢穴取之, 與五國戰鬪而後得, 其後③女眞不勝其擾. 加之沿邊諸帥④, 如東京雷守、黃龍府尹等, 每到官, 各管女眞部族, 依例科斂⑤, 拜奉禮物, 各有等差, 所司婪倖⑥, 邀求⑦百出. 又有使者號天使, 佩銀牌, 每至其國, 必欲薦枕者, 則⑧其國舊輪中下戶作止宿處, 以未出室女侍之. 後使者絡繹, 恃大國使命, 惟擇美好婦人, 不問其有夫及閭閻高者(删又有至此六十四字)；女眞浸忿, 由是諸部⑨皆怨叛, 潛附阿骨打(改作阿固達), 咸欲稱兵以拒之.

① [按] 遣 : 袁本에는 '遣'이 없다.
② [按] 人 : 袁本에는 '人'이 없다.
③ [按] 其後 : 袁本에는 '其後'가 없다.
④ [按] 諸帥 : 袁本에서는 '諸將'으로 썼다.
⑤ [按] 科斂 : 袁本에서는 '科敷'로 썼다.
⑥ [按] 婪倖 : 袁本에서는 '婪倖'으로 썼다.

　해동청은 오국[100]에서 난다. 오국은 동쪽으로 바다와 접해 있었고, 해동에서 온 새라고 하여 해동청이라 불렀다. 덩치는 작지만 힘차고 굳세었으며, 발톱이 흰 것을 특히 좋은 것으로 쳤다. 거란은 해동청을 꼭 여진에게 요구하면서 해마다 외응방[101] 자제들을 파견하여 독촉하였다.

　여진은 무장한 기병 천여 명을 오국 경내로 들여보내서 해동청 둥지를 찾아 잡아 왔는데, 그때마다 오국과 전투를 벌여야만 했다. 여진은 날이 갈수록 그 고통을 견디기 어려웠다. 게다가 동경유수[102]나 황룡부윤[103] 등의 변방 장수들이 부임해 올 때마다 소관 여진 부족에서는 관례에 따른 추렴을 해야 했다. 장수의 부임 인사 예물을 직급에 따라 준비해야 했고, 휘하의 측근과 첩실들까지도 온갖 것을 요구하였다.

　또 '천사'라 불리며 은패[104]를 차고 다니는 거란 사자가 있었는데, 여진에 올 때마다 시침을 요구하였다. 여진은 순서에 따라 돌아가며 중하층의 가구를 숙소로 제공하고 시집가지 않은 여자에게 시중들도록 하였다. 나중에는 사자들이 끊임없이 와서 대국의 명을 전한다는 것을 내세워 마음대로 예쁜 부녀자를 골랐는데, 남편이 있거나 지체 높은 가문이거나를 따지지 않았다. 여진인들은 점차 분개하게 되었다. 이로 말미암아 여진 각 부가 원한과 반심을 품고 은밀히 아골타 쪽에 붙었고, 모두 거병하여 거란에 항거하고자 하였다.

天慶二年春, 天祚混同江釣魚, 舊例諸國酋(删此二字改作部)長盡來, 獻
方物. 宴會犒勞, 使諸酋(改作部)長歌舞爲樂, 至阿骨打(改作阿固達), 但
端立正視, 辭以不能. 天祚謂蕭奉先曰："阿骨打(改作阿固達)筵上意氣
雄豪, 可託一邊事殺之, 不然, 恐貽後患." 奉先諫而止. 阿骨打(改作阿
固達)自宴漁河歸, 卽懷異志, 疑遼見伐^①. 粘罕(改作尼堪)曰："迎風縱
棹, 順坂走丸, 禍至速矣, 不如乘其無備, 先併隣國, 聚眾爲備, 以待其
變." 於是併東瀕西渤二海部族；用粘罕(改作尼堪)、骨捨(改作古紳)、兀
室(改作烏舍)爲謀主, 參與論議^②；以銀珠割(改作尼楚赫)、移烈(改作伊
蘭)、婁宿(改作羅索)、闍母(改作棟摩)等爲將帥.

① [許] 卽懷異志疑遼見伐：일부 판본에서는 '卽'을 '漸'으로 썼다.
② [按] 論議：袁本에서는 '議論'으로 썼다.

거란 천경 2년(1112) 봄, 천조제가 혼동강으로 낚시하러 갔다. 전례에
따라 여러 부족 추장들이 모두 와서 특산물을 바쳤다. 천조제가 연회를
베풀어 술과 음식으로 그들을 격려하고, 추장들에게 춤추고 노래하며 흥
을 돋우라고 하였다. 아골타 순서가 되었는데, 그는 꼿꼿하게 서서는 똑
바로 바라보며 춤출 줄 모른다고 사양하였다. 나중에 천조제가 소봉선[105]
에게 다음과 같이 말하였다.

"연회에서 보니 아골타가 의지와 기세가 호방하고 도전적이던데, 변경
의 일을 핑계 삼아 그를 제거하는 게 좋겠다. 그렇지 않으면 후환이 될까
걱정스럽다."

그러나 소봉선이 말려서 실행에 옮기지 않았다. 아골타는 혼동강의
낚시 연회에서 돌아오자 곧 모반을 꿈꿨으며 요가 자신을 칠까 우려하였

258

다. 점한이 다음과 같이 말하였다.

"맞바람 속에서도 노를 저어서 나아가야 한다고 했습니다. 하물며 비탈길에서는 흙덩이를 굴려야 하지 않겠습니까.[106] 곧 화가 닥칠 것입니다. 그러니 저들이 방비가 없는 틈을 타서 우선 이웃 나라를 병합하고 사람들을 모아 준비한 뒤, 사태의 변화에 대응하는 것이 좋겠습니다."

그래서 동쪽 연해 지역과 서쪽 발해 지역 두 해변의 부족들을 병합하였다. 점한·골사·올실을 책사로 삼아 논의에 참여하게 하고, 은주할·이렬·루숙·도모[107] 등을 장수로 삼았다.

阿骨打(改作阿固達)有度量, 善謀 ; [003-12] 粘罕(改作尼堪)善用兵, 好殺(删此二字) ; 骨捨(改作古紳)剛毅而强忍(粘罕兄事骨捨, 在內則骨捨坐粘罕上, 在外則粘罕坐骨捨上. 注粘罕均改作尼堪, 骨舍均改作古紳), 兀室(改作烏舍)奸猾(改作通變)而有才, 自製女眞法律文字, 成其一國, 國人號爲珊蠻(改作薩滿). 珊蠻(改作薩滿)者女眞語巫嫗也, 以其變通如神. 粘罕(改作尼堪)之下, 皆莫能及[1], 大抵數人皆點虜也(删此八字).

[1] [按] 皆莫能及 : 袁本에서는 '皆莫之能及'으로 썼다. 교주를 따른다.

아골타는 도량이 컸고 지략이 뛰어났다. 점한은 용병술에 뛰어나고 살상을 즐겼으며, 골사는 의지가 굳고 강인하였다.[점한은 골사를 형으로 모셨다. 그래서 사적인 자리에서는 골사가 점한보다 윗자리에 앉았고, 공식 석상에서는 점한이 골사보다 윗자리에 앉았다.] 올실은 간교하지만, 재능이 있어서 여진의 법률과 문자를 제정하여 건국의 기초를 닦았다. 여진 사람들은 그를 '산만'[108]이라고 불렀다. 산만이란 여진 말로 '무당'이란 뜻인데, 그 변통의 능력이 마치 귀신같았기 때문이다. 점한 이하 모두 올실에는 미치지 못하나, 이들 몇몇은 모두 교활한 자들黠虜이었다.

天慶四年, 率兵叛遼, 會集各部①, 全裝軍二千餘騎, 首犯(改作擊)混同江之甯江州, 攻(删此字)破之, 殺戮無噍類(删此五字). 大敗渤海之眾, 獲甲馬三千；又敗蕭嗣先於出河店②(改作珠赫店)；又敗淶流(改作拉林)河、黃龍府、咸州、好草峪③四路都統, 誅殺不可勝計. 丁壯卽加斬截, 嬰孺貫槊上, 槃舞爲樂, 所過赤地無餘(删丁壯至此二十一字)；侵併諸路, 僉揀強人壯馬④充軍, 遂有鐵騎十萬餘⑤.

① [按] 各部 : 袁本에서는 '諸部'로 썼다.
② [按] 出河店 : 袁本에서는 '幽河店'으로 썼다.
③ [按] 好草峪 : 袁本에서는 '好草谷'으로 썼다.
④ [許] 僉揀強人壯馬 : '簽'을 '僉'으로 잘못 썼다. 교주를 따른다.
⑤ [按] 十萬餘 : 袁本에서는 '萬餘'로 썼다.

거란 천경 4년(1114)에 아골타는 군대를 이끌고 요에 반기를 들었다. 여진 각 부를 집결시켜 완전무장한 군인 2천여 기로 맨 먼저 혼동강의 영강주를 쳐들어가 격파하고 산목숨은 하나도 남김없이 도륙하였다. 이어 발해의 병력을 크게 쳐부수고 군마 3천 필을 획득하였다. 또 출하점[109]에서 소사선[110]의 병력을 격파하고,[111] 래류하·황룡부·함주·호초욕 등 4로의 도통[112]을 패퇴시켰으니,[113] 죽임을 당한 사람의 숫자가 이루 헤아릴 수 없었다.[114] 장정은 즉각 참살하였고, 어린아이를 창끝에 꿰어 매달고 빙빙 돌고 춤추면서 좋아하였다.[115] 이들이 지나가는 곳은 산목숨 하나 없이 벌거벗은 땅만 남았다. 여러 로를 침략·병합하고 힘센 장정과 튼튼한 말을 징발하여 군대에 충원하여, 드디어 10만여 명의 철기군을 보유하게 되었다.

天祚下詔親征, 粘罕、兀室(改作尼堪·烏舍)僞請爲卑哀乞降者, 旣示衆, 反以求戰嫚書上之. 天祚大怒下詔, 有女眞作過, 大軍盡底翦除之語①. 阿骨打(改作阿固達)聚諸酋(改作部)以刀劖面, 仰天哭曰 : "始與汝輩起兵, 共苦契丹殘擾, 而欲自立國爾! 今吾爲若卑哀請降, 庶幾免禍. 顧乃盡欲翦除②, 非人人效死, 戰莫能當也. 不若殺我一族, 汝等迎降, 可以轉禍爲福." 諸酋(改作部)皆羅拜於帳前③, 曰 : "事已至此, 惟命是從, 以死拒之."

① [按] 翦除之語 : 袁本에서는 '剪除'로 썼다.
② [按] 顧乃盡欲翦除 : 袁本에서는 '乃盡欲剪除'로 썼다.
③ [按] 羅拜於帳前 : 袁本에서는 '羅拜帳前'으로 썼다.

천조제가 직접 정벌에 나서겠노라고 조서를 내렸다. 점한과 올실은 아골타에게 짐짓 애절하게 항복을 간청하는 비굴한 역할을 하겠다고 하고 그 모습을 사람들 앞에서 연출한 뒤 거꾸로 천조제에게는 한번 싸워 보자며 능멸하는 서신을 써서 올렸다. 이에 천조제는 크게 화를 내며 '여진이 잘못을 저질렀으니, 대군을 보내 철저하게 섬멸하라'는 내용의 조서를 내렸다. 아골타는 여러 추장을 모아 놓고 칼로 얼굴을 긋고 하늘을 우러러 통곡하면서 다음과 같이 말하였다.

"처음 그대들과 함께 거병한 것은 거란의 잔악한 괴롭힘에 함께 고통을 당해 왔기에 우리들의 나라를 세우려 했던 것뿐이다. 이번에 내가 그처럼 비굴하고 애절하게 항복을 청한 것은 혹 화를 면할 수 있을까 해서였다. 그러나 지금 보니 천조제가 우리를 몰살하려 하는데, 우리 모두 죽기로 나서서 싸우지 않으면 도저히 당해 낼 수 없을 것이다. 그러니 차라리 나의 일족을 죽이고 그대들이 나아가 항복하면 전화위복이 될 것이다."

그러자 추장들 모두 아골타의 장전[116]에 늘어서서 엎드려 절하며 "상황이 이미 이렇게 되었으니 명령만 내리십시오. 절대복종하여 죽음으로써 저들을 막겠습니다."라고 답하였다.

天祚率番、漢兵十餘萬, [003-13] 車騎亘百里①, 鼓角之聲、旌旗之色, 震耀原野. 自長春路分路而進, 與女眞兵會 ; 女眞乘契丹未陣, 急擊之, 天祚大敗, 眾軍潰走, 遂攻掠慶、饒等州, 陷東京黃龍府. 又陷蘇、復、渤海, 遼陽所管五十四州, 殺戮漢民計數百萬(删此八字). 又渡遼、長春兩路②大肆併吞意(删此五字).

①[按] 百里 : 袁本에서는 '五百里'로 썼다.
②[許] 又渡遼、長春兩路 : '又渡遼東、長春兩路'로 써야 한다.[117]

천조제가 번인과 한인으로 이루어진 십만여 명의 병력을 이끌고 출정하니 수레와 기병의 행렬이 100리에 이어져 온 들판에 북과 뿔피리 소리가 가득했고, 각종 색깔의 군기가 빛났다.[118] 장춘로[119]에서 길을 나누어 진격하던 중 여진군과 맞닥뜨리게 되었다. 여진은 거란이 미처 진을 치지 못한 틈을 타 신속하게 공격하였다. 천조제는 대패하여 많은 군사가 흩어져 도망쳤다. 여진은 곧 경주[120]·요주[121] 등을 공략했고, 동경도 황룡부를 함락시킨 뒤 다시 소주·복주·발해 등 요양부 관하의 54개 주를 함락시켰는데, 살육된 한인이 수백만을 헤아렸다. 여진은 다시 요서로[122]와 장춘로 두 곳을 넘어와 닥치는 대로 병탄하였다.[123]

有楊朴者, 鐵州人, 少第進士, 累官至秘書郎, 說阿骨打(改作阿固達)日 :
"匠者, 與人規矩, 不能使人必巧 ; 師者, 人之模範, 不能使人必行. 大
王創興師旅, 當變家爲國, 圖霸天下, 謀萬乘之國①, 非千乘所能比也.
諸部兵眾皆歸大王, 今力可拔山塡海, 而不能革故鼎新. 願大王冊帝
號、封諸番, 傳檄響應千里而定, 東接海隅, 南連大宋, 西通西夏, 北安
遠國之民②, 建萬世之鎡基, 興帝王之社稷. 行之有疑, 禍如發矢, 大王
如何?"

①[按] 謀萬乘之國 : 袁本에서는 '謀爲萬乘之國'으로 썼다.
②[許] 北安遠國之民 : 일부 판본에서는 '遠'을 '遼'로 썼다.

철주[124] 사람 양박[125]은 젊어서 진사에 급제하고 벼슬이 비서랑[126]까지 올랐다. 양박은 아골타를 다음과 같이 설득하였다.

기술자는 남에게 먹줄과 꺾쇠 자를 줄 수는 있습니다만 그 사람을 꼭 재주 있게 만들 수는 없으며, 스승은 사람들의 모범이 되기는 하지만 사람마다 반드시 실천하게 할 수는 없습니다. 대왕께서는 군대를 창설하고 일으키셨으니, 마땅히 집안을 나라로 바꾸고 천하를 제패하여 만승지국[127]이 되기를 도모하셔야 할 것입니다. 이는 천승지국과는 견줄 수 없는 것입니다. 여러 부족의 많은 병사가 모두 대왕에게 귀순하였으니, 이

제 그 힘은 산을 뽑고 바다를 메울 만하나 아직도 옛것을 혁신하여 새 왕조를 열지는 못하고 있습니다.[128]

원컨대 대왕께서는 황제의 칭호를 책봉 받으시고 여러 번족을 제후로 분봉하여, 천 리 밖까지 격문을 보내 메아리처럼 호응하며 안정되게 하십시오. 그리하여 동으로는 연해 지역에 닿고, 남으로는 송조와 이어지며, 서로는 서하[129]와 통하고, 북으로는 먼 나라의 백성들을 안정시켜서 만세의 기틀을 세우시고 제왕의 사직을 일으키십시오. 이를 행함에 머뭇거림이 있으면 화가 쏜살처럼 닥칠 터인데, 대왕께서는 어찌하시겠습니까?

阿骨打(改作阿固達)大悅, 吳乞買(改作烏奇邁)等皆推尊楊朴之言, 上阿骨打(改作阿固達)尊號爲皇帝, 國號大金. 以水名阿祿阻爲國號；阿祿阻, 女眞語金也(刪以水至此十七字), 以其水産金而名之, 故曰大金, 猶遼人以遼水名國也(舊校云：以水名至此, 皆小注誤入正文). 改元收國, 令韓企先訓字, 以王爲姓, 以旻爲名.

이 말을 들은 아골타는 크게 기뻐하였다. 오걸매[130] 등도 모두 양박의 말을 칭찬하고 존중하여 아골타에게 황제의 존호[131]를 바치고 국호를 대금이라 하였다. 강물 이름 '아록조'를 따서 국호로 삼은 것인데, 아록조는 '금'을 뜻하는 여진 말이다. 강에서 사금이 나기 때문에 아록조라고 불러왔고, 그것을 따서 '대금'이라 정한 것이다. 이는 요나라가 요하를 나라 이름으로 삼은 것과 마찬가지다.[구 교감은 다음과 같다 : '이수명以水名'에서 여기까지는 모두 작은 글씨로 쓴 주석인데, 본문으로 잘못 처리한 것이다.] 연호는 수국

(1115~1116)이라 하고, 한기선[132]에게 여진 말을 한자로 풀이하여 성인 완안을 '왕'으로, 이름인 아골타를 '민'으로 정하였다.[133]

楊朴又稱說 :"自古英雄開國, 或受禪, 或求大國封冊." 遣人使大遼以求封冊. [003-14] 其事有十乞 : 徽號大聖大明者一也 ; 國號大金者二也 ; 玉輅者三也 ; 袞冕者四也 ; 玉刻印御前之寶者五也 ; 以弟兄通問者六也 ; 生辰、正旦遣使者七也 ; 歲輸銀絹十五萬①兩匹者八也(蓋分大宋歲賜之半) ; 割遼東、長春兩路者九也 ; 送還女眞阿鶻産(改作阿古齊)、趙三大王者十也.

① [按] 十五萬 : 袁本에서는 '二十五萬'으로 썼다. 교주를 따른다.

양박은 또 "자고로 영웅이 나라를 세울 때는, 선왕의 선양을 받거나[134] 아니면 대국의 책봉[135]을 받습니다."라고 제안하였다.

양박의 제안에 따라 대요에 책봉을 요청하는 사신을 보내 다음 열 가지를 요구하였다. 첫째, '대성대명'이라는 휘호[136]를 승인할 것, 둘째, '대금'이라는 국호를 승인할 것, 셋째, 황제의 수레인 옥으로 장식한 수레[137] 등 의장용 물품을 보낼 것, 넷째, 곤룡포와 면류관의 사용을 승인할 것, 다섯째, '어전지보'라 새긴 옥새를 만들어 보낼 것, 여섯째, 형제의 예에 준한 양국 수교를 승인할 것, 일곱째, 황제의 생신과 새해에 축하 사신을 보낼 것, 여덟째, 세폐로 은과 견 25만 필량을 보낼 것, [이는 대체로 송에서 받는 세사[138]를 반분하자는 것이다.] 아홉째, 요동로와 장춘로 두 곳을 할양할 것, 열째, 여진인 아골산과 조삼대왕[139]을 송환할 것 등이었다.[140]

天祚付南北院大臣會議, 蕭奉先等悉從所請, 遂差靜江軍節度使、奚王府監軍蕭習泥烈(改作實訥埒), 翰林學士楊勉充封冊使副, 歸州觀察使張孝偉、太常少卿王甫充慶問使副, 衛尉少卿劉湜充管押禮物官, 將作少監楊邱忠充讀冊文官.

천조제는 이 일을 남·북면 추밀원[141] 대신 회의에 넘겼는데, 소봉선 등은 여진의 요구를 모두 들어주자고 하였다. 그리하여 정강군절도사이자 해왕부[142]감군인 소습니열과 한림학사[143] 양면을 각각 책봉사와 책봉부사로, 귀주관찰사[144] 장효위와 태상시소경 왕보를 경문사와 경문부사로, 그리고 위위시[145]소경[146] 유식을 예물 관리 담당관으로, 장작감소감[147] 양구충을 책문낭독관으로 보임하여 파견하였다.

冊文云(舊校云：此文見『金小史』)：朕對天地之閎休, 荷祖宗之丕業, 九州四海屬在統臨, 一日萬幾敢忘重愼①? 宵衣爲志②, 嗣服宅心. 眷惟肅愼之區, 實界扶餘之俗；土濱巨浸, 財布中區, 雅有山川之名, 承其父祖之構；碧雲袤野, 固宜梴於巨材③, 皓雪飛箱, 疇不推於絶駕! 章封④屢報, 誠意交孚, 載念遙芬, 宜膺多戩! 是用遣蕭習泥烈(改作實訥埒)等持節備禮, 策爲東懷國至聖至明皇帝. 嗚呼! 義敦友睦, 地列豐腴, 惟信可以待人, 惟寬可以馴物. 戒哉欽哉! 式孚于休!

① [按] 重愼：袁本에서는 '重任'으로 썼다.
② [按] 志：袁本에서는 '事'로 썼다.
③ [按] 固宜梴於巨材：袁本에서는 '固須梴於渠材'로 썼다.
④ [按] 章封：袁本에서는 '封章'으로 썼다. 교주를 따른다.

거란에서 보내온 책문의 내용은 다음과 같다. [구 교감은 다음과 같다 : 이 글은 『금소사』¹⁴⁸에도 보인다.]¹⁴⁹

짐은 천지의 위대한 조화에 응하여, 조종 대업의 큰 짐을 물려받았다. 구주¹⁵⁰와 사해가 짐의 통어 아래 있으니, 하루라도 만 가지 기무를 처리함에 어찌 감히 신중하지 않을 수 있겠는가? 이른 새벽부터 정사에 힘을 쓰며, 선조의 업적을 계승하는 데 마음을 두고 있노라.

굽어보건대, 숙신의 땅은 기실 부여¹⁵¹의 풍속에 속하는 지역으로서, 그 땅은 큰 바다에 이어지고 재화가 그 속에 펼쳐져 있으며, 산천에 우아한 이름이 있고, 조상이 이룬 업적을 이어받았다. 푸른 구름이 온 들판에 드리우니 나무가 잘 자라 큰 재목이 많고, 새하얀 눈이 곳집 위에 날리니 그 영토는 수레바퀴 끊긴 이역까지 뻗어 있다. 누차 서신으로 알려오니 그 뜻이 정성스럽고 믿음이 두터우며, 그 조상의 공덕을 간절히 생각하노니 마땅히 복록이 많을 것이다.

이에 소습니열 등에게 부절과 예물을 갖추어 보내며, 동회국 지성지명 황제로 책봉하노라. 아아! 의가 돈독하고 우의가 화목하여야 땅은 풍성함을 베풀어 주는 법이며, 오직 믿음이 있어야 사람을 대할 수 있고 관대함이 있어야 외물을 순종케 할 수 있으리라. 경계하고 공경하여 삼가 나라를 아름다움 속에서 영원히 지키시라¹⁵²!

玉輅與象輅, 御寶玉刻東懷國印到其國^①, 楊朴以冊文非是, 阿骨打(改作阿固達)大怒, 鞭其使, 卻回之. [003-15]大宋政和七年, 有蘇、復州民百餘戶, 避亂泛大海, 至登州^②, 登岸, 具言其由. 登州具奏, 詔蔡京、童貫議, 選使通好. 歲遣使命往來議事, 結盟夾攻大遼, 復取燕雲故地, 以致用兵兆亂焉.

옥으로 장식한 수레, 상아로 장식한 수레와 함께 ‘동회국인’이라 새긴 옥새도 여진에 도착하였다. 그러나 양박이 책문의 잘못을 지적하자, 아골타는 크게 노하여 거란 사신을 채찍질해 돌려보냈다.[153]

대송 정화 7년(1117), 소주와 복주의 백성 100여 호가 전란을 피해 바다를 건너와 등주에 이르렀다. 등주 해안에 상륙하고 난 뒤 자신들이 오게 된 연유를 자세하게 말하였고, 등주에서는 조정에 그 사정을 자세히 상주하였다. 황상은 조서를 내려 채경과 동관에게 논의케 하고, 사신을 선발하여 수교하게 하였다. 그 후 해마다 사신을 파견하여 서로 오가며 논의하면서, 동맹을 체결하여 대요를 협공하고 연운의 옛 영토를 회복하기로 하였다. 이리하여 군대가 일어나고 대란이 잉태된 것이다.

賜進士出身頭品頂戴四川等處承宣布政使司布政使淸苑許涵度校刊. [003-16]

‘사진사출신’이며 특별히 정1품 관모를 쓸 수 있도록 허락받은 사천성 승선포정사사의 포정사인 보정부 청원현 출신 허함도가 교감하여 간행하다.

『三朝北盟會編』, 卷3, 校勘記

幷吞諸國(吞誤作谷) 至於粟沫江(粟一作束) 居粟沫之北(居一作自) 寧江之東北者(者字衍) 又有極邊遠(又有二字衍) 各爭雄長(誤作長雄) 能躡而摧之(摧誤作推) 客坐食主人立而待之(食誤作畢, 待誤作侍) 其衣布好白衣短巾左衽(一作其衣服則衣布好白衣短而左衽) 食器無瓢陶無匕筯(匕應作椀) 冬亦冷飮(冷誤作泠) 木盆盛羹(盆誤作椀) 則以刃剺額(剺誤作勞) 其家人爲奴婢(家人誤作仇家) 小大牌子繫馬上爲號(上誤作土) 前二十人全裝重甲(全誤作金) 至遼主道宗朝(遼誤作老脫朝字) 後聞馬行道徑爲高麗截隔(道徑誤作假道) 卽懷異志疑遼見伐(卽一作漸) 簽揀强人壯馬(簽誤作僉) 又渡遼東長春兩路(脫東字) 北安遠國之民(遠一作遼) 玉輅與象輅御寶玉刻東懷國印到其國(寶下玉字衍)

1 도성의 성문 : 원문은 '國門'이다. 도성이나 변경의 성문을 가리키며, 때로는 성문을 지키는 수호신을 뜻하기도 한다.

2 寶相院 : 隋 大業 연간(605~618)에 세워진 절로서 정식 명칭은 寶相禪院이며 대형 불상으로 유명하였다. 북송 말 開封에 있던 90여 개의 사찰 가운데 寶相院 · 保安院 · 奉先寺 · 慈孝寺는 관에서 출자하여 짓거나 중수한 사찰이었다. 송대 유력자들은 부모를 위해 분묘 옆에 功德墳寺를 짓는 것이 상례였고 황실 역시 마찬가지였다. 보상원은 완전한 공덕분사는 아니었지만, 어진을 모시는 등 일정 부분 그 역할을 담당하였기에 仁宗이 400만 전의 돈과 수천 명의 군인 및 기술자를 동원하여 大悲殿을 지어 주는 등 적극적으로 후원하였다. 송대 사찰은 사찰 고유의 기능 외에도 외국 사신 접대, 과거 시험장은 물론 각종 잔치와 이재민 수용, 임시 관청 등 사회적 수요에 따른 공공기관의 기능을 상당 부분 담당하였다.

3 송조는 외국 사신이 개봉에 왔을 때 투숙하는 전용 시설을 갖추고 있었다. 그런데도 이선경 등을 개봉 서남쪽에 있던 보상원에 머물게 한 뒤 채경 · 동관 등에게 직접 가서 수교와 동맹 체결에 대해 논의하게 한 것은 정식 수교를 하지 않았기 때문이었던 것으로 보인다.

4 鄧文誥 : 휘종의 마음을 헤아리고 아부하는 데 있어 王仍 · 張見道와 함께 가장 뛰어났다는 평판을 받은 환관이다. 李善慶이 왔을 때 여진과의 수교 문제에 대하여 채경 · 동관과 함께 논의할 정도의 실세였기에 채경 · 동관 · 王黼 · 朱勔 · 李彦 · 梁師成 등 북송 멸망의 6대 원흉인 '6賊'에 포함되지는 않았지만 동관 · 李彦 · 梁師成 · 譚稹 · 梁方平 · 李毅 · 蘭從熙 · 王仍 · 張見道 등과 함께 조정을 망친 환관인 '10惡' 가운데 한 명으로 악명을 떨쳤다.

5 修武郎 : 政和 2년(1112)에 설치한 무관 寄祿官 가운데 여섯 번째인 大使臣 등급에 속한 관명이다. 紹興 연간에 제정한 52개 품계 중 44위이며 從8品으로 大使臣 가

운데 2位이다.

6　從義郎 : 政和 2년(1112)에 설치한 무관 寄祿官 가운데 가장 낮은 小使臣 등급에 속한 관명이다. 紹興 연간에 제정한 52개 품계 중 45위이며 從8品에 해당한다. 小使臣 가운데 首位이다.

7　秉義郎 : 政和 2년(1112)에 설치한 무관 寄祿官 가운데 가장 낮은 小使臣 등급에 속한 관명이다. 紹興 연간에 제정한 52개 품계 중 46위이며 從8品에 해당한다. 小使臣 가운데 2位이다.

8　녹봉 전액 : 원문은 '全俸'이다. 명목상의 금액이나 품목과 달리 일부 공제나 대체품을 지급하는 折支나 致仕에 따른 감액인 借減 없이 '祿格'에 명시된 봉록 전액을 가리키는 말이다. 眞俸이라고도 한다.

9　중국이 '천하'의 중심이며, 주변국 사람 모두 중국을 동경하고 중국에서 관직을 갖고 싶어 한다는 고정관념에서 나온 조치다. 하지만 외국 사신에게 자국의 관직과 녹봉을 지급하는 것은 심각한 외교적 결례인 데다 8품관에 불과하여 金太祖의 자존심을 손상케 하였다. 휘종이 금과 동맹을 추진하면서도 여전히 전형적인 조공체제의 틀에 얽매어 있음을 엿볼 수 있는 부분이기도 하다.

10　肅愼 : 현 내몽고 동북부와 동북 일대 거주민에 대한 최초의 호칭으로서 『國語』·『左傳』를 비롯한 고문헌에서 볼 수 있는데, 『사기』에는 息愼·稷愼이라 기록되어 있다. 후에 이 지역에서 살던 한대의 挹婁, 삼국시대의 勿吉, 수·당대 靺鞨의 전신이라고도 한다. 중국의 삼국 및 위진남북조 문헌에 보이는 숙신은 先秦時代의 숙신이 아니라 漢代 이후 기록에 전하는 읍루를 가리키는 것이며, 唐代에는 선진시대 북동쪽 거주민의 총칭으로도 쓰였다. 이처럼 족명이 명쾌하게 구분되지 않는 것은 이들의 활동 영역과 생활양식 및 언어가 거의 유사하며, 유목·수렵국가의 특성상 중국의 왕조에 비견할 수 있는 정치적 구분이 쉽지 않기 때문이다.

11　高句麗 : 우리와 달리 『舊唐書』와 『新唐書』에서는 고구려를 고려로 표기하였다. 『舊五代史』·『新五代史』 역시 고구려를 고려라고 기술하는 한편 고려의 수도가 평양이며 동쪽으로는 바다 건너 신라와, 남쪽으로는 바다 건너 백제와 통한다고 기술하는 등 지리적 인식에 많은 착오가 있다. 이런 기술이 송대인의 인식에 영향을 주어 송대 문헌에서도 고구려와 고려를 구분하지 않고 표기한 것이 대부분이며, 이것이 『遼史』·『宋史』·『金史』 등에도 그대로 반영되었다.

12 朱蒙(기원전 58~기원전 19) : 고구려의 시조 東明聖王으로서 주몽은 부여의 속어로 '활 잘 쏘는 사람'을 뜻한다. 천제의 아들 解慕漱와 河伯의 딸 柳花 사이에서 태어나 기원전 37년 卒本扶餘에서 고구려를 건국하였다.

13 黑水靺鞨 : 松花江 유역을 지배하던 勿吉이 6세기 중엽에 이르러 세력이 약화되자 여러 부족이 자립하였는데, 이들을 총칭하여 靺鞨이라 부른다. 본래 수십 개 部로 나뉘어 있다가 후에는 7개 大部로 통합되었는데, 그 가운데 黑水(현 흑룡강)에 살던 흑수말갈과 粟末水(현 松花江)에 살던 粟末靺鞨이 가장 강성하였다. 흑수말갈은 고구려에 예속되었던 속말말갈과 달리 상대적인 독립을 유지하면서 중국 왕조와 교류하기도 했다. 발해 건국기에는 당과 연계하여 발해를 위협하기도 했지만 발해가 강성해지자 그에 복속되었다. 발해 멸망 이후 거란족에 의해 生女眞이라 불리며 동북 및 연해주 일대에서 상대적인 자치를 유지하였다.

14 三韓 : 삼국시대 이전 한반도 중남부에 있던 馬韓·辰韓·弁韓을 말한다.

15 東夷 : 중원을 기준으로 동쪽에 거주하는 지역민을 통칭하는 용어이기 때문에 동이의 범주도 시대에 따라 다르다. 先秦時代에는 중국 동북부와 기타 지역에 거주하는 지역민을, 秦漢 이후에는 발해만의 동북쪽 지역과 한반도 지역민을 뜻하였다. 許愼은 『說文解字』에서 '夷'의 字源에 대해 '從大從弓'이라고 하여 동이가 '가장 먼저 활과 화살을 발명하였고 활을 잘 쏘는 사람들'이라고 해석하였다. 하지만 갑골문에서는 弓이 '줄로 동여매다'라는 뜻으로 쓰여 夷는 '포로'라는 뜻이 있다. 부족 명 '奚'도 유사한 뜻이다.

16 混同江 : 혼동강이 어느 강을 뜻하는지 문헌에 따라서 상당한 차이가 있다. ①『三朝北盟會編』에서는 혼동강이 남으로 500리를 흘러 압록강과 합류하여 바다로 흘러간다고 했고, 『大金國志』에서도 혼동수를 압록강의 발원지라고 하였다. ②『資治通鑑』注에서는 혼동강이 압록강이라고 하였다. ③『契丹國志』·『松漠記聞』·『金史』에서는 흑룡강이라고 하였다. ④ 元과 明의『一統志』·『水經注』에서는 현재의 瑚爾哈河라고 하였다. ⑤『水道擔綱』에서는 혼동강이 송화강의 원류라고 하였다. ⑥『遼史』에서는 鴨子河라고 하였으나 『淸一統志』·『滿洲源流考』에서는 혼동강이 송화강의 상하류를 통칭한다고 했다. 즉 嫩江·瑚爾哈河·烏蘇裡江·흑룡강 모두를 혼동강의 지류라고 했다. ⑦『淸會典圖說』·『吉林通志』에서는 嫩江 이하를 혼동강이라고 하였다. 이상 여러 가지 견해 가운데 ①은 당시 직접 현지를

다녀온 사신들의 기록이기는 하지만 실제 그런 강이 없고, 다른 기록들도 당시 여진의 근거지와 상당히 떨어져 있어 그대로 받아들이기 힘들다. 우리는 아골타가 거병하여 처음 공격한 '混同江의 寧江州'가 현 길림성 松原市 扶餘市라는 점을 고려하여 혼동강을 백두산에서 발원하여 북북서로 흘러 嫩江과 합류하기 전까지의 송화강 상류를 지칭하는 것으로 파악하였다.

17 長白山 : 白頭山의 별칭이다. 백두산은 우리 민족은 물론 만주족을 포함해 역대 동북 및 연해주에 거주하던 모든 사람이 자신들의 발상지로 신성시하였다. 우리나라에서 산과 산맥을 구분하는 것과 달리 중국은 峰과 山으로 구분한다. 따라서 중국에서 말하는 산은 대부분 산맥을 뜻한다. 장백산 역시 좁은 의미로는 백두산을 가리키지만, 넓은 의미로는 요녕성·길림성·흑룡강성 동부 지역을 잇는 장백산맥 전체를 지칭한다.

18 阿朮火 : 현 흑룡강성 하얼빈시에서 송화강에 합류하는 남쪽 지류인 阿什河를 가리킨다. 위진과 당대에는 '安車骨水'라고 불렸고, 금대에는 '按出虎水' 혹은 '阿朮火河'라고 불렀다. 명대에 '金水河'로, 청초에는 '阿勒楚喀河'로 불리다가 1725년에 이르러 현재의 '阿什河'로 개칭하였다. '아출화'는 '金'이라는 뜻이다.

19 淶流河는 송화강의 지류로 현 흑룡강성과 길림성의 분계선에 있는 拉林河이다. 본문에서는 아출화가 곧 아지천의 '來流河'라고 썼는데 착오가 있었던 것 같다.

20 建號 : 자립하거나 책봉을 받아 왕이나 황제에 즉위하고 자신을 칭하는 尊號를 정한다는 말이다. 『漢書』「蒯通傳」에서 유래하였다.

21 完顏亶(1119~1149, 재위 1135~1149) : 金의 제3대 황제인 熙宗이다. 태조의 장손으로서 종친과 훈구 귀족들의 지지를 받아 16세에 즉위하여 법 제정과 관제 개혁을 추진하였고, 남송과 화의를 맺어 淮河 일대를 국경으로 확정하였다. 그러나 점차 흉포해져 대신들을 함부로 살해하면서 국정이 어지러워졌고, 1149년에 完顏亮(海陵王)에게 피살되었다. 아골타와 마찬가지로 상대국 황제를 이름만 쓰는 것은 강력한 적대감 내지는 경멸감의 표시다.

22 上京 : 金 上京路 會寧府(치소는 현 흑룡강성 哈爾濱市 阿城區)로서 본래 성곽도 없이 散居하였기에 皇帝寨라고 하였으나 태종이 황성을 축조하면서 會寧州라 칭하였고, 도성으로 삼으면서 會寧府로 승격하였다. 天眷 1년(1138)에 熙宗이 도성을 상경으로 칭한다고 하여 상경 회녕부가 되었고, 1146년부터 송의 개봉을 모델로 南城

과 北城을 세웠다. 1153년 海陵王 完顔亮이 연경을 中都 大興府로 바꿔 천도하면서 38년 동안 유지되던 도성의 역할과 함께 상경이라는 칭호가 삭제되었으나 世宗에 의해 1173년 다시 상경 칭호가 회복되었고 성곽도 복원되었다. 관할구역은 현 흑룡강성 중서부 哈爾濱市 서남쪽의 阿城區에 해당한다.

23 鐵離 : 唐代에 黑水靺鞨에 속했다가 이후 渤海로 복속된 부족으로서 '鐵利'라고도 한다.

24 室韋 : 5~10세기 嫩江과 흑룡강 유역에서 거주하던 일족으로 失韋・失圍라고도 하며 본래 20여 개 部였다. 이들 가운데 거란과 가까이 거주하며 지배받던 7개 部를 七姓室韋라고 하는데, 그 가운데 呼倫貝爾에서 몽골고원에 살던 일부가 蒙兀室韋였다. 바로 여기서 蒙古라는 명칭이 나왔다. 실위 가운데 두각을 드러낸 '達怛部'가 점차 실위를 대치하였으며, 元代에는 達怛을 塔塔兒라고도 칭하였다.

25 『三國志』 : 晉의 陳壽가 편찬한 24史의 하나로 魏・吳・蜀 등 3국의 정립기(220~280)를 다루었다. 『삼국지』는 후에 『三國志演義』의 모태가 되었고, 또 『三國志・魏書』권30의 「烏丸鮮卑東夷傳」은 우리 고대사에 관한 최초의 본격적인 기록이다.

26 挹婁 : 肅愼에 이은 동북방 지역민에 대한 두 번째 호칭으로 『三國志・魏書』권30「烏丸鮮卑東夷傳」에 나온다. 남북조시기에 읍루 가운데 일부인 勿吉이 강성해지기 시작하였으며, 후에 夫餘에 복속되었다.

27 元魏 : 北魏(386~534)의 별칭이다. 鮮卑族 拓跋部의 拓跋珪가 화북 지역에 세운 北朝의 첫 왕조이다. 현 산서성 大同市로 천도하였다가 다시 하남성 洛陽市로 천도하여 본격적인 '征服王朝'의 효시가 되었다. 정권의 안정을 위해 均田制를 실시하고 漢化政策을 강력히 추진하여 번영을 이룩하였으나 내부 갈등에 시달리다 후에 東魏와 西魏로 분열되었다. 漢化政策을 추진하면서 탁발씨를 元氏로 바꿨기 때문에 元魏라고도 한다.

28 勿吉 : 挹婁의 일부로서 남북조시기에 강성해져 6세기부터 점차 읍루를 대신하는 명칭이 되었다. 물길은 7세기에 이르러 靺鞨이라 불렸고 이후 다시 女眞으로 이어졌다.

29 部落 : 부락tribe은 씨족으로 이루어진 社會組織 유형을 뜻한다. 공통의 언어・문화・의식을 유지하며 통상 여러 村落으로 구성된 종교적・경제적・군사적 공동체를 이룬다. 부락은 原始國家primitive state에 가까운 형태를 지니기도 한다. 부락

에 대한 이런 인류학적 정의는 본서에 적힌 흑수말갈의 상황과 크게 다르지 않을 것으로 보인다.

30 聚落 : 각종 형태의 인간 거주지를 포괄하는 용어다. 정착 생활 근거지를 뜻하므로 각종 생활 및 생산설비를 포함하며 크기와 기능에 따라 크게 '촌락'과 '도시'로 나뉜다. 과거 중국에서의 '聚落'은 村落을 의미하였다.

31 隋文帝(541~604, 재위 581~604) : 본명은 楊堅이다. 외손자로부터 정권을 빼앗아 隋를 건국한 뒤 전국을 통일하여 300여 년에 걸친 오랜 분열을 끝냈다. 3성6부제 설치와 開皇律 제정, 과거제 실시, 균전제 확대, 알뜰한 재정 운영 등으로 '開皇의 治'라는 성세를 이룩하였다. 그러나 후계자 선정에 실패하여 불과 2대 만에 멸망하고 말았다.

32 駐蹕山 : 현 北京市 昌平縣 陽坊鎭 부근의 산이다. 지명은 高延壽 군대를 항복시킨 당 태종의 군대가 주둔했던 곳에서 유래한 것으로 보인다.

33 駐蹕山 전투 : 고구려 寶藏王 4년(645), 당 태종이 安市城을 포위 공격하자 高延壽는 高惠眞과 함께 안시성을 돕기 위해 고구려와 말갈 연합군 15만 명을 이끌고 출전하였으나 태종의 유인작전에 빠져 참패하자 투항하였다.

34 北部褥薩(都督)이었던 高延壽와 남부욕살 高惠眞은 자신들이 이끌던 15만 병력 가운데 3만여 명이 전사하자 남은 병력 가운데 36,800명을 이끌고 당 태종에게 투항하였다. 당 태종은 장교 3,500명은 본국으로 데려가고 나머지는 방면하여 귀환하게 했으나, 말갈병 3,300명은 파묻어 죽였다. 고연수와 고혜진에게는 각각 鴻臚卿과 司農卿 직을 주었다.

35 勃利州 : 722년에 흑수말갈이 조공하자 수령을 刺史로 임명하고 725년에 安東都護府 관할의 羈縻州로 설치하였다. 치소는 현 러시아 하바롭스크 일대에 해당한다.

36 刺史 : 진·한대에 지방을 대상으로 한 감찰관이었으나 서한 말에 지방 행정장관으로 바뀌어 후대로 이어졌다. 수·당대의 지방행정 편제는 郡 또는 州였는데, 지방관의 명칭은 郡일 때는 태수, 州일 때는 자사라고 칭하였다. 거란·송·서하·금 모두 주지사급 무관 명예직으로 운영하였으며 서열은 節度使·觀察使·防禦使·團練使·刺史 순이다.

37 黑水府 : 黑水(현 흑룡강) 일대에 살던 靺鞨人을 가리켜 黑水靺鞨이라고 하였는데, 당조는 725년에 이곳에 黑水軍을 설치하였다가 곧 黑水都督府로 승격시키고 安東

都護府 관할로 하였다. 靺鞨人이 도독과 자사를 맡는 羈縻州였던 흑수도독부는 대략 815년 무렵에 해체되었다.

38 都督 : 원래 원정군을 감독하는 고위직으로서 임시 파견 형태를 띠고 있었다. 위진남북조 이후 지방의 고위직 군정장관이 되었다. 唐 初에 중요 지역 군사령관 명칭을 總管에서 都督이라고 개칭하였지만 朔方 지역만 그대로 總管이라고 하였다. 그리고 변경 지역에는 별도로 經略使를 두었고, 둔전이 있으면 營田使를 두었다. 북송에서는 폐지되었고, 남송 때에는 임시 파견직 형태로 재상이 겸임하기도 했다.

39 五代(907~960) : 唐朝가 멸망한 뒤 중원에 수립된 後梁·後唐·後晉·後漢·後周 다섯 개 왕조의 시대를 말한다. 이 다섯 왕조와 山西의 北漢, 강남의 9개 정권을 합한 五代十國의 약칭이기도 하다. 54년이란 짧은 기간에 5개 왕조가 명멸하면서, 8개 성을 가진 14명의 황제가 즉위하였다. 개봉이 낙양을 이은 새로운 수도로 부상하였고, 후당·후진·후한 3개 왕조가 沙陀族 정권이었다는 점에서 중국사에서 보기 드문 특징을 지닌 시대였다.

40 後唐 明宗(866?·867?~933, 재위 926~933) : 沙陀族 출신으로 晉王 李克用 부자를 도와 後唐의 건국에 공을 세워 출세하였으나, 결국 莊宗을 몰아내고 황제에 즉위하였다. 절제와 절약에 힘쓰고, 부역의 경감과 吏治에 힘써 오대 군주 가운데 보기 드문 명군으로 꼽힌다. 그러나 말년에는 공신을 살해하는 오류와 함께 후계자 선정에 과오를 범하여 정권의 몰락을 자초하였다.

41 耶律阿保機(872~926, 재위 916~926) : 거란 태조이다. 거란 각 부 및 주변 각 족을 통합하였으며, 907년 唐의 멸망 직후 부족연맹의 임기제 전통을 파기하고 중국 식 국왕에 즉위하였다. 916년에는 山西 북부 및 河曲 일대를 점령하고 황제에 즉위하였으며, 923년 만주와 하북을 잇는 현 唐山市·秦皇島市 일대를 점령하고 平州路를 설치하여 장성 이남 진출의 교두보를 확보하였다. 이어 926년 渤海를 멸망시킴으로써 거란을 제국으로 발전시킬 수 있는 토대를 확립하였고, 회군 도중에 사망하였다. 유목민과 농경민을 분리하여 각각의 생활방식을 유지하게 함으로써 유목과 농경의 장점을 극대화하여 대제국을 세우는 데 성공하였다.

42 강하고 숫자가 많은 성씨 : 원문은 '强宗大姓'이다. 秦漢의 출현으로 종법 질서는 해체되었으나 혈연관계를 중심으로 한 사회적 질서는 여전히 유지되었다. 특히

종족의 집단 거주는 농경사회의 일반적인 현상이어서 자연히 대종족을 뜻하는 '强宗大族'이 출현하게 되었다. 따라서 새 정권이 수립되면 토착 세력의 발호를 방지하기 위해 이들을 강제 이주시키곤 하였다. 여진의 상황은 중원왕조와는 다르지만 새 정복민 가운데 유력한 집단을 본래의 근거지에서 이주시키는 것은 매우 일반적인 정책이다.

43 遼陽府 : 거란 東京道 東京 遼陽府이며 京府 1개, 率賓·鎭海·安慶 등 3개 府, 85개 주, 1개 軍, 10개 城을 관할하였다. 919년에 거란 태조가 遼東城을 점령하고 東平郡을 설치하였고 929년에 東丹國의 도성인 南京으로 승격하여 5京의 하나가 되었다. 天顯 연간(926~938)에 東京戶部司를 설치하였고 938년에 다시 동경도를 설치하면서 동경 요양부가 되어 留守司 겸 兵馬都部署·東京道統軍司가 설치되었다. 치소는 遼陽縣(현 요녕성 遼陽市 遼陽縣)이고 관할 현은 歸仁縣·仙鄕縣·肅愼縣·遼陽縣·紫蒙縣·鶴野縣·興遼縣 등 7개이다. 관할구역은 현 요녕성 서남부에 해당한다.

44 合蘇款 : 거란 말로 '울타리'를 뜻하는데 曷蘇館·合蘇袞·合蘇館이라고도 한다. 즉 거란족이 여진족을 '번족'으로 간주한 것이다.

45 粟沫江 : 현 길림성과 흑룡강성을 흐르는 松花江을 가리킨다. 당·발해 시기에는 '속말강', 거란 때는 '混同江', 금·원대에는 '宋瓦江'이라고 칭하였고, 명대부터 지금의 '송화강'으로 불렀다.

46 本國 : 당시 여진 사회의 발전 정도가 어느 정도였는지는 확실하지 않다. 그러나 강제로 이주시켜야 할 '强宗大姓'이 수천 호나 되었고, 단합을 막기 위해 근거지와의 왕래를 막았다는 것은 여진이 상당한 결속력을 갖고 있었음을 말해 준다. 그렇다고 해도 여진은 여전히 국가 수립 전 단계에 머물고 있었다. 따라서 본문의 '본국'은 금조가 건립된 뒤 송 측에서 작성된 것이기 때문에 그렇게 기술한 것이 아닐까 생각된다. 본문에 따르면 생여진도 숙여진도 아닌 반숙여진이 금 건국의 주역이었음을 알 수 있으나 본문에 따라 '본국'으로 번역하였다.

47 寧江州 : 거란 東京道 소속이며 軍額은 混同軍, 州格은 觀察州이다. 東北路統軍司의 치소여서 混同軍을 관할하였으며 주의 치소 겸 관할 현은 混同縣(현 길림성 松原市 寧江區)이다. 금 태조 최초의 공략 거점이었다. 백두산에서 발원해 북으로 흐르는 송화강과 그 지류인 淶流河(현 拉林河) 사이의 비옥한 충적평야 지대이며, 관할 구역은 현 길림성 중북부 松原市의 북동쪽에 해당한다.

48 원문은 '舊界'인데 구체적으로 어디를 말하는지 확인하기 어렵다. 거란이 여진을 지배하기 전의 상황을 말하는 것으로 추정할 뿐이다. 다만 송화강 북쪽, 영강주 동북쪽이라고 한 데서 현 흑룡강성과 러시아의 연해주 일대를 생여진의 거주지로 인식하고 있었던 것으로 보인다.

49 東海女眞 : 현 러시아의 연해주 시호테알린산맥 동쪽의 동해 연변에 살았던 여진의 일족으로 瀕海女直·濱海女直이라고도 한다. 여진인들은 신라 말, 고려 초에는 동북으로 함경도 일대와 서북으로 압록강 남안 일대에 흩어져 살았다. 고려에서도 동북 방면의 여진을 東女眞이나 東蕃, 서북 방면의 여진을 西女眞이나 西蕃이라고 칭하였다.

50 黃頭女眞 : 현 길림성 白城市 일대에 살았던 黃頭室章에서 기원한 것으로 추정되는 여진의 일족이다. 송대 洪皓의 『松漠紀聞』에서 이들은 '코밑수염髭이 모두 황색'이라고 적고 있다.

51 무거운 쇠 찰갑 : 원문은 '重札甲'이다. 쇠붙이를 비늘 모양으로 붙인 갑옷 가운데 물고기 비늘처럼 만든 鱗甲과 달리 장방형 鐵片으로 만든 갑옷을 말한다.

52 白附子 : '노랑돌쩌귀'라고도 한다. 미나리아재빗과에 속하며, 풀밭이나 관목 숲에서 자라고 높이는 약 1m이다. 뿌리에 강한 독이 있으나 鎭痙 및 진통제로 사용한다.

53 海東靑 : '세상에서 가장 높고 가장 빠른 새'라는 肅愼語 '雄庫魯'에서 유래한 말로서 海靑 또는 海東靑鶻이라고도 한다. 鶻은 송골매를 뜻하며 흰색을 松鶻, 청색을 해동청으로 구분하고, 낳은 해에 길들어진 것을 '보라매'라고 하였다. 몸길이는 56~61㎝, 무게는 1,300~2,100g이며, 순백색 발톱의 것을 최상품으로 여겼다. 본문에서 '매·송골매·해동청'을 명확하게 구분하여 서술하지는 않았다. 사냥은 주로 암컷을 이용하는데, 사냥감을 발견하면 공중에서 날개를 접고 급강하하여 다리로 차서 떨어뜨린 다음 잡는다. 토템으로 중시되었고, 唐代부터 중요한 조공품으로 간주하였으며, 거란·금·원·명·청 모두 鷹坊을 두고 관리하였다.

54 "서북쪽 운중부에서 동쪽 연산부까지"는 여진의 영역에 새로 포함된 운중부(현 산서성 大同市)에서 연경(현 북경시)까지를 설명하고 있는데, 지리 정보가 매우 부족하다는 점을 쉽게 알 수 있다.

55 扶州 : 거란 東京道 소속이며 후에 復州로 바뀌었다. 軍額은 懷遠軍, 州格은 節度州

이다. 치소는 永寧縣(현 요녕성 大連市 瓦房店市)이고 관할 현은 德勝縣·永寧縣 2개이다. 관할구역은 현 요녕성 요동반도 남부 大連市의 북동쪽에 해당한다.

56 靑州: 『尙書』「禹貢」에 나오는 9州 가운데 하나로 태산 이동의 산동 지역을 뜻하는 매우 오랜 지명이다. 송대 京東東路의 치소였던 靑州(현 산동성 濰坊市 靑州市)는 산동성 중동부 濰坊市의 서쪽에 있어 요동반도와 가장 가까운 곳도 아니었으므로 이곳을 지칭하는 것으로 보기는 힘들다. 당시 요동반도와 가장 가까운 곳은 登州(현 산동성 煙台市 蓬萊市)였다.

57 자작나무 껍질: 원문은 '樺皮'이다. 자작나무는 껍질을 얇게 벗겨 내어 태우면 껍질의 기름 성분 때문에 자작자작 소리를 내며 잘 타서 붙여진 이름이다. 樺皮는 자작나무 껍질을 뜻하기도 하지만 자작나무 자체의 이름이기도 하다. 자작나무는 樺皮 외에도 樺木皮·樺樹皮·樺皮樹·白樺·紅樺 등 여러 가지 이름이 있다. 신발을 비롯한 각종 생활용품의 소재가 되고 가죽을 부드럽게 만드는 약재로 쓰기도 하며, 부드럽고 질겨서 끈으로도 사용하는 등 동북 지방에서 매우 다양하게 활용한다.

58 收繼婚은 유목민 사회에서 비교적 일반화된 결혼 양식이다. 씨족 구성원 모두 구성원의 계승자가 될 수 있다는 관념에서 기인한 것이며, 여성의 생존권 보호 등 사회경제적 요인 역시 크게 작용하였다. 漢代에 匈奴와의 접촉을 통해서 이러한 풍속이 중원에 알려지자 이를 '亂倫'으로 간주하여 유목민에 대한 경멸의 근거로 삼았다.

59 木棉은 木綿을 잘못 쓴 것으로 보인다. 木棉은 남중국에서 자라는 케이폭kapok 나무이고 木綿은 면화이다. 여진 거주지는 木棉의 서식지가 아니므로 면화로 번역한다.

60 반쯤 익힌 쌀: 원문은 '半生米'이다. 설익은 밥 또는 생육이 덜 된 쌀로 만든 밥인 듯한데, 명확하게 파악하기 힘들다. 단순히 뜸이 들지 않은 밥이 아니라 물기가 적어 반만 익힌 것 같은 밥을 말하는 것 같다. 반생미를 어떻게 주식으로 삼았는가 하는 문제 못지않게 중요한 것은 당시 여진 거주지에서 벼농사를 지었는가 하는 문제다. 이에 대해서는 긍정적·부정적 추론이 다 가능할 것이다. 하지만 사료에 분명 '米'에 대한 소개가 있고, 여진 가운데 완안부는 신라에서 넘어온 사람들이므로 벼농사 재배 기술은 물론이고 쌀을 주식으로 하였을 가능성은 충

분할 것이다.

61 느릅나무 순 : 원문은 '蕪黃'이다. 봄에 나온 느릅나무의 어린잎은 식용으로 쓰며, 껍질과 열매는 약재로 사용한다. 洪皓의 『松漠紀聞』에 의하면 여진인은 느릅나무 열매로 장도 담아 먹었는데, 그 냄새가 매우 역겨웠다고 한다.

62 원문은 '射柳'이다. 활로 버드나무 가지를 맞추는 풍속은 중국에서도 춘추시대 이래 전승되어 淸明과 端午 풍속 가운데 하나로 자리를 잡았다. 흉노·선비를 비롯해 거란과 여진 등 유목민에게서도 고루 찾아볼 수 있는 풍속이다. 『金史』「禮志」에 따르면, 여진인은 버드나무 가지의 껍질을 벗겨서 표적으로 삼은 뒤, 말을 탄 채 활을 쏴서 가지에 명중시켜 부러뜨리고 잽싸게 달려가 떨어지는 가지를 손으로 잡는 사람을 최고로 쳤고, 명중시키기는 했지만 떨어지는 가지를 잡지 못한 사람을 두 번째로 쳤다고 한다.

63 성씨의 구분은 高朱明의 「滿族高氏家族初探」(2005)을 기준으로 하였다. 다만 이 분류는 尼雅哈齊의 「滿族姓氏歷史傳承關係表」와 일부 다른 점이 있다.

64 完顏 : 고대 肅愼語 'wanggiya'를 음차한 것으로 본래 '금색'을 뜻하며, 당 말에는 여진의 대표적인 30개 성 가운데 하나였다. 완안아골타가 금을 건국하면서 황족이 되었으나, 금이 멸망한 뒤 후예들은 생존을 위해 성을 바꾸어야만 했기에 사라지고 말았다.

65 九曜 : 太陽·太陰·金·木·水·火·土 및 計都와 羅喉 등 아홉 星君을 가리킨다. 이 아홉 성군이 인간의 길흉화복을 주관한다고 하며, 북중국에서는 정월 초팔일에 구요에 제사를 지내는 풍습이 있었다.

66 二十八宿 : 중국의 고대 천문학에서는 黃道 부근의 별들을 동서남북 네 방위마다 7개 구역으로 나누어 28수라고 칭하였다. 또 28수를 방위와 계절 및 四象과 연결시켰다. 『淮南子』「天文訓」에 "5星, 8風, 28宿"라는 말이 기록되어 있는데, 後漢의 高誘는 이에 대해, "28宿는 東方의 角·亢·氐·房·心·尾·箕, 北方의 鬥·牛·女·虛·危·室·壁, 西方의 奎·婁·胃·昴·畢·觜·參, 南方의 井·鬼·柳·星·張·翼·軫이다."라고 하였다.

67 본문의 孛極列은 勃極列과 같이 혼용되는 표기이다.

68 忒母 : 여진의 세습 군사 관직의 하나로서 '병사 만 명의 수장'을 뜻한다. 특모는 都統 격인 발극렬의 지휘를 받으며, 예하에 1천 명을 지휘하는 萌報, 100명을 지

휘하는 毛可, 그리고 10명을 지휘하는 蒲里偄이 차례로 예속된다. 흔히 여진의 군 편제를 가리켜 '猛安謀克制'라고 하는데, 맹보가 곧 맹안이고, 모가가 곧 모극이다.

69 牌子頭 : '방패를 든 사병의 우두머리'를 가리키는 송대 용어로서 여기서는 10호의 수장을 뜻한다.

70 말 : 원문은 '斗'인데 여기서는 활을 쏠 때 잡아당기는 힘을 나타내는 단위로 쓰였다. 공격전 위주의 기마병은 민첩성을 중시하여 장력은 10斗 이하, 사정거리 50보 내외의 작은 활을 사용하였다. 반면 방어 위주의 보병들은 사정거리를 중시하여 통상 1섬(1石=10斗) 이상의 장력을 지닌 활을 사용하였다.

71 징과 북 : 원문은 '金鼓'인데 '4金 6鼓', 즉 군의 작전을 통제하는 데 사용하는 네 종류의 금속 징과 여섯 종류의 북을 말한다. 군에서 공격 개시를 알리는 명령은 북을 치는 것으로, 정지와 후퇴 명령은 징을 치는 것으로 알렸는데, 이를 '擊鼓鳴鉦'이라고 한다. 이 방식은 고대부터 시작하여 역대 왕조가 모두 사용하였다. '4金'에는 錞·鐲·鐃·鐸, '6鼓'에는 雷鼓·靈鼓·路鼓·鼖鼓·鼛鼓·晉鼓가 있다. '金鼓齊鳴'은 '金鐘과 戰鼓가 일제히 울린다'는 뜻으로서 전투가 치열하게 전개됨을 말한다.

72 東京道 : 거란의 五京道 가운데 하나로 會同 1년(938)에 설치하였으며 京府 1개, 次府 3개, 州 85개, 軍 1개, 城 10개를 관장하였다. 치소는 동경 遼陽府(현 요녕성 遼陽市 遼陽縣)인데, 神冊 4년(919)에 설치된 防禦州인 東平郡이 天顯 3년(929)에 東丹國의 도성인 南京으로 승격되었고, 天顯 13년에 다시 東京으로 바뀐 것이다. 발해와 발해 멸망 후 설치된 東丹國의 영역이 관할구역이라서 大延琳의 반란 등 발해인의 저항이 지속되었고, 후에는 여진의 발상지가 되었다. 현 길림성·요녕성·흑룡강성에 해당한다.

73 黃龍府 : 거란 東京道 소속이며 軍額은 安遠軍, 州格은 節度州이다. 치소는 黃龍縣(현 길림성 長春市 農安縣)이고, 관할 현은 永平縣·遷民縣·黃龍縣 등 3개이다. 원래 渤海의 扶餘府로 926년에 설치되었는데, 975년에 燕頗의 난으로 通州로 강격되었다가 1020년에 龍州 황룡부로 회복되어 兵馬都部署司가 설치되었다. 북송의 휘종과 흠종이 포로로 끌려가 억류된 곳이어서 남송에게는 치욕의 상징이기도 했다. 관할구역은 현 길림성 중북부 長春市의 북쪽에 해당한다.

74 都部署司 : 거란의 군 편제는 중앙은 지휘기구인 北樞密院과 황궁 수비 업무를 맡

은 殿前都點檢司가 주축이고, 지방은 行宮都部署司가 최대 편제이다. 五京留守司가
五京의 漢軍을 통제하였으며, 漢地는 節度使나 刺史가 관할하였다. 송조도 태조 때
에는 都部署司, 태종과 진종 때에는 '都部署路' 편제가 지방 군제의 최대 편제였다.

75 湯河 : 현 요녕성 本溪市와 遼陽市를 거쳐 발해만으로 들어가는 太子河의 지류이다.

76 詳穩司 : 統軍司 또는 招討司 소속 군 편제이다. 거란은 部族마다 詳穩司를 설치하
여 北面部族官 관할 하에서 병역에 관한 일을 관리하게 하였다. 규모가 큰 상온
사에는 詳穩·都監·將軍·小將軍을 두었고, 작은 상온사에는 詳穩만 두었다. 湯河
兵馬詳穩司는 南女眞兵馬司의 별칭이다.

77 東北路統軍司 : 統軍司 또는 招討司는 주로 다양한 종족이 거주하는 변방에 설치한
군의 편제로서 변방의 안정·屯田·牧馬 등을 관장하였다. 東北路統軍司는 上京道
泰州(현 길림성 白城市 동남쪽)에 있었는데, 후에 寧江州(치소는 현 길림성 松原市 寧江
區)로 옮겼다.

78 거란은 여진과의 접경지대에 약간씩 그 기능과 구조가 다른 세 개의 군사 기구
를 설치하고 해당 지역의 여진인을 통제하였다. 이 세 기구는 각각 숙여진, 반숙
여진, 생여진을 분할 통치하려는 정책의 소산으로 추정된다.

79 道宗(1032~1101, 재위 1055~1101) : 거란 제8대 황제로서 이름은 耶律査剌이며 중국
식 이름은 耶律洪基이다. 남북원추밀원사·천하병마대원수 등의 요직을 지낸 뒤
제위에 올랐다. 耶律乙辛·耶律重元 등 간신배를 중용하였고, 耶律重元은 암살 음
모를 꾸미는 등 통치층 내부 분란이 심각하였다. 또 골육상잔을 연이어 일으켰
으며, 불교를 지나치게 숭상하여 경제적 쇠퇴와 사회적 모순을 심화시킴으로써
거란의 몰락을 촉진하였다. 재위 기간이 47년이나 되므로 말년에 '老主'라고 불
렸다.

80 宗眞 : 거란의 興宗(1016~1055, 재위 1031~1055)을 가리킨다. 거란 제7대 황제로서
성종의 장자이며 이름은 夷不堇이고 중국식 이름은 耶律宗眞이다. 도량이 넓고
유학과 음률에 정통하였으나, 즉위 초 생모가 섭정하며 폐위시키려 해서 위기
에 처하는 등 모자 관계가 매우 좋지 못하였다. 보수적인 국가 운영으로 외면적
인 안정세를 보였지만, 내부 모순은 계속 커져 갔다. 重熙 11년(1042)에 송을 압
박하여 세폐를 늘리는 성과를 거두었지만 1049년 서하와의 전쟁에서 실패하는
등 성종 때의 성세를 유지하지 못하고 하향세를 보였다. 흥종이 중원문화에 심

취하고, 한족이 관할하던 남추밀원까지 거란인이 장악하면서 거란은 유목국가
적 성격보다 정복왕조의 성격을 더 지니게 되었다.

81 가을 사냥 : 원문은 '秋山'으로 가을 사냥을 뜻한다. 거란의 1년 사냥 행사를 '春水
　　秋山, 冬夏捺缽'이라 한다. 捺缽이란 '行帳'을 뜻하는 거란어다. 거란의 군신들은 함
　　께 야영하면서 국사를 논하고 사냥하면서 무예를 익히는 풍속이 있었는데, 봄에
　　는 주로 거위 사냥, 여름에는 매 사냥, 가을에는 사슴 사냥, 겨울에는 호랑이 사
　　냥을 하는 한편 얼음낚시도 하였다. 이때 피지배 각 부족은 이들을 수행하며 필
　　요한 물품을 제공하고 몰이꾼 등의 역할을 담당해야 했기 때문에 적지 않은 부
　　담과 불만을 품게 되었다. 한편 거란에서는 이런 행사를 통해 여진 각 부가 자신
　　들에 대해 어느 정도 충성심이 있는지를 확인하는 계기로 삼기도 하였다.

82 본문의 '女眞嘗從' 가운데 '嘗'은 찬자가 과거의 행위로 간주하여 쓴 것으로 보인
　　다. 이에 '常'으로 번역한다.

83 『讀史方輿紀要』와 『契丹國志』 등에 따르면 거란은 990년대에 요동반도 남부의 蘇
　　州와 旅順 三澗堡, 발해해협에 있는 廟島列島의 北隍城島에 영채를 세워 여진과 송
　　이 오가는 해로를 차단하였다.

84 고려에 대한 거란의 제2차 침공을 말한다. 거란 성종은 오랜 수렴청정을 벗어나
　　친정을 시작하자 자신의 정치적 위상을 높이기 위해 고려 침공을 결정하였다.
　　거란은 康兆가 목종을 시해하고 현종을 즉위시킨 것을 구실삼아 江東 6주 반환
　　을 요구하면서 침공하였다. 거란군은 강조의 고려군을 격파하고 개경을 점령하
　　였으나 고려의 반격을 우려하여 철군하였다.

85 본문에서는 요동반도에서 登州로 이어지는 말 무역로가 같았고, 생여진과 달리
　　숙여진과의 말 무역은 상당 기간 유지된 것처럼 서술하고 있다. 하지만 거란은
　　송과의 말 무역에 대해서 매우 엄격하게 통제하였기 때문에 숙여진과 생여진을
　　구분하여 무역을 허용했을 가능성은 거의 없었고, 일부 무역이 있었더라도 제
　　한된 밀무역 형태였을 것이다.

86 神宗(1048~1085, 재위 1067~1085) : 북송 제6대 황제로 즉위 초부터 빈부격차, 군비
　　로 인한 만성적 재정적자, 군사적 부진에 시달렸다. 이에 신종은 기득권 세력의
　　반대에도 불구하고 대대적인 국정 혁신을 위해 왕안석을 중용하여 부국강병을
　　목표로 신법을 적극적으로 추진하였다. 그러나 서하와의 전쟁에서 연패하면서

개혁은 좌절되었고, 신종의 사망으로 당쟁의 부담만 남겨 두었다.

87 여진은 말을 뗏목에 태워 압록강을 내려온 뒤 요동반도 남쪽 해안을 따라 현 旅
順까지 와서 발해해협의 廟島列島를 거처 등주로 왔다. 따라서 고려와의 무역로
마찰 가능 지역은 압록강구로 추정할 수 있다.

88 王徽 : 高麗 제11대 文宗(1019~1083, 재위 1046~1083)이다. 문물제도의 정비와 문화
적 발전을 이루어 '고려의 황금기'를 구가하였다. 여진이 북변을 침략하자 이를
토벌하였고, 송과 친선을 도모하고 교역을 활발하게 하였다. 문종으로서는 여
진의 성장을 촉진할 수 있는 말 무역을 억제할 필요가 있었을 것으로 보인다.

89 『金史』에서는 통치층과 일반주민이 각기 高麗와 靺鞨이라는 두 계통에 근거하고
있다고 언급하면서, 시조인 函普가 신라 출신이 아니라 고려 출신이라고 하였다.

90 60여 세의 노인이 60여 세의 여자와 결혼하고, 그 사이에서 두 명의 아들을 낳았
다는 函普에 관한 기록은 통상의 시조 설화와 다소 결이 달라 보인다.

91 胡來 : 烏魯·訛辣魯라고도 칭한다.

92 太師 : 정1품인 3公 가운데서도 수석이며 6卿의 수장으로 '太宰'라고도 한다. 秦代
이후 정치적 부담 때문에 공석으로 둔 경우가 많았고 송대에도 宰相·使相·親王
에게 수여하는 정1품의 최고 명예직이었다. 거란에서도 軍國大事를 좌우하는 직
책으로 운영하였으나 여진족 수장에게는 예우 차원에서 부여한 명예직이었을
것이다.

93 楊哥(1053~1103) : 아골타의 숙부로서 부족의 수령 자격으로 거란에서 詳穩과 節
度使를 지냈다. 송조에서는 태사라 칭하였고, 사후에 穆宗으로 추증되었다. 楊
割·盈歌·英格이라고도 칭한다.

94 悟室(?~1140) : 兀室·胡舍라고도 하며 중국식 이름은 完顔希尹이다. 許本과 袁本 모
두 동일 인물을 두 사람으로 오인하여 구분하고 있다. 여진 귀족 출신의 샤먼이
며 문화적 식견이 뛰어난 인물이다. 금 태조의 황제 즉위를 권하였고 西京 점령
과 개봉·揚州 공략 등에서 공을 세웠다. 특히 당·송·거란의 제도와 금의 실정
을 조합하여 금조의 관제와 예악, 법률 제정과 女眞文字 창제에 큰 공을 세웠다.

95 雙陸 : 두 사람 또는 두 편이 15개씩의 말을 가지고 2개의 주사위를 굴려 판 위에
말을 써서 먼저 나가면 이기는 놀이이다. 당·송대에 성행하였으며, 술집이나
찻집에서는 술이나 차를 마시며 쌍륙을 할 수 있도록 쌍륙판을 준비해 두는 것

이 상례였고, 쌍륙을 이용한 도박도 성행하였다. 雙六이라고도 한다.

96 王衍(256~311) : 자는 夷甫이며 琅邪郡 臨沂縣(현 산동성 臨沂市) 사람이다. 흰칠한 외모와 격조 있는 淸談으로 사회적 명망이 높아 西晉의 재상이 되었으나 실무 능력이 없고 국정보다는 개인의 명예와 안위만을 쫓다가 서진의 멸망에 일조하였다.

97 石勒(274~333, 재위 319~333) : 羯族 출신 노예로서 5胡16國의 하나인 後趙를 건국하고 황제에 즉위한 입지전적 인물이다. 석륵은 14살 때, 낙양에 가서 장사하던 중 하루는 上東門에 기대어 피리를 불고 있었는데, 이를 지나가다가 본 왕연은 석륵이 '모반할 상'이라며 군사를 보내 잡아 오라고 하였다. 하지만 석륵이 이미 그 자리를 떠난 뒤였다. 뒤에 석륵은 왕연이 이끄는 진의 군대를 격파하고 그를 포로로 잡은 뒤 살해하였다.

98 安祿山은 양을 훔치다 잡혀서 맞아 죽을 지경이 되었을 때 范陽節度使인 張守珪에게 "나 같은 장사를 죽이려는 것을 보면 奚와 契丹을 섬멸할 생각이 없는 것 같다."라고 큰소리쳤다. 장수규는 그 배짱을 높이 사서 석방해 준 뒤 중용하였다. 안록산은 여러 차례 공을 세워서 승진했지만 736년 거란과의 전투에서 경솔하게 진군하다 패하였다. 이에 장수규는 군법에 따라 참형에 처할 것을 건의하고 조정의 동의를 받았지만 차마 죽이지 못하고 도성으로 압송하여 최종 결정을 넘겼다. 재상 張九齡은 안록산을 보고 영락없는 '모반의 상'이라며 "처형하지 않으면 훗날 반드시 걱정거리가 될 것"이라고 주장하였으나 현종이 끝내 사면해 주었다. 결국 장구령의 예측대로 안록산은 훗날 반란을 일으켜 당조를 일거에 쇠망의 나락으로 몰고 갔다.

99 榷場 : '榷'은 '독점한다'는 말이며, 국경무역 시장인 각장은 정부가 무역을 독점한 데서 생긴 명칭이다. '榷署'라고도 한다. 송은 雄州(현 하북성 保定市 雄縣)・安肅軍(현 하북성 保定市 徐水縣)・廣信軍(현 하북성 保定市 徐水縣)・覇州(현 하북성 廊坊市 覇州市) 등 4곳에, 거란은 涿州 新城縣(현 하북성 保定市 高碑店市)에 설치하였다. 송・서하 각장은 景德 4年(1007)에 保安軍(현 섬서성 延安市 志丹縣)에 설치하였다가 후에 鎭戎軍(현 영하자치구 固原市)으로 옮겼다. 거란・서하 각장은 거란 영내의 振武軍(현 내몽고 呼和浩特市 和林格爾縣)에 설치하였다. 각장 무역은 물품 종류와 수량을 비롯해 가격까지 정부의 엄격한 통제를 받았으며, 심지어는 상인 간의 직접 접촉이 금지

되었고, 반드시 중개인을 통해야 했다.

100 五國 : 거란은 현 흑룡강성 중부 黑河市 일대에 생여진이 세운 剖阿里·盆奴里·奧里米·越里篤·越里吉 등 5개의 부족연맹을 가리켜 '오국'이라고 칭하고 五國部節度使를 두어 관리하였다. 북송이 멸망한 뒤 포로가 되어 끌려간 徽宗과 欽宗이 억류된 五國城(현 흑룡강성 哈爾濱市 依蘭縣)과 혼동하기 쉽다.

101 外鷹坊 : '鷹坊'은 해동청 등 사냥용 매를 사육 훈련하는 기관이다. 唐代에 閑廐使 휘하에 5坊을 처음 설치하였는데, 鷹坊은 그 가운데 하나였다. 거란은 이를 통합하여 鷹坊이라 하였고, 金 역시 응방을 유지하되 殿前都點檢司에 속하게 하고 여러 관리를 두는 등 더욱 중시하였고, 元 至順 1년(1330)에는 황제의 鷹坊戶가 14,000호에 달하기도 하였다. 그러나 '外鷹坊'은 본서 외에는 잘 보이지 않아 정확한 사실은 파악하기 어렵다. 다만 우리나라의 경우 궐 내는 '內鷹坊', 궐 외는 '外鷹坊'이라고 한 것을 참고할 수 있다.

102 東京留守 : 留守는 원래 부대나 기관이 이동할 때 일부가 원래 장소에 남아서 방어 및 연락 업무를 담당하는 것을 뜻하였으나 隋唐 이후로 황제가 순시나 출정을 하면 親王이나 대신을 수도에 남게 하여 군국대사를 전결하게 하였는데, 그것을 가리켜 '京城留守'라고 하였다. 이것이 점차 확대되어 陪京이나 行都에도 지방관을 '留守'로 임명하여 업무를 총괄하게 하였다. 거란은 5京에 留守를 두고 府尹을 겸하게 하였고, 金도 5京 留守가 府尹 및 兵馬都總管을 겸직하게 하였다.

103 府尹 : 都城과 陪都 또는 京畿 지역의 수장인 尹의 별칭으로 州 가운데서 府로 승격된 곳의 지사인 知府와 구분된다.

104 銀牌 : 고대 符節로 사용하던 虎符를 대치한 것으로 唐代부터 사용하기 시작하였다. 문하성에서 발급하여 역참에서 말을 사용할 수 있는 징표로 사용하였는데 거란·송·금 모두 군대 동원권, 사신의 징표 등으로 확대 사용되었다. 한편 許亢宗의 『奉使金國行程錄』에 따르면, 宣和 6년에 송의 사신들이 雄州에서 上京 會寧府로 가던 중 숙소에서 사신을 위해 특별히 선발된 漢人에게도 허리에 銀牌를 차게 하였다. 이로 미루어 볼 때 다양한 신분증 역할을 하였던 것으로 보인다.

105 蕭奉先(?~1122) : 천조제 元妃의 오빠로서 樞密使를 지낸 고관이었으나 여진을 과소평가하는 등 거듭 정세를 잘못 판단하였고, 중신을 모함하는 등 많은 과오를 저질러 거란의 멸망을 재촉하였다. 결국은 천조제에 의해 처형되었다.

106 원문은 '迎風縱棹, 順坂走丸'이다. '迎風縱棹'는 '바람을 거슬러서 힘겹게 노를 젓다' 라는 말이고, '順坂走丸'은 '비탈을 이용해 편하게 둥근 물체를 굴린다'라는 말로 서 『後漢書』「皇甫嵩傳」의 '逆阪走丸, 迎風縱棹'를 변용한 것이다. 또 『詩侃筆談』 권2 의 「懸壺濟世」에서는 '용감한 자는 역풍에도 노를 저어 간다(勇者迎風縱棹去)'고 하 였다.

107 闍母(1090~1129) : 금 태조의 이복형제로서 건국 초부터 적극적으로 참여하여 상 경·동경·서경 공략을 주도하는 등 무공을 세웠고 天會 2년(1124)에는 平州와 宜 州를 점령하여 거란 잔여 세력을 소탕하였다. 이후 南京路 都統 斡離不가 叔父인 闍母가 부도통인 것이 타당하지 않다며 직위 전환을 청하여 도모가 도통으로 송 에 대한 두 차례의 전면전을 주도하여 송을 멸망시켰다. 사후에 吳國王·譚王·魯 王 등으로 추봉되었다.

108 珊蠻 : 'saman'의 음역으로 '撒抹·薩滿'이라고도 한다. 샤머니즘은 바이칼호와 알 타이산맥 일대를 발원지로 하고 있으며, 서북아시아 초원지대와 동북아시아 전 역에 걸친 보편적 신앙 형태로서 알타이어 계통의 퉁구스·몽골·돌궐어족 제 민족의 공통적 신앙이며 문화 형태이다.

109 出河店 : 현 흑룡강성 大慶市 肇源縣 서남부에 있는 茂興湖 호반이다. 호수 옆의 넓 은 개활지여서 군의 주둔지로 선택된 것으로 보인다.

110 蕭嗣先 : 樞密使 蕭奉先의 동생이며, 都點檢으로 동북로 都統에 임명되어 각지에서 선발한 혼성부대 7천 병력을 이끌고 出河店에 주둔하였다가 金 太祖의 3천여 군 사에게 대패하였다. 형 소봉선의 도움으로 관직만 삭탈당하는 경징계를 받았고 군사들 역시 전원 사면을 받았다. 그러나 이 조치는 거란군의 군기를 해이하게 하는 심각한 후유증을 낳았다.

111 출하점 전투는 거란과 금의 첫 군사적 충돌이며, 금이 정식 건국을 선포하는 계 기가 되었다. 1130년, 금 태조가 출하점에 '大破遼兵·肇基王績'을 뜻하는 肇州를 설치한 데서 출하점 전투에 대한 금의 생각을 엿볼 수 있다.

112 都統 : 唐 후기에 번진을 토벌하거나 농민반란을 진압하기 위해서 처음 설치하였 는데 통상 3道·5道 병마를 총괄 관리하게 하였다. 거란에서도 北面行軍官에 行軍 都統·副都統 등의 직을 두었다.

113 거란은 10만 병력을 4개 路로 나누어 진격하였는데, 北樞密副使 耶律斡離朵를 淶流

河路都統으로, 黃龍府尹 耶律寧을 黃龍府路都統으로, 復州節度使 蕭湜曷을 咸州都統으로, 左祇候郎君詳穩 蕭阿古를 好草峪都統으로 임명하여 군을 지휘하게 하였다.

114 4로군 가운데 淶流河路의 군대가 먼저 여진군과 교전하다가 후퇴해 각 寨柵으로 들어가 방어하고 있었는데, 도통인 야율알리타는 휘하의 한인 병사들이 달아났다는 잘못된 정보를 듣고는 부대원을 남겨둔 채 혼자 달아났다. 다음 날 아침 3만여 명의 한인 병사들은 將作少監 武朝彦을 都統으로 추대하고 여진군과 다시 싸웠으나 대패하였다. 이 소식을 들은 나머지 3로군은 연합하여 공동의 작전을 펼치지 못한 채 각자 방어에만 주력하였다가 여진군에 의해 각개 격파당하고 말았다.

115 『契丹國志』 권10과 『金小史』 권1 외에 『資治通鑑』 권126의 남조 宋의 북벌기사에도 거의 동일한 문구가 있는 것을 보면 이는 당시 여진족만의 행위는 아니다. 앞 구절 '장정은 즉각 참살하고'에 대응하므로 아이를 살려 둔 채 옷가지 등을 창으로 찔러 창에 매단 것으로 보인다.

116 帳前 : 일반적으로 '장막의 앞'을 뜻하나, 본서에서는 주로 군영 내 지휘부 막사를 뜻하는 말로 썼다.

117 본문의 '遼'는 거란 中京道 興中府(현 요녕성 朝陽市)를 치소로 설치한 遼西錢帛司의 관할구역인 '遼西路'를 말한다. 따라서 '遼西'로 써야 한다.

118 천조제는 8월에 친정 조서를 내린 뒤 10만여 명의 병력을 이끌고 출정하였다. 樞密使 蕭奉先을 御營都統으로 임명하였고, 정예병 2만 명을 선봉 부대로, 그 밖의 병력은 5개 부대로 나눴다. 대신과 귀족 자제로 이루어진 1천 명의 硬軍과 호위군을 별도로 구성하여 운영하였다. 그 외에도 한인 병사로 구성된 기·보병 3만 명은 都檢點 蕭胡覩姑를 都統으로 임명하여 寧江州에서 출병하였다.

119 長春路 : 거란 上京道 長春州(현 길림성 白城市)를 치소로 설치한 長春錢帛司의 관할 구역을 말한다. 거란은 五京道 외에 宋의 轉運使路 제도를 도입하여 興宗 후기에 8개의 財政路를 설치하였고, 또 安撫使路 제도를 도입하여 10개의 軍事路도 설치하였다.

120 慶州 : 거란 上京道 소속이며 軍額은 玄寧軍, 州格은 節度州이다. 치소는 玄德縣(현 내몽고자치구 赤峰市 巴林右旗)이고 관할 현은 富義縣·玄德縣·孝安縣 등 3개이다. 본래 黑河州였는데 철폐되었다가 聖宗 永慶陵의 奉陵邑으로 1031년에 다시 설치되

었으며 富義縣은 발해 유민을 이주시켜 만들었다. 같은 지명으로 송의 永興軍路 慶州(현 감숙성 慶陽市)가 있다. 大興安嶺山脈 남단과 연산산맥 북단의 접경지로서 西拉木倫의 발원지이고 거란의 발상지로서 수도 上京에서 멀지 않다. 관할구역 은 현 내몽고자치구 동남부 赤峰市의 북쪽에 해당한다.

121 饒州 : 거란 上京道 소속이며 軍額은 匡義軍, 州格은 節度州이다. 치소는 長樂縣(현 내몽고자치구 赤峰市 林西縣)이고 관할 현은 安民縣·臨河縣·長樂縣 등 3개이다. 같은 지명으로는 송의 江南東路 饒州(현 강서성 上饒市)가 있다. 大興安嶺山脈 남단의 저산 구릉지이며, 관할구역은 현 내몽고자치구 동남부 赤峰市의 북쪽에 해당한다.

122 遼西路 : 거란 中京道 興中府(현 요녕성 朝陽市)를 치소로 설치한 遼西錢帛司의 관할 구역을 말한다. 거란은 五京道 외에 宋의 轉運使路 제도를 도입하여 興宗 후기에 8개의 財政路를 설치하였고, 또 安撫使路 제도를 도입하여 10개의 軍事路도 설치 하였다. 흥중부는 覇州가 승격된 것이며 승격 시기는 대략 重熙 12년(1043)으로 보인다.

123 천조제는 1115년 8월부터 시작해 약 4개월에 걸친 친정에서 대패한 뒤 국정 지 배력을 상실하고, 금과의 관계에서도 완전히 수세에 몰리게 되었다.

124 鐵州 : 거란 東京道 소속이며 軍額은 建武軍이고 州格은 軍事州이다. 치소 겸 관할 현은 湯池縣(현 요녕성 營口市 大石橋市)이다. 지명은 동쪽에 있는 鐵嶺에서 유래하 였으며 요하의 범람으로 형성된 충적평야 지대지만 산지부터 소택지까지 다양 한 지형으로 이루어졌다. 관할구역은 현 요녕성 요동만에 연한 營口市의 동쪽에 해당한다.

125 楊朴 : 본서에서는 양박이 거란에서 秘書郎을 지낸 인물로 아골타에게 황제로 즉 위할 것을 권유하는 한편 건국에 필요한 10대 사항을 거란에 요구하라고 제안 하는 등 큰 공을 세웠다고 하였다. 하지만 『金史』를 비롯해 사서에는 별다른 기 록이 없어서 양박에 관한 자세한 상황을 파악하기 힘들다. 한편 본서 권14· 권15에는 趙良嗣 일행과 연경 일대를 할양하는 문제에 깊이 관여한 楊璞이 등장 하는데 동일 인물로 보이나 확인할 수는 없다.

126 秘書郎 : 도서를 관리하고 교정하는 업무를 전담한 秘書省 소속의 관리이다. 송 초 에는 寄祿官이었다가 원풍 관제 개혁 이후 職事官이 되었으며 품계는 정8품이다.

127 萬乘之國 : 본래 乘은 4필의 말이 끄는 전차로서 천자는 사방 천 리의 땅을 다스

리며 1만 량의 전차를 동원하고, 제후국은 사방 100리의 땅을 다스리며 1천 량의 전차를 동원한다는 西周의 제도를 말한다. 따라서 萬乘은 '천자'를, 千乘은 '제후'를 가리킨다.

128 원문은 '革故鼎新'이다. '鼎'은 종묘에서 사용하는 제기로서 왕권의 정통성을 상징하므로 '鼎'의 교체는 정권 교체나 그에 준하는 혁신을 뜻한다. 夏의 禹王이 중국을 9개 지역으로 나누고, 각 지역을 상징하는 '9개의 鼎'을 만들어 荊山에 두었다는 전설로 인해 천자의 권력을 상징한다. 그래서 왕조 교체 시에 '鼎'을 새로운 왕조의 수도로 옮기는 관례가 있어 왕조의 건립을 가리켜 '定鼎'이라고도 한다.

129 西夏(1038~1227) : 党項族('党項'의 표기는 『宋史』 권491 「外國列傳」 표기를 따름)의 拓跋思恭은 黃巢의 난 때 전공을 세워 당조로부터 李氏 성과 夏國公 · 夏州節度使 직을 받고 현 영하 · 감숙 · 청해 등에 걸친 5개 주를 다스렸다(883). 후에 송 태종은 내분을 틈타 이들 5개 주를 직접 지배하려고 했지만, 이에 반발한 李繼遷이 독립하여 990년 거란으로부터 夏國王에 봉해졌고, 1038년에 李元昊가 칭제하며 거란 · 북송, 금 · 남송과 정립하였다. 990년 거란으로부터 '夏國王'에 봉해져 '夏 · 大夏'라 칭해졌지만, 정식 국호는 흰색을 숭상한다는 뜻에서 취한 '邦泥定國'으로 '白上國' 또는 '大白高國'이라고도 한다. 한편 송조에서는 정식 국호를 '大夏'라 하였으나 통상 '夏 · 西夏 · 河西' 등으로 칭하였다.

130 吳乞買(1075~1135, 재위 1123~1135) : 거란의 제2대 황제 태종이다. 금 태조의 넷째 동생으로 諳班勃極列이 되어 후계자로 활동하다가 즉위하였다. 후에 북송을 멸망시키고 위성 정권인 大齊를 세워 북중국을 통치하였으며, 行臺尙書省의 운영, 과거제와 조세제도의 도입을 비롯해 강력한 중앙집권화를 추진하여 정복왕조로서 금조의 기틀을 다졌다.

131 尊號 : 황제에 대한 호칭에는 재임 중 사용하는 年號 · 尊號 · 尊諡와 사후에 정하는 諡號 · 廟號 · 陵號 등이 있다. 재임 중 사용하는 호칭 가운데 年號는 한무제가 처음 사용하기 시작하였는데, 황제 호칭과 동격으로 간주되어 避諱의 대상이었다. 尊號는 唐代부터 본격적으로 사용하기 시작하였는데, 황제의 공덕을 찬양하기 위해 수시로 올리고 계속 추가하여 당 현종의 경우, '開元天地大寶聖文神武孝德證道皇帝'라고 하였다. 그러나 너무 길어서 다시 존호와 시호를 결합한 尊諡 개념이 출현하였다. 예를 들어 명 태조의 尊諡인 '開天行道肇紀立極大聖至神仁文義武俊德成

功高皇帝' 가운데 앞부분은 모두 尊號이고 뒤의 '高'는 諡號여서 통상 '明太祖高皇帝'
라 칭한다. 尊號는 황후 등에게도 수여하며 徽號라고도 칭한다.

132 韓企先(1082~1146) : 燕京 출신 한인이다. 거란에서는 그다지 주목받지 못하였으
나 금에서는 제도의 정비와 인재 양성에 힘써 金 世宗으로부터 "漢人 宰相 가운데
韓企先이 가장 현명하다.", "本朝의 典章制度는 대부분 한기선의 손을 거쳐 이루어
졌다."는 호평을 받았다. 右丞相을 지냈다.

133 南宋 초 재상을 지낸 呂頤浩(1071~1139)는 紹興 7년(1137)에 宋 高宗에게 올린 「上邊
事善後十策」에서 金의 건국 초 국명은 金이 아니라 女眞國이었으며, 1122년에 들
어서 비로소 大金으로 개칭하였다고 하였다. 1170년 金에 사신으로 다녀온 范成
大 역시 귀국 후 조정에 제출한 『攬轡錄』에서 금은 본래 연호가 없다가 1122년
건국과 동시에 연호를 天輔로 정하였다며 본문 기록과 상치되는 주장을 하였다.
劉浦江도 「關於金朝開國史的眞實性質疑」에서 금의 건국 상황과 관련한 기록의 신
빙성에 대하여 의문을 제기한 바 있다.

134 受禪 : 禪은 '조상 면전에서 적극 추천한다'는 말이고 讓은 '제위를 양보한다'는 말
이다. 堯를 이은 舜의 즉위가 부자 계승이 아니라 추대에 의한 것이었다는 『尙
書』의 기록에 따라 新의 王莽이 선양 형식으로 정권을 교체한 뒤로, 형식이나마
선양을 통해 새 왕조를 세우는 것이 관례화되었다.

135 冊封 : 천자가 諸侯·親王·宗親·妃嬪·功臣·藩屬 등에게 작위와 봉토를 하사할 경
우, 封爵을 수여한다는 詔書인 冊文을 읽고 印璽를 함께 주는데, 이것을 가리켜 책
봉이라고 한다. 이 책봉 의식은 商代부터 시작되어 淸末까지 계속되었다.

136 徽號 : 사후에 부여하는 諡號·廟號·陵號와 달리 현직 황제나 후비에게 존중과 찬
미의 뜻을 담아 올리는 칭호를 말한다. 尊號라고도 한다.

137 원문은 '玉輅'이다. 본래 '옥으로 장식한 황제의 수레'란 말이지만 황제 전용 의장
용 물품 전반을 뜻하기도 한다. 통상 황제의 의장용품은 '玉輅鳴鸞, 九旗揚旆'라고
하여 옥으로 장식한 수레와 난새 소리를 상징하는 방울, 각종 軍旗 등이다.

138 歲賜 : 송이 거란·서하·금에 매년 주던 은과 견을 말한다. 澶淵의 맹약과 慶曆和
議를 통해 장기 평화를 유지하였다는 점에서 나름 합리적인 타협이었지만 자존
심을 크게 훼손시킨 것도 사실이다. 이는 애초 협상 과정에서 '歲幣·歲賜·歲物'
은 물론 '보낸다'는 용어 가운데 '送·贈·獻'을 놓고도 치열한 자존심 싸움을 벌인

데서 확인할 수 있다. 歲賜는 송 내부의 일방적 표현에 불과하다.

139 阿鶻産과 趙三大王 : 아골타가 혼동강의 연회에서 천조제와 충돌한 뒤 주변 부락을 병합하여 거병하려고 하였을 때 阿鶻産과 趙三은 반대하였다. 그러자 아골타는 그들 가족을 잡아 가두었고, 두 사람은 咸州詳穩司로 가서 아골타의 동향을 보고하였다. 함주상온사가 北樞密院에 이 일을 보고하였으나 추밀사 소봉선은 별일 아니라고 천조제에게 보고함으로써 여진에게 흥기의 기회를 제공한 셈이 되었다. 조삼은 후에 거란에서 北院大王에 임명되었다.

140 金太祖는 거란과 화의를 교섭하면서 자신들을 직접 견제하고 있는 黃龍府를 이전할 것, 그리고 趙三과 阿鶻産의 송환을 강력하게 요구하였다. 배신자 송환을 중시하는 금 태조의 이러한 태도는 후에 거란을 멸망시킨 뒤 송조와의 교섭 때에도 마찬가지였다. 이는 배신행위를 사전에 차단하는 데 큰 효과를 거두었고, 투항자를 보호할 수 없었던 거란과 송의 국격과 신뢰는 이로 인해 크게 훼손되었다.

141 南·北面 樞密院 : 거란의 북추밀원과 남추밀원이다. 거란의 남부 지역에서는 한인과 발해인 등 농경민이, 북부 지역에서는 거란인을 비롯한 유목민이 거주하였으므로 거란 태종은 두 지역의 특성을 고려하여 통치기구로 북추밀원과 남추밀원을 두어 이원화하였다. 거란인은 태양을 숭상하여 동향과 좌측을 중시하였으므로 거란인 관서는 황제의 좌측인 북쪽에, 한인 관서는 우측인 남쪽에 두었다. 이에 北面官과 南面官이라는 호칭이 나왔다. 북면관은 모두 거란 귀족을 임명하여 군정 대권을 장악하게 하였고, 남면관은 주로 한인을 임명하여 과거와 조세 징수 등을 주관하게 하였다. 양 추밀원의 관계는 결코 대등하지 않았으며, 특히 한인들은 군정에 관여할 수 없었다. 추밀원 아래에는 북재상부와 남재상부를 설치하였는데, 이는 처음으로 재상을 정식 관명으로 사용한 것이다. 남면관은 당의 제도와 비슷하게 아래에 삼성 육부를 두고 臺·院·寺·監·諸衛 등 관직을 두었다. 주로 한족을 배치했고, 거란인일지라도 남면관에 임명되면 한인 복장을 해야 하고 漢官이라 칭하였다.

142 奚王府 : 현 내몽고 시라무렌 유역에서 살던 奚는 거란과 마찬가지로 鮮卑 宇文部의 일파여서 언어와 문화가 유사하였다. 南北朝 때에는 '庫莫奚'라고 불렸는데 '庫莫'은 현 몽골어로 '사막'이란 뜻이다. 수·당대에 이르러서 '奚'라고 칭하였고,

6개 部로 이루어졌다. 후에 거란에 복속되기는 했으나 지속적으로 저항하자 태조는 이들을 정권의 중추로 발탁하여 20개 部의 하나로 삼고 奚部에 관한 모든 일을 전담하게 하였으나 후에 점차 지방행정기구로 약화되었다.

143 翰林學士 : 황제의 조칙 초안을 작성하는 직책으로 學士라는 관직은 南北朝 때 처음 생겼다. 당 현종에 이르러 翰林院에 學士를 두어 한림학사라 칭하고 內廷에서 각종 문서를 작성하게 하였는데, 황제 측근 요직이어서 직급 이상으로 모두가 선망하였고 권한도 점차 강화되었다. 거란과 송 역시 당대의 제도를 계승하였다. 송의 한림학사는 정3품관인데 정원 규정이 잘 지켜지지 않았고 순수한 명예직도 많아 실제 업무를 담당하는 경우, 한림학사 겸 知制誥라 칭하여 구분하였다. 조칙은 황제의 명령을 직접 받아 작성하는 것과 재상의 명을 받아 작성하는 것을 각각 內制와 外制로 구분하며 원풍 개혁 후 내제는 한림학사가, 외제는 中書舍人이 담당하였다. 한림학사에는 學士·翰林·翰墨·內翰·內相·內制·詞臣·鳳·坡 등 다양한 별칭이 있다.

144 觀察使 : 唐代에 지방 주현을 감찰하기 위해 파견한 중앙관 명칭은 巡察使·按察使·采訪處置使(약칭 采訪使) 등으로 다양하였는데, 점차 고위직 지방관으로 변하였다. 758년 채방처치사를 觀察處置使(약칭 관찰사)로 개칭하였는데, 군권이 없어 節度使보다 힘이 없었다. 거란은 절도사가 없는 州에 관찰사를 임명하여 행정업무를 담당하게 하였으나, 송에서는 주지사급의 무관 명예직으로 元豊 3년(1080) 관제 개혁 이후 정5품으로 조정되었으며 서열은 節度使의 아래, 防禦使·團練使·刺史의 위였다. 금에서는 節鎭의 절도사가 同知管內觀察使를 겸하였다.

145 衛尉寺 : 고대 중앙정부의 핵심 기관인 9寺의 업무는 魏晋 이후 尙書省의 6부로 이관되기 시작했지만 9시는 황제의 일상을 챙기는 관서로 바뀌어 명청대까지 이어졌다. 따라서 자연히 6부와 9시의 업무는 상당 부분 중복되는데, 衛尉寺는 궁중 경호와 각종 군수품 및 의장용 물품을 관장하는 한편 조정의 연회도 주관하였다.

146 少卿 : 황제의 일상을 챙기는 9寺의 장관과 차관 모두 卿이라 칭하되, 장관을 大卿, 부장관을 少卿으로 구분하였다. 거란에서는 남면관에 속하였던 것으로 보아 관직의 성격이 약간 변한 것으로 보인다. 송에서는 본래 종4품의 寄祿官이었고 元豊 3년(1080) 관제 개혁 이후로 정6품의 職事官이 되었는데 거란에서는 정4품

이었다.

147 將作監少監 : 각종 토목공사 및 영선 업무를 담당한 將作監의 부책임자로서 거란
에서는 남면관에 속하였다. 약칭은 將作少監이다. 송에서는 4품의 寄祿官이었다
가 元豊 3년(1080) 관제 개혁 이후 종6품의 職事官이 되었다.

148 『金小史』 : 明代 강소성 출신인 楊循吉(1456~1544)이 지은 금사 개설서이다. 양순
길은 『금소사』 외에도 『遼小史』를 저술하였는데, 명대의 유일한 거란사·금사 저
서이긴 하지만 '小史'라는 서명에서 엿볼 수 있듯이 華夷論에 입각해 송 정통론을
강조하고 있어 청대에 『四庫全書』를 편찬할 때 두 책 모두 금서로 지정되었다.

149 『金小史』 외에도 『全遼文』 권3 「封金主爲東懷國皇帝冊」에도 실려 있다.

150 九州 : 중국의 지리적 구분법으로 『尙書』 「禹貢」편에서 유래하였다. 전국시대 중
기에 전 중국을 모두 9개 영역으로 나눈 것인데 그 구분의 타당성을 인정받아
지금도 각지의 지명과 중국의 별칭으로 쓰이고 있다.

151 扶餘(기원전 2세기~494) : 현 吉林省 長春을 중심으로 한 예맥족의 국가로서 농업
을 위주로 하였으며, 귀족이 정치를 주도하였고, 전국을 四出道로 나누어 다스렸
다. 법이 엄격하였고 解夫婁王 때 迦葉原으로 천도한 뒤 동부여라고 칭하였다. 후
에 고구려에 편입되었다.

152 원문은 '式孚于休'이다. '式'은 '效法'으로 '법을 본받다', '孚'는 '保'로 '지키다'란 뜻이
다. '국가를 아름다운 덕 안에서 영원히 보존하라'는 말이다.

153 『遼史』 권28 「天祚紀」에는 金이 사신 鳥林答贊謨를 보내 책봉사 문제 및 사신 능멸
에 대해 구체적으로 지적한 내용이 적혀 있다. "책문에 '형으로 모신다'는 말이
없으며, 국호를 '大金' 대신 '東懷'라고 하였는데, 이는 '작은 나라가 큰 나라의 덕
을 마음에 지닌다'는 뜻이다. 그리고 책문 가운데 '큰 재목渠材'이라는 두 글자는
경멸의 어감을 지니고 있다. 또 '정성스럽고 두텁다遙芬'와 '복록이 많을 것이다多
戩'라는 말은 모두가 선의가 아니다. 책문의 서식이 상례에서 매우 어긋나 있다.
앞의 글에서 요구한 사항에 부합해야 수용할 수 있다.(責冊文無'兄事'之語, 不言'大金'
而云'東懷', 乃小邦懷其德之義 ; 及冊文有'渠材'二字, 語涉輕侮 ; 若'遙芬多戩'等語, 皆非善意, 殊乖體
式. 如依前書所定, 然後可從.)" 사실 楊朴의 지적처럼 거란에서 보낸 책문에는 여진을
비하하는 내용을 중의적으로 표현한 부분이 들어 있다.

삼조북맹회편

三朝北盟會編

卷4

[政宣上帙4]

起宣和元年三月十八日甲子, 盡宣和三年正月.

정화연간(1111~1117)부터 선화연간(1119~1125)까지를 기록한 상
질의 제4권 : 선화 1년(1119) 3월 18일 갑자일부터 선화 3년(1121)
1월까지.

三月丁未朔, 改元宣和①.

① [按] 改元宣和 : 袁本에서는 '是日改元宣和'로 썼다.

중화 2년(1119) 3월 초하루 정미일, 연호를 선화로 바꿨다.

宣和元年三月十八日甲子, 差歸朝官朝議大夫、直秘閣趙有開, 忠翊郎王瓌充使①, 齎②詔書、禮物, 與李善慶等渡海, 聘金國③.

① [許] 忠翊郎王瓌充使 : '訓'을 '翊'으로 잘못 썼다. 교주를 따른다.[1]

② [按] 齎 : 袁本에서는 '賚'로 썼다.

③ [按] 聘金國 : 袁本에서는 '聘之'로 썼다.

선화 1년(1119) 3월 18일 갑자일, 조의대부[2]로 비각 당직에 제수된 귀조관[3] 출신의 조유개, 그리고 충훈랑[4] 왕괴[5]를 사신으로 보임하여 파견하면서 조서[6]와 예물을 지니고 금국에서 온 사신 이선경 등과 함께 바다를 건너 금국을 답방하게 하였다.

先是, 歸朝官趙良嗣、趙有開議報聘①女眞儀, 良嗣欲用國書禮②. 有開曰 : "女眞之酋(改作長)止節度使, 世受契丹封爵, 常慕中朝, 不得臣屬 ; 何必過爲尊崇(刪常慕至此十四字), 止用詔書足矣." 問善慶"如何?"

善慶曰：“二者皆可用, 惟朝廷擇之③.” 於是從有開. 與善慶等至登州,

未行, 有開死, 會河北奏得諜者言：“契丹已割遼東地, 封女眞(改作阿骨

達)爲東懷國主④.” 且妄言女眞嘗祈請⑤契丹修好, 詐以其表聞, 於是罷

使人之行, 止差呼延慶等用登州牒遣李善慶等歸.

① [按] 報聘：袁本에서는 '報'로 썼다.
② [按] 欲用國書禮：袁本에서는 '欲以國書用信禮'로 썼다.
③ [按] 擇之：袁本에서는 '擇'으로 썼다.
④ [按] 東懷國主：袁本에서는 '東懷國王'으로 썼다.
⑤ [按] 祈請：袁本에서는 '祈'로 썼다.

이보다 앞서 귀조관인 조량사[7]와 조유개가 여진과의 보빙 의례에 대하여 논의하였는데, 조량사는 국서례[8]를 적용하자고 했다. 그러나 조유개는 다음과 같이 말하였다.

"여진 추장의 직위는 단지 절도사에 불과하고 대대로 거란에서 작위를 받았지만 늘 중원의 왕조를 흠모하였습니다. 다만 신하로 복속할 기회를 얻지 못하였을 뿐입니다. 왜 그리 지나치게 받들려고 합니까? 조서만으로도 족할 것입니다."

이에 금조의 사신인 이선경에게 어떻게 하면 좋겠냐고 물었더니, 이선경은 "두 가지 방안 모두 가능합니다. 귀 조정에서 선택하면 됩니다."라고 말하였다.[9]

조정에서는 결국 조유개의 의견에 따르기로 하였다. 이리하여 조량사와 조유개는 이선경 등과 함께 등주로 갔다. 사신 일행이 미처 등주에서 출발하기도 전에 조유개가 사망하였다. 그때 마침 하북에서 획득한 첩자의 말을 조정에 상주하였는데, "거란이 이미 요동 지역을 할양하고 여진 추장을 동회국주東懷國主로 책봉하였습니다."라고 하였다. 또 "여진은 거란과의 수교를 간곡하게 청하였으면서도 헛소리하며 거짓된 표문을 올렸습니다."라고 하였다.[10] 이에 사신들의 답방을 중단시키고, 다만 호연경 등에게 등주에서 발급한 첩문[11]을 가지고 이선경 등과 함께 여진에게 가도록 하였다.

六月三日戊寅, 呼延慶至女眞軍前, 爲女眞所留.

선화 1년(1119) 6월 3일 무인일, 호연경은 여진 군영에 도착하였다. 그리고 여진에 의해 억류되었다.

呼延慶至金人軍前, 其國主與粘罕(改作尼堪)等責以中輟, 且[①]言登州移文行牒之非. 呼延慶答云[②]: "本朝知貴朝與契丹通好, 又以使人至登州, 緣疾告終; 卽延慶與貴朝使人同議, [004-02] 欲得早到軍前, 使人旣死, 遂權令登州作移文, 齎[③]走前來, 使人與書不來, 自有此故. 若貴朝不與契丹通好[④], 卽[⑤]朝廷定別有使人共議, 切望明察!" 言之不聽, 遂拘留[⑥]呼延慶.

① [按] 且 : 袁本에서는 '其'로 썼다.
② [按] 答云 : 袁本에서는 '答曰'로 썼다.
③ [按] 齎 : 袁本에서는 '奔'으로, 四庫本에서는 '賫'로 썼다.
④ [按] 若貴朝不與契丹通好 : 袁本에서는 '若貴朝果不與契丹通好'로 썼다.

호연경이 금군 군영에 도착하자 여진 국주國主와 점한 등은 사신단 파견이 중단된 것에 대해 질책하였다. 또 등주에서 발급한 문서와[12] 행첩[13]을 가지고 온 잘못에 대해서도 언급하였다. 호연경은 다음과 같이 답하였다.

"본 조정에서는 귀 조정이 거란과 수교한 것으로 알았습니다. 또 사신이 등주에 도착한 뒤 병으로 사망하였기에 저는 귀 조정의 사신과 함께 상의하여 서둘러 귀 군영에 가고자 했습니다. 사신이 이미 사망하였기에 임시 조처로 등주에 명하여 공문을 만들게 해서 가지고 온 것입니다. 사신과 국서가 오지 못하게 된 데는 바로 이런 까닭이 있었습니다. 만약 귀 조정에서 거란과 수교하지 않는다면 우리 조정에서는 반드시 따로 사신을 보내서 함께 논의할 것이니 이 점을 잘 살펴주시기를 바랍니다."

그러나 여진은 호연경의 말을 듣지 않고 곧 억류하였다.

十二月二十五日丁酉, 女眞遣呼延慶回.

선화 1년(1119) 12월 25일 정유일, 여진은 (6개월여 만에) 호연경을 돌려보냈다.

300

呼延慶既被留, 數見國主, 執其前說再三辯論. 紛挐①累日, 而國主與粘罕(改作尼堪)、兀室(改作烏舍)議論, 復遣呼延慶歸. 臨行語云："跨海求好, 非吾家本心；共議夾攻, 匪我求爾家. 爾家再三瀆吾家, 吾家立國, 已獲大遼數郡, 其他州郡可以俯拾. 所遣使人報聘者, 欲交結隣國, 不敢拒命. 曁聞使回, 不以書示而以詔, 詔我已非其宜；使人雖卒, 自合復差使人, 止令使臣前來議事, 尤非其禮, 足見中輟. 本欲留汝, 念過在爾朝, 非卿罪也.

① [按] 挐：袁本에서는 '拏'로 썼다.

호연경은 억류된 뒤 여러 차례 여진 국주國主를 만나 앞의 주장을 견지하며 거듭 변론하였다. 여러 날 동안 옥신각신하다가 여진 국주는 점한·올실과 논의한 뒤 다시 호연경을 돌려보내기로 하였다. 호연경의 출발을 앞두고 여진 국주는 다음과 같이 말하였다.

바다를 건너가 수교하자고 한 것은 우리가 본래 품었던 마음이 아니었고, 함께 협공을 논의하자고 한 것도 우리가 너희에게 요구한 것이 아니었다. 그런데 너희가 계속해서 우리를 모독하고 있는데, 우리는 나라를 세우고 이미 대요의 여러 주를 획득하였고, 그 밖의 주도 곧 우리 수중에 들어올 것이다. 사신을 보내 답례함은 너희 조정에서 선린관계를 맺고자 한 것에 대해 도의상 감히 거절할 수 없어서였다.

그런데 이제 귀국한 사신의 말을 들으니 너희가 국서로 우의를 표시하지 않고 조서를 보내 우리에게 고하였으니 우선 잘못된 일이다. 그리고 사신이 죽었다면 의당 다시 사신을 보냈어야지 그냥 수행 사신에게 가서 협상하라고 하는 것은 더더욱 예의에 어긋나는 것이다. 이는 수교 협의를 중단하려는 의도가 분명하다. 본래 너를 잡아 두려고 했지만, 너희 조정에서 저지른 잘못이지 너의 죄가 아니라는 것을 참작하였다.

如見皇帝, 若果欲結好, 同共滅遼, 請早示國書 ; 若依舊用詔, 定難從也. 且大遼前日遣使人來, 欲冊吾爲東懷國者 ; 蓋本朝未受爾家禮之前, 常①遣使人入大遼, 令冊吾爲帝, 取其鹵簿 ; 使命未歸, 爾家方通好. 後旣諾汝家, 而遼國使人冊吾爲至聖至明皇帝, 當時吾怒其禮儀不全, 又念與汝家已結夾攻, 遂鞭其來使, 不受法駕, 乃本國守爾家之約, 不謂貴朝如此見侮. [004-03] 卿可速歸, 爲我言其所以." 國主遂起. 翌日, 呼延慶辭歸, 持其書來, 云 : "契丹講好不成, 請復別遣人通好."

① [按] 常 : 袁本에서는 '嘗'으로 썼다. 교주를 따른다.

만약 귀 왕조의 황제를 뵙거든 진정 수교하고 함께 요를 멸망시키려면 이른 시일 내로 국서를 보내길 바라며, 만약 여전히 조서를 보낸다면 우리는 절대 수용할 수 없다고 전하라. 그런데 일전에 대요에서 사신을 보내서 나를 동회국주에 책봉하려고 하였는데, 그것은 본 조정이 귀국의 의례를 접수하기 전에 이미 대요에 사신을 보내어 나를 황제에 책봉하라고 명하고 그에 따른 의장용품[14]을 취하려고 했기 때문이다.

거란에 보낸 사신이 아직 돌아오지 않았는데, 너희가 마침 와서 수교하자고 하였다. 후에 너희 요구를 이미 승낙하였는데, 요에서 사신을 보내 나를 지성지명황제로 책봉하였다. 하지만 당시 나는 그 의례가 온전하지 못한 것에 크게 노하였었다. 그리고 또 이미 너희 나라와 동맹을 맺고 협공하기로 한 것을 고려하여 그 사신을 채찍질하고 법가[15]를 받지 않았다. 이처럼 본국은 너희 나라와 맺은 약속을 지켰는데, 귀 조정에서 이처럼 우리를 업신여기리라고는 생각하지도 못하였다. 경은 속히 귀국하여 나를 대신하여 이러한 연유를 아뢰도록 하라.

국주國主는 이렇게 말하고 곧 자리에서 일어났다. 다음날 호연경이 귀국 인사를 하러 갔더니 문서를 가지고 와서 다음과 같이 말하였다.

"거란과의 강화가 이루어지지 않았으니 다시 별도의 사신을 보내어 수교하길 청한다."

二十六日戊戌, 呼延慶離女眞軍前.

선화 1년(1119) 12월 26일 무술일, 호연경은 여진 군영을 떠났다.

宣和二年二月二十六日丁酉, 呼延慶回到京師.

선화 2년(1120) 2월 26일 정유일, 호연경이 도성인 개봉으로 돌아왔다.

是日, 慶入朝奏言女眞所言之事, 齎到女眞文字[1], 報與遣使大遼, 講好不成, 已起兵攻上京. 王師中遣其子瓖, 同呼延慶赴闕, 見童貫議事.

[1] [按] 文字 : 袁本에서는 '文子'로 썼다.

이날, 호연경은 조정에 들어와서 여진이 말한 것을 아뢰고 가지고 온 여진 문서를 전하였다. 그리고 여진이 사신을 대요에 보냈으나 강화가 이루어지지 못하였으며, 이미 거병하여 상경[16]을 공격하고 있다고 보고하였다. 왕사중은 그 아들 왕괴를 보내 호연경과 함께 궁궐에 가서 동관과 만나 일을 논의하게 하였다.

三月六日丙午, 詔 : 中奉大夫、右文殿修撰趙良嗣, 由登州往使, 忠訓郎王瓌副之, 議夾攻契丹, 求燕雲地, 歲幣等事[1].

① [按] 求燕雲地, 歲幣等事 : 袁本에서는 '求燕地, 歲幣等'으로 썼다.

선화 2년(1120) 3월 6일 병오일, 다음과 같은 내용의 조서가 내려왔다.

중봉대부[17]로 우문전수찬[18]에 제수된 조량사를 정사로, 충훈랑 왕괴를 부사로 삼아 등주에서 출발하여 여진과 함께 거란을 협공하여 연운 땅을 되찾는 일과 세폐 등에 관한 일을 상의하라.

時[1], 童貫受密旨, 借其外勢[2], 以謀復燕, 詔趙良嗣、王瓌充使副, 由登州以往, 用祖宗故事, 以買馬爲名, 因約夾攻契丹, 取燕雲故地 ; 面約不賫書[3], 唯付以御筆.

① [按] 時 : 袁本에서는 '是時'로 썼다. 교주를 따른다.

② [按] 借其外勢 : 袁本에서는 '借倚外勢'로 썼다.

③ [按] 不賷書 : 袁本에서는 '不齎書'로 썼다.

이때 동관은 밀지를 받고 외세를 빌려 연운 지역을 되찾을 계책을 도모하였다. 조량사와 왕괴를 정사와 부사로 보임하여 등주에서 출발하여 여진으로 가라는 조서가 내려오자 동관은 조종 때의 전례를 들어 말을 구매한다는 명목으로 건너가 맹약을 맺고 거란을 협공하여 연운의 옛 땅을 되찾으라고 지시하였다. 단 직접 만나 구두로 약속하게 하고 국서 대신 어필만 주어 일을 처리하게 하였다.

趙良嗣『燕雲奉使錄』曰 : 宣和二年春二月, 詔 : "遣中奉大夫、右文殿修撰趙良嗣, 假朝奉大夫, 由登州泛海使女眞, 忠訓郎王瓌副之." 以計議依祖宗朝故事, 買馬爲名, 因議約夾攻契丹, 取燕、薊、雲、朔等舊漢地, 復歸於朝廷, 元奉密旨, 令面議, 別不曾齎文字前去.

조량사의 『연운봉사록』[19]에는 다음과 같이 적혀 있다.

선화 2년(1120) 봄 2월, 다음과 같은 내용의 조서를 받들었다.

"중봉대부로 우문전수찬에 제수된 조량사는 조봉대부[20] 명의로 등주에서 출발하여 바다를 건너 여진에 사신으로 가라. 충훈랑 왕괴를 부사로 삼는다."

이렇게 하여 계책을 논의하며 태조와 태종 때의 선례를 들어 말을 구매한다는 명목으로 건너가 맹약을 맺은 뒤 거란을 협공하여 연경·계주·운주·삭주 등의 옛 한인 거주 지역을 차지하여 조정에 복귀시키기로 하였다. 그리고 당초 밀지를 받들길, 직접 만나 논의하되 별도로 국서를 휴대하지는 않은 채 가게 하였다.

三月二十六日, 自登州泛海, 由小謝、馳基①(小谷云 : 馳基疑作磯地, 近皮島)、末島、萁子灘、東城會口、皮囤島, [004-04] 四月十四日抵蘇州關下②, 會女眞已出師, 分三路趨上京. 良嗣自咸州會于青牛山, 諭令相隨看③, 攻上京城破, 遂與阿骨打(改作阿固達)相見於龍岡, 致議約之意, 大抵以燕京一帶本是舊漢地, 欲相約夾攻契丹, 使女眞取中京, 本朝取燕京一帶.

① [按] 馳基 : 袁本에서는 '馳碁'로 썼다.
② [許] 四月十四日抵薊州關下 : '薊'를 '蘇'로 잘못 썼다.[21]
③ [按] 相隨看 : 袁本에서는 '相隨引看'으로 썼다.

선화 2년(1120) 3월 26일, 등주에서 배를 타고 출발하여 바다를 건너 소사·타기[22][소곡은 다음과 같이 말하였다 : 타기는 아마도 기지를 말하는 것 같다. 피도 가까이에 있다.]·말도·기자탄·동성의 회구, 피둔도를 거쳐 4월 14일 소주의 관문에 이르렀다.[23] 그때 마침 여진은 이미 군대를 3개 로로 나누어 출병하여 상경을 향해 진군하고 있었다.

조량사는 함주에서 출발하여 청우산에서 여진군을 만났는데, 그들은 조량사 일행에게 자기들을 수행하라는 아골타의 명을 전하였다. 조량사 일행은 그들과 함께 상경을 함락시키는 것을 지켜보았고 곧 용강에서 아골타와 만나 맹약 체결에 대해 논의하자는 뜻을 전하였다.[24] 대체로 연경 일대는 본래부터 한인 거주 지역이므로 함께 협약하여 거란을 협공한 뒤 여진은 중경[25]을, 본 조정은 연경 일대를 차지하였으면 좋겠다는 내용이었다.

阿骨打(改作阿固達)令譯者言云："契丹無道, 我已殺敗. 應係①契丹州域全是我家田地, 爲感南朝皇帝好意, 及燕京本是漢地, 特許燕雲與南朝, 候三四日②, 便引兵去." 良嗣對③："契丹無道, 運盡數窮, 南北夾攻, 不亡何待? 貴國兵馬去西京甚好! 自今日議約旣定, 只是不可與契丹議講和." 阿骨打(改作阿固達)云："自家旣已通好, 契丹甚閒事④, 怎生和得? 便來乞和, 須說與已共南朝約定, 與了燕京；除將⑤燕京與南朝, 可以和也." 良嗣對："今日說約旣定, 雖未設⑥盟誓, 天地鬼神實皆照臨, 不可改也."

①[按] 係：袁本에서는 '是'로 썼다.
②[按] 三四日：袁本에서는 '兩三日'로 썼다.
③[按] 良嗣對：袁本에서는 '良嗣對云'으로 썼다.
④[按] 閒事：袁本에서는 '閑事'로 썼다.
⑤[按] 除將：袁本에서는 '除是將'으로 썼다.
⑥[按] 未設：袁本에서는 '未說'로 썼다.

아골타는 통역을 시켜 다음과 같은 말을 전하였다.

"거란이 무도하여 우리가 이미 그들을 패퇴시켰다. 거란의 영역은 모두 우리 땅이 되는 것이 마땅하나 남조 황제의 호의에 감사하고 또 연경은 본래 한인이 거주하던 지역이었으니 특별히 연운을 남조에 주는 것을 허락하겠다.[26] 삼사일 뒤에 바로 군대를 이끌고 철수할 것이다."[27]

조량사가 이렇게 대답하였다.

"거란이 무도하여 국운이 다하여 망할 때가 된 데다가 남북에서 협공하니 어찌 망하지 않겠습니까? 귀국의 군대가 서경²⁸으로 간다니 아주 잘되었습니다. 오늘 이제 양국의 맹약이 결정되었으니 다시 거란과 강화를 논의해서는 아니 될 것입니다."

아골타는 다시 다음과 같이 말하였다.

"우리가 이미 수교하였으니 거란과 무슨 일이 있겠으며, 어떻게 강화를 한단 말인가? 설령 저들이 강화하자고 빌더라도 우리는 이미 남조와 맹약을 맺어 연경을 주기로 하였다고 분명히 밝힐 것이며, 거란이 남조에게 연경을 넘겨주어야 만이 강화 체결이 가능할 것이라고 할 것이다."

이에 조량사는 "오늘 구두 약정을 하였습니다. 비록 단을 만들어 맹세하지는 않았지만 실로 천지신명이 모두 굽어보고 있으니 바꿀 수 없는 것입니다."라고 확인하였다.

食罷, 約入上京, 看契丹大內居室, 相與上馬並轡, 由西偏門入, 並乘馬①過五鑾、宣政等殿, 遂置酒於延和樓. 良嗣有詩云②: "建國舊碑胡日暗, 興王故地野風乾. 回頭笑謂王公子, 騎馬隨軍上五鑾."

①[按] 並乘馬: 袁本에서는 '並馬乘之'로 썼다.
②[按] 良嗣有詩云: 袁本에서는 '良嗣有云'으로 썼다.

식사를 마치고 약속한 대로 상경성²⁹에 들어가서 거란 궁궐의 내전을 둘러보았다. 서로 말머리를 나란히 하고 서쪽 곁문으로 들어가서 함께 말을 타고 오란전과 선정전 등의 전각을 지났다. 잠시 후 연화루에 주연이 마련되었다. 조량사는 다음과 같은 시를 지어 읊었다.

건국을 기념하는 옛 비석에 북방의 저문 햇살 비추고,
왕국을 일으킨 옛터에는 마른 들바람만 부는구나.
뒤를 돌아보고 웃으며 왕자와 공자에게 말하길,
말을 타고 군대를 따라 함께 오란전에 오릅시다.

遂議歲賜, 良嗣許三十萬, 却云："契丹時, 燕京不屬南朝, 猶自與五十萬, 如今①與了燕京, 如何只三十萬?" [004-05] 辨論久之, 卒許契丹舊數. 良嗣問阿骨打(改作阿固達)："燕京一帶舊漢地、漢州則幷西京, 是也?" 阿骨打(改作阿固達)云："西京地本不要, 止爲去挈②阿适(改作阿古), 須索一到(阿适, 天祚小字. 注改作阿古). 若挈了阿适(改作阿古), 也待與南朝." 良嗣又言③："平、營本燕京地, 自是屬燕京地分." 高慶裔云："今所議者燕地也；平、灤自別是一路." 阿骨打(改作阿固達)云："書約④已定, 更不可改. 本國兵馬已定八月九日到西京, 使副到南朝, 便教起兵相應."

①[按] 如今：袁本에서는 '而今'으로 썼다.
②[按] 挈：袁本에서는 '挐'로 썼다.
③[按] 良嗣又言：袁本에서는 '又言'으로 썼다.
④[按] 書約：袁本과 四庫本에서는 '言約'으로 썼다.

곧 세사에 대하여 논의하였는데, 조량사가 30만을 주겠다고 하자 여진은 "거란이 다스릴 때 연경은 남조에 속하지 않았는데도 자진해서 50만

을 주었소이다. 지금 연경을 준다고 하는데도 겨우 30만이라니요?"라고
반문하였다. 결국 오랫동안 논쟁을 한 끝에 원래 거란에게 주었던 액수
만큼 주기로 하였다.

조량사가 아골타에게 "연경 일대의 예로부터 한인이 거주하던 지역과
주현의 범위에 서경도 포함하는 것이 맞겠지요?"라고 확인하자 아골타
는 "서경 땅은 본래 필요치 않은 곳이긴 하나 아괄[30][아괄은 천조제의 어린 시
절의 이름이다.]을 잡기 위해서 반드시 한 번 수색할 필요가 있다. 만약 아
괄을 잡기만 하면 서경을 남조에 꼭 넘겨줄 것이다."라고 하였다.

조량사가 다시 "평주[31]와 영주[32]는 본래 연경 땅이니 당연히 연경에 속
한 것으로 간주해야 합니다."라고 했지만, 고경예[33]는 "지금 논의하고 있
는 것은 연경 땅입니다. 평주와 란주[34]는 본래 별개의 지역입니다."[35]라며
반박하였다.

그러자 아골타는 다음과 같이 말하였다.

"서약이 이미 결정되었으니 다시 고치는 것은 불가하다.[36] 본국의 군대
는 8월 9일에 서경에 도착하기로 이미 결정하였으니 정사와 부사는 남조
에 가서 바로 거병하여 호응할 수 있도록 하라."

輒歸①, 且言："緣在軍上, 不及遣使前去." 止以事目一紙付良嗣回,
約："女眞②兵自平州松林趨古北口, 南朝兵自雄州趨白溝夾攻, 不可違
約, 不如約則難依③已許之約." 以二百騎護送, 東歸, 過鐵州④, 遣人走
馬追及, "別有事商量, 請使副回相見." 良嗣回至女眞所居阿木火⑤(改作
阿勒楚喀). 阿骨打(改作阿固達)言："本約到西京以兵相應, 却爲⑥牛疫
死, 且回, 候來年約日同擧. 爲之(删此二字)恐失信⑦, 請使副見.⑧" 楊朴

論云⑨: "郞君們意思不肯將平州畫斷作燕京地分. 此高慶裔所見如此, 須着箇⑩方便."

① [許] 輒歸: '趣'를 '輒'으로 잘못 썼다. 교주를 따른다.

② [按] 女眞: 袁本에서는 '以女眞'으로 썼다.

③ [按] 不可違約, 不如約則難依: 袁本에서는 '不如約則難依'로 썼다.

④ [按] 東歸, 過鐵州: 袁本에서는 '東過鐵州'로 썼다.

⑤ [按] 阿木火: 본서 卷3의 1엽에서는 '阿朮火'로 썼다. 교주를 따른다.[37]

⑥ [按] 却爲: 袁本에서는 '却因'으로 썼다.

⑦ [許] 爲之恐失信: 일부 판본에서는 '爲之'를 '惟'로 썼다. 교주를 따른다.

⑧ [許] 請使副見: '故請使副見'으로 써야 한다.

　　[按] 바로 윗글과 校勘記에서는 '請使副回見'으로 썼고, 袁本과 四庫本에서도 '使副回見'으로 썼다. 교주를 따른다.

⑨ [按] 論云: 袁本에서는 '云'으로 썼다.

⑩ [按] 箇: 袁本에서는 '一箇'로 썼다.

서둘러 돌아가려는데, 아골타는 다시 "지금 내가 군중에 있으니 별도로 사신을 파견하지는 않겠다."라고 말한 뒤 사목[38] 한 장만 조량사에게 주고 돌아가게 하면서 다음과 같이 약속하였다.

"우리女眞 군대가 평주 송림에서 고북구[39]로 진격하고 남조 군대는 웅주에서 백구[40]로 진격하여 협공한다. 약속을 어겨서는 안 되며 약속을 지키지 못하면 기왕의 약정한 바를 지키기 어렵다."

그리고 기병 200명을 시켜 호송케 하여 동쪽으로 귀환하는데, 철주를 지날 때 사람을 시켜 말을 달려 쫓아와 "별도로 상의할 일이 있으니 사신들께서는 되돌아와 만나기를 청합니다."라는 말을 전하였다. 조량사가 여진 군영이 있는 아출화로 돌아오자 아골타는 이렇게 말하였다.

"본래 약속하기로는 서경까지 진격해서 양국 군대가 서로 호응하기로 했으나 전염병으로 소들이 죽어 나가 우선 회군하게 되었다. 내년에 다시 날짜를 정해 함께 거병하였으면 좋겠다. 이 일로 신뢰를 잃을까 염려되어 정사와 부사에게 다시 돌아와 보자고 청한 것이다."

이때 양박이 다음과 같이 넌지시 알려주었다.

"낭군들은 평주를 쪼개서 연경 지역에 포함하지 않으려 합니다. 이 일은 고경예가 그런 의견을 냈기 때문입니다. 아무쪼록 방법을 찾아봐야 할 겁니다."

後來與粘罕(改作尼堪)議事, 諭①以："兩朝議約既定, 務在明白, 庶免異時計較." 粘罕(改作尼堪)問："有幾事?" 對以："將來擧軍之後, 北兵不得過松亭、古北、楡關之南②, 免致兩軍相見, 不測紛爭, 此最大事, [004-06] 一也. 其地界至③, 臨時可以理會, 且先以古北、松亭及平州東楡關爲界, 此其二也. 要約之後, 不可與契丹講和, 此三也. 西京管下, 爲恐④妨收捉阿适(改作阿古)道路, 所有蔚、應、朔三州最近於南界, 將來擧兵, 欲先取此三州, 其餘西京、歸化、奉聖等州, 候挈了阿适(改作阿古)回日, 然後交割, 四也. 兩國方以義理通好, 將來本朝取了燕京, 却要係官錢物, 此無義理, 可便除去, 五也. 事定之後, 當於楡關之東置榷場, 六也."(楡關在平州之東, 臣屢以楡關爲言者, 蓋欲包平州在內也.)

①[按] 諭：袁本에서는 '論'으로 썼다. 교주를 따른다.
②[許] 北兵不得過松亭、古北、楡關之南：'南兵'을 '北兵'으로 잘못 썼다.
③[許] 其地界至：'他'를 '地'로 잘못 썼다.
④[按] 爲恐：袁本에서는 '惟恐'으로 썼다. 교주를 따른다.

그 뒤 점한과 함께 일을 논의하며 조량사는 "두 나라의 맹약은 이미 결정되었으나 일을 분명히 해 놔야 훗날 서로 따질 일이 없을 것입니다."라고 했고, 점한은 "더 논의해야 할 일이 몇 가지나 됩니까?"라고 물었다.

조량사가 다음과 같이 답하였다.

가장 큰 일은 앞으로 거병한 뒤에 북조의 군대가 송정관[41]·고북구·유관[42]을 넘어서 남쪽으로 와 두 나라의 군대가 접촉해 예기치 못한 분쟁이 생기지 않도록 하는 것입니다. 이것이 첫 번째 일입니다. 그 지역의 경계가 어디까지인가는 그때 조정하면 됩니다. 따라서 먼저 고북구와 송정관 및 평주 동쪽의 유관을 경계로 하는 것이 두 번째 일입니다. 맹약을 맺은 뒤에는 거란과 강화해서는 안 됩니다. 이것이 세 번째 일입니다. 거란의 서경 관할 주현이 아괄을 잡으려는 행로를 방해할 것으로 우려되며 그 가운데서도 울주[43]·응주·삭주 등 3개 주는 남쪽 국경에 가장 가까우니, 장차 거병하여 이 세 주를 먼저 취하고자 합니다. 그 나머지 서경·귀화주[44]·봉성주[45] 등은 아괄을 잡고 회군한 다음에 할양하면 됩니다.[46] 이것이 네 번째 일입니다.

우리 두 나라는 이제 의리로써 수교하였습니다. 앞으로 본 조정이 연경을 차지하게 될 텐데, 귀 조정이 관청 소유 돈과 재물을 요구하는 것은 도리에 어긋나니 그것은 의정 항목에서 삭제하기로 합시다. 이것이 다섯 번째 일입니다. 일이 결정된 뒤 응당 유관의 동쪽에 각장을 설치하여야 합니다. 이것이 여섯 번째 일입니다.[유관은 평주의 동쪽에 있는데, 신이 거듭해서 유관에 대해 언급한 것은 평주를 연경 일대에 포함하기 위해 그리 한 것입니다.][47]

粘罕(改作尼堪)云："所言都好, 但蔚、應州亦^①恐阿适(改作阿古)走去彼處, 候我家兵馬到日來商量. 所要係官財物^②, 曾思量來, 也係不是^③, 便待除去." 粘罕(改作尼堪)、兀室(改作烏舍)云："我皇帝從上京到了, 必不與契丹講和. 昨來再過上京, 把契丹墓墳^④宮室廟像一齊燒了；已教^⑤契丹斷了通和底公事, 而今契丹更有甚面目來和也^⑥? 千萬必不通和, 只是使副到南朝, 奏知皇帝, 不要似前番一般, 中間裏斷絶了. 我亦曾聽得, 數年前童貫將兵到邊, 却恁空回." 對以："此探報傳言之誤. 若是實曾領兵上邊, 只恁休得^⑦? 郎君^⑧亦莫輕信." 粘罕(改作尼堪)大喜云："兩家都如此則甚好^⑨! 若要信道將來必不與契丹通和, 待於回去底國書內寫着."

① [按] 亦：袁本에서는 '爾'로 썼다.
② [按] 官財物：袁本에서는 '官錢物'로 썼다. 교주를 따른다.
③ [按] 也係不是：袁本에서는 '也是不好'로 썼다.
④ [按] 墓墳：袁本에서는 '墳墓'로 썼다.
⑤ [按] 已教：袁本에서는 '圖教'로 썼다.
⑥ [按] 來和也：袁本에서는 '來告和也'로 썼다.
⑦ [按] 只恁休得：袁本에서는 '便只恁休得'으로 썼다.
⑧ [按] 郎君：袁本에서는 '郎君們'으로 썼다.
⑨ [按] 如此則甚好：袁本에서는 '如此却甚好'로 썼다.

점한이 다음과 같이 답하였다.

"말한 바가 모두 좋소이다. 다만 울주와 응주도 아괄이 그곳으로 도피할 수 있으니 우리 군대가 도착한 뒤에 상의합시다. 관청 소유의 돈과 재물을 요구하는 문제는 일찍이 생각해 본 바 있는데, 아무래도 그것은 아닌 것 같습니다. 좀 있다 삭제하기로 합시다."

또 점한과 올실은 다음과 같이 말하였다.

"우리 황제께서 상경에 도착한 이래로, 절대로 거란과 강화하시지 않을 것이라 하십니다. 지난번에 다시 상경을 지나면서 거란 황실의 무덤과 궁전, 사당의 초상을 모두 불태워 버림으로써 거란에게 강화는 일말의 여지도 없다는 것을 알게 하였습니다. 그리고 지금 거란이 다시 무슨 면목이 있어 강화를 말할 수 있겠습니까? 절대로 그들과 강화하지 않을 것이니 그저 정사와 부사께서는 남조에 가서 황제가 잘 이해하시도록 상주하여 지난번처럼 중간에 중단되지 않도록 해주길 바랍니다. 나 역시 몇 년 전에 동관이 군대를 이끌고 국경에 왔으나 그만 아무 성과도 없이 돌아갔다고 들었습니다."

조량사가 이렇게 대답하였다.

"그 첩보는 잘못 전해진 것입니다. 만일 정말로 군대를 거느리고 국경까지 왔다면, 그렇게 아무 일 없이 끝날 수 있었겠습니까? 낭군께서는 그런 말을 가볍게 믿으셔서는 안 됩니다."

점한이 크게 기뻐하며 다음과 같이 말하였다.

"두 나라가 모두 이렇게만 한다면 더없이 좋은 일이지요. 만약 앞으로 절대 거란과 강화하지 않을 것이라는 점을 확실히 해 두길 원한다면 회답 국서 안에 그것을 써넣읍시다."

打毬射柳, [004-07] 及所在宴飮, 必召同集, 及令上京俘獲契丹吳王妃作
舞獻酒."(妃初已配吳王, 旣而延禧私納之. 又與其下犯法, 故幽囚于上京.)
且言① : "此是契丹男婦媳②, 且教與自家勸酒, 要見自家兩國歡好."

격구를 하고[48] 버드나무에 호리병박을 매달아 쏘거나 연회를 열 때마다 꼭 우리를 불러 함께 하였다. 그리고 상경에서 사로잡은 거란 오왕비에게 춤추고 술을 따르게 하였다. [오왕비는 당초 오왕과 혼인하였는데 나중에 천조제 야율연희가 사사로이 받아들였다. 그런데 왕비가 다시 아랫사람과 불법을 저질러 상경에 구금되어 있었다.] 그러면서 "이 여자는 거란 사내놈의 마누라이자 며느리였지. 이제 우리를 위해 술을 따르게 하고 우리 두 나라의 친교를 드러내 봅시다."라고 하였다.

阿骨打(改作阿固達)與良嗣把盞酬酢①, 曰 : "契丹煞大國土, 被我殺敗②. 我如今煞是大皇帝. 昨來契丹要通和, 只爲不著做兄弟③, 以至領兵討伐. 自家南朝是天地齊生底, 國主④皇帝, 有道有德, 將來只恁地好相待通好, 更不爭要做兄弟. 這箇事是天教做, 不恁地後, 怎生隔著箇恁大海便往來得? 我從生來不會說脫空, 今日旣將燕京許與南朝, 便如我自取得, 亦與南朝." 於是差使副, 以攻破上京俘獲鹽鐵使蘇壽吉來獻. 其意以爲旣以燕地割隸中朝, 以壽吉本燕人, 故獻之. 仍以質留劉亮等六人, 及因風吹逐刀漁船⑤, 於立等兵級二十人⑥, 幷交付良嗣還朝.

④[按] 國主 : 袁本에서는 '國王'으로 썼다.

⑤[按] 刀漁船 : 袁本에서는 '刀魚船'으로 썼다. 교주를 따른다.

⑥[許] 於立等兵級二十人 : '于'를 '於'로 잘못 썼다.[49] 교주를 따른다.

아골타는 조량사와 함께 술잔을 주고받으며 다음과 같이 말하였다.

"거란은 정말로 큰 영토를 가진 나라지만 나에게 박살이 났다. 나는 이제 정말로 당당한 대황제다. 이전에 거란 사신이 와서 강화를 요청하였지만, 단지 내게 '형'자 하나를 쓰지 않으려고 해서 내가 군대를 일으켜 토벌하게 된 것이다. 우리와 남조는 하늘과 땅이 나란히 낳은 나라이고, 국주國主와 황제는 도리와 덕망이 있으니, 앞으로 그저 지금처럼 사이좋게 서로가 대접하며 수교한다면 형과 아우 자리를 놓고 다툴 일이 없을 것이다. 이러한 일들은 하늘이 시킨 일이다. 그렇지 않았다면 어떻게 그렇게 큰 바다를 넘어서 왕래할 수가 있었겠는가? 나는 평생 헛된 말을 해본 적이 없다. 오늘 기왕에 연경 지역을 남조에다 주기로 하였으니, 설령 우리 측에서 연경을 빼앗게 되더라도 역시 남조에 줄 것이다."

이에 금에서는 우리 조정으로 정사와 부사를 파견하면서 상경을 함락시킬 때 사로잡은 염철사[50] 소수길을 바쳤다. 그것은 이미 연경 지역을 중국 조정에 할양하기로 했으니 본래 연경 사람인 소수길을 바친다는 의미였다. 아울러 인질로 억류되어 있던 유량 등 6명과 풍랑으로 떠밀려서 온 도어선[51]의 우립 등 병사와 절급 20명도 넘겨받아 조량사와 함께 송조로 돌아왔다.

七月十八日丙辰, 金人差女眞斯剌習魯(改作錫喇薩魯)充回
使, 渤海高隨、大迪烏副之, 持其國書來, 許燕地.

선화 2년(1120) 7월 18일 병진일, 금국은 여진인 사랄습
로[52]를 회답사로, 발해인 고수와 대적오를 회답 부사로 보임
하여 연경 지역 할양에 동의하는 그들의 국서를 보내왔다.

「金人國書」: 七月日①, 大金皇帝謹致書於大宋皇帝闕下. 隔於素昧, 未
相致於禮容, 酌以權宜, 在交馳於使副②, 期計③成於大事, 盡備露於信
章④. 昨因契丹皇帝重遭敗衄⑤, 竟是奔飛⑥(改作逃), 京邑立收, 人民坐
獲. 告和備禮, [004-08] 冊上爲兄, 理有未愼⑦, 斥令更餚⑧, 不自惟度, 尙
有誇淹, 致親領甲兵, 恭行討伐⑨.

① [按] 七月日: 袁本에서는 '七月十八日'로 썼다.
② [按] 副: 袁本과 四庫本에서는 '傳'으로 썼다.
③ [按] 期計: 袁本에서는 '共計'로 썼다.
④ [按] 信章: 袁本에서는 '信華'로 썼다.
⑤ [按] 敗衄: 袁本에서는 '敗衂'으로 썼다.
⑥ [討] 竟是奔飛: '見'을 '是'로 잘못 썼다. 교주를 따른다.
⑦ [按] 理有未愼: 袁本에서는 '理有未敦'으로 썼다.
⑧ [按] 斥令更餚: 袁本에서는 '斥令更飾'으로 썼다.
⑨ [按] 討伐: 袁本에서는 '順伐'로 썼다.

「금국 국서」의 내용은 다음과 같다.

선화 2년(1120) 7월 모일, 대금 황제는 대송 황제 궐하께 삼가 국서를 보냅니다. 멀리 떨어져 있어 일면식도 없고[53] 아직 서로 예로써 대면하지 못하였음에도 적절한 방편을 취하여 서로 사신을 오가게 하여 계책이 큰 일을 이룰 것이라는 기대감을 대체로 서신에 드러내셨습니다.

일전에 거란 황제가 거듭 패하더니 결국 도망쳐 버렸습니다. 그래서 도성을 가만히 서서 접수하고 백성들도 편히 앉아서 사로잡을 수 있었습니다. 그러자 강화하자고 아뢰면서 예를 갖추어 나를 형으로 책립하였으나 일을 처리함에 신중함이 부족하여 내 명령을 받아들이지 않고 말만 꾸며 댔을 뿐이었습니다. 스스로 처지를 헤아리지 못하고 오히려 제 잘 난 줄 알고 있는지라 몸소 군대를 이끌고 삼가 토벌하였던 것입니다.

途次有差到, 朝奉大夫趙良嗣、忠訓郎王瓌等奏言 : "奉御筆, 據燕京幷所管州城原是漢地, 若許復舊, 將自來與契丹銀絹轉交, 可往計議. 雖無國信, 諒不妄言." 已許上件所謀燕地幷所管漢民外, 據諸邑①及當朝擧兵之後皆散②到彼, 處餘③人戶, 不在許數. 至如契丹虔誠請和④, 聽命無違, 必不允應⑤. 若是將來擧軍, 貴朝不爲夾攻, 不能依得已許爲定.

① [按] 諸邑 : 『資治通鑑後編』 권100에서는 '諸色人'으로 썼다. 교주를 따른다.
② [按] 皆散 : 四庫本에서는 '背散'으로 썼고, 본권 10엽의 송조 「국서」에서는 '潰散'으로 썼다. 송조 「국서」를 따른다.
③ [按] 處餘 : 송조 「국서」에서는 '餘處'로 썼다. 교주를 따른다.
④ [按] 虔誠請和 : 袁本에서는 '請和'로 썼다.
⑤ [按] 允應 : 袁本에서는 '應允'으로 썼다.

행군 중 귀 조정에서 파견한 사신이 도착하였는데, 조봉대부 조량사와 충훈랑 왕괴 등이 와서 다음과 같이 상주하였습니다.

"어필을 받들어 왔습니다. 연경 및 그 관할 주현과 성은 원래 한인이 거주하던 곳이니 만약에 수복을 허여하신다면 예전부터 거란에게 주던 은과 견을 금국에게 돌려주겠다고 하시면서 가서 상의해 보라 하셨습니다. 비록 사신으로서의 증빙 문서와 부절[54]은 없지만 헛된 말이 아님을 양해하여 주십시오."

그래서 본 사안에 대해 논의하고 연경 지역과 그 관할 한인을 귀 조정에 넘겨줄 것을 허락하였습니다. 제색인[55] 및 귀 조정에서 거병한 뒤 무너지고 흩어져서 그 지역으로 간 다른 지역 사람들은 허여의 범위에 속하지 않습니다. 거란이 진정으로 강화를 청해 온다 해도 귀 조정의 명을 받들어 어기지 않을 것이며, 절대로 강화에 응하지 않을 것입니다. 그러나 만약 앞으로 우리가 거병하였음에도 귀 조정에서 협공하지 않는다면 이미 허여한 것을 받을 수 없는 것으로 확정합니다.

從於上京, 已曾遣回, 轉赴燕路, 復爲敵人遠背, 孳畜多疲, 已還士馬;
再命使人, 用報前由. 卽日據捉到上京鹽鐵使蘇壽吉、留守同知王民儆,
推官趙拱等, 俱貫燕城, 內摘蘇壽吉先行付去. 請發國書, 備言銀絹依准
與契丹數目歲交, 仍置権場. 及取前人家屬, 並餘二員, 卽當依應. 具形
別幅①, 冀亮遐悰. 令屬秋初, 善綏多福, 有少禮物, 具諸別錄. 今差勃
菫斯剌習魯②(改作貝勒錫喇薩魯)充使, 大迪烏、高隨充副, 同回前去. 專
奉書披陳. 不宣, 謹白.

① [按] 具形別幅: 袁本에서는 '具形敝幅'으로 썼다.
② [按] 勃菫斯剌習魯: 袁本에서는 '字菫斯剌習魯'으로 썼다.

상경에서 귀국 사신을 돌려보낸 후 길을 바꿔 연경 지역으로 진군하였는데, 다시 적군이 멀리 도망가 버렸고, 가축도 많이 지쳐 병사와 군마를 되돌렸습니다. 그리고 다시 사신을 보내 앞의 사정을 보고하게 하였습니다. 당일로 상경염철사 소수길, 상경유수[56]동지[57] 왕민효, 추관[58] 조공 등을 서둘러 체포하였는데, 이들은 모두 연경성 출신입니다. 이들 중 소수길을 골라 먼저 압송해 드립니다.

청컨대 국서를 보내 주시어, 거란에 매년 주던 수량만큼 은견을 준다는 것과 각장을 계속 유지한다는 것을 명시해 주시길 바랍니다. 아울러 소수길의 가족과 나머지 두 사람도 요구하시는 대로 응할 것입니다. 자세한 것은 별도로 적었으며 멀리 떨어져 있지만 깊은 마음이 전해지길 진심으로 바라마지 않습니다.

초가을을 맞아 편안하시고 다복하소서. 약간의 예물이 있사온데 별도의 문서에 상세히 적었습니다. 지금 발근[59] 사랄습로를 정사로, 대적오와 고수를 부사로 보임하여 귀국하는 사신과 함께 보내며, 삼가 국서를 받들어 올리고 말씀 아룁니다. 이만 말을 줄이며, 삼가 아룁니다.[60]

九月四日壬寅, 趙良嗣引習魯(改作錫喇薩魯)等入國門, 錫宴於顯靜寺, 衛尉少卿董耘押筵, 館於同文館.

선화 2년(1120) 9월 4일 임인일, 조량사는 사랄습로 등을 인도하여 도성의 성문으로 들어왔다. 현정사[61]에서 환영연[62]을 베풀어 주었으며, 위위시소경 동운이 연회를 주관하였다. 사신들을 동문관[63]에 투숙하게 하였다.

七日乙巳, 止作新羅人使引見, 入見於崇政殿. [004-09]

선화 2년(1120) 9월 7일 을사일, 신라 사신 접견에 준한 의례[64]로 숭정전[65]에 들어가 황상을 알현하였다.

上臨軒引習魯(改作錫喇薩魯)等, 捧國書以進, 見訖而退.

황상은 전전前殿으로 직접 행차하여 사랄습로 등을 인견하였다.[66] 사랄습로는 나아가 국서를 바치고 알현을 마친 뒤 물러났다.

八日丙午, 錫宴於童貫府第.

선화 2년(1120) 9월 8일 병오일, 동관의 관저[67]에서 연회를 베풀어 주었다.

是日, 諭習魯(改作錫喇薩魯)等 : "今來所約, 惟是貴國兵馬早到西京, 最爲大事." 習魯(改作錫喇薩魯)等對以 : "如一切約定, 本國兵馬必不失信." 又詔 : "引習魯(改作錫喇薩魯)等以下三節人從, 往相國寺及龍德太乙宮燒香."

322

이날 황상은 사랄습로 등에게 "이번 맹약에서는 뭐니 뭐니 해도 귀국 군대가 서둘러 서경에 진군하는 것이 가장 중요한 일이다."라고 하셨다. 그러자 사랄습로 등은 "맹약이 모두 확정되면 본국 군대는 반드시 약속을 지킬 것입니다."라고 하였다.

또 다음과 같은 내용의 조서를 받들었다.

"사신 사랄습로 이하 수행원[68]을 인도하여 상국사[69]와 용덕태을궁[70]에 가서 분향하도록 하라."[71]

十八日丙辰, 習魯(改作錫喇薩魯)等入辭于崇政殿, 如朝見之儀.

선화 2년(1120) 9월 18일 병진일, 사랄습로 등이 숭정전에 들어가 인사를 아뢰었는데, 조회의 의례에 준하였다.[72]

二十日戊午, 習魯(改作錫喇薩魯)等出國門, 錫宴於顯靜寺.

선화 2년(1120) 9월 20일 무오일, 사랄습로 등이 도성의 성문을 나갔다. 그 전에 현정사에서 연회를 베풀었다.

良嗣押筵, 王瓌充送伴. 差登州兵馬鈐轄、武義大夫馬政, 持國書及事目, 隨習魯(改作錫喇薩魯)等前去報聘, 約期夾攻, 求山後地, 許歲幣等事①.

左僕射王黼共議回答國書信, 再差馬政, 隨習魯(改作錫喇薩魯)過海②,
仍求割還山後雲中府地土, 差承節郎、京西北路武學③敎諭馬擴隨父行.

① [按] 良嗣押筵 … 許歲幣等事 : 袁本에서는 앞의 기사에 이어서 썼다.
② [按] 隨習魯過海 : 袁本에서는 '隨習魯等過海'로 썼다.
③ [按] 武學 : 袁本에서는 '武士'로 썼다.

조량사가 연회를 주관하고, 왕괴가 송반사[73]를 맡았다. 무의대부로 등
주 병마검할[74]에 제수된 마정을 파견하여 국서와 사목을 가지고 사랄습
로 등을 따라가 답방하여, 협공의 시기를 약속하고, 산후 지역[75]을 받아
내는 문제와 함께 세폐 허여 등에 관한 일을 처리하게 하였다.

좌복야[76] 왕보가 함께 협의하여 회답 국서를 작성한 뒤 다시 마정을 보
내 사랄습로 등을 따라 바다를 건너가 산후의 운중부로[77] 땅까지도 할양
해 달라고 요구하게 하고, 승절랑[78]으로 경서북로[79] 무학교유[80]에 제수된
마확[81]을 보내 그의 부친 마정을 수행하게 하였다.

「朝廷國書」: 九月日, 大宋皇帝謹致書於大金皇帝闕下. 遠承信介, 特
示函書, 具聆啟處之祥, 殊副瞻懷之素. 契丹逆天賊義, 干紀亂常, 肆害
忠良, 恣爲暴虐. 知夙嚴於軍旅, 用綏集於人民, 致罰有辭, 逖聞爲慰,
今者確示①同心之好, [004-10] 共圖問罪之師. 念彼羣黎, 舊爲赤子, 旣久
淪於塗炭, 思永靜②於方隅. 誠意不渝, 義當如約.

① [按] 確示 : 袁本에서는 '確是'로 썼다.
② [按] 靜 : 袁本에서는 '靖'으로 썼다.

조정 「국서」의 내용은 다음과 같다.

선화 2년(1120) 9월 모일, 대송 황제는 대금 황제 궐하께 삼가 국서를 보냅니다.[82] 멀리서 서신을 받자왔는데, 글을 특별히 보여 주시니 다복하게 편히 계심[83]을 잘 알 수 있었고, 이는 평소 생각하고 있던 것과 실로 다를 바 없습니다. 거란은 지금 하늘을 거역하고 의를 해치며 기강을 어지럽히고, 충성스럽고 어진 자를 함부로 해치며, 포학한 짓을 제멋대로 하였습니다.

대금 황제께서는 지혜로우시어 일찍부터 군대의 기강을 엄히 하셨고, 백성을 모아 편하게 어루만지셨으며, 징벌함에 있어서도 명분이 있으니 멀리서 들어도 위안이 됩니다. 이제 한마음이 된 우호 관계를 확실히 드러내어 함께 거란의 죄를 묻는 군대를 일으키고자 합니다. 저 백성[84]들을 생각해 보면, 옛날 우리 선량한 백성들이었습니다. 이미 오랫동안 도탄에 빠져 있었으니 그들을 변방에서나마 편안히 지낼 수 있게 해 주고자 합니다. 우리의 진정한 뜻은 변치 않을 것이며, 마땅히 맹약을 준수할 것입니다.[85]

已差太傅、知樞密院事童貫領兵相應, 使回, 請示擧軍的日, 以憑進兵夾攻. 所有五代以後所陷幽薊等州舊漢地及漢民, 幷居庸、古北、松亭、榆關已議收復. 所有兵馬, 彼此不得侵越過關外, 據諸邑[①]及貴朝擧兵之後潰散[②] 到彼, 餘處人戶, 不在收復之數. 銀絹依與契丹數目歲交, 仍置権場. 計議之後, 契丹請和聽命, 各無允從. 蘇壽吉家屬幷餘二員, 請依舊[③]津遣.

①[按] 諸邑:『資治通鑑後編』권100에서는 '諸色人'으로 썼다. 교주를 따른다.

이미 태부⁸⁶로서 추밀원지사에 제수된 동관에게 군대를 이끌고 가서 금군과 호응하게 하였으니 사신이 돌아올 때 정확한 거병 일자를 알려 주시면, 그에 맞춰 진군하여 협공하겠습니다. 오대 이래 함락당한 유계 등 옛 한인의 거주지와 한인들, 그리고 거용관⁸⁷·고북구·송정관·유관 등은 이미 우리 측이 수복하기로 논의한 바 있습니다. 양국 군대 모두 관문을 넘고 경계를 침범해서는 안 됩니다. 제색인 및 귀 조정에서 거병한 뒤 무너지고 흩어져서 그 지역으로 간 다른 지역 사람들은 우리 측 수복의 대상에 넣지 아니할 것입니다. 은과 견은 거란에 보내던 수량대로 해마다 보낼 것이며 각장 역시 계속 설치할 것입니다. 서로 합의한 후에는 거란이 강화를 청하며 명을 받들겠다 하더라도 양국 모두 윤허해서는 안 됩니다. 소수길의 가속들과 나머지 두 사람을 앞서 소수길처럼 보내 주실 것을 청합니다.

候當秋杪, 益介熙純, 今差武顯大夫、文州團練使馬政同差來使副還朝, 外有少禮物, 具諸別幅, 專奉書陳謝. 不宣, 謹白.

때는 늦가을로 점점 더 빛나고 아름다워집니다. 지금 무현대부⁸⁸로 문주⁸⁹ 단련사에 제수된 마정을 귀 왕조의 사신이 돌아가는 길에 함께 가게 하였으며, 약간의 예물이 있는데 별도 목록에 모두 적었습니다. 삼가 국서를 받들어 올리며 감사의 뜻을 표합니다. 이만 말을 줄이며, 삼가 아룁니다.

「事目」: 樞密院奉聖旨: 已差馬政, 同來使, 齎國書①, 往大金國. 所有
到日合行理會②議約事節, 若不具錄, 慮彼別無據憑, 今開列如後③.

① [按] 齎國書: 袁本에서는 '齎書'로 썼다.
② [按] 合行理會: 袁本에서는 '合行體會'로 썼다.
③ [按] 如後: 袁本에서는 '於後'로 썼다.

「의정 항목」의 내용은 다음과 같다.

추밀원에서는 다음과 같은 내용의 성지를 받들었다.[90]

"이미 마정을 차출하였으니 마정은 금국 사신과 함께 국서를 가지고 대금국으로 가라. 협약 시 의당 처리해야 할 모든 의정 사항을 자세히 기록해 놓지 않으면, 마정이 근거할 바가 없을까 우려되어 지금 다음과 같이 항목마다 상세히 적는다."

一, 昨來趙良嗣等到上京, 計議燕京一帶以來, 州城自是包括西京在內.
面奉大金皇帝指揮言: "我本不要西京, 只爲就彼挐阿适(改作阿古)去,
且雷著, 候將來挐了阿适(改作阿古), 都與南朝." 趙良嗣等又言: "欲先
取蔚、應、朔三州"; 却言: "候再來理會." 今來國書內所言五代以後所
陷幽薊等州舊漢地及漢民, [004-11] 卽是薊、涿、易、檀、順、營、平幷山
後雲、寰①、應、朔、蔚、嬀、儒、新、武皆係舊漢地也(內雲州改爲西京,
新州改爲奉聖, 武州改爲歸化). 除山前已定外, 其西京、歸化、奉聖、嬀、

儒等州, 恐妨大金兵馬夾攻來路, 當朝未去收復. 其蔚、應、朔三州, 正係兩朝出兵夾攻之處, 今議先次收復 ; 其西京、歸化、奉聖、媯、儒等州, 候將來大金國兵馬回歸之後, 當朝收復.

① [按] 寰 : 袁本에서는 '環'으로 썼다.

하나, 지난번 조량사 등이 상경에 도착하여 연경 일대의 일을 논의한 이래 서경을 수복해야 할 주와 성의 범위 안에 포함하는 것은 당연하다. 대금 황제를 직접 면대하고 그 지휘를 받들 때 "나는 본래 서경 땅을 원하지 않았다. 단지 아괄을 잡기 위해서 가는 것이고, 잠시 머물면서 장차 아괄을 붙잡기를 기다렸다가 서경 일대를 모두 남조에 넘겨줄 것이다." 라고 말씀하셨다. 이에 조량사 등이 "우선 울주·웅주·삭주 등 3개 주를 먼저 취하고자 합니다."라고 다시 말씀드렸다. 그러나 대금 황제는 "그때 가서 다시 처리하자."고 말씀하셨다.

이번 국서에서 언급한바 오대 이후 상실한 유주·계주 등의 옛 한인 거주지와 한인들이란 바로 산전의 계주·탁주[91]·역주·단주[92]·순주[93]·영주·평주, 그리고 산후의 운주·환주[94]·웅주·삭주·울주·규주[95]·유주[96]·신주[97]·무주 등을 포함한 구 한인 거주지를 말한다.[98]

[그 가운데 운주는 서경으로, 신주는 봉성주로, 무주는 귀화주로 개칭하였다.] 그 가운데 산전의 귀속 문제는 이미 결정되었으나 서경·귀화주·봉성주·규주·유주 등은 대금국 군대가 협공하러 오는 길을 방해할까 우려하여 우리 조정은 수복하러 가지 않기로 하였다.

그 가운데 울주·웅주·삭주 등 3개 주는 바로 우리 두 조정이 출병하여 협공하려는 곳인데, 이곳을 먼저 수복하는 문제를 이번에 협의하여야

한다. 서경·귀화주·봉성주·규주·유주 등은 장차 대금국 군대가 철군
한 후에 우리 조정이 수복하기로 한다.

하나, 이번 국서에서 예전에 거란에 주었던 은견 수량 50만 냥필을 모
두 허여하겠다고 밝힌 것은 본래 오대 이후에 상실한 유주·계주 일대가
옛 한인 거주지 및 한인이기 때문이다. 따라서 '유주·계주 일대'라는 말
에는 당연히 서경이 포함된 것임을 밝혀야 한다. 만약 그렇지 않다면 어
떻게 그 많은 은견을 기꺼이 허여할 수 있겠는가?

西京月日, 貴憑相應④.

① [按] 則 : 袁本에서는 '及'으로 썼다.

② [按] 議定 : 袁本에서는 '已定'으로 썼다.

③ [按] 須是 : 袁本에서는 '且是'로 썼다.

④ [評] 貴憑相應 : '賚'를 '貴'로 잘못 썼다.

　[按] 袁本에서는 '貴'를 齎로 썼다. 교주를 따른다.

　하나, 이번 협약 사항 가운데 가장 중대한 일은 적기에 협공하는 것이다. 대금 군대가 반드시 서경에 도달해야 대송 군대도 연경에서부터 응주·삭주로 진격할 것이다. 이렇게 해야 비로소 협공이라 할 수 있고, 이번 협약에 부응하는 것이다. 만약 앞으로 대금 군대가 서경에 도달하지 못하면 그것은 협약을 어긴 것이고, 그러면 우리도 이번 의정 문서를 이행할 수 없게 된다. 그러니 반드시 조기에 서경에 도달하여 우리가 적기에 협공할 수 있게 하여야 한다. 그리고 마정이 돌아올 때, 대금이 거병하여 서경에 도달할 날짜를 국서에 분명하게 명시해 주면 우리도 보내준 국서에 근거하여 호응할 것이다.

右箚付馬政, 候到日, 即據①上件語言事節, 一一開說, 如未信憑, 即出此聖旨文字, 并逐節照會相約, 不管漏落, 仍取的確回書, 庶早回歸. 准此繳申, 無致留滯者. [004-12]

① [按] 即據 : 袁本에서는 '執據'로 썼다.

　이상의 차자를 마정에게 주어 협약할 때, 위에 언급한 사안에 따라 하나하나 말하게 한다. 그 말을 믿지 않거든 성지에 따른 이 문서를 꺼내 보이고, 조목마다 대조하여 협약한다. 일부 누락 항목이 있더라도 확실한 회답 국서를 받아서 조속히 귀국하라. 이렇게 교부하여 설명한 바와 같이 이행하여 지체됨이 없도록 하라.

十一月二十九日丙寅, 馬政至女眞.

선화 2년(1120) 11월 29일 병인일, 마정이 여진에 이르다.

政等至女眞, 授以國書①, 及出事目示之. 阿骨打(改作阿固達)不認所許西京之語, 且言 : "平、灤、營三州不係燕京所管." 政不知元傳言之詳及平州元係燕地, 但對以唯唯, 遂畱虜(删此字)帳前月餘, 議論不決.

① [按] 政等至女眞, 授以國書 : 袁本에서는 '馬政至女眞. 以國書授之'로 썼다.

마정 등은 여진에 도착하여 국서를 전달하였으며, 가지고 온 의정 항목까지 보여 주었다.[99] 아골타는 서경 할양을 허용했다는 말을 부인했고,[100] 또 평주·란주·영주 등 3개 주는 연경 관할이 아니라고 말하였다.[101] 마정은 전해 들은 말의 상세한 원래 사정을 모르는 데다 평주가 원래 연경 소관이었음도 알지 못하여 그저 '예, 예'라고만 대답하였다.[102] 이렇게 여진 군영에서 한 달여를 머물렀지만, 논의를 매듭짓지 못하였다.

虜(改作金)人以朝廷欲全還山前山後故地故民意, 皆懷疑, 各以爲①:
"南朝無兵戎之備②, 止以已與契丹銀絹, 坐邀漢地. 且北朝所以雄盛過
古者, 緣得燕地漢人③也. 今一旦割還南朝, 不惟國勢微削, 兼退守五關
之北④, 以臨制南方, 坐受其弊⑤. 若我將來滅契丹, 盡有其地, 則南朝
何敢不奉我幣帛, 不厚我歡盟? 設若我欲南拓土疆, 彼以何力拒我? 又
何必跨海講好? 在我, 俟平契丹, 仍據燕地, 與宋爲隣, 至時以兵厭境⑥,
更展提封, 有何不可? 徐議未遲." 惟粘罕(改作尼堪)云: "南朝四面被邊,
若無兵力, 安能立國强大如此? 未可輕之, 當且良圖, 少留人使不妨."
阿骨打(改作阿固達)遂將馬擴隨行射獵.

① [按] 皆懷疑, 各以爲 : 袁本과 四庫本에서는 '皆疑各以爲'로 썼다.
② [按] 南朝無兵戎之備 : 袁本에서는 '南朝無兵武之備'로 썼다.
③ [按] 燕地漢人 : 袁本에서는 '燕地漢民'으로 썼다.
④ [按] 五關之北 : 袁本에서는 '五關之地'로 썼다.
⑤ [按] 坐受其弊 : 袁本에서는 '坐受其敝'로 썼다.
⑥ [許] 至時以兵厭境 : '壓'을 '厭'으로 잘못 썼다. 교주를 따른다.

북로는 우리 조정이 산전과 산후의 옛 한인 거주지와 한인들을 전부
환수하려는 의도에 대하여 모두 회의적이었다. 그리고 이런 말들을 하
였다.

"남조는 전쟁 준비도 하지 않고, 이전에 거란에게 주어 왔던 은견만으
로 한인 거주지를 앉아서 거저먹으려 한다. 또 북조가 옛날보다 흥성한
것은 연경의 한인을 얻었기 때문이다. 그런데 이제 하루아침에 남조에게
할양해 주고 나면 국세가 약해질 뿐 아니라 5관[103]의 북쪽으로 물러나 지
키면서 남방을 견제해야 하니 앉아서 그 폐해를 입게 될 것이다. 만약 앞

으로 우리가 거란을 멸망시키고 그 땅을 다 차지한다면 남조가 어찌 감히 우리에게 세폐를 바치지 않고, 우리와의 맹약을 더욱 중시하지 않을 수 있겠는가? 그리고 설령 우리가 남쪽으로 강토를 넓히고자 한들 저들이 무슨 힘으로 우리를 막겠는가? 도대체 무엇 때문에 구태여 바다를 건너가면서까지 우호 관계를 맺는단 말인가? 우리로서는 거란을 평정한 다음에 연경을 근거지로 삼아 송조와 국경을 마주하고, 때가 되면 군대로 국경을 압박하여 영토[104]를 더욱 넓힌다면 안 될 것이 무엇인가? 이 일은 천천히 의논해도 늦지 않다."

오직 점한만 다음과 같이 말하였다.

"남조는 사방이 변방으로 둘러싸여 있는데, 만일 병력이 없다면 어찌 이같이 강대한 국가를 세울 수 있었겠는가? 그들을 가볍게 볼 수 없으니 좀 더 치밀하게 계획하여야 한다. 사신을 좀 더 머물게 하는 것도 나쁘지 않다."

그리하여 아골타가 마확을 데리고 사냥을 나갔다.

馬擴『茆齋自敍①』曰 : 阿骨打(改作阿固達)一日集眾酋豪(改作部將), 出荒漠打圍射獵. 粘罕(改作尼堪)與某並轡, 令譯者相謂曰 : "我聞南朝人止會文章, 不會武藝, 果如何?" 某答以 : "南朝大國, 文武常分兩階. 然而武有兼深文墨, 文有精曉兵務者, [004-13] 初不一槪言也."

①[按]『茆齋自敍』: 袁本에서는 '『茅齋自敍』로 썼다.

마확의『모재자서』[105]에는 다음과 같이 적혀 있다.

하루는 아골타가 추장들을 모아 몰이사냥을 하러 광야로 나갔다. 점한이 나와 말고삐를 나란히 하더니 통역관을 통해 "내가 듣기로 남조 사람들은 글만 알고, 무예를 모른다던데, 정말 그러한가?"라고 말을 건넸다. 이에 나는 "남조는 대국이어서 항상 문관과 무관 둘로 나눕니다. 하지만 무관 중에도 문장에 조예 있는 이가 있고, 문관 중에도 무예에 정통한 이가 있어, 한마디로 어떻다고 말할 수는 없습니다."라고 대답하였다.

粘罕(改作尼堪)云："聞敎諭兵書及第, 莫煞①會弓馬否?"某答以："武② 擧進士, 取在義策, 弓矢特其挾色耳." 粘罕(改作尼堪)遂取已所佩弓授 某云："且煩走馬開弓, 願得畧見③南人射弓手段." 某遂策馬挽弓④, 作 射物狀, 粘罕(改作尼堪)愕然. 馬行積雪中, 雖晴日不消. 至晚, 阿骨打 (改作阿固達)召某云："聞南使會開弓, 來日隨我射一物如何?"僕答以： "武擧射生非所長, 容試射之, 恐或有得⑤?"

① [按] 莫煞：袁本에서는 '莫聯'으로 썼다.
② [按] 武：袁本에서는 '我'로 썼다.
③ [按] 願得畧見：袁本에서는 '願見'으로 썼다.
④ [按] 挽弓：袁本에서는 '開弓'으로 썼다.
⑤ [按] 恐或有得：袁本에서는 '或有得'으로 썼다.

점한이 "무학교유인 그대는 병서로 급제했다고 들었는데, 말을 탄 채 활쏘기도 잘하겠지요?"라고 물었다. 나는 "무과 진사[106]는 책략 심의를 중심으로 선발하고, 활쏘기는 그냥 구색 맞추기일 뿐입니다."라고 답했다. 그러자 점한은 곧 자기가 지니고 있던 활을 나에게 주며 "좀 번거롭겠지만, 말을 달리며 활을 한번 쏴 보시겠소? 남쪽 사람의 활쏘기 솜씨를 좀 보고 싶소."라고 요청하였다.

그래서 나는 말에 채찍질하고[107] 달리며 활을 당겨 짐승을 쏘는 동작을 해 보였다. 그러자 점한은 자못 놀란 모습이었다. 쌓인 눈 속에 말을 끌고 다녔는데 햇살이 아주 좋았는데도 눈이 녹지 않았다. 저녁이 되자 아골타가 나를 불러 "듣자니 남조 사신이 활을 잘 쏜다던데, 내일 나와 함께 활로 짐승 한 마리 잡아 보면 어떻겠는가?"라고 제안하였다. 그래서 나는 "무과지만 진사 출신이라 활을 쏴서 산 짐승을 잡는 일은 잘하지 못합니다. 시험 삼아 쏘게 해 주시면 어쩌다 맞히는 게 있을지도 모르겠습니다."라고 하였다.

翌早, 阿骨打(改作阿固達)設一虎皮, 坐雪上, 授僕弓矢各一, 其弓以皮爲弦 ; 指一積雪①, 使某射之. 再中其端, 阿骨打(改作阿固達)笑曰 : "射得煞好! 南朝射者, 盡若是乎?" 僕答以 : "措大弓箭軟弱不堪, 如在京則有子弟所、長入祗候、諸班直、天下禁軍諸路大事藝人及沿邊敢(添一勇字)、效用、弓箭手、保甲, 彼乃武藝精壯之人, 如某特其小小者耳."

① [按] 積雪 : 袁本에서는 '雪磧', 四庫本에서는 '雪積'으로 썼다.

다음 날 아침, 아골타가 호랑이 가죽 한 장을 깔고 눈밭에 앉아 나에게 활과 화살을 하나씩 주었는데, 그 활은 활시위가 가죽으로 되어 있었다. 아골타는 눈더미 하나를 가리키며 나에게 그것을 쏘아 보라고 하였다. 눈더미 꼭대기를 두 번 맞추었더니, 아골타가 웃으며 "참 잘 쏘는구나! 남조에서 활 쏘는 사람들은 다 그 정도인가?"라고 물었다. 나는 이렇게 답하였다.

"사인[108]들이야 활 솜씨가 변변치 않지만, 도성의 경우 자제소[109]와 장입

지후,[110] 각 당직 금위군,[111] 전국의 금군 및 각 로의 많은 고수, 그리고 변방의 감용군[112]과 효용병,[113] 궁전수[114]와 보갑[115]이야말로 무예에 정통한 장사들이라 하겠지요. 저 같은 사람은 그저 조금 할 뿐입니다.”

良久, 阿骨打(改作阿固達)上馬, 顧[①]大迪烏授某弓一、射生箭一, 約云 : “有獸起, 卽射之.” 行二里許, 一黃麞[②]躍起, 阿骨打(改作阿固達)傳令云 : “諸將[③]未許射, 令南使先射.” 某躍馬馳逐, 引弓一發殪之. 自阿骨打(改作阿固達)而下皆稱善. 是晚, 粘罕(改作尼堪)言 : “見皇帝, 說 : ‘射得煞好, 南使射中, 我心上快活.’” 次日還館, 大迪烏見先君語甚喜.

① [按] 顧 : 袁本에서는 ‘令’으로 썼다.
② [按] 黃麞 : 袁本에서는 ‘黃獐’으로 썼다.
③ [按] 諸將 : 袁本에서는 ‘諸軍’으로 썼다.

　한참 있다가 아골타가 말에 오르고 눈짓으로 대적오를 시켜 나에게 활 하나와 짐승 사냥용 화살 한 개를 주면서 “짐승이 나타나면 즉시 쏘거라.”라고 하였다. 2리쯤 갔는데, 누런 노루 한 마리가 튀어나왔다. 아골타가 “다른 장수들은 쏘지 말고, 남조 사신이 먼저 쏘게 하라.”고 명령을 전달하게 하였다.

　나는 말을 내달려 쫓아가며 활을 당겨 한 발에 쓰러뜨렸다. 아골타부터 부하에 이르기까지 모두가 잘했다며 칭찬하였다. 그날 저녁, 점한이 “황제를 뵈었더니 ‘정말 잘 쏘더구나, 남조 사신이 화살을 적중시키니까 내 마음이 정말 즐겁더라’고 하셨습니다.”라고 말하였다. 다음날 숙소로 돌아왔는데, 대적오가 아버지를 만나 얘기하며 매우 기뻐하였다.

次日, 阿骨打(改作阿固達)遣其弟韶瓦①(改作碩哈)郎君, [004-14] 賫貂裘、錦袍、犀帶等七件, 云："南使能馳射, 皇帝賜." 粘罕(改作尼堪)父撒玫②(改作薩哈)相公者云："南使射生得中, 名聽甚遠, 可立一顯名, 今後喚作也力麻立(改作伊勒瑪勒)." 譯云'善射之人'也. 某隨打圍③, 自來流(改作拉林)河阿骨打(改作阿固達)所居, 指北帶東④, 行約五百餘里, 皆平坦草莽, 絕少居民, 每三五里之間, 有一二族帳, 每帳族不過三五十家.

① [按] 韶瓦：袁本에서는 '詔瓦'로 썼다
② [按] 撒玫：袁本에서는 '撒玫'로 썼다.
③ [按] 某隨打圍：袁本에서는 '隨共打圍'로 썼다.
④ [按] 指北帶東：袁本에서는 '指帶東'으로 썼다.

다음 날 아골타는 아우인 소와 낭군을 보내 담비 가죽, 비단 겉옷, 서각으로 장식한 허리띠 등 일곱 가지 선물을 주며 "남조 사신께서 말 타고 활 쏘는 데 능하여 황제께서 하사하는 것이요."라고 전하였다. 점한의 아버지 살해 상공이라는 이도 "남조 사신이 산 노루를 쏘아 맞춰 명성이 널리 퍼졌으니 좋은 이름을 줄 만합니다. 앞으로 '야력마립'이라 부릅시다."라고 하였다. 번역하면 '활 잘 쏘는 사람'이라는 뜻이다.

나는 몰이사냥을 따라나서 래류하[116]의 아골타 거주지부터 북동쪽으로 대략 500여 리를 갔다. 그곳은 모두 평탄한 초원이고 사는 사람은 거의 없었다. 3~5리마다 장막[117]으로 이루어진 마을이 한두 개씩 있었는데, 마을마다 30~50가구가 넘지 않았다.

自過咸州至混同江以北, 不種穀麥①, 所種止稗子, 春糧旋炊硬飯②. 遇
阿骨打(改作阿固達)聚諸酋(改作將)共食, 則于炕上用矮擡子或木盤相接,
人置稗子飯一盌③, 加匕其上 ; 列以藘韮、野蒜、長瓜, 皆鹽漬者. 別以
木楪盛猪、羊、鷄、鹿、兎、狼、獐、麂、狐、狸、牛、驢、犬(删此二字)、
馬、鵝、雁、魚、鴨、蝦、蟆(删此二字)等肉④, 或燔或烹, 或生臠, 多以
芥蒜汁漬沃⑤. 陸續供列, 各取佩刀, 臠切薦飯, 食罷, 方以薄酒傳杯冷
飲 ; 謂之御宴者, 亦如此.

① [按] 穀麥 : 袁本에서는 '穀黍'로 썼다.
② [許] 所種止稗子, 春糧旋炊硬飯 : 일부 판본에서는 '糧'을 '米'로, 硬을 '粳'으로 썼다.
③ [按] 稗子飯一盌 : 袁本에서는 '稗飯一碗'으로 썼다.
④ [按] 狼・獐・麂 … 蝦・蟆等肉 : 袁本에서는 '狼・麂・麖 … 蝦・蟆等肉'으로 썼다.
⑤ [按] 多以芥蒜汁漬沃 : 袁本에서는 '多芥蒜漬沃'으로 썼다.

함주를 지나 혼동강 이북까지는 겉보리도 심지 않고, 돌피만 심었으며, 그것을 찧어 곧바로 거친 밥을 지었다.[118] 아골타가 여러 추장을 불러함께 식사할 때면, 온돌 위에 낮고 긴 상과 나무 소반을 서로 이어 놓고, 사람마다 돌피 밥 한 그릇을 놓고 숟가락을 그 위에 얹었다. 반찬으로는부추·마늘·오이를 올려놓았는데,[119] 모두 소금에 절인 것이었다.

그 밖에 따로 나무 접시에 돼지·양·닭·사슴·토끼·이리·노루·사슴·여우·너구리·소·당나귀·개·말·거위·기러기·물고기·오리·새우·개구리 등의 고기를 담아 놓았는데, 굽거나 찌고 혹은 생으로 얇게 썰었으며, 대개는 겨자나 마늘로 만든 즙에 담근 것이었다. 음식을 계속해서 내놓으면 각자 가지고 있는 칼로 잘게 썰어 밥에 얹어서 먹었다. 음식을 다 먹으면 비로소 차고 멀건 술을 잔을 돌려 가며 마셨다. 소위 황제의 연회라고 하는 것도 이와 같았다.

自過嬪、辰州、東京以北, 絶少羊麵^①, 每晨及夕^②, 各以射到^③禽獸薦飯, 食畢, 上馬. 每旦, 阿骨打(改作阿固達)於積雪上^④, 以草薦一虎皮, 背風而坐, 前燎草木；率諸酋(改作將)至, 各取所佩箭一隻^⑤, 擲占遠近, 各隨所占, 左右上馬, 放圍^⑥. 軍馬單行, 每騎相去五七步, 接續不絶, 兩頭相望, 常及一二十里. 候放圍盡, 阿骨打(改作阿固達)上馬, 去後隊一二里立；[004-15]認旗行, 兩翼騎兵視旗進趨.

①[按] 羊麵 : 翁本에서는 '麥麵'으로 썼다. 교주를 따른다.
②[按] 每晨及夕 : 袁本에서는 '每日'로 썼다.
③[按] 射到 : 袁本에서는 '射倒'로 썼다.
④[按] 積雪上 : 袁本에서는 '積雪中'으로 썼다.
⑤[按] 所佩箭一隻 : 袁本에서는 '所別箭一隻'으로 썼다.
⑥[按] 放圍 : 袁本에서는 '放所布'로 썼다.

빈주[120]·진주[121]를 지나 동경 이북[122]은 보리와 밀이 거의 없어 매일 아침 저녁 각자 사냥한 고기를 밥에 얹어서 먹었다. 밥을 다 먹으면 말에 올랐다. 매일 아침 아골타는 쌓인 눈 위에 풀로 엮은 자리를 편 뒤 호피 한 장을 깔고 바람을 등지고 앉고 앞쪽에서 풀이나 나뭇가지를 태웠다.

따르는 여러 추장이 오면 각자 가지고 있던 화살 하나를 던져 원근을 정한 뒤 각자 정해진 위치에 따라 좌우로 나누어 말에 올라 포위망을 만들었다. 군마는 한 줄로 행군했고, 말 사이의 거리는 항상 5~7보를 유지하여 서로 끊이지 않도록 하였다. 좌우 양 끝단은 항상 대략 10~20리[123]가

되었다. 포위망이 다 만들어지면 아골타가 말에 올라 후미 대오로부터 1~2리 거리를 두고 섰다. 행군 지휘용 깃발[124]이 움직이면, 양쪽 기병이 그 깃발을 보고 달려갔다.

凡野獸自內赴外者①, 四圍得迎射；自外赴內者②, 須主酋(改作帥)先射. 凡圍如箕掌, 徐進約三四十里, 近可宿之處, 卽兩梢合圍③漸促, 須臾, 作二三十匝, 野獸迸走, 或射或擊, 盡斃之. 阿骨打(改作阿固達)復設皮坐, 撒火炙啗, 或生臠, 飮酒一兩盃④, 騎散止宿. 阿骨打(改作阿固達)嘗言："我國中最樂無如打圍." 其行軍步陣⑤大槪出此.

① [按] 自內赴外者 : 袁本에서는 '自內起外者'로 썼다.
② [按] 自外赴內者 : 袁本에서는 '自外起內者'로 썼다.
③ [按] 兩梢合圍 : 袁本에서는 '兩稍合圍'로 썼다.
④ [按] 一兩盃 : 袁本에서는 '一兩杯'로 썼다.
⑤ [按] 步陣 : 袁本에서는 '布陣'으로 썼다. 교주를 따른다.

무릇 들짐승이 포위망 밖으로 달아날 때면 둘러싸고 있던 기병들이 기다렸다가 활을 쏘고, 포위망의 안쪽으로 달아나는 짐승은 추장이 먼저 활을 쏘도록 기다렸다. 포위망의 모양은 마치 삼태기와 같았으며 서서히 30~40리를 몰아가다가 숙영할 만한 곳에 이르면 포위망의 두 끝을 모아 점점 포위망을 좁혀들어 순식간에 20~30겹이 되게 한다. 그러면 짐승들이 흩어져 달아나도 활로 쏘거나 몽둥이로 쳐서 모두 죽였다.

아골타가 다시 가죽을 펴고 앉으면 불을 피워 고기를 구워 먹거나 혹은 날로 저며서 먹으면서 술을 한두 잔씩 마셨다. 그리고 기병들은 숙소로 흩어졌다. 아골타는 일찍이 "우리나라에서 가장 즐거운 일로 몰이사냥보다 더한 것이 없다."고 하였다. 그들의 행군과 진지 설치 등은 대체로 몰이사냥을 하는 방식에서 나온 듯하다.

出獵旣還, 乃令諸郎君家, 各具酒餚, 請南使赴飮. 十餘日, 始造國書. 時適元日①, 隔夕, 令大迪烏具車仗, 召南使赴宴. 凌晨出館赴帳前, 近行五里. 阿骨打(改作阿固達)與其妻大夫人者, 於炕上設金裝交椅二副並坐 ; 阿骨打(改作阿固達)二妻皆稱夫人, 次者摳衣, 親上食物.② 以名馬弓矢劍槊爲獻③, 且曰 : "臣下有邪謟④姦佞、不忠不孝者, 願皇帝代上天, 以此劍此弓誅殺之." 各跪上壽杯, 國主酬酌之, 次令南使上壽盃於國主及夫人. 飮畢, 阿骨打(改作阿固達)親遞⑤二盃酬南使.

① [按] 時適元日 : 袁本에서는 '時適經元日'로 썼다.
② [按] 阿骨打二妻皆稱夫人, 次者摳衣. 親上食物 :『欽定滿洲源流考』권18에는 이 단락이 없다.
  [按] 親上食物 : 袁本에서는 '親饋什物'로 썼다.
③ [按] 以名馬弓矢劍槊爲獻 :『欽定滿洲源流考』권18에서는 '群臣以名馬弓矢劍槊爲獻'으로 썼다. 교주를 따른다.
④ [按] 邪謟 : 袁本에서는 '謟邪'로 썼다.
⑤ [按] 遞 : 袁本에서는 '酌'으로 썼다. 교주를 따른다.

사냥에서 돌아온 뒤, 여러 낭군에게 집집마다 술과 안주를 준비하여 남조 사신을 청해 연회를 베풀라고 명하였다. 10여 일이 지나자 비로소 국서를 작성하기 시작하였다. 이때가 마침 설 즈음이었다. 그믐날 대적오에게 명하여 수레와 의장을 갖추고 남조 사신을 불러 연회에 참석하라고 하였다.

　새벽녘에 숙소에서 나와 군영까지 5리 정도 갔는데, 아골타와 대부인
이라고 하는 그의 아내가 온돌 위에 금으로 장식한 의자[125] 두 개를 놓고
함께 앉아 있었다. 아골타의 두 아내 모두 부인이라고 칭하였는데, 그중
둘째 처는 옷을 추켜 올리고, 직접 음식을 올렸다. 신하들이 명마, 활과
화살, 칼과 창을 바치면서 다음과 같이 말하였다.

　"저희 가운데 사악하고 간사하여 아첨하거나, 불충·불효한 자가 있으
면 황제께서 하늘을 대신하여 이 칼과 활로 그를 죽이길 원합니다."

　각자 무릎을 꿇고서 장수를 기원하며 잔을 올렸고, 국주國主도 신하들
에게 술잔을 돌렸다. 그리고는 남조의 사신에게 국주와 부인에게 장수를
기원하는 잔을 올리라고 하였다. 술을 마시고 난 뒤 아골타는 직접 술 두
잔을 따라 송의 사신에게 내렸다.

阿骨打(改作阿固達)云: "我家自上祖相傳, 止有如此風俗, 不會奢餻①,
秖得②這箇屋子, 冬暖夏涼, 更不別③修宮殿, 勞費百姓也. 南使勿笑."
然當時④已將上京掠到大遼樂工, 列於屋外, 奏曲薦觴, 彼⑤左右親近郎
君輩玩狎悅樂, 獨阿骨打(改作阿固達)不以爲意, [004-16] 殊如不聞. 宴畢,
令南使往粘罕(改作尼堪)家. 議事畢, 遣使隨馬政來.

①[按] 奢餻: 袁本에서는 '奢飾'으로 썼다.
②[按] 秖得: 袁本에서는 '祇得'으로 썼다.
③[按] 不別: 袁本에서는 '不必'로 썼다.
④[按] 然當時: 袁本에서는 '當時'로 썼다.
⑤[按] 彼: 袁本에서는 '于'로 썼다. 교주를 따른다.

아골타는 다음과 같이 말하였다.

"우리 조상 대대로 풍속은 그저 이와 같을 뿐 사치하거나 꾸미지 않는다. 이 집만 해도 겨울에 따뜻하고 여름에 시원하면 됐지, 별도로 궁궐을 짓느라 백성들을 고생시키지 않았다. 남조 사신은 비웃지 말기 바란다."

그러나 당시 이미 상경에서 끌고 온 대요의 악공들을 뜰에 늘어놓고 연주하게 하고 술잔을 돌리며 그 좌우의 측근 낭군들은 경박하게 놀면서 즐겼고, 단지 아골타만 거기에 마음을 두지 아니하였는데, 마치 음악이 귀에 들리지 않는 듯하였다. 연회를 마치고, 남조 사신에게 점한의 집에 가라고 명하였다. 논의를 마치자 사신을 파견하여 마정과 함께 등주로 가게 하였다.

宣和三年正月, 金人差曷魯(改作赫嚕)、大迪烏充使副, 持書來議夾攻.

선화 3년(1121) 정월, 금국은 갈로와 대적오를 정사와 부사로 보임하여 파견하면서 국서를 가지고 와서 거란에 대한 협공을 상의하였다.

「金人國書」 : 正月日, 大金皇帝致書於大宋皇帝闕下. 適紆使傳, 遙示音華①, 載詳別屬之辭, 備形書外之意 ; 事須審而後度, 禮當具以先聞. 昨者趙良嗣等回, 許與燕京幷所管州鎭, 書載若不夾攻, 難應已許. 今若更要西京②, 只請就便計度收取 ; 如難果意③, 冀爲報示! 有此所由, 未

言擧動的期. 所有關封決當, 事後④. 春令在始, 善祝多祺! 今差孛菫曷
魯(改作貝勒赫嚕)、大迪烏充國信使副, 有少禮物, 具諸別錄, 專奉書. 不
宣, 謹白.

① [按] 音華 : 袁本에서는 '英華'로 썼다.
② [按] 更要西京 : 袁本에서는 '便要西京'으로 썼다.
③ [按] 如難果意 : 본서 卷11의 12엽 '金人國書'에서는 '如果難意'로 썼다. 교주를 따른다.
④ [許] 所有關封決當, 事後 : '決當' 뒤에 '載知, 亦當熟慮' 6字가 빠졌다. 교주를 따른다.
   [按] 袁本에서는 '亦當'을 '亦曾'으로 썼다.

「금국 국서」의 내용은 다음과 같다.

선화 3년(1121) 정월 모일에 대금 황제는 대송 황제 궐하께 삼가 국서를 보냅니다. 이번에 사신을 통해서 멀리서 좋은 말씀을 전해 주셨습니다. 각별한 당부의 말씀을 자세히 적으셨고, 서신을 넘어선 간곡한 뜻도 갖춰 주셨습니다. 일은 신중히 살펴본 뒤에 헤아려야 할 터이니 예의상 우리 생각을 먼저 말씀드리겠습니다.

지난번에 조량사 등이 돌아갈 때 연경 및 그 관할 주와 진의 할양을 허여하였습니다. 그러나 만약 협공하지 않는다면, 이미 허여한 것을 실현하기 어렵다고 국서에 기술하였습니다. 지금 만약 서경까지도 원하신다면, 어떻게 취하실지는 편의대로 하시기를 청할 뿐입니다. 만약 쉽지 않다고 생각하시면 우리에게 통보해 주시기를 바랍니다. 이런 까닭으로 거병 기일을 말씀드리지 않았습니다. 경계에 관한 모든 결정은 일을 끝낸 뒤에야 처리할 수 있으니 또한 숙려하실 필요가 있습니다.

봄이 막 시작되고 있는데 다복하소서. 지금 발근 갈로와 대적오를 국신사[126]와 부사에 보임하여 파견합니다. 약간의 예물이 있사온대, 별도의

344

문서에 상세히 적었습니다. 삼가 국서를 받들어 올리며 이만 말을 줄입니다. 삼가 아룁니다.

賜進士出身頭品頂戴四川等處承宣布政使司布政使淸苑許涵度校刊. [004-17]

‘사진사출신’이며 특별히 정1품 관모를 쓸 수 있도록 허락받은 사천성 승선포정사사의 포정사인 보정부 청원현 출신 허함도가 교감하여 간행하다.

○ ● ○

『三朝北盟會編』, 卷4, 校勘記

忠訓郞王瓔充使(訓誤作翊) 四月十四日抵薊州關下(薊誤作蘇) 便敎起兵相應趣歸(趣誤作輒) 南兵不得過松亭古北楡關之南(南兵誤作北兵) 候來年約日同擧爲之恐失信(爲之二字一作惟) 故請使副回見楊朴(脫故字) 其他界至(他誤作地) 于立等兵級二十八人(于誤作於) 竟見奔飛(見誤作是) 已盡許舊日所與契丹五十萬銀絹之數(盡許誤作許盡) 賞憑相應(賞誤作貴) 至時以兵壓境(壓誤作厭) 所種止稗子舂糧旋炊硬飯(糧一作米硬一作粳) 所有關封決當事後載知亦當熟慮(脫載知六字)

1 忠翊郎은 政和 2년(1112)에 설치한 무관 寄祿官 가운데 가장 낮은 小使臣 등급에 속한 관명이다. 紹興 연간에 제정한 52개 품계 중 48위이며 正9品에 해당하며 小使臣 가운데 4位이다. 忠翊郎을 사신으로 보임하는 것은 상례가 아니다.

2 朝議大夫 : 문관 寄祿官 30개 품계 중 15위이며 正6品이다. 承務郎(9品)부터 朝請大夫까지는 4년에 1단계 승급할 수 있으나 朝議大夫부터는 결원이 있어야만 승급할 수 있다.

3 歸朝官 : 거란·금에서 살다가 송으로 넘어온 사람을 가리켜 통상 歸正人·歸明人·歸朝人이라고 칭하고, 관리는 '송의 조정으로 돌아온 관리'라는 뜻에서 歸朝官이라고 칭하였다. 歸正이란 '事必歸正·改邪歸正'처럼 잘못된 곳으로부터 바른 곳으로 돌아온다는 말이어서 중원왕조의 자국중심주의·우월주의를 반영하는 용어다.

4 忠訓郎 : 政和 2년(1112)에 설치한 무관 寄祿官 가운데 가장 낮은 小使臣 등급에 속한 관명이다. 紹興 연간에 제정한 52개 품계 중 47위이며 正9品에 해당하며 小使臣 가운데 3位이다. 忠翊郎보다 1단계 높긴 하나 사신으로 보임하기에는 역시 부적절해 보인다.

5 王瓛 : 거란 관리였다가 가족과 함께 山西의 忻州와 代州를 통해 송조로 귀순한 뒤 登州지사에 임명된 王師中의 아들이다. 거란 사정에 밝고 박식하며 언변도 뛰어나서 대금 외교 담당자로 발탁되었고, 무관으로 연경 인수에도 참여하였다.

6 詔書 : 皇帝가 신민에게 공포하는 문서를 가리킨다. '詔'는 원래 일반 행정문서를 뜻하였으나 진시황이 '命'을 '制'로, '令'을 '詔'로 개칭하게 한 뒤 황제 전용어로 만들었다. '詔勅'은 황제의 명령을 뜻하는 용어로 '詔'는 秦에서, '勅'은 漢에서 처음 사용하였다. 漢代 이후 하달문서를 폭넓게 '勅'이라고 하였는데, 唐 顯慶 연간(656~661)에 鳳閣·鸞臺를 거친 것만 '勅'이란 용어를 쓰도록 규정하였지만 실제로

는 여전히 폭넓게 사용하였다. 후대에는 황제의 사면령을 가리켜 '勅詔'라고 하기도 했다. 唐朝는 조서를 冊書·制書·慰勞制書·發日勅·勅旨·論事勅書·勅牒 등 7종으로 구분하였고, 宋도 그 제도를 계승하였지만, 반드시 중서문하성과 추밀원을 거치도록 한 점이 당조와 구분된다.

7 趙良嗣(?~1126) : 거란 南京道 析津府 潞陰縣(현 북경시 通州區 潞縣鎭) 사람이며 본래 이름은 馬植인데, 송조로 넘어온 뒤 휘종이 李良嗣라는 이름을 하사하였고, 다시 趙良嗣로 바꾸게 하였다. 거란에서 光祿寺卿을 지냈다. 거란에 사신으로 파견된 童貫을 은밀히 만나서 귀순할 의사를 밝히면서 여진과 연합해 거란을 멸망시키자는 '해상동맹' 제안을 하였다. 송조로 투항한 뒤 휘종의 신임을 얻고 宣和 2년(1120)부터 모두 일곱 차례 여진에 사신으로 파견되어 송금동맹을 성사시켜 龍圖閣直學士로 승진하였고, 연경을 점령한 뒤에는 光祿大夫로 승진하였다. 하지만 張覺의 귀순을 허용해서는 안 된다고 주장하였다가 郴州(현 호남성 郴州市)로 귀양을 갔고, 다시 국난을 초래한 죄로 靖康 1년(1126)에 처형당하였다. 거란에서 태어나 송의 군사력에 대해 정확하게 이해하지 못한 상태에서 遠交近攻을 주장하여 분란을 초래하고 결국 송을 파멸로 몰아넣었으며, 동북아 정세에 일대 변화를 초래한 인물이 되었다. 송금동맹 체결을 위한 교섭 과정을 적은 『燕雲奉使錄』을 썼고, 그 내용이 본서에 상세히 수록되어 있다.

8 國書禮 : 국서는 국가 간 외교에 필요한 공식 문서이므로 국서를 보내거나 받을 때는 그에 부합하는 의전 절차가 따라야 한다. 그것을 가리켜 國書禮라고 한다. 일반적으론 사신이 무릎을 꿇고 국서를 내시에게 전해주면 내시가 황제에게 전달하는데, 이런 상세한 절차는 양국 합의에 따른다. 남송 초에는 금국 국서를 남송 황제가 직접 받아야 했다. 교빙관계를 체결한다면 당연히 국서례를 택하여야 할 것이다.

9 거란에서 관리로 있다가 송으로 넘어온 趙有開가 오히려 조공체제에 따른 강경론을 주장하고 있다.

10 『續資治通鑑』 권93에 따르면 당시 여진은 거란에게서 東懷國主에 책봉을 받은 상태인데도 "망령되이 '우리 여진은 항상 (송조와) 수교를 맺길 기원하였습니다.'라고 거짓으로 그 표문을 올려 아뢰었다.(且妄言女直常祈修好, 詐以其表聞)"고 하였다.

11 첩문 : 원문은 '牒'이다. 대등한 위상의 관청 상호 간에 오가는 문서여서 존칭어

를 사용하지 않는 것이 일반적이다. 따라서 등주에서 발급한 牒文을 외교문서로 쓰는 것은 적절하지 않다.

12 문서 : 원문은 '移文'이다. 본래 다자간 외교가 성행하였던 전국시대에 각국 관원 사이에서 오가던 문서에서 유래한 용어인데, 후에는 직속 기관이 아닌 대등한 부서 사이에서 오간 문서를 뜻하였다. '移' 또는 '移書'라고도 한다.

13 行牒 : 관리가 출장 갈 때 사용하는 신분 증서를 말한다. '移行 공문'을 뜻하기도 한다.

14 의장용품 : 원문은 '鹵簿'이다. '鹵'는 '櫓'의 通假字로서 '방패', 簿는 '문서'로서 황제의 거둥에 필요한 군인·무기·수레·깃발·악대 등과 그에 따른 서류를 뜻한다. 周代에 제후를 분봉할 때 분봉의 정통성을 과시할 수 있도록 노부를 하사한 데서 유래하였다.

15 法駕 : 황제가 출궁할 때 사용하는 수레는 의장 규모에 따라 大駕·法駕·小駕로 구분한다. 『後漢書』「輿服·上」에 따르면 "하늘에 대한 제사나 교사에는 法駕로 하고, 地神이나 明堂에 대한 제사에는 그 규모를 法駕의 3/10을 줄이고, 종묘에 대한 제사에는 더욱 줄여 小駕로 한다." 大駕는 규모가 가장 커서 황제의 수레는 물론 皇帝를 대신하는 용어로도 쓴다. 『唐六典』에 따르면 大駕는 正車 5輛, 副車 5輛, 屬車 12輛으로 구성되었다. 正車 5량은 玉車·金車·象車·革車·木車로 구성되어 있고, 副車 역시 마찬가지로 구성되었지만 正車는 6마리, 副車는 4마리의 말이 끄는 점이 다르다. 屬車 12량은 指南車·記里鼓車·白鷺車·鸞旗車·辟惡車·皮軒車·耕根車·安玉車·四望車·羊車·黃鉞車·豹尾車이다. 法駕에는 副車가 없으며, 屬車에는 백로거·벽악거·안옥거·사망거가 없다.

16 上京 : 거란 上京道 상경 臨潢府이며 京府 1개, 주 22개, 성 1개 등 24개 府·州·城을 관할하였다. 본래 西樓라고 칭하였는데 神冊 3년(918)에 비로소 皇都라 칭하였으며 同元 1년(938)에 上京 臨潢府가 되었다. 부의 치소는 臨潢縣(현 내몽고 赤峰市 巴林左旗)이고 관할 縣은 10개인데, 開泰 2년(1013)에 설치된 興仁縣을 제외하면 모두 포로를 이주시켜 만들었다. 臨潢縣은 燕京 주민, 潞縣은 연경 潞縣 주민과 발해인, 定覇縣은 扶餘府 强師縣 주민과 漢人, 長泰縣은 발해 長平縣 주민, 保和縣은 발해 富利縣 주민, 宣化縣은 발해 鴨綠府 神化縣 주민으로 이루어졌다. 특히 渤海縣은 발해의 반군, 易俗縣과 遷遼縣은 大延琳 반군 세력을 강제 이주하여 만들었다는 점에

서 거란의 정복왕조적 성격이 두드러진다. 상경은 내성과 외성이 日자 형태로
이루어졌다. 6각형으로 이루어진 北城은 황성으로 성곽 길이가 5km이고, 정방형
으로 이루어진 南城은 漢城으로 17km 규모였다. 황성은 방어시설을 갖추었지만,
한인들이 거주하던 한성은 높이도 낮고 별다른 방어시설도 갖추지 않았다. 황
성의 정문은 동문인 安東門이고 궁의 정중앙에 安德殿이 있으며, 남쪽의 五鑾殿에
는 太后가 거주하였다. 金朝는 북경 臨潢路로 개칭하였다. 관할구역은 현 내몽고
자치구 동남부 赤峰市의 북쪽에 해당한다.

17 中奉大夫 : 문관 寄祿官 30개 품계 중 13위이며 從5品이다. 大觀 2년(1108)에 처음
설치하였다.

18 右文殿修撰 : 송대에는 고위 관료에게 學士 등의 명예직을 제수하였는데, 이를 職
이라고 한다. 宰執에게는 觀文殿 · 資政殿 · 端明殿 등 殿學士를, 侍從官에게는 諸閣學
士 · 侍制를, 卿 · 監에게는 修撰 · 直閣을, 京官에게는 直秘閣을, 武臣에게는 閣門使 ·
宣贊舍人 職을 제수하였다. 우문전수찬은 政和 5년(1115)에 集賢殿修撰을 개칭한
것으로 從6品이다. 수찬의 경우 송 초에는 集賢殿修撰 · 直龍圖閣 · 直秘閣 3등급이
었으나, 政和 6년(1116)에 集英殿修撰 · 右文殿修撰 · 秘閣修撰 · 直龍圖閣 · 直天章閣 · 直
寶文閣 · 直顯謨閣 · 直徽猷閣 · 直秘閣 등 9등급으로 늘렸고, 紹興 10년(1140) 뒤에는
다시 直敷文閣 · 煥章閣 · 華文閣 · 寶謨閣 · 寶章閣 · 顯文閣 등으로 등급을 더 늘려서
그 위상이 현저하게 떨어졌다.

19 『燕雲奉使錄』 : 趙良嗣가 송금동맹을 체결하기 위해 처음 파견된 宣和 2년(1120)부
터 여진과 직접 교섭한 전 과정을 적은 책이다. 사신으로 파견되었다 귀국하면
상대와의 교섭 내용, 이동 경로 및 그 과정에서 보고 들은 것 등을 기록하여 '奉
使錄' 또는 '行程錄 · 使北錄 · 使北記 · 語錄' 등의 이름으로 제출하게 되어 있다. 『燕
雲奉使錄』 원본은 이미 逸失되었지만, 그 주된 내용은 본서에 상세히 수록되어
있다.

20 朝奉大夫 : 문관 寄祿官 30개 품계 중 19위이며 從6品이다. 사신을 파견할 때는 의
전상 그 직급을 깎는 경우가 거의 없는데, 종5품관 조량사를 종6품관 명의로 파
견하였고, 여진의 강력한 요구에도 불구하고 국서를 발급하지 않았던 점은 송
조가 매우 조심스럽게 일을 추진하였음을 반영한다.

21 許涵度는 "薊州關下"를 "蘇州關下"로 잘못 썼다고 하였으나 '薊州'는 현 天津市 薊州區

이고, '蘇州'는 거란 上京道 蘇州(현 요녕성 大連市 金州區)이다. 咸州로 가는 도중에 있었으므로 蘇州가 맞다.

22 馳基 : 바로 뒤의 小注에서도 '馳基'를 '磯地'가 아닌가 생각한다고 한 것처럼 '馳基' 자체로는 무슨 뜻인지 밝히기 힘들다. '磯'는 강변이나 해변에 돌출된 큰 바위나 바위산, 또는 파도에 씻겨 독특한 형태를 지닌 바위나 바위산을 뜻한다. 廟島群島(=長山列島) 중간에 있는 鼉磯島는 이런 지형을 반영한 지명이다.

23 조량사 일행은 등주를 출발하여 廟島群島(=長山列島)를 거쳐 요동반도로 간 것은 확실하지만 본서에 나오는 지명이 구체적으로 어디를 말하는 것인지는 확인할 수가 없다. 이에 관련 서적마다 끊어 읽기가 약간 다르다. 본 번역은 黃純艶의 「宋代近海航路考述」(2016)을 주로 참조하였다.

24 조량사가 회고한 부분인데 각 사안에 대한 정확한 시점이나 구체적 장소가 분명하지 않다. 상경을 공격하는 여진군을 수행하라는 아골타의 명령에 따라 함주에서 상경으로 가다가 청우산에서 여진군을 만났고, 상경의 함락을 지켜보고 난 직후 아골타를 상경 부근 용강에서 만난 것으로 보인다. 하지만 청우산과 용강의 정확한 위치 등은 확인하기 힘들다.

25 中京 : 거란 中京道 中京 大定府이며 중경도 관할 京府 1개, 次府 1개, 주 28개, 성 1개 등 31개 府·州·城을 관할하였다. 統和 25년(1007)에 5경 가운데 하나인 중경이 되었으며 聖宗 후기에 中京度支司가 설치되었다. 치소는 大定縣(현 내몽고자치구 赤峰市 寧城縣)이고 관할 현은 勸農縣·歸化縣·金原縣·大定縣·文定縣·富庶縣·升平縣·神水縣·長興縣 등 9개이다. 내몽고고원과 松遼平野의 연계지에 자리하였으며, 관할구역은 현 내몽고자치구 동남부 赤峰市의 남쪽에 해당한다.

26 연경이 본래 한인 거주지였으므로 연경과 운주를 송조에 넘겨주겠다는 아골타의 말은 앞뒤가 다소 맞지 않는다. 분할에 대한 명확한 분석이 이루어지지 않아서 그렇게 말한 것인지, 아니면 단순히 말투 때문인지는 알 수 없지만, 금군이 운주를 점령한 뒤 철군할 것인지 여부를 조량사가 금 태조에게 거듭 확인한 것은 이 점을 의식했기 때문인 듯하다.

27 적의 성을 함락하고 난 뒤 군인들에게 3일 동안 약탈을 공식적으로 허용하였던 것은 근대에 이르기까지 전쟁의 오랜 관례였다. 연경을 점령하고 3~4일 후 군대를 이끌고 철수하겠다는 말 역시 이 같은 뜻으로 봐도 무방할 것이다.

28 西京 : 거란 西京道 西京 大同府이며 德州·弘州 등 2개 주를 관할하였다. 본래 雲州
였는데 重熙 13년(1044)에 승격되어 留守府와 西京兵馬都部署司, 西京都轉運司를 설
치하였다. 치소는 大同縣과 雲中縣(현 산서성 大同市 雲州區)이고 관할 현은 大同縣·
奉義縣·雲中縣·長淸縣·天成縣·懷安縣·懷仁縣 등 7개이다. 936년 後晉이 거란에
할양한 연운 16주 가운데 朔州·應州·寰州와 함께 산서성에 속한 할양지였다. 주
로 구릉지와 평야로 이루어진 분지 지형이며, 관할구역은 현 내몽고·하북성과
연결되는 산서 북부의 중심에 해당한다.

29 上京城 : 거란의 상경성은 내성과 외성의 日자 형태로 이루어졌다. 6각형으로 이
루어진 5㎞ 길이의 北城은 황성이고, 沙力河를 사이에 두고 정방형으로 이루어진
17㎞ 길이의 南城은 漢城이다. 황성은 방어시설을 갖추었지만, 한인들이 거주하
던 한성은 성벽 높이도 낮고 별다른 방어시설도 갖추지 않았다. 유목민의 관습
에 따라 동문인 安東門이 황성의 정문이다. 궁의 정중앙에 安德殿이 있고, 남쪽의
五鑾殿에는 太后가 거주하였다.

30 阿适 : 거란의 9대 황제 天祚帝(1075~1128, 재위 1101~1125)의 아명이다. 천조제의
이름은 延寧이고 중국식 이름은 耶律延禧다. 폐위되었기 때문에 諡號·廟號·陵號
등이 없어서 존호인 천조제로 불린다.

31 平州 : 거란 南京道 平州路 소속이며 軍額은 遼興軍, 州格은 節度州이다. 치소는 盧龍
縣(현 하북성 秦皇島市 盧龍縣)이고 관할 현은 盧龍縣·望都縣·安喜縣 등 3개이다. 거
란 태조는 911년에 劉守光의 평주를 격파한 뒤 철군했으나 923년에는 다시 점령
한 뒤 평주를 나누어 灤州를 설치하고 평주·營州·란주로 평주로를 신설하는 등
적극적으로 경영하였다. 天顯 1년(926)에 後唐에게 빼앗겼지만 천현 13년에 되찾
았다. 같은 지명으로 송 廣南西路 平州(치소는 광서자치구 柳州市 三江自治縣)가 있다.
연산산맥 남쪽 기슭의 낮은 구릉지와 해변에 있어 기병의 이동에 유리한 지형
이며, 또 산해관과 북경을 잇는 전략적 요충지이다. 관할구역은 현 하북성 북동
부 秦皇島市의 서쪽에 해당한다.

32 營州 : 거란 南京道 平州路 소속이며 軍額은 鄰海軍, 州格은 軍事州이다. 치소 겸 관
할 현은 廣寧縣(현 하북성 秦皇島市 昌黎縣)이다. 당대에 盧龍縣에서 분리하여 설치된
石城縣이 하북삼진의 하나인 盧龍節度使 劉守光에 의해 영주로 승격되었으나 여
전히 평주 관할이었다. 거란 태조도 後唐으로부터 이 지역을 빼앗은 뒤(923) 평

주가 관장하는 영주라는 독특한 편제를 계속 유지시켰다. 영주의 이런 독특한 위상은 독자적인 주로 자립할 여건을 갖추지 못했기 때문으로 보인다. 이는 定州에서 획득한 포로를 이주시켜 인구를 늘렸음에도 현이 늘어나지 못한 채 광녕현 1개만 유지한 데서도 알 수 있으며, 금이 영주를 점령한 뒤 곧 영주를 철폐하고 다시 평주에 속하게 했던 데서도 확인할 수 있다(1142). 바로 이러한 점이 평주·영주·란주를 설명할 때 때로는 3개 주, 혹은 2개 주, 혹은 란주가 곧 평주·영주와 같은 지역이라는 등 혼란스럽게 언급되는 원인이다. 한편 유수광이 설치한 영주 외에도 唐이 설치한 영주(현 요녕성 朝陽市)가 있는 것도 혼란을 초래하는 요인의 하나이다(거란은 혼란을 막기 위해 당의 영주를 覇州로 바꿨다). 평주의 동쪽, 산해관의 서남쪽에 자리한 영주는 북경을 잇는 전략적 요충지이며, 관할구역은 현 하북성 북동부 秦皇島市의 서남쪽 평야지대에 해당한다.

33 高慶裔(?~1137) : 거란 관리 출신으로서 여진에 투항한 뒤 여진어에 능통해 粘罕의 휘하에서 통역 업무를 담당하면서 상당한 신임을 얻었고 책사로 중용되었다. 1129년에는 西京留守의 중책을 맡았고, 1130년 금이 위성국인 齊를 만들 때 劉豫를 책봉하는 사신으로 가기도 했다. 하지만 金 熙宗이 즉위한 뒤 粘罕을 견제하기 위한 정권 내부의 권력투쟁에 말려들어 살해되었다. 고경예가 처형되기에 이르자 점한은 자신의 관직을 걸고 사면을 간청할 정도로 신뢰하는 사이였다.

34 灤州 : 거란 南京道 平州路 소속이며 軍額은 永安軍, 州格은 軍事州이다. 치소는 義豊縣(현 하북성 唐山市 灤州市)이고 관할 현은 馬城縣·石城縣·義豐縣 등 3개이다. 거란 태조는 天贊 2년(923)에 平州를 점령한 뒤 일부를 나누어 灤州를 설치하였다. 灤河를 사이에 두고 盧龍縣·昌黎縣과 마주 보고 있으며, 평탄한 충적평야 지대이다. 관할구역은 현 하북성 북동부 唐山市의 동쪽에 해당한다.

35 趙良嗣는 平州와 營州가 본래 연경에 속한다고 주장한 데 비해 고경예는 평주와 灤州는 연경과 별개의 지역이라고 주장하였다. 영토 할양과 국경 확정이라는 동맹 체결의 핵심 사안을 놓고 동문서답하듯 서로 다른 지명을 이용해 대화하는 것은 양측이 갖고 있던 행정구역에 대한 기준이 처음부터 달랐기 때문이다. 송조는 시종 唐代의 행정구역을 기준으로 논지를 전개하였고, 금조는 거란의 행정구역을 기준으로 하였다. 이로 인해 발생한 교섭의 어려움과 사후 처리의 난맥상에 대해서 본서 권22에 실려 있는 張滙의 『節要』에서는 그 귀책 사유가 송조에

있다고 지적하였다.

36 송금동맹의 결렬과 관련하여 가장 중요한 요인 가운데 하나가 바로 연경의 범위에 대한 양국의 인식 차였다. 평주·란주·영주가 할양 대상에 포함되는지 먼저 명확하게 정리하고 난 뒤 세폐와 협공 문제를 논의하여야 했다. 그런데 동맹을 먼저 체결하고 할양지에 대한 논의를 시작하였으며, 그것도 애매하게 끝을 맺었다. 후에 송조는 이 지역이 포함되지 않는다면 연경 반환이 무의미하다며 추가 할양을 요구하였고, 금조에서는 추가 요구에 응할 수 없다고 반대하며 갈등이 커졌다.

37 許勘에서는 四庫本에 의거 '阿勒楚喀'으로 고쳤다고 했으나 四庫本에는 '阿穆呼'로 썼다.

38 事目 : 본래 전후 사정의 개괄을 정리한 요약문, 또는 업무를 처리하는데 필요한 구체적 사항을 기록한 문서를 뜻한다. 본문에서는 국서 등의 정식 문서에 첨부하는 부속 문서 내지는 議定書protocol에 해당한다.

39 古北口 : 居庸關·金坡關·松亭關·楡關과 함께 북경을 둘러싼 5關 가운데 하나로서 동쪽의 山海關과 북쪽의 居庸關 사이에 있다. 燕山山脈에서 발원한 潮河가 북쪽으로 흘러가면서 형성한 蟠龍·臥虎山 사이의 좁은 협곡에 자리하였다. 현 북경시 順義~懷柔~密雲을 거쳐 하북성 承德을 잇는 동북부 노선의 거점 관문이다.

40 白溝 : 海河의 5대 수계 가운데 하나인 大淸河의 중류 하단의 지명으로 통상 白溝河라고 칭한다. 保定市 淶源縣의 태항산맥에서 발원한 拒馬河는 중간에 남·북거마하로 나누어진다. 북거마하는 탁주시 동북쪽에서 琉璃河·小淸河 등과 합류하여 白溝河가 되고, 白溝河는 다시 白溝鎭에서 남거마하와 만나 대청하가 되어 바다로 흘러간다. 지명은 白芙蓉이 많은 데서 유래하였다. 거란과 송의 국경으로 강폭이 넓지는 않으나 지금과 달리 당시에는 수량이 매우 풍부하였다. 현 하북성 廊坊市 覇州市 남쪽과 天津市를 가로지르는 강이다.

41 松亭關 : 居庸關·古北口·金坡關·楡關과 함께 북경을 둘러싼 5關 가운데 하나로서 송정관이란 지명은 오대에 처음 출현하였다. 거란의 연경과 중경을 연결하는 중요한 관문으로 사용하였지만, 명대 중엽부터 잊힌 관문이 되었고 지금은 그 정확한 위치에 대해서 논란이 있을 정도이다. 아마도 송정관의 지형이 매우 험준하기 때문일 것이다. 喜峰口(하북성 唐山市 遷西縣과 承德市 寬城縣 경계에 있는 관문)

가 송정관이라는 견해도 있지만, 顧祖禹는 '송정관은 喜峰口 북쪽 120리 지점이며 거란이 연경에서 중경으로 갈 때 매번 송정관을 통해서 柳河로 갔다'(『讀史方輿紀要』 '遵化縣')고 하였는데, 고조우의 견해가 더욱 타당한 것으로 보인다.

42 楡關 : 居庸關·古北口·金坡關·松亭關과 함께 북경을 둘러싼 5關 가운데 하나로서 현 하북성 秦皇島市 撫寧區 楡關鎭에 있었다. 수 開皇 연간(581~600)에 설치하였으며 본래는 渝關·臨渝關이라고 하였다. 수당의 고구려 원정 출발지로 유명해졌으며, 당시 渝水는 풍부한 수량을 자랑하였다고 한다. 발해만 해안 평지에 있고 금의 본거지와 직접 연결되는 관문이었다. 洪武 14년(1381)에 현 위치(현 하북성 秦皇島市 山海關區)로 옮기고 山海關으로 개칭하였다.

43 蔚州 : 거란 西京道 소속이며 軍額은 忠順軍, 州格은 節度州이다. 치소는 靈仙縣(현 하북성 張家口市 蔚縣)이고 관할 현은 廣陵縣·飛狐縣·靈邱縣·靈仙縣·定安縣 등 5개이다. 지명은 울창한 풍광에서 취하였다. 恒山·太行·燕山山脈이 교차하는 산간분지에 자리하여 靈仙縣·安定縣·飛弧縣은 현 하북성에, 靈邱縣·廣陵縣은 현 산서성에 속한다. 관할구역은 현 하북성 서북부 張家口市의 남서쪽에 해당한다.

44 歸化州 : 거란 西京道 소속이며 軍額은 雄武軍, 州格은 軍事州이다. 치소 겸 관할 현은 文德縣(현 하북성 張家口市 宣化區)이다. 거란은 唐代의 武州를 歸化州로 개칭하는 대신 현 산서성 忻州市 五寨縣 일대를 武州로 개칭하였다(1040). 몽골고원의 접경에 있어 塪上·塪下의 분기점으로 알려져 있다. 관할구역은 현 하북성 서북부 張家口市의 남서쪽에 해당한다. 조량사는 연경과 서경 일대의 지명을 唐代의 것으로 지칭하다가도 일부 지역에 대해서는 거란의 지명을 사용하고 있다.

45 奉聖州 : 거란 西京道 소속이며 軍號는 武定軍, 州格은 節度州이다. 치소는 永興縣(현 하북성 張家口市 涿鹿縣)이고 관할 현은 望雲縣·磯山縣·永興縣·龍門縣 등 4개이다. 봉성주는 唐代의 新州로서 거란·後唐·後晉이 거듭 점령하여 군호와 주격 등의 변화가 컸다. 黃帝와 炎帝가 연합하여 蚩尤와 싸웠다는 涿鹿 전투 전설의 배경이기도 하다. 桑干河와 洋河의 합류지로서 洋河를 사이에 두고 歸化州와 마주 보고 있으며, 관할구역은 현 하북성 서북부 張家口市의 남서쪽에 해당한다.

46 天祚帝가 中京에서 패하고 서경 쪽으로 도주했는데, 그 이동 경로와 蔚州·應州·朔州는 사실상 무관하다.

47 趙良嗣가 국경으로 제시한 것은 松亭關·古北口·楡關을 잇는 선인데, 이는 바로 平

州路를 할양 범위에 넣겠다는 의도였다. 榷場은 양국의 국경에 위치하게 마련이
므로 각장에 유관을 포함시킨 조량사의 제안은 나름대로 심사숙고한 결과라고
생각된다.

48 격구 : 원문은 '打毬'로 본래 '공을 차다'라는 말로서 축구 또는 폴로polo 경기를 뜻
한다. 폴로 경기는 말을 타고 말렛(폴로 스틱)으로 공을 몰고 가서 상대방 골문에
넣어 승패를 가르는 경기인데, 唐代와 오대에 크게 유행하였으며, 당 태종과 현
종, 그리고 宣宗은 폴로에 심취한 황제로 유명하다. 경기장은 군의 집결지와 훈
련장은 물론 임시 주둔지로도 쓰였다.

49 許勘의 표제자와 교감이 불일치한다. 또 본문에는 '二十人', 許勘에는 '二十八人'으
로 썼지만, 許勘에서는 이에 대한 지적은 없다.

50 鹽鐵使 : 唐代에는 전매품인 소금과 철의 생산과 판매, 세수 등을 관장하던 직책
으로 통상 재상이나 淮南·浙西節度使 등이 겸하는 요직이었다. 거란에서는 上京
에 염철사를 임명하였는데, 상경염철사는 염철은 물론 재정과 조세를 총괄하였
다. 상경염철사와 함께 東京戶部司·中京度支司·南京三司·西京都轉運司를 합하여
五京計司라고 하였다.

51 刀魚船 : 폭이 좁고 긴 전함을 말한다. 현 절강성 溫州와 寧波에서 처음 만들기 시
작한 선박을 전함으로 개량하여 대략 50명의 군인을 수용할 수 있었다.

52 斯剌習魯 : 『삼조』 권12의 11엽에는 '斯剌'로 적혀 있고, 『宋史』 권22에는 '勃菫葛魯'
등으로 적혀 있다. '사랄습로'로 표기한다.

53 일면식도 없고 : 원문은 '素昧'로 '피차 한 번도 만나지 못해 알지 못하는 사이'라
는 '素昧平生'의 준말이다. 唐 李商隱의 「贈田叟」에서 유래하였다.

54 원문은 '國信'으로 '國信使'의 약칭이기도 하고 '국가 간 또는 사신에게 증정한 예
물'이란 뜻도 있지만, 본문에서는 사신을 파견하면서 지니는 증빙 문서와 부절
을 뜻한다.

55 諸色人 : 일반 백성과 구분되는 각양각색의 사람이란 말이다. 단순히 다양한 사
람을 가리키는 것이 아니라 신분·직업·경제력 등이 반영된 차이를 뜻한다. 적
절한 용어를 찾기 힘들어 '제색인'으로 번역한다. 唐 陸贄의 「優恤畿內百姓並除十縣
令詔」에서 유래하였다.

56 留守 : '남아서 관리한다'는 뜻으로 황제가 親征 등으로 도성을 떠날 때 親王이나

재상이 황제를 대신하여 도성을 관리하는 직책을 말한다. 그러나 거란은 5京
制, 북송은 4京制를 실시하였기 때문에 본래의 의미와 달리 陪都의 지사를 뜻하
였다.

57 同知 : 同은 자신의 품계보다 높은 직급을 대행하는 것으로 거란·宋·金 모두 이
직함을 유지하였다. '同知'만으로는 王民俶가 맡은 직책이 무엇인지 명확하게 알
수 없다. 아마 上京留守이며 '同知' 자격으로 다른 관직을 맡았던 것으로 보인다.

58 推官 : 節度使·觀察使·防禦使·團練使·采訪處置使 등 군 지휘관을 보좌하는 幕職官
으로서 節度推官·觀察推官·防禦推官·團練推官·軍事推官 등이 있으며 判官 바로
아래 직급이다. 송의 경우, 원풍 관제 개혁 후 절도추관만 종8품이고 그 밖에는
정9품이었으나, 元祐 연간(1086~1093) 이후로는 모두 종8품이었다.

59 勃堇 : 여진의 부족 首長을 지칭하는 용어로서 평소에는 행정 업무를 담당하고
전시에는 전투를 지휘하였다. 萬夫長을 '忒母勃堇', 千夫長을 '猛安勃堇', 百夫長을 '謀
克勃堇', 五十夫長을 '蒲輦勃堇'이라고 칭하였다. 청조의 '貝勒'과 같으며, 통상 '孛堇'
으로 표기한다.

60 원문은 '不宣, 謹白'이다. '不宣'은 '일일이 다 말하지 못하다', '謹白'은 '삼가 아뢰다'
는 뜻으로 서신 말미에 상투적으로 쓰는 표현이다.

61 顯靜寺 : 後周 顯德 2년(955)에 창건되었고, 2년 뒤에 世宗으로부터 寺額을 받은 개
봉의 절이다. 금의 개봉 점령 때 파괴되었다.

62 환영연 : 원문은 '錫宴'이다. '錫'은 '賜'와 통하여 '錫宴'은 곧 '賜宴'을 뜻한다. 즉 '신
하들이 함께 모여 술과 음식을 나눌 수 있도록 황제가 하사한 연회'를 말한다.

63 同文館 : 高麗와 靑唐의 사신을 접대하기 위해 만든 176칸 규모의 시설이다. 개봉
성 安州巷에 있었다.

64 여기에서 신라는 사실상 고려를 의미한다. 고려 사신에 대한 접대 의례는 상당
히 높은 수준이었는데, '止'라고 한 것으로 보아 그 이상은 하지 않았던 것으로
보인다.

65 崇政殿 : 황궁 後殿의 명칭이다. 漢代 이래 궁궐 전각의 명칭에 '正武殿·玄武殿' 등
'武'자를 사용하는 것이 상례였고, 唐도 '武德殿'을 두어 조회나 즉위 장소로 중시
하였다. 송 태조는 황궁의 後殿이었던 講武殿에서 측근들과 국사를 논하고 무공
을 세운 장수에게 연회를 베풀어 특별한 신임과 친밀감을 과시하였다. 태종은

崇文抑武 정책을 표방하기 위해 太平興國 2년(977)에 강무전을 崇政殿으로 개칭하였다. 휘종이 正殿 대신 後殿에서 사랄습로를 맞이한 것은 나름 후의를 베푼 셈이다.

66 국신사를 맞이하는 의례는 통상 '見儀 → 宴儀 → 辭儀'의 3단계로 진행된다. 그 가운데 국신사를 만나는 見儀는 ① 長春殿에서 崇政殿으로 이동하고 국신사·부사가 국서와 예물을 가지고 입장한다. ② 閤門使가 숭정전에 올라와 국서를 전달하고, 국신사·부사가 황제의 안부를 전하고 내려간다. ③ 숭정전 앞에서 알현례를 행하고 선물을 받은 뒤 퇴장한다. ④ 송 측 황제와 신료가 퇴장하는 순서로 진행되었다.

67 관저 : 원문은 '府第'이다. 漢代에 三公이나 大將軍 같은 최고위직 관료에게는 자신의 저택을 관아로 삼아 조정에 출근하지 않고 국사를 처리할 수 있는 특권을 부여하였다. 이를 가리켜 '開府儀'라고 칭하는데, 魏晉 이후 그 범위가 더 넓어져 송대로 이어졌다.

68 수행원 : 원문은 '三節人從'이다. 사신단에서 정사와 부사를 수행하는 수행원으로 '三節人'이라고도 한다. 수행원은 上節·中節·下節의 세 등급으로 조직되며, 그 구성은 바뀔 수 있는데 紹興 3년의 경우, 상절 14명, 중절 15명, 하절 72명이었고, 이들의 책임자는 都轄이었다. 『金史』「藝志」11에 따르면 西夏의 경우 사신·부사·參議 각 1명을 '使'라고 하고, 상절은 都管 3명, 중절은 5명, 하절은 24명이었다.

69 相國寺 : 원래 전국시대 信陵君의 집터였다고 전해지는 곳에 555년에 창건된 고찰이다. 711년에 唐 睿宗으로부터 '大相國寺' 편액을 받았으며, 송대에는 황실 사원으로 공인되어 황제의 방문이 관례화되었고 국가 제례의 중심지가 되었다. 또 외국 사신이나 승려가 개봉에 오면 꼭 방문하는 곳의 하나였으며 많은 사람이 찾는 곳이라서 각종 기예와 문예활동의 중심지로 유명하였다.

70 龍德太乙宮 : 개봉성 南門 밖에 있던 도교 사원이다. 대상국사·五嶽觀·岳帝殿 등과 함께 개봉에서 가장 규모가 큰 사묘의 하나였다.

71 孟元老의 『東京夢華錄』「元旦朝令」에 따르면 거란 사신을 비롯해 각국 사신은 송 황제를 알현한 다음 날 大相國寺에 가서 향을 태우고, 그 이튿날에는 南御苑에 가서 활을 쏘았다. 송조는 활쏘기에 능한 무신에게 이들을 수행하도록 하고 수행원 전원이 참여하는 연회를 베풀어 주었다. 금조 사신에게 상국사에 가서 향을

태우게 하는 것은 거란 사신의 오랜 관습에 따른 것인데, 휘종의 도교 숭상에 따라 용덕태을궁에 가는 것이 추가된 것으로 보인다.

72 국신의례 가운데 '辭儀'가 가장 복잡하여 국신사·부사는 입장과 퇴장을 3회나 반복하고, 그때마다 연회, 사절단 의례, 공식 의례가 연출되었다.

73 送伴使 : 상대국 國信使의 귀국 일정에 맞춰서 국경까지 수행하여 귀국을 돕는 역할을 담당하는 관리를 말한다.

74 兵馬鈐轄 : '鈐轄'은 '관할구역을 통제'한다는 뜻으로서 지역 군대를 관할하는 무관의 관직명이다. 북송 초에는 임시 파견직이었으나 후에 상근 파견직으로 바뀌었다. 관할지역은 2~3개 路·1路·1州 등 다양하였으며, 직급에 따라 都鈐轄·副都鈐轄·鈐轄·副鈐轄로 나누는데, 經略安撫使兼路分鈐轄 또는 知州兼州鈐轄 등의 겸직도 있다. 都鈐轄은 轉運使의 아래지만 고관에게 부여하였고, 鈐轄은 군에 관한 사항을 知州와 함께 상의하는 직위였으나, 王安石 變法 후에 將兵法이 실행되면서 鈐轄의 地位는 점차 낮아져 南宋代에는 虛銜 내지는 閑職이 되었다.

75 山後 : 五代에 盧龍節度使 劉仁恭이 북경 북쪽에서 동서로 가로지른 燕山山脈의 지맥인 軍都山脈 북단에 山後 8軍을 설치하여 거란을 방어하게 한 데서 산전·산후라는 개념이 나왔다. 陰山山脈을 기준으로 그 남쪽을 산전, 북쪽을 산후라고도 칭하며, 金代에는 西京路 전체를 뜻하는 것으로 확대되었다. 이처럼 산전·산후의 기준과 영역은 시대에 따라 각기 다른데, 본서에서 언급하고 있는 북송 말의 산후는 嬀州(하북성 직할 懷來縣)·檀州(북경시 密雲區)·新州(하북성 張家口市 涿鹿縣)·武州(하북성 張家口市 宣化區), 그리고 代北, 즉 현 산서 북부를 합한 지역을 말한다.

76 左僕射 : 송 초에는 종2품의 寄祿官 직이었으나 元豊 관제 개혁으로 종1품의 재상직으로 바뀌었다. 정식 관명은 尙書省左僕射인데, 통상 상서성좌복야 겸 門下侍郞으로 불렸고 左相이라고도 하였다. 단 政和 2년(1112)부터 靖康 1년(1126) 사이에는 太傅로 바꿨다. 따라서 宣和 연간의 태부는 정식 명칭이었고, 본문의 '좌복야'는 관습에 따른 호칭이다.

77 雲中府路 : 본래 거란의 西京道(치소는 현 산서성 太原市)인데 宋朝는 宣和 4년(1122)에 할양을 기대하고 雲中府路를 미리 설치하였다. 운중부로는 歸化州·嬀州·武州·奉聖州·朔州·雲州·蔚州·儒州·應州 등 9개 주로 구성되었으나 선화 5년(1123)에 실제 차지한 것은 무주·응주·삭주·울주를 제외한 5개 주뿐이었고, 그

마저도 2년 후 금에 다시 빼앗겼다. 관할구역은 현 산서성 북부에 해당한다.

78　承節郎 : 政和 2년(1112)에 설치한 무관 寄祿官 가운데 가장 낮은 小使臣 등급에 속한 관명이며 小使臣 가운데 7位이다. 紹興 연간에 제정한 52개 품계 중 51위이며 從9品에 해당한다.

79　京西北路 : 乾德 1년(963)에 처음 설치되어 至道 3년(997)부터 전국 15개 轉運使路 체제의 하나로 운영된 京西路는 熙寧 5년(1072)에 남로·북로로 분리되었다. 경서 북로의 치소는 西京 河南府(현 하남성 洛陽市)이고, 順昌府·潁昌府·河南府·淮寧府 등 4개 부, 孟州·汝州·鄭州·蔡州·滑州 등 5개 주, 信陽軍 1개 군으로 이루어졌다. 관할구역은 현 하남성과 안휘성 북부에 해당한다.

80　武學敎諭 : 당대에 武擧는 있었으나 武學校를 따로 설치하지는 않았다. 慶曆 3년 (1043)에 처음 무학교가 설치되어 武學敎授·武學傳授 등을 두어 학생을 가르쳤다. 휘종 때 모집 정원은 200명, 수업 기간은 3년이었다. 元豐 5년(1082), 무학교수를 武學博士로, 무학전수를 武學敎諭로 바꾸었다. 무학박사는 문무 관료 가운데 군사학에 능한 자를 선발 보임하였으며, 기존 품계를 유지하였기 때문에 교수 자체의 고정된 품계는 없었다. 무학교유는 武擧 출신자 가운데 선임하였으며 정9품이다. 병법 7書와 弓馬 기예 등을 가르쳤다.

81　馬擴(?~1152) : 字는 子充이며 秦鳳路 熙州 狄道縣(현 감숙성 定西市 臨洮縣) 사람으로 보인다. 『建炎以來繫年要錄』을 비롯한 상당수의 南宋 문헌에서는 馬廣이라고 기록되어 있는데, 이는 寧宗 趙擴을 避諱하기 위한 것이다. 『金史』에서 '馬宏'이라고 한 것은 오기이다. 대금 외교사절로 임명된 아버지 馬政을 따라 여진에 가게 되면서 宋金 외교에 깊이 개입하였다. 정강 연간에는 의병을 이끌고 금군과 싸우다 포로가 되었으며, 소흥 연간에는 河南二廣安撫司都統制兼參議官, 江淮荊浙諸軍事都督府參議官을 거쳐 荊湖南路馬步軍副總管을 역임하였으나 秦檜 집권 후에 사직하였다. 강직한 성품과 담력, 뛰어난 임기응변 능력 등을 갖춘 인물이며 송금동맹의 허실에 대하여 명확하게 파악하고 정확한 대응책을 거듭 제시하였으나 끝내 수용되지 못하였다. 당시 외교 교섭을 기록한 『茅齋自敍』와 『續自敍』를 남겼다.

82　이 국서에서 송조는 처음으로 금 태조에게 '大金皇帝'라는 호칭을 사용함으로써 송·금 양국의 대등한 지위를 인정하였다.

83　원문은 '啟處'이다. '편안하게 지내거나 쉬다'라는 의미로 『詩經』 「小雅」 '四牡'에서

유래하였다.

84 백성 : 원문은 '黎民'인데 西周 시기에 '일반인과 노예'를 가리키는 말로 쓰여 '일 반인'을 가리키는 百姓과 구분되었으나 춘추시대부터 같은 뜻으로 쓰이기 시작 하였다.

85 연경 지역 한인들은 부득이한 상황 때문에 거란의 통치를 받고 있을 뿐 본래 중 원왕조의 백성이었고, 송조가 그들을 다시 지배하는 것은 당연한 일이라는 것 은 휘종을 비롯한 송조 정책당국자의 기본적인 인식이었다. 하지만 당 말부터 300년 넘게 북방 유목민의 지배를 받아 왔던 연경 지역의 현실은 이들의 생각과 너무도 달랐다. 연경 회복을 위한 송조의 전략이 냉철한 현실 분석에 근거하기 보다는 일방적인 낙관론에 근거하였기에 치밀하고 구체적인 방안이 부족하였 다. 이것이 이후 예기치 못한 상황이 계속 발생했을 때 근본적인 해결책을 도출 할 수 없게 한 원인 가운데 하나였다.

86 太傅 : 송대에는 太師·太保와 함께 3公이라 하여 宰相·使相·親王에게 수여하는 정1품의 최고 명예직이었다. 『周禮』에서는 太師·太傅·太保를, 『尙書』와 『禮記』에 서는 司馬·司徒·司空을 3公이라 하였다. 당의 제도를 계승한 송은 태사·태부· 태보를 3師, 太尉·사도·사공을 3公이라고 하였는데, 휘종은 3公을 없애고 太師· 太傅·太保를 3公으로 바꾼 뒤 명예직이 아닌 재상의 정식 명칭으로 삼았다. 따 라서 政和 2년(1112)부터 宣和 7년(1125)년까지는 太傅를 재상으로 번역하는 것이 더 타당할 수도 있다.

87 居庸關 : 古北口·金坡關·松亭關·楡關과 함께 북경을 둘러싼 5關 가운데 하나로서 八達嶺과 함께 북서로 통하는 요충지에 자리하고 있다. 명칭은 진시황이 장성을 수축하기 위해 죄수 등을 강제 이주시킨 데(徙居庸徒)서 유래하였으며 서하문자 가 새겨진 雲臺도 유명하다. 현 북경시 昌平區 南口鎭 居庸關村에 있다.

88 武顯大夫 : 政和 2년(1112)에 설치한 무관 寄祿官 가운데 세 번째인 諸司正使 등급에 속한 관명이다. 紹興 연간에 제정한 52개 품계 중 15위이며 正7品으로 諸司正使 가운데 首位이다.

89 文州 : 利州路 소속이며 등급은 중하이며 郡名은 陰平郡이고 州格은 軍事州이다. 치 소 겸 관할 현은 曲水縣(현 감숙성 隴南市 文縣)이며 水銀務가 1개 있었다. 지명은 北 周 때 반란을 진압한 뒤 文治를 표방한 데서 유래하였으며(580), 같은 지명으로

廣南西路의 羈縻州인 文州(치소는 현 광서자치구 河池市 巴馬自治縣)가 있다. 북쪽의 秦鳳路와 함께 서쪽의 吐蕃이 만나는 최전방지역이었다. 사천의 廣元市, 섬서의 漢中市와 통하는 교통 중심지이며, 관할구역은 현 감숙성 동남부 隴南市의 남쪽에 해당한다.

90 황제의 성지를 단독으로 받을 수 있는 기관은 中書省·門下省·尙書省·樞密院 등으로 제한되어 있다. 기관의 명칭을 명시하여 성지 접수 주체를 분명히 하는 말이다. 본문 '樞密院奉聖旨'는 추밀원 단독으로 성지를 받들었다는 말이다.

91 涿州 : 거란 南京道 소속이며 軍額은 永泰軍, 州格은 軍事州이다. 치소는 范陽縣(현 하북성 保定市 涿州市)이고 관할 현은 固安縣·歸義縣·范陽縣·新城縣 등 4개이다. 지명은 관내 涿水에서 취하였다. 宣和 4년(1122), 留守였던 郭藥師가 투항하여 송의 영토가 되었다. 拒馬河의 충적평야 지대에 자리하였으며, 관할구역은 현 하북성 중부 保定市의 북동쪽으로 북경시 남쪽과의 경계에 해당한다.

92 檀州 : 거란 南京道 소속이며 軍額은 武威軍, 州格은 軍事州이다. 치소는 密雲縣(현 북경시 密雲區)이고 관할 현은 密雲縣·行唐縣 등 2개이다. 지명은 관내 白檀山에서 취하였다. 燕山山脈이 ∩자형으로 감싸고 있는 산지로서 서남쪽만 평야와 연결된다. 관할구역은 현 북경시 密雲區보다 약간 동쪽에 해당한다.

93 順州 : 거란 南京道 소속이며 軍額은 歸化軍, 州格은 軍事州이다. 치소 겸 관할 현은 懷柔縣(현 북경시 順義區)이다. 본래 거란의 일족이 당에 복속하여 歸順州라고 하였던 것을 順州로 바꾸었다. 같은 지명으로 上京道의 頭下軍州인 順州(현 요녕성 錦州市 北鎭市)가 있다. 관할구역은 현 북경시 동북쪽 順義區 등 潮白河 유역에 해당한다.

94 寰州 : 거란 西京道 소속이며 군 편제는 朔州 順義軍節度使司 관할이다. 후당 明宗 天成 1년(926)에 朔州에서 분리되어 설치되었고 936년에 거란에 할양되었다. 986년에 폐지되어 다시 朔州 馬邑縣이 되었다. 치소 겸 관할 현은 寰淸縣(현 산서성 朔州市 山陰縣)이고 서남북 3면이 산으로 둘러싸인 大同盆地의 일부이며 중간에 동쪽으로 흐르는 桑干河 유역 충적평야가 발달했다. 관할구역은 현 산서성 북서부 朔州市의 동북쪽, 懷仁市 남서쪽에 해당한다.

95 嬀州 : 거란 西京道 소속이며 軍額은 淸平軍, 州格은 軍事州이다. 치소 겸 관할 현은 懷來縣(현 하북성 張家口市 懷來縣)이며 會同 1년(938)에 可汗州로 개칭하였으나 송조

는 계속 당대의 지명인 嬀州라고 칭하였다. 지명은 관내의 嬀水에서 취하였다. 蔚州·奉聖州와 함께 桑干河 유역에 있어 연경 서북을 방어하는 요충지이다. 치소는 涿鹿縣 서남쪽이어서 현 懷來縣의 행정구역과는 다소 차이가 있으며, 관할구역은 현 하북성 북서부 張家口市의 남동쪽에 해당한다.

96 儒州 : 거란 西京道 소속이며 軍額은 縉陽軍, 州格은 軍事州이다. 嬀州에서 분리되어 설치되었으며 치소 겸 관할 현은 縉山縣(현 북경시 延慶區)이다. 삼면이 軍都山脈에 둘러싸인 산간분지이며, 현 북경시 서북쪽 延慶區에 해당한다.

97 新州 : 거란 西京道 奉聖州(치소는 현 하북성 張家口市 涿鹿縣)의 後唐 때 지명이다. 後唐 同光 2년(924)에 威塞軍을 新州로 승격시키되 嬀州 관할로 삼았고, 後晉은 936년에 신주를 철폐하고 嬀州에 예속시켰다. 같은 이름으로 상경도 新州(내몽고 通遼市 奈曼旗)가 있는데 統和 8년(990)에 중경도로 이주시켜 재설치하였고, 후에 新州를 武安州로 바꾸었고, 다시 奉聖州로 바꿨다. 같은 지명으로 송 廣南東路 新州(현 광동성 雲浮市 新興縣)도 있다. 관할구역은 현 하북성 서북부 張家口市의 남서쪽에 해당한다.

98 '연운 16주' 회복을 목표로 추밀원에서 준비한 「의정 항목」은 '연운 16주'에 대한 이해 부족으로 많은 오류를 지니고 있다. 우선 '연운 16주' 가운데 莫州와 瀛洲는 후주 때 회복되었기 때문에 14개 주가 회복 대상인데, 「의정 항목」에는 그에 대한 언급은 없고, 원래 16개 주에 없던 易州·營州·平州는 포함시켰다.

99 송조의 사목에서는 영주·평주를 포함한 산전의 귀속 문제가 이미 결정되었다고 밝혔고, 울주·응주·삭주 등 3개 주를 양국 군대가 협공해 점령한 뒤 송조가 차지하겠다고 하였다. 또 금군이 서경을 점령하면 거란이 사실상 멸망하는데, 금군이 철수하고 난 뒤 송조에서 군대를 파견해 서경·귀화주·봉성주·규주·유주 등을 수복하겠다고 밝혔다. 이처럼 송조의 사목에는 어부지리를 취하면서도 그것을 당연시하는 논리가 깔려 있고, 이것은 금의 자존심을 상하게 하였을 것으로 보인다.

100 금태조는 서경을 할양해 주겠다는 말을 부인하고, 平州·灤州·營州가 연경에 속하지 않음을 분명히 하는 등 종전의 입장을 번복하였다. 하지만 그 원인에 관한 별도의 언급은 본서에 없다.

101 거란 태조가 현 唐山市와 秦皇島市 일대를 점령하고 平州·灤州·營州 등 3개 주

로 이루어진 平州路를 설치한 것은 923년이고, 연운 16주 할양은 938년에 이루어졌다. 이처럼 연운 16주 할양은 송의 건국(960)보다 22년, 평주로 설치는 그보다 더 빠른 37년 전의 일이어서 송조가 거란의 영유권을 부인하면서 이곳을 '실지失地'라고 주장할 근거는 찾아보기 힘들다. 이에 금조는 송이 요구한 연운 16주 반환에 평주로가 속하지 않는다는 입장을 분명히 했고, 송조는 이 3개 주가 당의 幽州에 속하므로 자기들의 연고지라고 생각하고 교섭을 제안하면서도 공식 의제에는 '연운 16주 반환'을 상정하였다. 이처럼 연운 16주와 유주라는 각기 다른 지리적 개념을 정리하지 않고 교섭을 진행한 데서 이들 3개 주 문제가 발생한 것이니 그 귀책사유는 송조에 있음이 분명하다. 송조로서는 하북대평야와 발해만이 만나는 해안지대에 있어 유목민의 공세를 차단하는 가장 중요한 전략적 요충지인 이들 3개 주를 제외한 연경 지역 회복은 군사적으로 무의미하다고 판단하였고, 송조에 대한 군사적 우위를 견지하고 싶었던 금조의 입장은 정반대일 수밖에 없었다.

102 馬政은 서하와의 전쟁이 빈번했던 秦鳳路의 熙州 狄道縣(현 감숙성 定西市 臨洮縣) 출신으로서 당시 정확한 사유는 알 수 없지만, 견책을 받고 정반대 방향인 산동의 등주로 유배되서 왔다가 갑자기 사신으로 임명되었다. 그것은 마정이 서하 및 토번의 사정에 익숙하여 여진과의 교섭에서 능력을 발휘할 수 있을 것으로 기대했기 때문이 아닐까 생각된다. 하지만 마정은 연경 일대의 역사적·지리적 상황에 대해 잘 파악하지 못하고 있었던 것 같다. 이런 마정에게 고도의 전략적 판단력을 요구하는 수교 및 동맹 체결 업무를 일임한 것 자체가 무리수였던 것으로 보인다.

103 五關 : 북경을 둘러싼 居庸關·古北口·金坡關·松亭關·楡關 등 다섯 개의 관문을 말한다. 이 가운데 金坡關은 紫荊關이라고도 한다.

104 영토 : 원문은 '提封'으로 '영토'나 '강역'을 가리키는 말이다. 隋 薛道衡의 「老氏碑」에서 유래하였다.

105 『茆齋自敍』 : 자서전 성격도 있기는 하지만 馬擴이 宣和 2년(1120) 9월부터 靖康 1년(1126) 2월까지 7년 동안 송·금 외교 교섭과 분쟁 등을 상세히 기술한 외교 비망록이다. 紹興 8년(1138), 高宗에게 올린 奉使錄을 바탕으로 하고 있어 상당히 객관적인데, 이는 동일 사건에 대한 다른 문헌의 기록을 통해 확인할 수 있다.

특히 구어체 사료가 轉載되는 과정에서 별다른 변형이나 왜곡이 없다는 점도 주목할 만하다. 『모재자서』는 일실되었지만, 徐夢莘의 『三朝北盟會編』, 李心傳의 『建炎以來繫年要錄』, 熊克의 『中興小紀』, 그리고 『通鑑長編紀事本末』, 『金盟本末』, 『華夷直筆』 등에 발췌 수록되어 있어 그 전모를 파악하는 데 큰 문제는 없다. 茆는 '순채 묘'와 '띠 모(茅)'의 두 가지 뜻과 음이 있다. 堂號로 사용할 경우, '띠 모'로 읽는 것이 타당하다고 생각되어 『모재자서』로 표기하였다. '敍'는 俗字인 叙·敘로도 표기하는데, 주석에서는 『茆齋自敍』로 표기한다.

106 무과 진사 : 원문은 '武擧進士'이다. 唐代에 무과 과거를 처음 시작하면서 砂囊 나르기, 기마 궁술과 창술, 서서 활쏘기 등을 시험 과목으로 채택하였다. 송대부터 병서가 추가되었고, 神宗 때부터 武狀元 제도가 생겼다.

107 원문은 '策馬'이다. 策은 대나무 등으로 만든 부드러운 말채찍을 가리키며, '策馬'는 '채찍질하여 말을 몰다' 또는 '빨리 달리게 하다'라는 말이다.

108 사인 : 원문은 '措大'로 본래 '큰일을 다루다'에서 유래하여 물정 모르는 서생·가난한 선비를 뜻하는 속어로 쓰였다. 마확 스스로 자신이 사인임을 강조하고 있다.

109 子弟所 : 무관을 양성하는 '御前弓馬子弟所'의 약칭이다. 神宗 때 신법의 일환으로 설치한 '提擧敎習軍所'를 휘종이 다시 설치하면서 명칭을 子弟所로 바꿨다. 武擧와 함께 무관을 배출하는 양대 주축이었는데, 子弟所의 성과가 더 우수하다고 평가받는다.

110 長入祗候 : 황제의 경호 기병 편제로 殿前司 소속 諸班 가운데 하나인 東西班은 모두 12개 班으로 구성되었는데 政和 연간에 東 5개 班, 西 6개 班으로 개편되었다. 長入祗候는 東3班의 별칭이다.

111 당직 금위군 : 원문은 '諸班直'이다. 송대에 어전에서 당직하는 禁衛軍인 殿前諸班과 㪚龍諸直을 모두 합해 부른 말인데, 당시 제반직은 門班·殿前左班·殿前右班·內殿直班·金槍班·銀槍班·弓箭班 등 모두 11개 班 3,600여 명으로 구성되었다.

112 敢勇軍 : 後周 태조 때 처음 설치한 부대로서 3천 명 규모였고, 仁宗 때 韓琦가 다시 18,000명 규모로 확대하였다. 본문 당시의 규모는 확인하지 못하였다.

113 효용병 : 원문은 '效用'인데 '效用用命'이라는 의미이다. 소속 병사는 '效用士' 또는 '勇敢效用兵'이라고 하였는데 통상 效用兵이라 칭하였다. 禁軍이나 廂軍과 달리 본

래 富豪·관리의 子弟·擧人·징계를 받은 관리 등이 변방에서 군공을 세우려고 자원한 희망자를 모집하여 만든 특별한 兵種의 하나였다. 熙寧 연간에 처음 '勇敢 效用法'을 만들어 2,000명을 모집한 것이 정식 병종으로 자리 잡은 계기가 되었다. 군영에 예속되지 않고 문신을 하지 않는다는 점에서 특수한 鄕兵의 하나였다. 靖康 연간에 효용병을 자원하면 1인당 3貫을 선지급하고 200명을 모집하면 관리에게 轉1官의 특혜를 주면서 그 수가 급증하였다. 岳飛도 禁軍에 들어가기 전에 效用兵으로 활동하였다.

114 弓箭手 : 屯田制·營田制를 변형시킨 모병제의 하나이다. 서하의 공세를 저지하고, 군비 부담을 줄이기 위해 景德 2년(1005)부터 섬서·산서 지역 청장년이 군역 의무를 지면 1인당 2頃의 토지를 지급하고 畝당 3升의 낮은 田賦만 내게 하는 '궁전수'를 두기 시작하였다. 여기에 말을 갖고 있으면 50畝를 추가 지급하여 기병을 보완하였다. 궁전수는 현지 사정에 밝았고, 자신의 향토를 방위하는 것이어서 뛰어난 전투력을 발휘하였다. 治平 연간(1064~1067) 궁전수는 총 51,800명이었다. 弓弩手라고도 하였다.

115 保甲 : 先秦 시기부터 국가와 宗法을 일치시키기 위한 향촌의 조직화가 시행되어 漢代에는 '伍什制', 唐代에는 '隣保制'가 채택되었다. 王安石은 변법의 일환으로 10戶를 1保로, 5保를 1大保로, 10大保를 1都保로 하는 '保甲制'를 만들었고, 이것이 淸代까지 지속되었다. 保甲制는 기존의 향촌 조직보다 치안 유지와 향촌 방위에 좀 더 초점을 두었다.

116 본문의 '來流河'는 '淶流河'를 잘못 쓴 것이다.

117 장막 : 원문은 '族帳'이다. 중국의 북방과 서북방 유목민이 거주하던 장막, 혹은 장막을 치고 사는 단일 씨족을 뜻하는 말이다.

118 旋炊 : 미리 찧어 놓지 않고 즉석에서 바로 찧어서 밥한다는 말이다.

119 부추는 종류가 1천 종이 넘을 정도로 다양하고 瓜도 오이·호박 등 종류가 다양하다. 그 구체적인 내용은 확인할 수 없어 개략적으로 번역하였다.

120 嬪州 : 거란 東京道 소속이며 軍額은 柔遠軍, 州格은 軍事州이다. 天顯 3년(928)에 발해의 晴州 주민을 옮겨 신설하였다. 치소는 向陽寨(현 요녕성 營口市 海城市)이며 요하와 발해만이 만나는 곳에 있으나 구릉지와 산지가 2/3나 된다. 관할구역은 현 요녕성 요동만에 연한 營口市의 동북쪽에 해당한다.

121 辰州 : 거란 東京道 소속이며 軍額은 奉國軍, 州格은 節度州이다. 치소 겸 관할 현은 建安縣(현 요녕성 營口市 蓋州市)이다. 발해가 고구려의 蓋牟城을 辰州(현 요녕성 撫順市)로 바꿨고, 거란이 다시 위치를 옮겨 설치하였다. 평야와 구릉지의 점이지대이며, 관할구역은 현 요녕성 요동만에 연한 營口市의 남쪽에 해당한다.

122 嬪州와 辰州는 현 요녕성 營口市이고, 동경은 遼陽府(현 요녕성 遼陽市)이므로 대체로 遼河의 하구에 해당한다. 馬政 일행은 大連에 도착한 뒤 해안을 따라 이동한 것으로 보인다.

123 里 : 唐代 이래 토목건축의 측량 기준인 營造尺에 따르면 1尺은 약 0.32m, 1步는 5尺으로 1.6m, 1里는 360步이므로 576m에 해당한다. 그래서 통상 華里 10~20리는 5~10㎞에 해당하는 것으로 간주한다.

124 원문은 '認旗'이다. 행군할 때 휘하 부대를 통제하는 데 사용하는 지휘용 깃발이다. 멀리서도 구분할 수 있도록 문양 등을 다르게 만들어졌다. 후에 지휘용의 司命旗과 회신용의 認旗로 나뉘었다.

125 交椅 : '交'는 의자의 다리가 옆에서 보면 X자 형태로 교차하여 붙여진 이름이며 낚시 의자처럼 다리 부분이 접히는 의자를 말한다. 북방 유목민의 간이의자인 '馬扎'에서 유래했으며, 이로 인해 '胡床'으로 불렸으나 수나라 때 '胡'를 꺼려 하여 '交'로 바꾸었다. '椅'는 등받이와 팔걸이가 있는 의자임을 말한다.

126 國信使 : 대등한 외교관계(交聘관계)를 수립한 국가 사이에서 국가를 대표해서 파견하는 사신을 가리키는 말이다. 唐代에는 외국에서 입국한 사신을 가리켜 '入番使'라고 칭하였고, '국신사'라는 용어는 오대에 처음 등장한다. 송대에는 開寶 8년(975) 사료에 처음 나오지만, '거란·송·남조·북조 국신사'라는 용어가 정착된 것은 '전연의 맹약(1004)'을 체결한 뒤부터이다. 入侍內侍省과 鴻臚寺 소속 管勾往來國信所가 국신사 파견과 관련된 업무를 전담하였다. 管勾往來國信所의 약칭은 國信所인데, 본래 雄州에 설치했던 機宜司가 國信司로, 다시 國信所로 바뀌었다.

삼조북맹회편

三朝北盟會編

卷5

[政宣上帙5]

起宣和三年二月十七日壬午, 盡宣和四年四月十日戊戌.

정화 연간(1111~1117)부터 선화 연간(1119~1125)까지를 기록한
상질의 제5권 : 선화 3년(1121) 2월 17일 임오일부터 선화 4년
(1122) 4월 10일 무술일까지.

宣和三年二月十七日壬午, 曷魯(改作赫嚕)至登州.

선화 3년(1121) 2월 17일 임오일, 금국 사신 갈로가 등주
에 도착하였다.

先是, 女眞往來議論, 皆主童貫, 以趙良嗣上京阿骨打(改作阿固達)之約,
欲便①擧兵應之, 故選西京宿將會京師. 又詔:"環應、鄜延軍②與河北
禁軍更戍."會方臘叛, 貫以西兵討賊, 朝廷罷更戍, 指揮登州守臣, 以童
貫未還③, 留曷魯(改作赫嚕)等不遣;曷魯(改作赫嚕)狷忿④, 屢出館, 欲
徒步至京師, 尋詔馬政、王瓌引之詣闕.

① [按] 便:袁本에서는 '使'로 썼다.
② [許] 又詔:環應・鄜延軍:'慶'을 '應'으로 잘못 썼다. 교주를 따른다.
③ [按] 還:袁本에서는 '回'로 썼다.
④ [按] 狷忿:袁本에서는 '猾忿'으로 썼다.

이에 앞서, 여진과 오간 논의는 모두 동관이 주도케 하였더니 조량사
가 상경에서 아골타와 한 협약에 따라 곧 군대를 이동하여 호응하고자
전투 경험이 풍부한 서경 하남부¹ 장수들을 선발하여 도성에 집합시켰
다. 또 다음과 같은 조서가 내려왔다.

"환경로²와 부연로³의 병력과 하북의 금군禁軍은 서로 교대하여 위수
하라."

그런데 바로 그때 방랍⁴의 반란이 일어나자 동관은 섬서의 병력⁵을 동

원하여 적도賊盜를 토벌하였다. 조정에서는 변방 수비군의 위수 교대를 중지하였고, 등주지사에게는 동관이 아직 강남에서 돌아오지 않았으니 갈로 등을 보내지 말고 억류하라고 지시하였다. 갈로는 분노하여 여러 차례 관사를 나서서 걸어서라도 도성으로 가겠다고 하였다. 드디어 마정과 왕괴에게 그를 데리고 궁궐로 오라는 조서가 내려왔다.

五月十三日丙午, 曷魯(改作赫嚕)至京師.

선화 3년(1121) 5월 13일 병오일, 갈로가 도성에 도착하였다.

是日, 曷魯(改作赫嚕)入國門, 差國子司業權邦彦、觀察使童師禮館之. 未幾, 師禮傳旨①邦彦等曰 : "大遼已知金人海上往還, 難以復如前議②, 諭遣曷魯(改作赫嚕)等歸③." 邦彦等慮失其懽④, 令師禮入奏, 復得旨⑤, 候童貫回. 曷魯(改作赫嚕)凡留三月餘. 凡見辭宴犒並如習魯(改作錫喇薩魯)例⑥, 王黼議復國書, 止付曷魯(改作赫嚕)等還, 不遣使.

① [按] 傳旨 : 袁本에서는 '傳'으로 썼다.

② [按] 前議 : 袁本에서는 '前日緣議論'으로 썼다.

③ [按] 諭遣曷魯等歸 : 袁本에서는 '曷魯等歸'로 썼다.

④ [按] 邦彦等慮失其懽 : 袁本에서는 '邦彦, 驚曰如此則失其歡心, 曲在朝廷矣'로 썼다.

⑤ [按] 復得旨 : 袁本에서는 '復旨'로 썼다.

⑥ [許] 凡見辭宴犒幷如習魯例 : '구 교감은 다음과 같다 : 살펴보니 금국에서 송조에 사신으로 온 자에 습로라는 이름은 없다. (舊校云 : 考金人使宋者無習魯名氏)'6

이날 갈로가 도성의 성문으로 들어오게 되자 국자사업[7] 권방언[8]과 관찰사 동사례[9]를 관반사[10]와 관반부사로 파견하였다. 얼마 지나지 않아 동사례가 성지를 받아 권방언 등에게 다음과 같이 전달하였다.

"대요에서 이미 금국과 해상으로 왕래하는 것을 알고 있으니 더는 앞서 논의대로 하기가 어렵게 되었소. 이런 점을 잘 이해시키고 갈로 등을 돌려보내시오."

권방언 등은 갈로 등이 불쾌해할까 우려하여 동사례에게 입궐해서 황상께 잘 아뢰도록 했는데, 동사례는 동관이 절강에서 돌아올 때까지 기다리라는 성지를 다시 얻어 내었다. 그 뒤로 갈로는 모두 3개월여를 머물렀는데 모든 접견과 연회 및 포상은 사랄습로의 경우에 준하였다. 재상 왕보는 회답 국서의 내용을 논의한 뒤 갈로 일행 등에게 국서를 주어 돌려보냈을 뿐 별도의 사신은 파견하지 않았다.[11]

『北征紀實』曰 : 時童貫方捕方臘①, 宣撫東南未歸, 而女眞使人同馬政等復至. 時上深悔前擧, 意欲罷結約, [005-02] 有旨喩② : "女眞人使③可復回也."

①[按] 童貫方捕方臘 : 袁本에서는 '童貫捕方臘'으로 썼다.
②[按] 有旨喩 : 袁本에서는 '喩'를 '籥'로 썼다.
③[按] 女眞人使 : 袁本에서는 '女眞使人'으로 썼다. 교주를 따른다.

『북정기실』에는 다음과 같이 적혀 있다.

이때 동관은 막 방랍을 체포하고 강남 지역을 선무하느라 아직 돌아오지 못하였는데, 여진 사신이 마정 일행과 함께 다시 등주에 왔다. 이때 황상은 앞서 일을 깊이 후회하면서 맹약을 파기할 생각으로 성지를 내려, "여진 사신을 되돌려 보내는 게 좋겠다."고 하였다.

八月二十日壬子, 發曷魯(改作赫嚕)、大迪烏齎書歸本國.

선화 3년(1121) 8월 20일 임자일, 금조의 사신 갈로와 대적오가 우리 국서를 가지고 본국으로 돌아갔다.

「朝廷國書」: 八月日, 大宋皇帝致書於大金皇帝闕下. 遠勤專使, 薦示華緘, 具承契好之修, 深悉封疆之諭①. 惟夙敦②於大信, 已備載於前書, 所有漢地等事, 並如初議. 俟聞擧軍③到西京的期, 以憑夾攻. 順履淸秋, 倍膺純福. 今勃堇曷魯④(改作貝勒赫嚕)、大迪烏回, 有少禮物, 具諸別幅, 專奉書陳謝. 不宣, 謹白.

① [按] 諭 : 袁本에서는 '事'로 썼다.
② [按] 敦 : 袁本에서는 '惇'으로 썼다.
③ [按] 擧軍 : 袁本에서는 '擧兵'으로 썼다.
④ [按] 勃堇曷魯 : 袁本에서는 '孛堇曷魯'로 썼다.

조정 「국서」의 내용은 다음과 같다.

선화 3년(1121) 8월 모일, 대송 황제는 대금 황제 궐하께 삼가 국서를 보냅니다. 멀리서 애써 특사를 보내어 아름다운 서신을 보내시니, 우호를 돈독히 하는 일을 전부 받아들이며, 영토에 관한 말씀을 모두 알아들었습니다. 일찍부터 큰 믿음을 도타이 해 왔음은 이미 앞선 서신에 상세히 말씀드렸고, 한인 거주지에 관한 일 등은 모두 처음에 논의한 바와 같습니다. 군대를 동원해 서경에 도착하실 정확한 기일을 알려주시기를 기다렸다가, 그에 근거하여 협공하겠습니다.

청명한 가을 잘 보내시고, 고운 복을 배로 받으시옵소서. 지금 발근 갈로와 대적오가 돌아가는 길에 약간의 예물이 있사온대 별도의 문서에 상세히 적었습니다. 삼가 국서를 받들어 올리며 감사의 말씀을 드립니다. 이만 말을 줄이며, 삼가 아룁니다.

十一月, 金人攻破遼人中京, 天祚入夾山.①

① [許] 十一月, 金人攻破遼人中京, 天祚入夾山 : '宣和四年正月十四日, 金人攻破遼
人中京, 天祚入夾山'으로 써야 한다. 교주를 따른다.

선화 4년(1122) 1월 14일, 금군이 요나라의 중경을 함락시키자, 천조제는 협산산맥[12]으로 숨어 들어갔다.

曷魯(改作赫嚕)自海上歸, 阿骨打(改作阿固達)意朝廷絶之, 乃命其弟固論(改作古倫)國相字極列①(改作貝勒)並粘罕(改作尼堪)、兀室(改作烏舍), 悉帥師渡遼②, 而用降將余覩(改作伊都)爲前鋒. 正月十四日, 以勁騎一日一夜行三百里, 至其中都, 攻之, 自旦至日中, 遂陷焉. 始謂天祚在城中也, 及破乃知, 天祚聞其來, 中夜已竄, 卽莫知所在, 而天祚遂③至燕山矣. 又懼追襲, 與其子趙王、梁王數百騎, 復從西北走鴛鴦泊④(舊校

갈로가 바닷길로 돌아온 뒤 아골타는 우리 조정에서 자신들과 맹약을 파기하려 한다고 생각하고는 곧 아우인 국상¹³ 발극렬 고륜, 그리고 점한·올실에게 모두 군대를 이끌고 요하를 건너도록 명하고, 금군에 투항한 거란 장수 야율여도¹⁴를 선봉에 서게 하였다.

선화 4년(1122) 1월 14일, 정예 기병을 이끌고 밤낮으로 300리를 달려 거란의 중경¹⁵에 도착해 공격을 개시했는데, 새벽에 시작해서 한나절 만에 곧 함락시켰다. 처음에는 천조제가 성안에 있으리라 생각했는데, 성을 함락시키고 난 뒤 알고 보니 천조제는 금군이 온다는 소식을 듣고 한밤중에 몰래 도망쳤는데, 어디로 갔는지 아무도 모른다고 하였다. 사실 천조제는 급히 연경으로 도망갔다가 금군이 추격해서 기습할까 봐 겁이 나서 아들인 조왕¹⁶과 양왕¹⁷ 이하 수백 기만 이끌고 다시 서북쪽으로 해서 원앙박¹⁸으로 달아났다.[구 교감은 다음과 같다 : 『강목』에서는 '원앙락'으로 썼다.]

女眞旣失天祚, 因遣追兵出平地、松林而西, 將至鴛鴦泊^①, 則適與天祚遇. 天祚大窘, 因倉皇從雲中府, 由石窟寺入天德軍, 趨漁陽嶺, [005-03]

又竄入陰夾山. 夾山者, 沙漠之北, 傳謂有泥潦②六十里, 獨契丹能達,
他虜(改作人)所不能至也. 女眞之君臣, 因駐兵鴛鴦泊, 欲經營之, 攻擊
雲中府曁諸州, 以延引時日也③.

① [按] 松林而西, 將至鴛鴦泊 : 袁本에서는 '松林, 亦將西至鴛鴦泊'으로 썼다.

② [按] 泥潦 : 袁本에서는 '泥淖'로 썼다.

③ [按] 以延引時日也 : 袁本에서는 '延引時日也'로 썼다.

여진은 천조제를 놓치자 곧 추격병을 파견하여, 평지와 송림을 거쳐
서쪽으로 진군하였다. 원앙박에 다다를 즈음에 마침 천조제와 조우하였
다. 천조제는 너무나도 옹색하게 허둥지둥 운중부[19]에서 나와 석굴사를
거쳐 천덕군[20]으로 들어갔고, 어양령[21]으로 나아갔다가 다시 음산산맥 남
쪽의 협산산맥까지 달아나 몸을 숨겼다.

협산이란 곳은 사막의 북쪽에 있는데, 전해지는 말로는 60리에 이르는
늪지[22]가 있어서 오직 거란인만이 갈 수 있고 여타 종족은 갈 수 없다고
한다. 그래서 여진의 군신들은 원앙박에 군대를 주둔시킨 채 그곳을 노
릴 생각으로 운중부 및 여러 주를 공격하며 시일을 끌고 있었다.

宣和四年三月十七日丙子①, 遼秦晉國王耶律湻簒立於燕山,
遣使來告謝, 不受.

① [按] 宣和四年三月十七日丙子 : 袁本에서는 '三月十七日丙子'로 썼다.

선화 4년(1122) 3월 17일 병자일, 요의 진진국왕 야율순[23]

天祚入夾山數日, 命令不通. 宰相李處溫欲圖佐命恩倖, 外假怨軍聲援, 潛結都統蕭幹, 勸進燕王僭號. 燕王者, 秦晉國王耶律淖, 興宗之孫, 道宗洪基弟宗本之子①, 於天祚爲從叔. 初洪基囚其子濬, 欲立淖爲儲貳不果, 已而立天祚, 淖守燕十二年, 得人心, 號燕王, 又謂九大王, 又謂覃湘大王. 在府番·漢百官諸軍並僧道·父老數萬人勸進, 遂卽位於燕, 號天錫皇帝②, 改保大三年爲建福元年③, 改怨軍爲常勝軍, 肆赦.

① [許] 宗本之子 : 일부 판본에서는 '宗'을 '敦'으로 썼다.
② [按] 父老數萬人勸進, 遂卽位於燕, 號天錫皇帝 : 袁本에서는 '父老數萬人, 號曰天錫皇帝'
로 썼다.
③ [按] 改保大三年爲建福元年 : 『遼史』 권30, 天祚帝 5년 2月條에는 '保大二年'으로 썼다.
교주를 따른다.

천조제가 협산산맥에 들어간 지 여러 날이 되었고 명령 또한 제대로
하달이 안 되었다. 이에 재상 이처온[24]이 좌명공신[25]이 되어 황제의 총애
를 받고자 밖으로 원군[26]의 성원을 받고, 안으로 은밀히 도통 소간[27]과 손
잡고 연왕에게 제왕을 참칭할 것을 권하였다.

연왕은 진진국왕 야율순으로서 거란 흥종의 손자이며, 도종 야율홍기
의 동생인 야율종본의 아들이다. 천조제에게는 종숙이 된다. 처음에 도
종 야율홍기는 아들인 야율준을 구금하고 야율순을 태자로 삼으려고 했
으나 실행하지 못하고 후에 천조제를 황제로 세웠다.[28] 야율순은 연경을

12년 동안 다스리면서 인심을 얻었다. 연왕이라고 불렀으며 또 구대왕아홉 번째 대왕, 혹은 담상罩湘대왕이라고도 칭하였다.

연왕부에는 번인과 한인 문무백관과 각 군대, 승려와 도사, 부로 등 수만 명이 몰려와 황제에 즉위할 것을 권하였다.[29] 이에 야율순은 연경에서 즉위하고 존호를 천석황제라 하였으며, 보대 2년을 건복 원년으로 고치고, 원군을 상승군[30]으로 개칭하고 사면하였다.

下詔, 諭國中曰︰自我烈祖肇創造之功, 至於太祖①, 恢廓清之業, 故得奄有區夏, 全付子孫, 邇後纂承, 罔不祇肅, 傳二百祀之逾, 遠得億兆人之底寧. 蓋太平或弛於細防②, 而內治多遺於外患, 以是邊鄙生茲寇仇③, 漸爲蔓草之難圖, 公肆長蛇之薦食, 敢來問鼎, 直欲爭衡. 敵壘尙遙, 王師自潰, 兵非不銳, 事止失和；故使乘輿越在草莽, [005-04] 地隔不果相赴, 旬餘莫知所歸.

①[按] 太祖：袁本에서는 '太宗'으로 썼다.
②[按] 細防：袁本에서는 '細防'을 '細娛'로 썼다. 교주를 따른다.
③[按] 寇仇：袁本에서는 '寇讎'로 썼다.

야율순은 조서를 내려 나라 안에 다음과 같이 알렸다.

우리 시조께서 창업의 공을 세우기 시작한 이래, 태조에 이르러 세상을 안정시키는 큰 공을 이루시어[31] 곧 중원을 차지하고, 그것을 온전히 자손에게 주셨노라. 그 뒤로 줄곧 계승하며 조신함과 엄숙함을 잊지 않아 200년 넘게 사직을 보전하였고, 멀리 만백성의 안녕을 얻을 수 있었노라.

무릇 태평성세에는 혹 해이해져 유흥에 빠지다 보니, 내치가 외환을 남기는 경우가 많아 저 변방에서 커다란 도적 떼寇仇가 일어나더니, 점차 제거하기 힘든 넝쿨처럼 커졌고, 이제는 아주 대놓고 능구렁이처럼 국토를 잠식하고, 감히 와서 제위를 넘보며 우열을 가리자고 덤비기까지 한다. 적진이 아직 멀리 있었는데도 우리 군대가 스스로 무너지고 말았으니, 이는 우리 군대가 정예롭지 않아서가 아니라 단지 화합하지 못했기 때문이다. 그래서 황제의 어가는 초야에 숨어 다니고, 멀리 떨어져 서로 만나지 못해 열흘 넘도록 행방을 알 수 없게 되었다.

三邊蕩搖, 百姓震懾, 懼不相保, 謂將疇依? 咸云 : "六合爲家, 不可一日無主", 共載眇質①, 用登至尊, 皆出素衷, 尙慙否德. 又念與其長天下之亂, 曷若復我家之功? 苟其宗社不移, 亦曰 : "神靈所望, 勢不克避, 理當共知." 嗚呼! 朕以久處王藩, 歷更政敎②, 凡民疾苦, 與事便宜, 靡所不知, 亦曾熟慮. 自今而後③, 革弊爲先, 所期俾四海用甯, 不敢以萬乘爲樂, 敢告遠邇, 予不食言. 又下詔廢延禧爲湘陰王.

①[許] 共載眇質 : '戴'를 '載'로 잘못 썼다.

②[按] 歷更政敎 : 袁本에서는 '歷更政務'로 썼다.

③[按] 而後 : 袁本에서는 '以後'로 썼다.

변경32이 모두 혼란으로 들끓고, 백성들은 두려움에 떨면서 서로 살아남지 못할까 겁내며 누구를 의지해야 하나33고 말하고들 있다. 또 모두 말하길, "온 천하가 하나의 집안이니,34 하루라도 주인이 없어서는 안 된다"며 여러 가지로 부족한 이 사람을 함께 추대하여 지존의 자리에 오르게 하였으니 이 모든 것은 순수한 충정에서 나온 것인데 오직 나의 부덕함이 부끄러울 뿐이다.

또 생각해 보면 천하의 대란이 오래가도록 두기보다는 우리 황가의 공업을 회복해야 하지 않겠는가? 종묘와 사직을 옮겨 오지 못한 것에 관해서도 또 "신령이 바라는 바이며, 피할 수 없는 형세라는 점을 모두가 잘 알고 있습니다."라고 모두 말하고 있노라.

아아! 짐이 오랫동안 번왕으로 있으면서 역대 선왕의 정교를 겪은 바라, 백성의 질곡과 정사의 편의를 모두 익히 알고 있고 깊이 생각해 둔 바가 있다. 이제부터는 폐정의 개혁을 우선으로 할 것이니, 사해 백성을 편안케 하기를 바랄 뿐 감히 만승의 제위를 낙으로 삼지 않을 것이다. 이를 원근의 모든 이에게 감히 고하노니, 나는 결코 식언하지 않을 것이다.

또 야율연희를 폐하여 상음왕으로 낮추는 조서를 내렸다.

詔曰 : (舊校云 : 此詔見葉隆禮『契丹國志』)"大道旣隱, 不行選授之公①, 皇天無私, 自有廢興之數, 事繫德致②, 人難力爲. 朕幼保靑宮, 長歸朱邸, 雖爲人情之久係, 誰云神器之可求, 常欲避③周公之嫌, 未曾忘④季札之節 ; 奈何一旦之無主, 至使兆民之求君, 推戴四從, 謳歌百和 ; 不敢負祖宗之業, 勉與攬帝王之權 ; 尙慮簒圖之爲難, 庶其⑤復辟之有待.

① [按] 選授之公 : 袁本에서는 '揖遜之風'으로 썼다.
② [按] 事繫德致 : 袁本에서는 '事易德効'로 썼다.
③ [按] 常欲避 : 袁本에서는 '欲避'로 썼다.
④ [按] 未曾忘 : 袁本에서는 '未忘'으로 썼다.
⑤ [按] 庶其 : 袁本에서는 '庶期'로 썼다. 교주를 따른다.

조서의 내용은 다음과 같다.[구 교감은 다음과 같다 : 이 조서는 엽융례³⁵의 『거란국지』³⁶에도 실려 있다.]

대도가 이미 쇠미해져서³⁷ 임금을 공정하게 뽑지 않았으나, 천명은 사사로움이 없어 황제를 폐하고 세움에 정해진 법도가 있다. 모든 일은 덕에 달려 사람의 힘으로 어찌하기 힘든 것이다. 짐은 어려서 동궁에서 자라다가 커서는 번왕의 자리³⁸로 돌아갔다. 비록 인정상 제위와 오랜 관계가 있었다고는 하나, 어찌 제위가 바란다고 얻을 수 있겠는가? 오히려 늘 주공이 받았던 혐의³⁹를 피하고자 노력했고, 한 번도 계찰의 절개를 잊은 적이 없었다.⁴⁰ 그러나 하루아침에 나라에 주인이 없어지고, 만백성이 군주가 있기를 바라는 상황이 되어 사방에서 추대하며 모두가 한목소리로 노래함을 어찌하랴?

이제 감히 조종의 위업을 저버릴 수 없어 부족하나마 제왕의 권한을 장악했으나 나라를 이끌어 나갈 계획을 짜는 일의 어려움을 생각하면 차라리 천조제를 다시 세우는 것이 나을까 싶기도 하다.⁴¹

近得羣臣之奏, 縶陳前主之非, 所謂愎諫、矜能, 比頑、棄德, 躁動、靡常節, 平居無話言. 室家之杼軸成空, 更滋淫費 ; 陵廟之衣冠見毀, 不輅常敗^①. 漢嫡之戮^②, (實出)無名 ; 伋妻之亂, (尤不)可託^③, 加以權臣擁隔, 政事糾紛, 左右離心, 退邇解體^④. 訖^⑤無悛改, 以至播遷, 伊慼^⑥自貽, 大勢已去, 是謂絶四海之望, 安得冒一人之稱? [005-05]

①[按] 敗 : 袁本에서는 '田'으로 썼다.
②[按] 戮 : 袁本에서는 '戳'으로 썼다.
③[按] 漢嫡之戮, (實出)無名 ; 伋妻之亂, (尤不)可託 : 『契丹國志』에서는 "漢子之戮, 實無

380

하지만 근래에 여러 신하가 상주한 것을 보니 모두가 전 군주의 잘못을 열거하고 있는데, 이른바 천조제가 간언한 신하에게 강퍅하게 대하면서 제 잘난 것만 과시하였고,[42] 고집을 부리며 덕을 저버렸고, 거동이 조급하여 일상의 예절에 맞지 않았고, 평소에 사람들과 말도 하지 않았다고 한다.

백성들 가가호호의 베틀을 다 비우고도 낭비가 더욱 늘었고, 황릉과 종묘의 의관이 헤어져도 돌보지 않은 채 쉬지 않고 사냥만 다녔다. 장자를 명분 없이 죽였으며, 남의 아내를 빼앗은 일들[43]은 실로 믿을 수 없을 정도다.

게다가 권신들이 인의 장막을 쳐서 정사가 어지러웠고, 주변 신하들의 마음이 떠나니 멀고 가까운 곳 모두가 흩어졌다. 끝끝내 잘못을 깨닫고 고치지 못하여 궁궐을 떠나 피난길에 올랐으니 그 우환은 스스로 초래한 것이며 대세가 이미 기운 것이다. 이는 천하의 소망을 단절한 것이라고 할 것이니, 어찌 천자의 칭호를 감당할 수 있겠는가!

宜削徽名, 用昭否德 ; 方朕心之牽愛, 尙不忍從 ; 奈羣議之爲公, 正復見請. 是以勉循①故事, 用降新封. 嗚呼! 命不于常, 事非得已②, 豈爲③

小子欲專位號之崇! 蓋狥眾心, 以爲社稷之計. 凡在聞聽, 體朕意焉!"

① [按] 循 : 袁本에서는 '楯'로 썼다.
② [許] 命不于常, 事非得已 : 일부 판본에서는 '進退惟公, 廢興有義'로 썼다.
③ [按] 爲 : 袁本과 『契丹國志』에서는 '予'로 썼다.

마땅히 분에 넘치는 호칭을 깎아내려서 그 부덕한 바를 밝혀야 마땅하
나, 짐의 마음이 인정에 이끌려 차마 실행하지 못하고 있었는데, 여러 사
람의 공변된 논의를 어찌할 수 없어 이제 다시 그 간청에 따르고자 한다.
그러니 흔쾌히 내키지는 않으나 옛 사례에 따라 새로운 작위를 내린다.

오호라! 천명은 일정한 것이 아니고, 천하 대사는 불가피한 것이다. 이
것이 어찌 소소한 한 남자가 황제란 숭고한 작위와 명호[44]를 차지하려 함
이겠는가! 대저 많은 이들의 마음을 따라 사직을 위한 방책을 세우는 것
이다. 소식을 듣는 모든 이들이 짐의 뜻을 알아주기를 바랄 뿐이라!"

遣知宣徽南院事蕭撻勃①(改作塔布)、樞密副都承旨王琚②充告謝大宋使
副. 承雄州牒, 准尙書省箚子奉聖旨 : "契丹③天祚見在夾山, 燕王安得
擅立? 仰會問因依人使復回④."

① [按] 遣知宣徽南院事蕭撻勃 : 袁本에서는 '知宣徽南院使事蕭撻勃也'로 썼다.
② [按] 王琚 : 袁本에서는 '王居元'으로 썼다.
③ [按] 契丹 : 袁本에서는 '契勘'으로 썼다.
④ [許] 人使復回 : '使人'을 '人使'로 잘못 썼다. 교주를 따른다.

야율순은 선휘남원[45]지사 소달발과 추밀원 부도승지[46] 왕거를 대송에 즉위를 알리는 고사사[47]의 정사와 부사로 보임하여 파견하였다. 그 거란 사신들은 웅주에서 다음과 같은 첩문을 받았다. "상서성에서 성지를 받들어 작성한 차자를 접수하였는데[48], 내용은 다음과 같다. '거란의 천조제가 지금 협산에 있는데, 연왕이 어찌 제멋대로 제위를 찬탈한단 말인가! 만나 그 사정을 알아보고 사신들을 되돌아가게 하라.'"[49]

『北征紀實』曰 : 是歲冬末, 邊探報 : "天祚以兵十萬屯燕京, 聲言游獵, 直抵雄、霸界上." 朝廷遽爲駭懼. 及明年春, 諜報再至, 始知其意謂中國有謀也. 欲大擧討女眞, 而懼襲其後, 是以耀武爾. 羣小旣安, 則謀之如初. 三月①, 又報 : "天祚敗走, 不知所在." 於是我師遂興.

① [按] 三月 : 袁本에서는 '至初三日'로 썼다.

『북정기실』에는 다음과 같이 적혀 있다.

그해 늦은 겨울 변방에서 "천조제가 병사 10만을 연경에 주둔시키고, 사냥하러 간다고 공개적으로 밝혔는데, 곧 웅주와 패주[50]의 국경에 도달할 것입니다."라는 정탐 보고가 있었다. 조정은 보고를 접하고 곧 당황하며 공포에 휩싸였다. 이듬해 봄 첩보가 다시 도착하여 거란이 사냥 운운했던 연유를 비로소 알게 되었는데, 거란은 중국이 무슨 계획을 하고 있을까 걱정한 것이었다. 거란은 군대를 크게 일으켜 여진을 토벌할 생각이었는데 후방을 습격당할까 두려워 무력을 과시한 것이었다. 발해 등의 군소 반란 세력을 평정하고 나면 애초의 계획대로 여진을 도모하려 한 것이었다. 3월, 다시 '천조제가 패주하여 어디에 있는지 모른다'는 보고가 올라왔다. 이에 마침내 우리 군대가 출병한 것이다.

知眞定府路安撫使趙逼①奏疏, 乞撫存遼人②.

① [按] 趙逼 : 袁本에서는 '趙適'으로 썼다.

② [按] 乞撫存遼人 : 袁本에서는 '乞拊存'으로 썼다.

진정부로[51] 안무사 조휼[52]이 상소하여 요나라를 위무하고
보존시켜 줄 것을 청하였다.

疏曰 : 臣近准本月十三日樞密院箚子①, 奉御筆 : "虜(改作遼)界爲女眞
所侵, 兵勢已瓦解②, 竊③慮奔潰侵軼, 逼犯邊境. 仰河北諸路帥司, 依
已降指揮, 團結兵馬編排器甲, 准備不測. 勾抽上邊使喚, 仍先具知委奏
聞, 除已具知委, 及逐時探到北界事節, 次附入內侍省, 遞奏聞去訖.

① [按] 臣近准本月十三日樞密院箚子 : 袁本에서는 '臣近准今月十三日樞撫箚子'로 썼다.

② [按] 兵勢已瓦解 : 袁本에서는 '兵勢瓦解'로 썼다.

③ [按] 竊 : 袁本과 四庫本에서는 '切'로 썼다. 교주를 따른다.

조휼의 상소문은 다음과 같다.

신은 근자에 들어 이번 달 13일에 추밀원에서 어필을 받들어 작성한
차자를 받았습니다.

"북로의 변방이 여진에게 침략당하고, 군의 전투력이 이미 와해되어
패주하면서 중국을 침범하여 변경을 위협할까 매우 걱정스럽다. 하북 각

384

로의 안무사사[53]에서는 이미 내려보낸 지휘에 의거하여 무기와 갑옷을
분배하여 비상사태에 대비하길 바란다. 군대를 징집하여 변경으로 데려
가서 부리게 되면 우선 상황을 잘 파악하여 아뢰도록 하라. 이미 파악하
여 보고한 것 외에도, 시기마다 북쪽 사정을 정탐하게 되면, 그때마다 입
내내시성[54]에 의뢰하여 황상께 상신 보고하라."

臣竊詳①北虜(改作契丹)自澶淵之盟②之後, 歲省用兵之費, [005-06] 國享
重幣之利, 虜(改作敵)自知得計, 守盟修好, 皆其誠心. 然累年以來, 虜
酋(改作遼主)失德, 上下離叛, 人不爲用. 女眞、渤海寇亂其國(此四字改
作並起二字), 征伐不已, 敗衄③相繼, 境土侵削, 士馬凋殘, 財力匱耗, 常
疑中國密有窺伺, 左支右吾④, 困弊⑤日甚.

① [按] 詳 : 袁本에서는 '謂'로 썼다. 교주를 따른다.

② [按] 澶淵之盟 : 袁本에서는 '澶淵旣盟'으로 썼다.

③ [按] 敗衄 : 袁本에서는 '敗衂'으로 썼다.

④ [按] 左支右吾 : 四庫本에서는 '右梧左枝'로 썼다.

⑤ [按] 困弊 : 袁本에서는 '困敝'로 썼다.

신이 가만히 살펴본 바, 전연의 맹약[55] 이후로 북로는 해마다 용병에
들어가는 비용을 절약했고, 거액의 세폐란 이익을 향유하였습니다. 북로
는 맹약 체결의 유익함을 잘 알기에 맹약을 지키며 우호를 유지하는 데
모든 성의를 다하였습니다. 그러나 근래 여러 해 동안 북로의 추장虜酋이
덕망을 잃어 민심이 심하게 이반하고, 인재들은 제대로 쓰이지 못하였습
니다.

여진·발해의 도적들이 거란을 어지럽혀 끊임없이 정벌에 나섰지만, 계속해서 싸움에 져 국토는 조금씩 줄어들고, 군대는 쇠퇴하고, 재정은 텅 비었습니다. 항상 중국이 은밀히 엿보고 있다고 의심하고 있으며, 급한 대로 이리저리 메꾸며 겨우 유지하고 있지만 곤궁함과 피폐함이 날로 심합니다.

恭惟①陛下好生之德, 深洽民心, 帝王之擧, 必度萬全. 況臣常親奉玉音②, 屢被詔箚, 每念南北歡好, 力固祖宗盟誓, 謂非細事不可少有引惹, 造端生釁, 而虜(改作敵)殊不知聖神加惠兩國之意如此. 今茲睿旨, 特慮他寇與奔潰之衆不測侵軼, 姑示③備禦之計. 廟謨甚遠, 預爲之防.

① [按] 恭惟 : 袁本에서는 '恭維'로 썼다.
② [按] 常親奉玉音 : 袁本에서는 '嘗親聆玉音'으로 썼다.
③ [按] 姑示 : 袁本에서는 '故示'로 썼다.

삼가 받들어 생각하오면 폐하께서는 생령을 사랑하는 덕으로 민심에 깊이 부합하셨고,[56] 제왕의 조치를 계획함에 있어 항상 만전을 기하셨습니다. 게다가 신은 늘 폐하를 몸소 모셨는데, 여러 차례의 조칙과 차자에서 매양 남북의 우호를 마음에 두시고 조종의 맹약을 힘써 지키시면서 이르시길, '이는 작은 일이 아니니 조금이라도 문제를 야기하여 괜한 사단으로 분쟁이 발생하게 해서는 안 된다.'고 하셨습니다.

그런데 북로는 폐하께서 이처럼 송과 거란 두 나라 모두에 은혜를 베푸시는 뜻을 전혀 알지 못합니다. 지금 폐하께서는 저들 도적여진과 그들에게 패하여 달아나는 무리거란가 뜻밖의 침탈을 할 것을 각별하게 고려하시어 대비책을 제시해 주셨습니다.[57] 이는 우리 조정이 사려가 깊어 미리 방비함입니다.

然臣叨承閫寄, 職所當言, 苟有管見, 豈敢緘默? 伏覩邊報, 近者虜酋(改作天祚)獵於白水川, 女眞掩^①其無備, 全軍陷沒, 虜酋(改作天祚)不知存亡, 震擾未見所立. 若復調兵上邊, 虜(改作敵)將謂中國起乘其釁^②, 疑隙旣開, 何可復釋? 唯當示之安靜, 致其懷服.

①[按] 掩 : 袁本에서는 '撓'으로 썼다.

②[按] 釁 : 袁本에서는 '敵'로 썼다.

그런데도 외람되이 변경[58] 방어의 중책을 맡은 신은 직무상 마땅히 말씀드리고자 합니다. 진실로 좁은 식견이라 하더라도 어찌 감히 함구하고 있겠습니까! 변방의 보고 문건을 보니, 근자에 북로의 추장천조제이 백수천[59]에서 사냥하였는데, 무방비한 틈에 여진의 급습을 받아 전군이 전멸하였다고 합니다. 북로 추장천조제의 생사는 알 수 없고, 놀라 불안정한 상황인데 후계자로 세울 사람도 안 보입니다.

그런데 가령 우리가 군대를 변방으로 이동시킨다면, 북로는 장차 중국이 이 틈을 타서 자신들의 곤경을 노린다고 할 것입니다. 이제 의심의 틈이 벌어지고 나면 무엇으로 다시 그것을 풀 수 있겠습니까? 오직 안정을 바란다는 것을 보여 주심으로써 마음으로부터의 복종을 얻어 내셔야 합니다.

臣愚竊謂耶律氏據①有沙漠, 歷年甚多, 虜(改作北)人習熟, 貴其種類, 設有奸雄, 誰肯推服②? 仰惟朝廷與虜(改作遼)兄弟之國, 共守盟好百有餘載③. 今虜酋(改作天祚)叔兄子弟尚眾④, 若虜酋(改作天祚)眞遂不還, 願陛下用家人禮, 特遣重臣將命彼國, 推急難之義, 念外侮之虞, 慰諭其宗族臣下⑤, 厚加拊勞⑥, 勉以忠孝, [005-07]雪恥戡難. 就其虜酋(改作天祚)叔兄子弟⑦, 取虜酋(改作天祚)之所愛, 國人之所慕, 擇賢立孤, 以主虜(改作遼)眾. 隆其恩禮, 賜之封册, 申結信誓, 以繼好息民, 俾之知戴中國.

① [按] 據 : 袁本에서는 '旣'로 썼다.
② [按] 推服 : 袁本에서는 '推伏'으로 썼다.
③ [按] 有餘載 : 袁本에서는 '有餘年'으로 썼다.
④ [按] 叔兄子弟尙眾 : 袁本에서는 '叔兄弟子眾'으로 썼다.
⑤ [按] 慰諭其宗族臣下 : 袁本에서는 '慰其宗族臣下'로 썼다.
⑥ [按] 拊勞 : 袁本에서는 '撫勞'로 썼다.
⑦ [按] 叔兄子弟 : 袁本에서는 '叔兄弟子'로 썼다.

　신이 어리석지만 삼가 말씀드리자면 야율씨가 사막에 할거한 지가 매우 오래되었습니다. 그리고 북로의 습속은 제 종족을 귀히 여깁니다. 설령 새로운 간웅이 나타난다 한들 누가 기꺼이 복종하겠습니까? 생각건대 우리 조정과 북로는 형제의 나라로서 함께 우호의 맹약을 지켜온 지 100여 년이 되었습니다.

　지금 북로 추장의 숙부와 형제, 자제가 여전히 많습니다. 만약 북로 추장이 끝내 돌아오지 못하게 되면, 원컨대 폐하께서는 가족의 예로써 특별히 중신을 파견하여 그 나라에 후계자를 명함으로써 재난을 당했을 때

구해 주는 의로움을 펼치십시오. 외적에 침입당한 우환을 생각하여 그 종족과 신하를 위로하고 달래시고, 그들의 어려움을 두터이 어루만지고 충효를 권면하시면, 그들은 패전의 수치를 씻고 국난을 이겨 낼 수 있을 것입니다.

북로 추장의 숙부와 형제, 자제 가운데서 북로 추장이 아끼던 자와 국인들이 추앙하는 자들을 취하여 현명한 자제를 간택하여 즉위시키고, 북로虜衆의 주인으로 삼으십시오. 은혜로운 예를 두텁게 하고 책봉을 내리시며, 성심으로 결의를 맺고 우호 관계를 계승하여 그 백성들을 편히 쉬게 함으로써 그들이 중국을 알아서 받들게 하십시오.

> 虜(改作彼)既以中國爲重, 得存其宗社, 則中國有大造於虜(改作遼)也[1].
> 陛下雖不責報, 虜(改作彼)歸故地、減歲幣, 必有一以報陛下矣. 如是則
> 中國不待汗馬之勞、遺鏃之費, 萬無一失[2]而安享大利. 機會之來, 間不
> 容髮, 伏望聖慈, 特加採擇, 速奮睿斷施行, 實天下之幸[3]!
>
> [1] [按] 則中國有大造於虜也 : 袁本에서는 '則中國有大造於虜'로 썼다.
> [2] [按] 萬無一失 : 袁本에서는 '萬無失一'로 썼다.
> [3] [按] 實天下之幸 : 袁本에서는 '實天下大幸'으로 썼다.

북로虜는 이미 중국을 중시하고 있는 데다가 그들에게 종묘와 사직을 계승할 수 있게까지 해 준다면, 중국은 북로에게 재생의 큰 은덕을 베풀게 되는 것입니다. 폐하께서 그 보답을 요구하지 않는다고 하시더라도 저들은 옛 땅을 돌려주거나 세폐를 줄여서 반드시 한 가지라도 폐하의 은덕에 보답할 것입니다.

이같이 한다면 중국은 말에게 땀을 흘리게 하는 수고로움이나 화살촉을 버리는 비용을 지불함도 없고, 만에 하나도 잃음이 없이 편안히 큰 이득을 누리게 될 것입니다. 다가온 기회를 잡는 데는 간발의 차이도 용납되지 않습니다. 엎드려 바라옵건대, 황상께서 자비를 베푸시어 특별히 채택하시되 빨리 영단을 내려 시행하신다면 실로 천하를 위해 다행한 일이 될 것입니다.

貼黃：臣愚竊謂, 虜(改作遼)失其酋(改作主), 未知所立, 方疑中國乘閒而攻之. 然陛下兼愛南北生靈, 務隆義好, 若卽恤其禍難, 援立新酋(改作主), 當此孤遺乏助[1]之時, 得倚朝廷以存其國, 又名正言順, 勢無不從, 則恩歸於我, 必服彼心, 中國申[2]固盟誓, 爲利無窮. 若使彼新酋(改作主)自立, 則恩非我出, 立而眾附, 則勢將復强, 增戍緣邊, 過爲隄備[3], 徒足生釁, 以啟戎心. 願陛下無遽增戍, 開先時之隙 ; 無[4]緩立孤, 貽不及時之悔. 孔子曰 : "興滅國, 繼絶世, 天下之民歸心焉." 惟聖神亟圖之!

① [按] 孤遺乏助 : 袁本에서는 '孤危可取'로 썼다.
② [按] 申 : 袁本에서는 '永'으로 썼다.
③ [按] 隄備 : 袁本에서는 '隄防'으로 썼다.
④ [按] 無 : 袁本에서는 '毋'로 썼다.

추기[60]한 내용은 다음과 같다.

신이 어리석지만 생각건대, 북로는 추장을 잃고 누구를 세워야 할지 모르고 있는 와중에 중국이 그 틈을 타서 공격할까 봐 의심하고 있습니다. 그러나 폐하께서는 남북의 백성을 두루 사랑하사 의리와 우호를 두 텁게 하는 데 힘쓰고 계십니다. 그들의 환란을 불쌍히 여기셔서 새로운 추장을 후원하여 즉위시키시면 이 고립무원의 시기에 우리 조정에 기대 어 그 나라를 보존할 수 있고, 또 명분이 바르고 말이 순조로우니 따르지 않을 자가 없을 것입니다. 그 은혜가 우리에게 돌아와 반드시 그들을 마 음으로부터 복종시킬 것입니다. 중국이 맹약을 영원히 공고히 하면 그 이익은 무궁할 것입니다.

만일 그들 스스로 새 추장을 옹립한다면 그렇게 된 은덕이 우리에게서 나온 것이 아니게 됩니다. 그가 자립하여 많은 무리가 따른다면 그 세력 이 다시 강해질 것입니다. 변방을 지키는 병사를 증원하면, 과도한 방비 가 쓸데없는 분쟁만 일으키고, 저들로 하여금 침입할 마음만 일으킬 뿐 입니다.

원컨대 폐하께서는 변방 군사의 증원을 서둘다가 과거의 분쟁을 다시 재연시키지 마십시오. 또 왕으로 즉위하는 자를 돕지 않아 때를 놓치는 후회를 남기지 마십시오. 공자께서는 '멸망하려는 국가를 일으켜 세우 고, 끊어지려는 계보를 잇게 한다면 천하 백성들의 마음이 그에게 돌아 갈 것'[61]이라고 했습니다. 바라옵건대, 폐하께서는 서둘러 이 일을 도모하 십시오.

貼黃：臣契勘, 女眞蕞爾小夷(刪此四字), 自昔臣屬北虜, 勢不過虜之一 大族(刪臣屬至此十二字, 改作屬大遼三字), 其眾强弱, 與虜(改作遼)不侔. [005-08] 徒以虜酋①(改作天祚)失德, 乘其離心, 遂致以寡敵眾, 以弱凌(改 作勝)强者, 非女眞之能, 虜所自取也(刪者非至此十一字). 然北虜(改作遼

實)大國, 其人本不畏女眞②. 女眞今雖得志, 亦豈能久橫行於虜中哉! 虜
之(刪其人至此二十五字)新酋(改作主)旣立, 得國人心, 事將反掌也. 陛下
仁聖被於四海, 普天率土, 罔不臣妾! 若速於斯有以深結虜心(改作遼人),
使之懷服, 自削其平日之貪傲. 今若停增③成之役, 收援立之恩, 處以④
守盟存國之大義, 蠻貊革心, 固不難矣! 誠⑤所謂用力少而成功多也.

① [按] 酋 : 袁本에서는 '有'로 썼다.
② [按] 本不畏女眞 : 袁本에서는 '本素不畏女眞'으로 썼다.
③ [按] 停增 : 袁本에서는 '止增'으로 썼다.
④ [按] 處以 : 袁本에서는 '示以'로 썼다. 교주를 따른다.
⑤ [按] 誠 : 袁本에서는 '臣'으로 썼다.

추기한 내용은 다음과 같다.

신이 확인해 본 바, 여진은 작고도 작은 이적에 불과합니다. 예로부터
북로에 신하로 복종해 왔으며, 그 세력은 거란 내에서 큰 부족 하나에 불
과합니다. 그들 무리의 힘은 북로와 비할 바가 못됩니다. 다만 북로 추장
이 덕망을 잃어 민심이 이반한 틈을 타서 마침내 적은 수로 많은 수에 맞
서고, 약한 자가 강한 자를 능멸한 것이니 여진의 능력이 원래 강한 것은
아닙니다. 북로가 자초한 것일 뿐입니다.

그러나 북로는 큰 나라이고, 그들은 본래 여진을 두려워하지 않았습니
다. 여진이 지금 비록 뜻을 펴곤 있지만, 어찌 북로 땅에서 오랫동안 횡
행할 수 있겠습니까? 북로의 새로운 추장이 즉위하여 나라 사람들의 인
심을 얻는다면, 사태를 뒤집기는 여반장일 것입니다.

폐하께서는 어지심과 성스러움이 온 천하를 뒤덮으시어 이 세상에 신
하 아닌 자가 없습니다.[62] 만약 이 일을 신속하게 하신다면 북로의 마음

과 깊이 하나 되어 그들이 마음으로부터 복종케 되고 평소의 탐욕과 오만을 스스로 줄일 수 있게 될 것입니다. 지금 변방 수비군의 증원을 중단하고, 후계자의 즉위를 도와주었다는 은혜를 거두며, 맹약을 지켜 그 나라를 존속시켜 준 대의를 보여준다면 만맥蠻貊의 마음을 고쳐먹게 하는 일도 실로 어렵지 않을 것입니다. 진정 작은 힘을 들여 큰 성공을 거두는 것이라 하겠습니다.

三月某日, 代州奏 : "得金人邊牒."

선화 4년(1122) 3월 모일, 금국이 우리 변방 관할 주에 보낸 첩문을 받았다고 대주에서 상주하였다.

准「大金彰國軍(應州也)牒」: "近白水泊擊散契丹放鷰行帳, 天祚皇帝脫身北走. 本國軍馬已到山後, 平定州縣, 占守訖. 請代州戒守邊人員①, 不得輒引逃去人民, 爲國生事, 自取亡滅②."

① [許] 請代州戒守邊人員 : '詣'를 '請'으로 잘못 썼다.
② [按] 亡滅 : 袁本에서는 '禍亡'으로 썼다. 교주를 따른다.

대금 창국군[63]에서 첩문을 접수하였는데, 내용은 다음과 같다.

"근래 백수박에서 거란의 방아행장[64]을 공격하여 흩뜨리자, 천조황제는 겨우 몸만 빠져나가 도망쳤다. 우리 군대는 이미 산후 지역에 도착하여 주현을 평정하고 점령을 완료하였다. 대주지사에 요청하노니, 변방 수비 인원들을 잘 단속하여 여기에서 달아난 백성들을 번번이 데려가는 일이 없도록 하라. 그런 행위는 나라에 사단을 만드는 것이며, 스스로 멸망을 자초하는 것이다."

四月十日戊戌, 太師領樞密院事童貫, 陝西河東河北路宣撫使勒兵十萬巡邊.

선화 4년(1122) 4월 10일 무술일, 태사로서 영추밀원사[65]인 동관이 섬서하동하북로선무사[66]가 되어 장병 10만 명을 통솔하여 이끌며 변경을 순시하였다.

詔下①燕京管內官吏軍民百姓等(添詔曰二字)：朕惟皇天盡付中國②, 使宅九有之師, 取亂侮亡, 拓其疆土, 景命所僕③, 惟有德者能克饗之. 朕服紹丕基, 仰承先帝休德, 夙夜祗懼, 不敢荒盉④. 荷天降康, 登茲極治, 聲教所暨, [005-09] 遠逮要荒 ; 東踰朝鮮, 西邁積石, 南越牂牁之境, 罔敢不廷⑤. 乃眷幽燕, 實惟故壤, 五季不造, 陷於北戎(改作契丹).

① [按] 詔下 : 袁本에서는 '詔曰'로 썼다.
② [按] 皇天盡付中國 : 袁本에서는 '皇天旣付中國民'으로 썼다.
③ [按] 景命所僕 : 袁本에서는 '景命有僕'으로 썼다.
④ [按] 荒盉 : 袁本에서는 '荒甯'으로 썼다.
⑤ [按] 廷 : 袁本에서는 '庭'으로 썼다.

연경 관내의 관리·군인·백성들에게 내린 조서의 내용은 다음과 같다.

짐은 생각건대, 하늘이 중국을 다 짐에게 맡겨 주셨으니, 9주의 군대를 거느리고[67] 정치가 문란하여 망해 가는 나라를 정벌하여[68] 영토를 확장하였다. 천명을 받는 것은 오직 덕이 있는 자만이 능히 향유할 수 있는 일이다. 짐은 제위를 이어받아 선대 황제의 훌륭한 덕을 우러러 받들며, 조석으로 공경하여 삼가면서 감히 안일에 빠지지 않았다.

하늘이 내려 준 평안에 힘입어 태평한 시대에 제위에 올랐으니 위세와 교화는 머나먼 이족의 땅[69]까지 이르렀다. 그리하여 동쪽으로는 조선을 넘고 서쪽으로는 청해의 적석[70]을 지나고, 남으로는 장가[71]의 경계를 넘어서까지 감히 조회하러 오지 않는 나라가 없었다. 지금 유연 지역을 돌이켜 보면 실로 우리의 옛 강역인데, 오대[72]에 불행히도 북융北戎에게 함락되었다.

惟爾邦君, 曁厥臣庶, 懷風①慕義, 思欲來歸, 忠憤之誠, 久而彌著. 今上帝降禍於虜, 穢德腥聞(刪此五字改作遼), 弛絶綱維, 俶爲暴亂, 橫賦强斂②, 誅剝無厭, 讒慝作仇, 脅權相滅, 至上凌下替③, 妖孼並興, 傾國喪家, 自取逋竄, 白水之敗, 亟聞簒攛, 調賦益繁④, 人不堪命. 且復盜賊蜂⑤起, 所至繹騷, 哀此下民, 恫怨無告.

① [按] 懷風 : 袁本에서는 '夙懷'로 썼다.
② [按] 斂 : 袁本에서는 '歛'으로 썼다.
③ [按] 至上凌下替 : 袁本에서는 '以至上凌下替'로 썼다.
④ [按] 繁 : 袁本에서는 '煩'으로 썼다.
⑤ [按] 蜂 : 袁本에서는 '蠭'으로 썼다.

너의 임금, 그리고 신하와 백성들이 어진 왕의 교화를 마음에 품고 의를 사모하여, 와서 귀순하고자 하였으며, 충의가 분격하는 정성이 갈수록 더욱 분명하구나. 지금 상제[73]께서 저 북로에게 재앙을 내리셨으니, 그가 덕을 더럽히고 악명이 널리 퍼졌기 때문이다.

인륜의 기강에 해이하더니 단절시키고, 갑자기 포악해졌으며, 명목에도 없는 조세를 가혹하게 거둬들이면서도 만족할 줄 몰랐다. 간악한 무고로 원수를 만들고, 권세에 기대어 협박하고 서로 죽자고 싸우니,[74] 마침내 위아래 질서가 무너지고 온갖 악업이 함께 일어나 집안은 망하고 나라는 기울어져 몰래 도망쳐 숨는 지경에 이르렀다.

천조제가 백수박에서 패하였다는 소식이 들리기 무섭게 찬탈이 일어났고, 세금은 더욱 많아졌으니 백성들은 목숨을 부지하기도 힘들 지경이다. 또한 도적이 다시 벌떼처럼 일어나 가는 곳마다 소란을 일으키고 있으나 이 백성들은 원통한 사정을 하소연할 곳도 없으니, 불쌍하구나.

朕誕膺駿命, 俯順人心, 選將出師, 復茲境土, 是謂致天之罰, 仁伐不仁, 拯①爾羣黎, 取諸塗炭. 已遣領樞密院事童貫②, 董兵③百萬, 收復幽燕故地④, 與大金國計議, 畫定封疆. 大信不渝, 中擧外應⑤, 維天之命⑥, 莫我敢承.

① [按] 拯 : 袁本에서는 '呼'로 썼다.
② [按] 已遣領樞密院事童貫 : 袁本에서는 '已遣樞密院使童貫'으로 썼다.
③ [按] 董兵 : 袁本에서는 '領兵'으로 썼다.
④ [按] 收復幽燕故地 : 袁本에서는 '收復幽燕地'로 썼다.
⑤ [按] 中擧外應 : 袁本에서는 '内擧外應'으로 썼다.
⑥ [按] 維天之命 : 袁本에서는 '繼天之命'으로 썼다.

짐이 준엄한 천명을 받들고 아래로 민심에 순응하여, 장수를 선발하고 군대를 보내 이 땅을 수복하게 하였다. 이는 곧 하늘의 징계를 시행함이요, 인으로써 불인을 정벌하는 것이며, 그대들 백성을 도탄에서 건져 구하려는 것이다. 이미 영추밀원사 동관을 파견하였으니, 백만 병력을 이끌고 유연의 고토를 수복하고, 대금국과 협상하여 경계를 획정지을 것이다. 큰 믿음은 변하지 않을 것이니, 안에서 일어나면 밖에서 호응할 것이다. 이는 오로지 하늘의 명령이니 누구도 우리에 맞서지 못할 것이다.

王師霆擊雷驅, 數路並進, 前角後犄, 萬旅一心, 威以濟德, 孰敢有遏①厥志? 然念王師無戰, 而天道好生, 亶茲告猷, 廸爾有眾②, 爾其深計遠慮, 覽③於興亡. 如能擧城自歸, 望風響應, 使市不易肆, 士不援④旌, 捨覆巢之危, 從奠⑤枕之逸, 是爲自求多福.

① [按] 遏 : 袁本에서는 '越'로 썼다.
② [按] 廸爾有眾 : 袁本에서는 '爰廸爾眾'으로 썼다.
③ [按] 覽 : 袁本에서는 '鑒'으로 썼다.
④ [按] 援 : 袁本에서는 '授'로 썼다.
⑤ [按] 奠 : 袁本에서는 '安'으로 썼다. 교주를 따른다.

우리 군대가 천둥 번개처럼 내달아 여러 갈래로 다 함께 진격하면서 끊임없이 이어져 간다.[75] 전군이 일치단결하고 있고, 아름다운 덕의 위엄을 갖추었으니 누가 감히 그 뜻을 막아설 수 있겠는가? 그러나 어진 왕의 의로운 군대는 가급적 싸우지 않으며, 하늘의 도가 생명을 살리는 것을 좋아한다는 점을 헤아려 짐은 진실로 너희 무리가 꾀할 바를 알려 주고자 하니, 너희들은 그것을 깊이 따져 보고 멀리 생각하여 흥망을 살펴볼

지어다.

가령 성을 들어 스스로 귀순하며, 진격하는 군대의 먼지바람만 보고도 호응한다면, 전란에 시달리지 않고 시장에서는 정상적으로 영업할 것이며,[76] 선비가 깃발을 들고 갑옷을 입는 일[77]이 없을 것이다. 보금자리가 뒤집힐 위험을 벗어나게 될 것이며, 베개를 베고 자는 편안함이 따를 것이니, 이는 스스로 많은 복을 구하는 것이다.

惟天矜爾萬民①, 永奠一方, 惟朕以懌, 已降處分：秦晉國王, 如納土來朝, 待以殊禮, 世享王爵, 應收復州縣城寨；文武長官②, 並依舊職任事, 平第功不次擢用；軍兵守戍之士, 並加優賞；願在軍者, [005-10] 厚與存錄；願歸農者, 給復三年. 收復之後, 蕃、漢一等待遇；民戶除二稅外, 應該差徭科率③, 無名之賦, 一切除放④.

①[按] 惟天矜爾萬民：袁本에서는 '惟天矜爾有民'으로 썼다.
②[按] 文武長官：袁本에서는 '及長官'으로 썼다.
③[按] 應該差徭科率：袁本에서는 '應該徭科率'로 썼다.
④[按] 一切除放：袁本에서는 '一切除卻'으로 썼다.

오로지 하늘은 너희 만백성을 긍휼히 여기어 한 지역에서 길이 안정시키고자 하니, 짐은 기쁜 마음에 이미 다음과 같은 처분을 내렸다. 진진국왕이 만일 영토를 바쳐 귀순한다면 특별한 예로 대우할 것이니, 대대로 왕의 작위를 누릴 것이며 의당 그간 다스리던 주현과 영채를 돌려받을 것이다. 문무 관리는 모두 기존 직위대로 일을 맡을 것이며, 공로와 등급을 평가하여 특별히 발탁할 것이다.[78]

군인 가운데 변경을 지키는 병사에게는 포상을 더해 줄 것이며, 군대에 남기를 원하는 자는 후대하여 군적을 유지해 주고, 귀가하여 농사짓기를 원하는 자에게는 3년간 조세와 요역을 면제해 줄 것이다. 수복 이후 번인과 한인을 동등하게 대우할 것이며, 일반 민호는 양세[79] 이외에는 요역과 과율[80] 등 본래의 세목에 없는 부가세를 모두 면제해 줄 것이다.

大軍所至, 務在安集, 官吏百姓, 不得誤有殺傷, 或焚毁廬舍, 擄掠①人畜, 犯者並行軍令. 如或昧於逆順, 干我王誅, 若猶豫懷疑②, 弗克果斷, 身膏原野, 實爾自貽. 惟予肅將天威, 敢有逸罰! 時弗可失, 其尚勉哉! 禍福無門, 惟爾自召. 朕言不再, 師聽惟明, 故茲詔示, 想宜知悉.

① [按] 擄掠: 袁本에서는 '虜掠'으로 썼다.
② [按] 若猶豫懷疑: 袁本에서는 '猶豫懷疑'로 썼다.

조정의 대군은 이르는 곳마다 민생의 안정에 힘쓰고, 관리와 백성을 잘못 살상하거나 가옥을 불태우고 사람과 가축을 노략질해서는 안 된다. 이를 범한 자는 모두 군령에 따라 처벌할 것이다. 만약 어쩌다 전후 사정을 몰라 우리의 정벌에 간섭하거나 망설이고 의심하여 과감히 결단치 못하는 자는 그 몸이 황야에 눕게 될 터이니, 이는 실로 자초한 것이리라.

짐은 엄숙히 하늘의 위엄을 집행할 뿐이니, 누가 감히 그 벌을 피하겠는가?[81] 때를 놓치면 안 되니 더욱 힘쓰기를 바라노라. 화와 복은 문이 따로 없고 오로지 스스로 부를 뿐이다. 짐은 두 번 말하지 않고, 군대는 명령을 명백히 시행할 뿐이다. 이에 조서를 내리노니 잘 알아서 바르게 생각하기 바라노라.

貫^①以環衛軍爲中軍, 述古殿學士劉韐爲行軍參謀, 保靜軍節度使种師
道爲都統制, 武泰軍^②承宣使王稟、華州觀察使楊可世爲之副. 是日上微
行出齋宮端聖園, 以觀出師. 因餞貫, 仍以御筆三策付童貫 : "如燕人悅
而從之, 因復舊疆, 策之上也 ; 耶律淳^③能納款稱藩, 策之中也 ; 燕人
未卽悅服, 按兵巡邊, 全師而還, 策之下也." 貫祗奉聖訓, 振武^④而行.^⑤

① [按] 貫 : 袁本에서는 '童貫'으로 썼다.

② [按] 武泰軍 : 袁本에서는 '武泰參軍'으로 썼다.

③ [按] 耶律淳 : 袁本에서는 '耶律濬'으로 썼다. 교주를 따른다.

④ [按] 振武 : 袁本에서는 '震武'로 썼다.

⑤ [許] 貫以環衛軍爲中軍 … 振武而行 : 이 단락은 별도의 문단으로 써야 한다. 잘못하
여 위 문단에 이어서 썼다.

환위관[82]인 동관을 중군[83]으로 삼고, 술고전학사[84] 유겹[85]을 행군참모로,
보정군절도사 충사도[86]를 도통제[87]로 삼고, 무태군승선사[88] 왕품[89]과 화
주[90]관찰사 양가세[91]에게 충사도를 보좌하게 하였다.

이날 황상은 미복 차림으로 재궁[92]과 서성원[93] 사이의 길에 나와 출병
식을 참관하였다.

황상께서는 동관을 전송하면서 따로 세 가지 대책을 쓴 다음과 같은
어필을 주었다.

"연경 사람들이 기꺼이 순종하여 옛 영토를 회복할 수 있다면 상책이
고, 야율순이 예를 표하고 번국을 칭하게 되면 중책이며, 연경 사람들이
당장은 흔연히 복종하지 않아 군대를 통제하고 변경을 순시하되 전력 손
실 없이 귀환한다면 그것이 하책이다."

동관은 황상의 지시를 삼가 받들었고, 군대는 보무당당하게 행군을 시

작하였다.

賜進士出身頭品頂戴四川等處承宣布政使司布政使淸苑許涵度校刊. [005-11]

'사진사출신'이며 특별히 정1품 관모를 쓸 수 있도록 허락받은 사천성 승선포정사사의 포정사인 보정부 청원현 출신 허함도가 교감하여 간행하다.

○ ● ○

『三朝北盟會編』, 卷5, 校勘記

又詔環慶鄜延軍(慶誤作應) 凡見辭宴犒幷如習魯例(舊校云：考金人使宋者無習魯名氏) 十一月金人攻破遼人中京天祚入夾山(應作宣和四年正月十四日金人攻破遼人中京天祚入夾山) 宗本之子(宗一作敦) 共戴眇質(戴誤作載) 使人復回(誤作人使) 命不於常事非得已(一作進退惟公廢興有義) 詣代州戒守邊人員(指誤作請) 貫以環衛軍爲中軍(至) 振武而行(此段應另行誤連上文)

1 河南府 : 京西北路 西京 河南府(치소는 현 하남성 洛陽市 老城區)로서 송은 건국 초부터 오대의 관례에 따라 開封府(현 하남성 開封市)를 '東京', 하남부를 '서경'으로 삼았다. 하남은 河東·河內에 대응하는 지명이다.

2 環慶路 : 至道 3년(997), 전국 15개 轉運使路의 하나로 설치된 陝西路의 군 편제는 慶曆 1년(1041)에 鄜延路·環慶路·永興軍路·涇原路·秦鳳路 등 5개 安撫使路로 나누어졌고 熙寧 5년(1072)에 다시 秦鳳路 서쪽을 나누어 熙河路가 설치되었다. 전운사로 역시 慶曆 2년(1042)에 동쪽의 永興軍路와 서쪽의 秦鳳路로 나누고 앞의 3개 안무사로를 영흥군로에, 뒤의 3개 안무사로를 진봉로에 속하게 하였다. 영흥군로는 후방에, 부연로는 동쪽에, 환경로는 서쪽에 있어 부연로는 하동로와, 환경로는 경원로와 접해 있었다. 環慶經略安撫使路의 관할 주는 慶州·邠州·寧州·環州 등 4개였고, 軍은 定邊軍 1개이다. 치소는 慶州(현 감숙성 慶陽市 西峰區)였고, 경주는 宣和 7년(1125)에 慶陽府로 승격되었다. 環慶路는 서하와의 최접경 지대에 위치하여 송군 가운데 전투 경험이 풍부한 병력을 많이 보유하고 있었다. 관할구역은 현 섬서성 서북부와 감숙성 동북부에 해당한다.

3 鄜延路 : 鄜延路經略安撫使의 관할 주는 丹州·坊州·鄜州·延州 등 4개였고 軍은 保安軍·綏德軍 등 2개이다. 치소는 延州(현 섬서성 延安市 寶塔區)인데 후에 延安府로 승격하였다. 서하와의 최접경 지대에 위치하여 송군 가운데 전투 경험이 풍부한 병력을 많이 보유하고 있었다. 관할구역은 현 섬서성 동북부에 해당한다.

4 方臘(?~1121) : 휘종은 '艮嶽'이라는 대규모 園林을 조성하기 위해 杭州에 '造作局', 蘇州에 '應奉局'이란 기관을 설치하고 기암괴석과 수목 등을 수송하게 하였다. 이 선단을 '花石綱'이라고 하는데, 이로 인해 강남 지역의 부담과 수탈이 크게 늘었다. 방랍은 이런 사회적 불만을 틈타 반란을 일으켜서 일거에 절강 일대 6개 주 52개 현을 장악하였다(1120). 하지만 방랍은 이듬해 서북의 정예군을 이끌고 내

려온 童貫에게 패하고 체포되어 처형되었다.

5 원문은 '西兵'이다. 북송 때 섬서로, 즉 永興軍路·環慶路·鄜延路·秦鳳路·涇原路·
熙河路 등 陝西6路의 군대를 가리키는 말로써 서하와의 오랜 전투 경험을 갖춰
당시 가장 정예군으로 알려졌으며, 오랫동안 동관이 지휘하여 직할 부대의 성
격도 지녔다.

6 본서 권4의 7엽 '宣和 2년 7월 18일 丙辰條에 斯剌習魯가 사신으로 온 기록이 있다.

7 國子司業 : 국자감의 책임자인 國子祭酒에 이은 부책임자로 품계는 정6품이다. 국
자사업 아래에 丞·主簿·太學博士·學正·學錄·武學博士·律學博士 등을 두었다. 송
대 국자감은 唐代와 같이 東京 開封府와 서경 河南府에 각각 설치하였다.

8 權邦彦(1080~1133) : 자는 朝美이며 河北東路 瀛州(현 하북성 滄州市) 사람이다. 당시
太學博士를 거쳐 國子司業으로 있었다. 宣和 2년(1120)에 거란에 사신으로 다녀왔
는데, 당시 양국 관계는 이미 상당히 악화된 상태였다. 거란에서는 권방언에게
무릎을 꿇고 국서를 받으라고 요구했고, 권방언은 의례에 어긋난다며 고집해
위기에 빠진 일도 있었다. 권방언은 후에 王黼와 사이가 좋지 않아 冀州지사로
나갔다가 정강의 난 때 東平府지사로서 금의 공세에 대해 적극적으로 항전하였
다. 後에 端明殿學士·簽書樞密院事를 거쳐 權參知政事 등의 요직을 지냈으나 특별
한 치적을 남기지는 못하였다.

9 童師禮 : 환관으로서 관찰사 직을 받은 실권자였다. 금국 사신이 오면 연회를 주
관하고 휘종의 성지를 전하는 등 양국 외교에 깊이 관여하였다.

10 館伴使 : 상대국 입국 일정에 맞춰서 국경에 파견된 接伴使가 國信使를 안내해 도
성에 이르면 館伴使는 숙소에 머물면서 국신사와 함께 조정에서의 접견, 연회 및
송별연에 참여하며 외교교섭을 진행하였다.

11 국서는 자국 사신이 직접 들고 가서 전달하는 것이 상례이며, 그와 관련한 상세
한 의례가 규정되어 있다. 따라서 갈로에게 국서를 주어 보내는 것은 심각한 외
교적 결례에 해당한다.

12 夾山 : 현 내몽고자치구 包頭市와 呼和浩特市 사이에 있는 大青山脈으로 陰山山脈
의 지맥이다. 길이는 동서 240km, 남북 20~60km, 해발 1,800~2,000m이며 주봉은
2,338m다. 현 呼和浩特市 서쪽의 白塔古城에 치소를 둔 거란의 雲內州에 속하였으
며, 당시 협산 일대는 금광 등이 있어 상당수의 거란인이 거주하고 있었고 서하

와도 연결되므로 천조제는 일단 그곳으로 피해 재기를 위한 발판으로 삼고자
했다.

13 國相 : 漢代에 제후왕을 보좌하는 가장 중요한 직책으로 傅와 相을 두고 그 임명
권은 중앙정부가 갖고 있었다. 傅는 제후왕 개인을 보좌하는 비서실장 역을, 相
은 제후국 내의 민정을 담당하였다. 제후국 관할 侯國에도 相을 임명하였는데,
侯國의 相은 縣令과 유사한 실권을 지니고 있었다.

14 耶律余覩(?~1132) : 거란 황실의 종친이자 天祚帝의 동서로, 耶律余睹·耶律余睹姑·
耶律余都姑 등으로도 쓴다. 여도의 처형인 文妃의 큰아들 晉王 敖魯斡이 유능하여
유력한 후계자로 꼽혔다. 하지만 元妃의 오빠이자 北院樞密使로서 권력을 장악하
고 있던 蕭奉先은 晉王을 제거하기 위해 여도가 진왕을 옹립하려 모반을 꾀하고
있다고 무고하였다. 이에 여도는 부득이 여진으로 투항하였다. 거란의 내부 사
정을 가장 잘 알고 있고, 소봉선에 대해 원한을 품고 있던 여도는 中京 大定府 함
락에 앞장섰다. 이후 元帥右都監으로 북송 공략에 성공하였으나 인정받지 못하
자 반란을 모의하다 실패하고 서하를 거쳐 韃靼으로 도주하였다가 살해되었다.

15 중경 : 원문은 '中都'인데, 거란 中京道 中京 大定府(치소는 현 내몽고자치구 赤峰市 寧
城縣)의 별칭이다. 거란 統和 25년(1007)에 5경 가운데 하나인 중경이 되었고 금
대에 北京 大定府로 바뀌었다. 내몽고고원과 松遼平野의 연계지이며 현 내몽고자
치구 동남부 赤峰市의 남쪽에 있었다.

16 趙王 : 天祚帝의 첫째 아들 耶律習泥烈(1089~?)이다. 天慶 9년(1119)에 西京留守였고,
이듬해 천조제와 함께 夾山으로 도피하였으나 1년 만에 금군에 붙잡혔다. 동생
인 秦王 耶律定과 후계 문제로 갈등을 겪기도 하였다. 『遼史』「皇子表」에서는 넷째
아들이라고 잘못 썼다.

17 梁王 : 天祚帝의 둘째 아들 耶律雅里(1094~1123)이다. 천조제가 서쪽으로 도피했을
때 梁王은 耶律敵烈 등에 의해 끌려가 북쪽으로 가서 北遼의 후계자 명의로 황제
에 즉위했지만 5개월 만에 병사하였다.

18 鴛鴦泊 : 현 하북성 長家口市 張北縣 서북쪽에 있는 호수로서 거란 황제가 수렵하
던 장소이다. 鴛鴦이 많아서 생긴 이름이라고 하며 鴛鴦濼이라고도 하는데, 이
지역의 남쪽과 북쪽 모두 물이 있는데 그것이 교차하며 형성된 것이어서 蒙古語
로는 昂吉爾圖, 또는 安固裏淖爾라고 한다. 明代 이후에는 集寧海子라고 불렸다.

19 雲中府 : 거란 西京道의 치소인 西京 大同府의 唐代 지명이다. 부의 치소는 大同縣과 雲中縣(현 산서성 大同市 雲州區)이고 관할 현은 大同縣·奉義縣·雲中縣·長淸縣·天成縣·懷安縣·懷仁縣 등 7개이다. 당조는 天寶 1년(742)에 雲州를 雲中으로, 乾元 1년(758)에 다시 운주로 바꿨다. 거란은 後晉으로부터 雲州를 할양받은 뒤 大同軍節度使司를 설치하였다가(937) 重熙 13년(1044)에 西京 大同府로 승격시켰다. 하지만 거란의 정통성을 부인하고 싶은 宋朝는 시종 거란의 서경 대동부 대신 당대의 명칭인 운중부라고 칭하였다. 관할구역은 현 산서성 북부에 해당한다.

20 天德軍 : 거란 西南面招討司 소속으로 군의 치소(현 내몽고자치구 巴彦淖爾市 烏拉特前旗)만 있을 뿐 관할 현은 따로 없다. 唐朝 중기 이래 오르도스 지역의 振武軍과 함께 回鶻汗國을 견제하는 임무를 수행하였으나 중요성은 상대적으로 크지 않았다. 後梁이 처음 節度使를 임명하였고(911), 이어서 西南面招討司를 설치하였으며(916), 치소를 豐州로부터 옮겨와 천덕군절도사를 임명하였는데(920), 거란 태조가 920년에 점령하였다. 西南面의 서쪽 끝에 있으며 황하를 사이에 두고 남·서쪽으로 西夏와 국경을 마주하였다. 현 내몽고자치구 중북부 巴彦淖爾市의 동쪽, 오르도스의 건너편에 해당한다. 따라서 천조제가 운중부에서 어양령을 거쳐 음산산맥으로 갔다는 말은 맞지만, 천덕군을 거쳐서 갔다는 말은 다소 납득하기 어렵다.

21 漁陽嶺 : 대청산맥을 감아 돌아가는 긴 고갯길로서 北魏 때 白道嶺이라고 했고, 당대 이후 漁陽嶺으로 개칭하였다. 현 내몽고자치구 呼和浩特市에서 五川市로 이어지는 呼武公路에 위치한 蜈蚣壩에 해당한다. 천조제는 현 大同市에서 呼和浩特市를 지나 漁陽嶺을 거쳐 협산산맥으로 도주한 것이다.

22 늪지 : 원문은 '泥潦'인데, 본문에서는 '豐洲灘'을 가리킨다. 거란은 이 지역을 장악하기 위해 雲內州를 설치하였다.

23 耶律淳(1063~1122) : 남경인 燕京을 근거지로 했기에 통상 燕王이라고 칭하였던 天錫帝 耶律淳이다. 거란 興宗의 손자이자 道宗의 조카로서 천조제의 堂叔이며 거란의 제후왕 반열 가운데 9번째여서 九大王, 또는 覃湘大王이라고도 한다. 彰聖軍節度使·동경유수·남경유수·都元帥를 지내면서 민심을 얻었고, 秦晉國王에 봉해졌다. 保大 2년(1122), 금군이 상경과 중경을 점령하고 천조제가 협산산맥으로 도주한 뒤 정권의 공백을 틈타 60세로 황제에 즉위하여 天錫皇帝라 칭하였다. 즉위

직후 천조제를 湘陰王으로 내리고 금에 번신을 허용해 달라는 표문을 올렸는데, 논의도 하기 전에 급사하여 아무런 치적도 이룩하지 못하였을 뿐 아니라 정권 말기의 혼란만 더하였다. 諡號는 孝章皇帝이며, 廟號는 宣宗이다. 천조제의 거란과 구분하기 위해 야율순 정권을 北遼라고 칭한다.

24 李處溫(?~1122) : 천조제 元妃의 오빠이자 樞密使였던 蕭奉先의 추천으로 재상이 되었으나 아부에 능하고 부패하였다. 금군의 공략으로 中京이 함락되고 천조제가 협산산맥으로 도주하는 국난기에 都統 蕭幹과 손을 잡고 야율순을 天錫皇帝로 추대하여 좌명공신이 되었다. 야율순은 사망 직전 이처온을 番漢馬步軍都元帥로 임명하여 군권을 맡겼으나, 蕭幹이 거란군을 장악하고 蕭妃에게 太后로서 황제를 대행하도록 하자 이처온은 권력을 상실하였다. 이어서 송에 투항하려 했다는 죄명으로 처형되었다.

25 좌명공신 : 원문은 '佐命恩倖'이다. 佐命은 '황제가 천명을 얻을 수 있도록 보좌하다'라는 말이며 '황제를 보좌하여 왕조를 수립한 공신'을 뜻하기도 한다. 恩倖·恩幸은 '황제의 총애를 받는다'는 말이다.

26 怨軍 : 天祚帝는 金을 정벌하다가 패하면서 많은 병력을 상실하자 전사자의 가족 가운데 2만 8천 명을 모아 8개 營의 부대를 창설하고, 金에 복수하라는 뜻으로 '怨軍'이라고 명명하였다. 하지만 怨軍의 병력 구성에 대한 『三朝北盟會編』의 기록은 서로 약간 다르다. 권10에는 전사자의 가족만으로 구성되었다고 했지만 권21에는 '渤海의 반란으로 피난길에 오른 遼東의 饑民 2만 명을 모아서 구성하였다'고 했다. 怨軍이라는 이름에서 미루어 볼 수 있듯이 권10의 기록이 더 신빙성이 있다고 생각되지만 饑民이 포함될 가능성도 충분하다.

27 蕭幹(~1123) : 奚人으로 이름은 夔離不이며 중국식 이름은 蕭幹이다. 용맹함으로 도종의 신임을 받았고, 천조제 때 東京統軍, 奚六部大王 겸 總知東路兵馬事 등을 지냈다. 한때 여진에 패한 뒤 투항하였다가 탈출해 연경에 돌아왔고, 천조제 부재를 틈타 이처온·야율대석과 함께 秦晉國王 耶律淳을 황제로 옹립한 공으로 北院樞密事 겸 諸軍都統으로 임명되었으며 거란·발해·해·한인으로 이루어진 4군을 거느려 四軍大王이라고도 불리었다. 동관이 지휘하는 송군의 공세를 효과적으로 막아 냈고, 야율순 사후에 蕭妃에게 태후 신분으로 섭정하게 하였다. 금군이 居庸關을 돌파하고 연경을 공략하자 소태후는 천조제에게 갔다가 살해되었

지만, 당시 연경을 지키고 있던 소간은 해왕부로 돌아가 1123년 봄에 箭笴山에서 황제에 즉위하여 奚國皇帝라 칭하고 연호를 天複(일설에는 天嗣)이라 하였으며, 奚·漢·渤海 3樞密院을 설치하였다. 하지만 곧 郭藥師에게 패하고 5월에 부하에게 살해되었다. 거란 초기 耶律休哥과 함께 高梁河와 瓦橋關에서 송군을 궤멸시킨 명장 蕭幹과 동명이인이다.

28 道宗은 아들 耶律濬을 태자로 임명하고 국정을 위임하였다. 야율준은 권신 耶律伊遜의 권력을 누르려다 도리어 모함을 받고 구금되었다가 살해되었다. 야율이손은 훗날을 생각하여 도종에게 조카인 耶律淳을 후계자로 삼을 것을 강력하게 추천하였다. 도종도 한때 야율순을 후계자로 고려했지만 결국 손자 耶律延禧에게 황제 위를 넘겨주었다. 야율연희가 바로 마지막 황제인 천조제다.

29 耶律淳이 황제로 추대된 것은 이때가 처음은 아니었다. 천조제가 친정에서 대패하자 遼東征軍副都統 耶律章奴 등은 야율순을 황제로 추대하여 국난을 극복하고자 했다. 야율순이 이를 거부하고 천조제에 단기로 찾아가 사죄함으로써 일단락되기는 했지만 천조제를 대신할 인물로 야율순이 주목받아 왔던 것은 분명하다.

30 常勝軍 : 天慶 8년(1115)에 벌어진 金과의 전투에서 怨軍은 본격적인 교전이 벌어지기도 전에 스스로 붕괴하였고, 심지어는 전쟁을 이용해 반란과 약탈을 일삼아 오히려 골칫거리가 되었다. 그러던 중 東南路 怨軍將領인 董小醜가 利州의 도적을 평정하라는 명을 받고도 진공하지 않은 죄로 사형에 처해지자 원군은 반란을 일으켰다가 耶律余睹에게 토벌되었다. 이후 축소 개편되는 과정에서 燕王 야율순이 즉위하면서 다시 총 2천 명 규모의 常勝軍으로 개편되었다. 그리고 이때 원군 관련자에 대한 사면이 이루어진 것으로 보인다. 이후 郭藥師를 따라 송에 투항한 뒤 뛰어난 군공을 앞세워 대금 방어의 주역으로 크게 확대되었고, 그 후 유증으로 송의 禁軍은 크게 약화되었다. 상승군은 宣和 7년(1125)에 금군에 패한 뒤 다시 개봉을 함락하는 데 공을 세웠다. 하지만 거듭된 배신행위로 신뢰를 상실해 북송 멸망 후 금군에게 모두 살해되었다.

31 원문은 '廓淸之業'이다. '전란과 잔폭함을 원정 토벌하여 세상을 깨끗이 하고 안정시킨다.(征亂伐暴, 廓淸帝宇, 八載之內, 海內克定)'라는 荀悅의 『漢紀』 「高帝紀」에서 유래하였다. 당말오대의 혼란상을 극복하고 북방의 안정을 이룩하였음을 뜻한다.

32 변경 : 원문은 '三邊'인데, 변방 또는 동·서·북쪽 변방을 가리킨다. 송조에서는 幽州·幷州·涼州, 즉 현 하북성·산서성·섬서성을 가리키는 말로 쓰였다.

33 원문은 '將疇依'이다. '疇'는 본래 儔와 통하여 '무리, 짝'을 뜻하지만, 여기에서는 '누구'의 의미로 쓰였다. 『書經』의 「夏書·五子之歌」에 있는 "萬姓仇予, 予將疇依?(만 백성이 나를 원수로 여기고 있으니, 내가 장차 누구를 의지하리오?)"에서 유래한 말 이다.

34 원문은 '六合爲家'이다. '六合'은 天地와 동서남북으로 천하를 뜻하며, '六合爲家'는 '천하가 하나로 통일되었다'는 말이다. 漢代 賈誼가 秦의 강성과 통일, 그리고 급속한 패망의 원인을 분석한 '過秦論'에서 유래하였다. 漢代 賈誼가 秦의 강성과 통일, 그리고 급속한 패망의 원인을 분석한 '過秦論'에서 유래하였다.

35 葉隆禮 : 자는 士則이며 浙西路 嘉興府(현 절강성 嘉興市) 사람이다. 兩浙轉運判官·軍器少監 겸 임안부지사, 소흥부지사 등을 지냈다.

36 『契丹國志』: 비교적 이른 시기에 편찬된 遼代 史書로서, 총 27권이다. 거란은 자신들의 책을 해외로 나가지 못하도록 엄금하여 송 측에 전해진 거란사 관련 자료가 매우 드물어서 『契丹國志』의 사료적 가치는 매우 높다. 다만 원문을 요약한 부분도 있고, 내용이나 체제가 정치하지 못한 편이다. 그리고 원대 중엽에 처음으로 장서 목록 등에 등장하므로 일부에서는 후대에 만들어진 것이 아닌가 의심하기도 한다.

37 원문은 '大道旣隱'인데, '지금 대도가 이미 쇠미해져서 천하를 사적 소유로 삼는다'는 말이다. 『禮記』「禮運」의 "今大道旣隱, 天下爲家, 各親其親, 各子其子, 貨力爲己, 大人世及以爲禮."에서 유래하였다.

38 번왕의 자리 : 원문은 朱邸이다. 漢代 제후왕 저택 대문은 붉은색으로 칠하였다. 여기에서 '朱邸'는 제후왕의 저택을 뜻하게 되었으며, 후에는 고관의 저택을 통칭하는 말로 쓰였다. '동궁에서 자라다가 번왕으로 돌아갔다'는 말은 야율순 자신이 한때 도종의 후계자로 지목되었으나 결국 야율연희가 제위를 계승하였음을 말한다.

39 원문은 '周公之嫌'이다. 武王이 서주를 건국한 뒤 2년 만에 사망하고 아들 成王이 13세에 즉위하였다. 이에 주공이 성왕을 대신하여 7년간 섭정하고 성왕이 20세가 되자 권한을 넘겨서 유가에서는 칭송의 대상으로 삼았다.

40 서주의 泰伯은 왕위 계승자였지만 아버지 太王이 동생 季曆이나 손자 昌에게 왕위를 물려주고 싶어 하자 스스로 양보하고 동남으로 와서 吳를 세웠다. 태백의 후손인 壽夢 역시 네 명의 아들 가운데 막내인 季札에게 왕위를 전해 주고 싶어 하였지만 계찰은 극구 사양하고 형에게 왕위를 양보하였다.

41 『契丹國志』 권11에서는 "나라를 이끌어 나갈 계획을 세우는 어려움이란 실로 두려울 정도이니, 오히려 천조제를 다시 세우길 기다리고 싶어진다.(實懼纂圖之爲難, 尙思複辟之可待)"로 썼다. 『契丹國志』의 기록을 참조하여 번역한다.

42 원문은 '矜能'인데, 『書經』 「說命·中」의 "有其善, 喪厥善；矜其能, 喪厥功.(자신이 선하다고 생각하면 그 선함을 상실하고, 그 능력을 자랑하면 그 공로를 상실한다.)"에서 유래하였다.

43 원문은 '伋妻之亂'이다. 춘추시대 衛 宣公은 庶母 夷姜과 私通하여 낳은 아들 伋을 태자로 임명하고 齊 출신 宣姜과 결혼시키려 했으나 선강의 미모에 반해 자신이 가로챈 뒤 다시 음모를 꾸며 아들 급을 제거한 일이 있다. 며느리인 오왕비를 차지한 일을 비판한 것이다.

44 숭고한 작위와 명호 : 원문은 '位號之崇'이다. '位號'는 '爵位'와 '名號'를 뜻한다. 名號에는 황제의 칭호에 속하는 年號·諡號·廟號 등이 포함한다.

45 宣徽南院 : '선휘원'은 당대 후기에 환관에게 관직을 부여하기 위해 설치한 부서의 성격을 지니고 있는데, 南院과 北院으로 나누어졌다. 형식상 南院이 北院보다 상위직이었으나 고정된 직무는 없었다. 선휘원의 장관인 宣徽使는 오대 이후 환관 대신 관원이 겸직 형태로 맡기 시작해 郊祀·朝會·연회 등의 관리 업무를 맡았다. 거란과 달리 북송의 선휘원은 三班院이 설치되면서 유명무실해졌고 元豐 3년(1080) 관제 개혁 이후 고유 업무가 없어졌다. 퇴임한 執政이 맡거나 樞密副使가 겸직하던 선휘사도 명예직으로 남았다가 남송 때 없어졌다.

46 樞密院 副都承旨 : 承旨는 본래 '뜻을 받든다'는 말로서 唐代에 한림원에 한림학사 승지를 두어 황제와 직접 면대하여 황제의 뜻을 받들어 詔令 등을 작성하게 한 데서 유래하였다. 五代부터 추밀원에도 승지를 두기 시작했고, 송대에는 도승지와 부승지를 두었다. 부도승지는 정6품관이며, 도승지와 달리 반드시 임명하지는 않았다.

47 告謝使 : '告謝'는 본래 관리가 직책을 맡은 뒤 조정에 들어가 감사의 인사를 드린

다는 뜻으로 中謝·辭職이라고도 한다. 告謝使는 상대국의 은혜에 감사를 표하기
위해 파견하는 사신을 뜻한다.

48 접수 : 원문은 '准'인데, 唐·五代부터 사용한 公文用語로서 '허가, 비준' 또는 '공문
의 접수'를 뜻한다. 准奏는 황제가 '신하의 상주문을 비준한다'는 뜻이며, '奏准'은
황제가 '신하의 상주문을 비준한다'는 뜻이다. 본문은 '准某某箚子'이므로 행위 주
체가 '某某箚子'를 접수하였다는 뜻이다.

49 원문의 '仰'은 상신 공문에서는 '仰請' 등으로 恭敬을, 하달 공문에서는 '仰卽尊照'로
서 상위기관이 하위기관에서 실시하기를 요망하는 내용을 이끌 때 쓰는 공문용
어이다.

50 覇州 : 河北東路 소속이며 등급은 중이다. 郡名은 永淸郡, 州格은 防禦州이다. 치소
는 文安縣(현 하북성 廊坊市 文安縣)이고 관할 현은 大城縣·文安縣 2개이다. 지명은
거란과의 대치로 인해 군세를 과시하기 위해 채택한 것이다. 같은 지명으로 거
란 中京道 興中府의 이전 지명인 覇州(현 요녕성 朝陽市)가 있다. 우측에 雄州, 좌측
에 信安軍이 있으며, 많은 소택지와 하천이 펼쳐진 지형이다. 관할구역은 현 북
경과 천진 사이에 있는 하북성 중동부 廊坊市 동남쪽의 覇州市에 해당한다.

51 眞定府路 : 慶曆 8년(1048)에 河北西路의 路治인 鎭州를 眞定府(치소는 현 하북성 石家
莊市 正定縣)로 승격시켜 안무사로인 眞定府路를 설치하고 眞定府路安撫使司로 하여
금 眞定府·洺州·相州·磁州·趙州·邢州 등 6개 주를 관할하게 하였다. 관할구역
은 현 하북성 石家莊·邢台·邯鄲, 하남성 安陽市에 해당한다.

52 趙通 : 開封府(현 하남성 開封市) 사람이다. 政和 5년(1115)에 梓州路 瀘州의 토착민이
송조의 각종 착취에 저항하는 대규모 반란을 일으켰을 때 梓州路轉運司判官이었
던 조휼은 진압에 큰 공을 세워 龍圖閣直學士·전운사가 되었으며, 熙河蘭湟經略安
撫使를 거쳐 兵部尙書가 되었으나 童貫과 대립하여 사직하였다. 董才를 받아들이
는 문제와 거란에 대한 開戰에 대해서 강력히 반대하였다. 中山府·順昌府·應昌府
지사를 역임하였고, 금군의 공격을 막다가 전사하였다.

53 안무사사 : 원문은 '帥司'이다. 송조는 路마다 安撫司나 經略安撫司를 두고 軍政을
담당하게 했는데, 이들 기관을 가리켜 帥司라고 칭하였다. 신종 때는 상설직인
經略安撫使가 있었지만 여러 路를 총지휘하는 임시적인 經略安撫制置使司를 두기
도 하였는데 이 역시 帥司라고 하였다.

54 入內內侍省 : 황제의 측근에서 궁정 내부 업무를 관장하는 기구다. 北齊 때 侍中省과 長秋寺를 처음 만들었는데, 隋에서 內侍省으로 개칭하고 환관과 관리가 함께 업무를 맡았다. 唐代에는 환관이 업무를 전담해 황제의 조칙 전달과 궁문 수비, 내고의 출납, 황제의 식사와 기거 등을 담당하였다. 송대에는 入內內侍省이라고 개칭하였지만 통상 內侍省이라고 칭하였다. 황제의 측근 환관들로 구성되어서 일반 행정기관에 비교해 실권이 더 많았다.

55 澶淵之盟 : 宋 眞宗 景德 1년(1004)에 거란의 蕭太后와 聖宗은 瓦橋關 수복을 명분으로 대군을 거느리고 대규모 공세를 시작하였다. 개전 초 송조는 일부 관료가 升州(현 남경시)나 益州(현 성도시) 천도를 주장할 정도로 위축되었으나 河北東路 澶州(현 하남성 濮陽市)에서 전선이 교착상태에 빠지자 재상 寇準과 畢士安은 진종에게 澶州에 가서 督戰할 것을 강력하게 제안하였다. 거란도 장기 대치 국면이 조성되고, 南京統軍使 蕭撻覽이 전사하는 등 예기치 못한 상황이 전개되자 장기전을 피하려는 송조와 화의 체결에 나서게 되었다. 맹약의 주된 내용은 양국 관계를 형제국으로 하고 白溝를 경계선으로 하며, 국경 방어시설의 현상을 유지하고, 세폐 30만을 지급하며, 국경무역 시장을 개설하고 범죄자 상호 은닉을 금지하는 것이었다. 이 '澶淵의 盟'은 양국의 오랜 군사적 충돌을 마무리하고 110여년에 걸친 장기 평화를 보장하는 커다란 성과를 거두었다. 거란은 송이 계속 문제를 제기해 온 '연운 16주'에 대한 영유권을 공식적으로 인정받았으며, 세폐 수입을 확보하는 성과를 거두었다. 송도 오랜 전쟁의 압박에서 벗어날 수 있었으며, 특히 거란과 서하의 협공 가능성을 차단하는 성과를 거두었다. 세폐 규모 역시 막대한 국방비 지급에 비해 매우 미미한 수준이었다. 하지만 연경 회복을 목표로 공세를 폈던 건국 당시의 통일전략을 공식적으로 포기하고, 세폐를 지급하며 평화를 구걸했다는 패배의식이 송의 조야에 팽배했다. 이것이 결국 송금동맹 체결을 추진하게 한 주된 요인으로 작용하였다. 澶淵은 河北東路 澶州의 별칭으로 현 하남성 북동부 濮陽市에 해당한다.

56 원문은 '好生之德, 深洽民心'인데『尙書』「虞書」'大禹謨'의 "好生之德, 洽于民心"에서 유래하였다.

57 원문에 쓰인 '始示'는 황제가 특정 조치를 취할 때 사용하는 상용구이다.

58 변방 : 원문은 '閫'으로 '문지방'을 가리키며 '外閫'은 외성 성문의 밖을 가리키는

말이다. 본문에서는 도성 밖의 지역을 가리키는 것으로 보아 변방으로 번역하
였다.

59 白水川 : 거란에서는 白水濼이라고 칭하였고, 금대에는 白水泊이라고 칭하였다.
현 내몽고자치구 중부 烏蘭察布市의 察哈爾右翼前旗 북쪽에 있는 黃旗海로서 현지
에서는 '乞兒諾爾'라고 칭한다.

60 추기 : 원문은 '貼黃'이다. 唐代에는 詔勅用 종이가 노란색이었기 때문에 수정할
내용이 있으면 노란 종이에 써서 덧붙였다. 그래서 수정용 종이를 가리켜 '貼黃'
이라고 하였다. 송대에는 상주문이나 차자용 용지로 흰색 종이를 사용하였는
데, 만약 개진한 의견이 미진할 경우 요점을 따로 노란 종이에 적어 뒤에 첨부하
고 이를 '첩황'이라고 하였다.

61 원문은 '興滅國, 繼絶世, 天下之民歸心焉.' 으로『論語』「堯曰」에서 유래하였다.

62 원문은 '普天率土'이다. '하늘 아래 모든 곳이 왕의 땅이 아님이 없으며, 바다 안의
모든 땅에 왕의 신하가 아닌 자가 없다'는 말로서『詩經』「小雅·北山」의 "溥天之下,
莫非王土 ; 率土之濱, 莫非王臣"에서 유래하였다.

63 彰國軍 : 거란 西京道 應州의 軍額이다. 應州 출신의 李嗣源이 後唐 明宗으로 즉위하
자 天成 1년(926)에 應州를 彰國軍으로 승격시켰다. 관할구역은 현 산서성 북서부
朔州市의 동북쪽에 해당한다.

64 放鷹行帳 : 거란 태조는 고위 관료와 함께 전국을 순행하며 주민을 안무하고 군
사적 상황을 확인하는 捺鉢제도를 확립하였는데, 후대로 가면서 정국이 안정되
자 점차 단순한 사냥과 유흥 위주의 관습으로 변하였다. 그 가운데 봄에는 長春
州 동북쪽에 있는 鴨子河濼 등지에서 얼음을 깨고 낚시하거나 송골매를 이용해
거위를 잡는 행사를 크게 벌이면서 여진 등 부족의 추장들로부터 朝賀를 받았
다. 권3의 11엽에 실린 거란 天慶 2년(1112) 봄, 천조제가 혼동강에 낚시하러 갔
다가 아골타와 만난 사건이 바로 이런 봄 나발에서의 광경이었다. 거란어 捺鉢
은 行帳·行營이란 뜻이다.

65 領樞密院事 : 휘종은 宣和 3년(1121)부터 樞密院을 총괄하는 장관인 知樞密院事를
임명하지 않고 기안권이 제한된 장관인 簽書樞密院事에게 대행하도록 하였다(첨
서추밀원사는 본래 簽署樞密院事라고 하였으나 英宗의 이름 趙曙를 피휘하여 '簽書'로 개칭
한 것이다). 그러다가 政和 7년(1117)에 첨서추밀원사 대신 領樞密院事를 설치하고

412

童貫을 임명하였다. 하지만 별도로 지추밀원사를 임명하지 않았기 때문에 동관이 사실상 지추밀원사 권한을 행사하였다. 영추밀원사는 靖康 1년(1126)에 폐지되었다.

66 陝西河東河北路宣撫使 : 至道 3년(997)에 전국에 15개 轉運使路를 설치하면서 섬서로·하동로·하북로를 두었다. 하지만 선무사는 전운사로가 아니라 安撫使路를 관할하는 직책이어서 섬서 6개, 하동 1개, 하북 4개 등 모두 11개 안무사로를 거명해야 하나 편의상 전운사로 명칭으로 대치하였다. 이 직책은 전국 28개 안무사로의 40%에 해당하며, 제대로 전투력을 갖춘 송조의 북방 전선에 배치된 모든 군대를 총괄 지휘하는 것이었다.

67 원문은 '宅九有之師'인데, 『尙書』 「舜典」의 "아, 사악아. 공을 일으켜 제요의 일을 넓힐 자가 있으면 백규에 거하게 하여 여러 일을 밝혀 무리를 순히 다스리게 하겠다.(僉四岳! 有能奮庸, 熙帝之載, 使宅百揆, 亮采惠疇.)"에서 유래하였다.

68 원문은 '取亂侮亡'이다. '정치가 문란하여 망해가는 나라를 정벌하다'라는 말로서 『書經』 「仲虺之誥」의 "兼弱攻昧, 取亂侮亡"에서 유래하였다.

69 이족의 땅 : 원문은 '要荒'이다. 『周禮』에서는 왕의 직할지인 王畿 외의 땅은 거리에 따라 5단계로 나누고 그 단위를 가리켜 服이라고 했다. 5服은 甸服·侯服·綏服·要服·荒服이므로 '要服'은 1,500~2,000里 사이, '荒服'은 2,000~2,500里 사이이다. 후에 '요복'은 대략 蛮夷의 땅, '황복'은 戎狄의 땅, 또는 王畿 밖의 먼 곳 혹은 멀리 떨어진 국가를 뜻하는 말로 쓰였다.

70 積石 : 적석은 두 가지로 해석할 수 있다. 하나는 積石山 즉 현 청해성 동남부 果洛藏族自治洲에 있는 阿尼瑪卿山이다. 또 다른 하나는 大觀 2년(1108)에 현 청해성 海南藏族自治州 貴德縣에 설치한 積石軍이다. 積石軍은 熙河蘭湟路에 속하였으며, 懷和寨·順通堡·臨松堡를 관할하였다. 전후 문맥으로 볼 때 이 둘 가운데 본문의 積石은 阿尼瑪卿山을 뜻하는 것으로 보인다. 아니마경산은 해발고도 6,282m로서 瑪積雪山이라고도 하며 티베트 서남 阿里 지역 普蘭縣의 岡仁波欽, 운남성 迪慶藏族自治州 德欽縣의 梅里雪山, 청해성 玉樹藏族自治州의 尕朵覺沃과 함께 티베트 불교의 4대 聖山으로 불린다.

71 牂牁 : 현 귀주성과 광서성 일부에 걸쳐 있었던 춘추시대 국가의 이름이다.

72 五代 : 원문은 '五季'이다. 唐朝가 멸망한 뒤 중원지방에 수립된 後梁·後唐·後晉·

後漢·後周 다섯 개 왕조의 시대인 五代(907~960)를 말한다. 또 山西의 北漢과 강남의 9개 정권을 더한 五代十國의 약칭이기도 하다. 54년간 5개 왕조, 8개 성을 가진 14명의 황제가 활동하였고, 3개 왕조가 沙陀族 정권이었던 독특한 시대였다.

73 上帝 : 하늘의 주재자를 뜻하는데, 杜佑의 『通典』 「禮典」에 따르면 '元氣가 광대한 蒼天의 주재자인 昊天上帝를 가리키는 말'이라고 하였다.

74 원문 '穢德腥聞, 誅剝無厭, 讟慝作仇, 脅權相滅'은 "각각 붕당을 만들어 서로 원수가 되어 (紂王의) 권세와 명령으로 협박하여 서로 죽이고 멸하니 무고한 사람이 하늘에 원통함을 고하여 비린내 나고 더러운 덕이 (하늘에) 드러나 알려졌다(朋家作仇, 脅權相滅, 無辜籲天, 穢德彰聞)"라는 『書經』 「泰誓」에서 파생하였다.

75 원문은 '前角後掎'이다. 角은 '뿔을 잡다', 掎는 '다리를 잡다'이며, 掎角은 '뿔과 다리를 동시에 잡아 꼼짝 못 하게 한다'는 뜻으로 '掎角之勢'와 같다. 후에 '양쪽에서 협공하다', 또는 '군대를 나눠 적을 견제하거나 서로 지원하게 하다'라는 뜻으로 썼다.

76 원문은 '市不易肆'이다. "백성과 사민 모두 자신의 본업을 편히 하며, 농부는 밭을 바꾸지 않고 시장에서는 가게를 바꾸지 않는다.(百姓士民, 安堵樂業. 農不易畝, 市不回肆.)"는 말로서 전쟁의 질곡에서 벗어나 평소처럼 농사짓고 장사하며 편안함을 말한다. 삼국시대 魏의 鍾會가 지은 「檄蜀文」에서 유래한 것이다.

77 원문은 '援旌'으로 '군기를 들고 갑옷을 입는다'는 '援旌擐甲'의 줄임말이다. '執旗穿甲'이라고도 한다.

78 원문은 '平第功不次擢用'이다. '平'은 '評'과 통하여 '評議'를 뜻하며, '第功'은 '공로와 등급을 평가한다'는 말이다. '不次'는 일반적인 절차에 따르지 않고 파격적으로 발탁 인사를 한다는 말이다.

79 양세 : 원문은 '二稅'이다. 안사의 난 이후 호구와 토지에 대한 파악이 곤란해지자 기존의 균전제에 기초한 조·용·조 대신 자산 규모에 따라 징세한 세법이다. 6월과 11월, 두 차례 나누어 징수하였기 때문에 '二稅' 혹은 '兩稅'라고 하였다. 송대는 물론 명대까지 농지세의 근간이 되었다.

80 科率 : 唐代에 富戶의 재산 정도에 따라 강제로 징수하던 率貸 등의 雜稅가 변하여 후에 率稅가 되었다. '率'은 '일정한 기준에 근거해 계산한다'는 뜻이며 科率은 민간에서 정한 가격으로 구매한 물자를 뜻한다. 송대는 정부에서 필요한 물품을

三司가 각 路에 할당해 주면 로에서는 지역 생산품과 경제력을 고려하여 민간에서 물품을 저가에 강제로 구입하였다.

81 원문은 '逸罰'이다. 일반적인 처벌 규정에 비해 가볍게 처벌함을 뜻한다.

82 環衛官 : 唐代부터 내려온 궁궐 수비대인 環衛軍의 지휘관을 말한다. 환위군의 편제는 각각 左・右의 金吾衛・衛・驍衛・武衛・屯衛・領軍衛・監門衛・千牛衛 등 16衛로 되어 있고, 위마다 상장군, 대장군, 장군이 있어 지휘관의 총수는 48명에 달하였다. 하지만 북송 초부터 관직만 설치하였을 뿐 실무직이 아니라 宗室 등에게 부여하는 명예직으로 활용하였다.

83 中軍 : 통상 전투 부대는 전후・좌우・중앙의 5군으로 편제하는데, 중군은 全軍에서 가운데에 위치하는 부대이자 주력부대로서 지휘부가 자리하기 마련이다.

84 述古殿學士 : 閣學士의 하나로 한림학사의 바로 아래지만 직학사 가운데 가장 높아 정3품인 樞密直學士를 政和 4년(1114)에 개칭한 것이다. 품계 및 업무는 변함이 없었고 통상 侍從官이 地方官으로 나갈 때 수여하였다. 그러나 2개월 뒤인 10월에 다시 樞密直學士로 복원하였다.

85 劉韐(1067~1127) : 자는 仲偃이며 福建路 建州 崇安縣(현 복건성 南平市 武夷山市) 사람이다. 섬서에서 서하와의 전투에서 공을 세워 陝西轉運使・集賢殿修撰이 되었다. 이후 越州지사를 거쳐 선화 4년에 선무사 행군참모가 되어 회군을 건의하였다. 이듬해에 建州・福州지사를 거쳐 眞定府지사로 금군의 공세를 막는 데 성공하였다. 그 공으로 靖康 1년에 하북하동선무부사가 되어 일부 수복에 성공하였고, 京城四壁守禦使가 되어 개봉을 방어하였다. 개봉이 함락된 뒤 금에 항복 사절로 갔는데, 금군이 중용하려 하자 거부하고 자살하였다. 후에 資政殿大學士로 추증되었다. 岳飛를 발탁하여 중용한 인물이기도 하다.

86 种師道(1051~1126) : 자는 彝叔이며 永興軍路 京兆府(현 섬서성 西安市) 사람이다. 원래 이름은 种建中이었으나 연호인 建中靖國을 피휘하여 种師極으로 개명하였다가 후에 徽宗으로부터 种師道라는 이름을 하사받았다. 조부 种世衡, 伯父 种諤에 이어 3대에 걸친 명장 집안 출신이다. 西夏와의 전쟁에서 童貫이 채택한 무모한 공세의 문제점을 휘종에게 건의하여 신임을 얻고 都統制, 保靜軍節度使가 되었다. 동관이 거란에 대한 전면 공세를 추진하자 충사도는 강력히 반대하여 좌천되었다. 하지만 충사도를 대신한 劉延慶이 대패한 뒤 관직을 회복하였고, 금군이 개

봉을 포위하였을 때 서북의 勤王兵을 이끌고 구원에 나서 同知樞密院事·京畿河北河東宣撫使에 발탁되었다. 하지만 충사도의 전략이 수용되지 못하여 금군에 대한 공세가 실패로 돌아갔고, 금군의 공세에 대비해 長安(현 서안시)으로 천도하여야 한다는 주장도 채택되지 않았다. 이런 상황에서 충사도는 76세로 사망하였고, 그해 연말에 북송은 멸망하고 말았다.

87 都統制 : 宣和 연간(1119~1125)에 서남 지역의 군사 업무를 전담하는 직책으로 처음 설치한 임시 관직인데 靖康 연간부터 정식 관직으로 제수하였다. 직급은 宣撫使·宣撫副使 다음이었으나 紹興 4년에 宣撫使를 폐지하고 樞密院 도통제를 임명한 뒤 禁軍 3衛의 총사령관인 殿前都點檢, 시위친군마군·보군도지휘사 다음 직급으로 예우하였다.

88 承宣使 : 송대 州格은 都督州·節度州·觀察州·防禦州·團練州·軍事州(=刺史州) 등 6등급이지만, 都督은 실제 임명하지 않고 節度使·觀察使·防禦使·團練使·刺史만 임명하였다. 承宣使는 政和 7년(1117)에 唐代부터 내려온 節度觀察留後를 개칭한 직제로서 正任 무인 직제 가운데 절도사에 이은 정4품 고위직이지만, 주로 종실이나 환관에게 제수하는 명예직으로 활용되어 정원이나 직책은 정해지지 않았다.

89 王稟(?~1126) : 자는 正臣이며 開封府(현 하남성 開封市) 사람이다. 사병 출신으로 장군이 된 입지전적 인물로서 선화 1년(1119)에 婺州觀察使, 步軍都虞候가 되었고, 이듬해에 統制가 되었다. 선화 3년에 방랍의 난을 진압하는 공을 세워 宣撫司都統制로 승진하였지만, 白溝전투에서 거란군에 패하였다. 점한의 太原 공격에 童貫이 태원을 버리고 도성으로 도주하자 副都摠管으로 지사 張孝純과 함께 8개월이 넘도록 방어에 힘썼고, 이후 금의 항복 권유를 거부하고 시가전을 벌이면서 끝까지 항전하다 장렬하게 순국하였다.

90 華州 : 轉運使路와 安撫使路 모두 永興軍路 소속이며 등급은 望, 郡號는 華陰郡, 軍額은 鎭潼軍, 州格은 節度州이다. 치소는 鄭縣(현 섬서성 渭南市 華縣)이고 관할 현은 渭南縣·鄭縣·蒲城縣·下邽縣·華陰縣 등 5개, 監은 銅錢監·鐵錢監 2개이다. 지명은 관내 華山에서 취하였으며 장안을 지키는 동쪽 관문인 潼關이 있는 전략적 요충지이다. 현 섬서성 중동부 渭南市의 동쪽에 해당한다.

91 楊可世 : 涇原路 兵馬鈐轄·華州觀察使로 현 寧夏自治區 固原市 일대에서 서하를 방어하고 있다가 연경 공략을 위해 涇原路·環慶路·秦鳳路에서 차출하여 새로 편성한

環慶軍을 지휘하는 통제에 임명되었다. 그러나 이동 중 方臘의 난이 발생하자 우선 양절로에 와서 반란을 진압하고 다시 蘆溝河 전투에 투입되었다. 하지만 양가세는 거란과의 전쟁에 다소 부정적인 입장을 지니고 있었다.

92 齋宮 : 황제가 천지신명에게 제사를 지내기 전에 머물면서 齋戒를 올리는 장소를 말한다. 齋戒란 제사를 올리기 전에 재궁에 머물면서 심신을 깨끗이 하고 禁忌를 준수하는 것이다. 통상 개봉성 서남쪽 5리 밖 郊祠를 지내는 곳에 있는 재궁을 말하나, 본문에서는 紹聖 3년(1096)에 瑞聖園 맞은 편에 세운 北郊의 재궁을 가리킨다. '北青城'이라고도 칭하였다.

93 瑞聖園 : 원문은 '端聖園'이지만 '瑞聖園'을 잘못 쓴 것으로 보인다. 송대 개봉성에 단성원이 없었고, 휘종이 미복을 입고 나온 北郊의 齋宮 맞은 편에 瑞聖園이 있었기 때문이다. 瑞聖園은 개봉성 동쪽의 瓊林苑, 서쪽의 玉津園, 남쪽의 宜春苑과 함께 북쪽에 건립한 4대 御苑의 하나이다. 개봉성 동북쪽 景陽門 밖에 있어서 北園이라고도 칭하였는데 太平興國 2년(977)에 含芳園으로 바꿨고, 大中祥符 3년(1010)에 泰山에서 封禪을 마치고 가져온 天書를 보관하면서 瑞聖園으로 개칭하였다.

삼조북맹회편

三朝北盟會編

卷6

[政宣上帙6]

起宣和四年四月二十三日辛亥, 盡五月十三日庚午.

정화 연간(1111~1117)부터 선화 연간(1119~1125)까지를 기록한
상질의 제6권 : 선화 4년(1122) 4월 23일 신해일부터 5월 13일 경
오일까지.

四月二十三日辛亥, 童貫駐軍高陽關. 宣撫司揭榜示眾①.

① [按] 宣撫司揭榜示眾 : 袁本에서는 아래의 사료 앞에 썼다.

선화 4년(1122) 4월 23일 신해일, 동관은 군대를 고양관로에 주둔시켰다. 선무사사에서 방문[1]을 붙여 대중에게 알렸다.

「榜」曰 : 幽燕一方, 本爲吾境, 一旦陷沒, 幾二百年. 比者, 漢、蕃離心, 內外變亂, 舊主未滅(改作尙在), 新君簒攘, 哀此良民, 重罹塗炭. 當司遵奉睿旨, 統率重兵, 已次近邊, 奉辭問罪, 務在救民, 不專殺戮.

방문의 내용은 다음과 같다.

유연 일대는 본래 우리의 영역이었는데, 하루아침에 적의 손에 넘어간 뒤 200년 가까이 되었다. 근래에 한인과 번인 모두 마음이 떠나고 안팎으로 변란이 일어나 옛 주인은 아직 망하지 않았는데, 새로운 군주가 제위를 찬탈하였다. 이에 이 착한 백성들이 불쌍하게도 거듭 도탄에 빠지게 되었다. 본 선무사사는 황제 폐하의 성지를 받들어 대군을 통솔하여 이미 국경 근처에 이르렀다. 성지를 받들어 찬탈한 죄를 묻되 백성을 도탄에서 구하는 데 힘쓸 뿐 무고한 백성을 상대로 살육을 일삼으려는 것이 아니다.

爾等各宜奮身, 早圖歸計. 有官者復還舊次, 有田者復業如初. 若能身率豪傑, 別立功效, 卽當優與官職, 厚賜金帛. 如能以一州一縣來歸者, 卽以其州縣任之；如有豪傑以燕京來獻, 不拘軍兵百姓, 雖未命官, 便與節度使, 給錢十萬貫, 大宅一區.

너희들은 마땅히 각자 떨쳐 일어나 귀순할 계책을 조속히 도모하라. 관직이 있던 자에게는 기존의 직급을 돌려줄 것이며, 농사를 짓던 자에게는 하던 일을 계속할 수 있게 해 줄 것이다. 만약 직접 호걸을 인솔하여 별도의 공을 세울 수 있으면 즉시 우대하여 관직을 부여하고 금과 비단을 후하게 하사할 것이다. 만약 주와 현을 들어서 귀순하는 자가 있다면 즉시 그 주현의 지사로 임명할 것이며, 연경을 들어 바치는 호걸이 있으면 군인이나 백성이나를 막론하고 관직이 없더라도 즉시 절도사에 제수하고 돈 10만 관과 큰 저택 한 채를 줄 것이다.

惟在勉力同心, 背虜(改作蕃)歸漢, 永保安榮之樂. 契丹諸蕃歸順, 亦與漢人一等. 已戒將士, 不得殺戮一夫, 儻或昏迷不恭, 當議別有措置. 應①契丹自來一切橫斂, 悉皆除去. 雖大兵入界, 凡所須糧草, 及車牛脚價②, 並不令燕人出備, 仍免二③年稅賦.

① [按] 應：袁本에서는 '應將'으로 썼다. 교주를 따른다.
② [按] 價：袁本에서는 '乘'으로 썼다.
③ [按] 二：袁本에서는 '三'으로 썼다. 교주를 따른다.

부디 합심 협력하여 북로를 버리고 우리 조정漢에 귀순하여 평안과 번영의 즐거움을 영원히 누리도록 하라. 거란의 여러 번인도 귀순하면 역시 한인과 마찬가지로 대우하겠다. 이미 장수와 사졸들에게 엄하게 명하여 한 명이라도 살육하지 못하도록 하였지만, 만약 어리석어 명령을 따르지 않는다면 마땅히 논의하여 별도로 조치할 것이다. 거란이 전부터 거두던 모든 과도한 수탈을 다 없애 줄 것이다. 비록 대군이 국경을 넘더라도 필요한 모든 군량과 건초, 수레와 소, 운반비를 연경 지역 주민에게 부담시키지 않을 것이다. 또 3년간 조세²를 면제하여 주겠다.

『使北錄』曰 : 政和七年, 童貫建北伐之議, 大出禁旅, 告戒河北諸帥, [006-02] 皆先事而具. 二月中旬, 前軍已發. 三月上旬, 卜吉, 貫領中軍戒塗, 在廷無敢異議. 上意欲須賀正國信使歸, 以司封員外郎陶悅假太常少卿爲國信使, 知霸州李邈副之.①

① [許] 以司封員外郎陶悅假太常少卿爲國信使, 知霸州李邈副之 : 모두 작은 글씨로 쓴 주석인데, 본문으로 잘못 썼다. 교주를 따른다.

『사북록』³에는 다음과 같이 적혀 있다.

정화 7년(1117), 동관이 북벌 논의를 건의하고 금군禁軍을 대거 출동시키면서, 하북의 모든 안무사에게 '모두 사전에 준비를 갖추라'고 엄하게 주의시켰다. 2월 중순에 선발대가 이미 출발하였다. 3월 상순에 길일을 택하여 동관이 중군을 이끌고 출군을 준비하였는데,⁴ 조정에서는 감히 이의를 제기하는 사람이 없었다. 황상은 신년 축하를 위해 파견한 국신사가 돌아올 때까지 기다리고자 하였다.[그 전에 사봉사⁵원외랑⁶ 도열을 태상시

소경 명의의 국신사로 삼고, 패주지사 이막[7]을 사신으로 삼았다.]

二月二十五日入國門. 適貫導從出門, 與國信使副相值, 遂得傳旨, 令先
至府中議事. 翌日, 悅與邈至貫府第, 貫畧問使人道塗次第, 遂問 : "虜
中(改作遼國)有寇, 果否?" 悅對 : "不聞." 貫云 : "何以知無寇?" 悅云 :
"悅所行道, 日行一程, 旣不雷, 且又不改行他路, 以此知之." 貫又云 :
"何以知他處無寇?" 悅云 : "所至皆以物賂聽頭, 訪其國中事宜 ; 但云唯
(時與)女眞爭戰, 別無他寇."

선화 4년(1122) 2월 25일, 국신사 도열 일행이 도성의 성문에 이르렀다.
때마침 동관이 시종들을 거느리고 성문을 나오다가 국신사 도열, 부사
이막과 마주쳤다. 그때 곧 다음과 같은 내용의 성지가 전달되었다.

"우선 동관의 관저에 가서 일을 논의하라."

다음 날, 도열과 이막이 동관의 관저에 가니 동관이 사신에게 사행길
의 상황에 대해서 간략하게 물어본 뒤 다시 "북로 경내 도처에 도적들이
있다는데 과연 그러한가?"라고 물었다. 도열은 "그런 일은 듣지 못하였
습니다."라고 답하였다. 그러자 동관은 "도적이 없다는 것을 어떻게 알았
는가?"라고 캐물었다. 도열이 "제가 사신으로 오가던 중, 매일 1정[8]을 가
면서 예정에 없이 체류한 일도 없고 또 다른 길로 바꿔서 간 적도 없었기
때문에 그것으로 미루어 아는 것입니다."라고 답하였다. 동관이 다시 "다
른 곳에도 도적이 없다는 것을 어떻게 알았는가?"라고 따져 물었고 도열
은 "가는 곳마다 뇌물로 사람[9]을 사서 물어보았고, 거란의 중요 국사에
관하여 조사도 했으나 그저 여진과 전쟁이 있다고 할 뿐 다른 도적에 관

424

해 언급한 일이 없었습니다."라고 답하였다.

貫云 : "見說人多流移." 悅云 : "悅所行路皆有居人, 田皆耕墾. 所過處, 觀者滿道, 不見有流移也." 貫又云 : "已有人據易州." 悅云 : "非悅所由路, 然每探訪, 不聞此也." 貫詞色甚厲, 又云 : "今已圍霸州, 朝廷已起兵, 賢何不說?" 悅云 : "悅自雄、莫來, 去霸甚近, 亦不聞此." 此皆貫已曾虛妄奏陳, 欲遂實其說爾①. 貫云 : "莫是初無聖旨, 賢不曾探問否?" 悅云 : "尋常使人不待得旨, 自當探問虜(改作敵)中事宜, 囘日聞奏."

① [許] 此皆貫已曾虛妄奏陳, 欲遂實其說爾 : 모두 작은 글씨로 쓴 주석인데, 본문으로 잘못 썼다. 교주를 따른다.

동관이 "많은 사람이 떠돌아다닌다고 들었는데?"라고 하자 도열은 "제가 가는 곳마다 주민들이 살고 있었고, 밭에서는 농사를 짓고 있었습니다. 그리고 지나치는 곳마다 저희를 보려고 몰려든 사람들이 길을 가득 메우고 있었지만, 떠돌아다니는 사람은 보지 못하였습니다."라고 하였다. 동관이 다시 "이미 어떤 사람들이 역주를 점거하였다던데?"라고 재차 캐묻자 도열은 "그곳은 제가 직접 지나간 곳은 아닙니다. 그러나 매번 이런저런 것들을 탐문했는데, 그런 이야기는 듣지 못하였습니다."라고 답하였다.

그러자 동관의 말투와 안색이 몹시 거칠어지더니 다시 "지금 이미 여진이 패주[10]를 포위했고, 조정에서도 출병하였는데 그대는 어찌 그에 관해 아무 말도 하지 않는가?"라고 힐책하였다. 하지만 도열은 "저는 웅주와 막주를 거쳐서 왔는데, 그곳은 패주와 아주 가까운 곳입니다. 하지만 아무것도 들은 바가 없습니다."라고 하였다.[이것은 모두 동관이 일찍이 황상에게 거짓으로 아뢴 내용으로서, 동관은 자기의 말을 사실인 것처럼 꾸미려고 한 것이다.] 동관이 "당초에 탐문하라는 황상의 어지가 없다고 해서 아예 아무런 탐문도 하지 않은 것 아닌가?"라고 물었지만, 도열은 "통상 사신들은 어지를 받지 않더라도 당연히 북로의 내부 사정을 탐문하고 돌아온 뒤 보고를 드립니다."라고 대답하였다.

> 悅又白貫云 : "有譚襄者, 欲立九大王, 九大王竄入深山藏逃, 眾人卽時捕殺譚襄. 以此觀之, 彼國人心, 未至離異. 且悅到莫州, [006-03] 得雄州探報, 云 : '已差接伴人使, 大使姓耶律, 不得名, 副使姓李.' 洎悅過界河, 與接伴相見, 副使乃姓王. 接伴使人非機密事, 界河至莫數十里, 而探報如此乖繆, 若諸事如此, 未可輕動也."

도열은 또 동관에게 다음과 같이 말하였다.[11]

"담양이라는 자가 구대왕[12]을 황제로 옹립하려고 했지만, 구대왕은 깊은 산속으로 달아나 숨어 버렸고 많은 사람이 즉시 담양을 잡아 죽였습니다. 이로 미루어 볼 때 저들 나라의 민심이 조정에 대해 등을 돌리거나 이반할 정도는 아닌 것으로 판단됩니다. 게다가 제가 막주에 도착하였을 때 웅주에서 온 첩보를 들었는데, '이미 거란에서 접반사[13]를 파견하였는데 대사의 성은 야율이지만 이름은 알지 못하고, 부사의 성은 이씨'라는 것이었습니다. 하지만 제가 계하인 백구를 건너서 접반사와 만나보니 부사의 성은 왕씨였습니다. 접반사에 관한 일은 기밀 사항도 아니고 백구에서 막주까지는 수십 리밖에 안 되는데도 첩보가 이렇게 엉터리입니다.

만약 매사가 이렇게 부정확하다면 가볍게 군대를 움직여서는 안 될 것입니다."

貫大怒, 乃曰 : "虜中(改作彼國)待使人如何?" 悅云 : "以前使人禮數, 悅
所不知, 但隨行人皆言前後禮數如此." 貫卽云 : "莫是賢們得他相厚,
遂不說事宜否?" 悅云 : "悅輩士人, 豈以禮數稍厚, 遂隱虜(改作敵)情
也?" 貫見悅意終不相假, 不敢隱, 遂悉以所問奏知. 翌日, 道君皇帝見
二府, 具道此說云 : "他甚有備, 三省且收起文字."

동관은 노발대발하더니 다시 "북로 경내에서 사신 접대를 어떻게 하던가?"라고 물었고, 도열은 "사신에 대한 예우가 이전에 어떠했는지 저는 아는 바가 없습니다. 다만 수행한 사람들 모두 다 이전이나 지금이나 예우가 같다고 말하였습니다."라고 대답하였다. 동관은 "혹시 그대들이 거란으로부터 다른 사신보다 후하게 대접을 받았기 때문에 사실을 숨기는 것은 아닌가?"라고 즉시 되물었지만, 도열은 "우리가 명색이 사대부[14]인데 어떻게 예우가 조금 좋았다고 해서 북로의 사정을 숨긴단 말입니까?"라고 따졌다.

동관은 도열이 끝까지 적당히 넘어가지 않으리라는 것을 알고는 감히 숨기지 못하고 문답한 내용을 모두 그대로 상주하였다. 다음 날 도군황제[15]는 재상과 추밀사를 만나 도열의 보고 내용을 모두 말한 뒤 다음과 같이 지시하였다.

"거란이 아주 잘 대비하고 있으니 삼성은 출병에 관한 문서를 거두어들이도록 하라."

以此推之, 北伐實非道君皇帝之意. 貫旣狂妄誤國, 是時在廷皆無敢拒之者. 聖意欲俟國信使來, 問而後行, 萬一其或可緩也①. 而悅幸能縱橫遏其說而撤其謀②, 卽日下詔, 抽回已發禁軍, 拘收已降宣頭, 而北伐寢矣.

① [按] 萬一其或可緩也 : 袁本에서는 '萬一或可緩也'로 썼다.
② [按] 而悅幸能縱橫遏其說而撤其謀 : 袁本에서는 '而悅卒能縱橫遏其說而壓其謀'로 썼다.

이로 미루어 볼 때 북벌은 실로 도군황제의 뜻에 따른 것은 아니었다. 동관이 극도로 기고만장하여 나라를 잘못 이끈 것이지만, 당시 조정에서는 감히 동관의 뜻에 거역할 사람이 하나도 없었다. 황상께서는 국신사가 돌아오기를 기다렸다가 상황을 알아보고 난 뒤에 거병하고자 하셨으니, 만에 하나라도 그렇게 해서 전쟁을 늦추고자 하였음이라. 다행히도 도열이 이리저리 북벌의 주장을 막아 그 모략을 철회하게 하자, 황상께서는 그날로 조서를 내려 이미 출병한 금군禁軍을 회군시키고 이미 내리신 선두16를 거둬들이도록 하였다. 이로써 북벌 논의는 점차 수그러들었다.

悅旣對, 卽錫章服, 由是①遷吏部員外郎. 時中書舍人王安中行詞云 : "持聘復命, 忠實可嘉." 當是時, 朝廷不敢峻其襃擢, 詞臣不敢指其事實, 則貫之氣焰可知矣. 士大夫雖心服之, 而不敢昌言, 故其說罕傳. 又五年, 悅不幸旣死, 貫復理前議, 所以成今日之禍也. 以今日禍變之甚, 則知前日悅力排其說, 其爲利可勝算耶②?

① [按] 由是 : 袁本에서는 '由司封'으로 썼다.
② [按] 勝算耶 : 袁本에서는 '勝算邪'로 썼다.

428

도열은 황상을 면대하고 난 뒤 즉시 장복[17]을 하사받았고, 사행의 공로로 이부사원외랑[18]으로 전보되었다.[19] 당시 중서사인[20] 왕안중[21]은 "사신으로 명을 수행함에 충성스러움과 성실함이 참으로 빼어났다."고 사詞를 써서 그 공을 기렸다.[22] 하지만 당시 조정에서는 감히 도열의 공을 크게 기려 승진시키지 못하였고, 사신[23]들도 감히 그 사실을 지적하지 못하였으니 동관의 기세가 얼마나 대단하였는지 알 수 있을 것이다.

사대부들은 비록 속으로는 도열에 대해 탄복했지만, 감히 대놓고 말하지 못하였기 때문에 그 말이 잘 전해지지 않았다.[24] 불행히도 도열이 이미 사망하고, 선화 5년(1123)에 이르러 동관이 전에 거론했던 북벌 논의를 다시 처리하여 오늘날의 화를 초래한 것이다. 오늘날 재앙과 변란의 심각함을 생각해 보면 지난날 도열이 동관의 주장을 힘써 배격한 것이 얼마나 도움이 되었는지 가히 헤아릴 수 없을 정도다.

建炎末, 臣僚以此上言, [006-04] 有旨襃贈告詞曰 : "故承議郞陶悅, 朕信賞必罰, 以勵多士, 彰善癉惡, 以風四方, 率由陟降之公, 靡有幽明之閒. 以爾剛毅有守, 直諒不回, 頃自郞曹出將指使①, 陳杜欽窺虜(改作閒)之策②, 排王恢首禍之謀. 時旣息於起戈, 忠遂昭於寤主, 言非耳剽, 事可指陳. 一時誤國之奸, 旣莫逃於明罰 ; 九泉遺忠之士, 豈可後於顯襃? 疏恩閔章③, 陞華秘殿, 庶以伸久鬱之公議, 賁不朽之餘光, 尙其④有知, 欽此⑤茂寵, 可特贈秘閣修撰."

①[按] 指使 : 袁本에서는 '使指'로 썼다. 교주를 따른다.
②[許] 陳杜欽窺虜之策 : 일부 판본에서는 '杜欽'[25]을 '婁敬'으로 썼다. 교주를 따른다.
③[按] 閔章 : 袁本에서는 '關章'으로 썼다.

건염 연간(1127~1130) 말에 신하들이 그 일을 상주하자 도열을 기리고 추증하는 고사²⁷를 작성하라는 내용의 성지가 내려왔다. 고사의 내용은 다음과 같다.

고 승의랑²⁸ 도열에게 고하노라. 짐은 신상필벌을 통해 많은 사대부를 격려하고, 선함을 표창하고 악함을 억눌러서 사방을 교화하고자 하며, 승진과 강등은 공정함을 따를 뿐이며 산 자와 죽은 자를 구분하지 않으려 한다.

도열은 의연하게 본분을 지켰고, 정직하고 성실하여 책임을 회피하지 않았다. 당시 낭중²⁹으로 문무를 겸비하여³⁰ 황제의 수족처럼 부림을 받았으니, 북로흉노에 대해 상세히 살펴보고 출병해야 한다는 누경³¹처럼 계책을 제시하였고, 큰 화근을 초래한 왕회³²와 같은 자들의 모의를 배척하였다.³³

시대는 이미 전쟁이 종식되었으니 충성은 마침내 밝게 군주에게 드러났도다. 도열에 관한 말은 귀로만 듣고 흘릴 것이 아니니, 그 사적은 일일이 진술할 만하다. 한때 나라를 잘못 이끈 간신에게는 형벌을 엄격히 하여 도망갈 곳이 없게 하였으니, 충성을 남긴 사대부에게는 설령 그가 구천에 있더라도 어찌 그 공적을 드러냄을 뒤로 미룰 수 있겠는가?

은혜를 베풀고 애도하는 글을 공표하고 비각으로 승진시켜,³⁴ 오랫동안 억눌린 공공의 의견을 펼치고 불후의 공덕이 남긴 영향을 잘 드러내도록 하라. 이미 작고했지만 그래도 앎이 있을지니³⁵ 이 각별한 은총을 받을지어다. 특별히 비각 수찬을 추증하노라.

五月九日丙寅, 少保、鎭海軍節度使、開府儀同三司蔡攸爲
河北河東宣撫副使.

선화 4년(1122) 5월 9일 병인일, 소보[36]이며 진해군절도
사[37]·개부의동삼사[38]인 채유[39]를 하북하동선무부사[40]로 삼
았다.

『北征紀實』曰：童貫以四月十日行, 而攸以五月九日降旨, 十一日敕出,
十三日[①]拜命. 攸辭免如常禮. 批答云："朕以童貫宣撫北道, 獨帥重
兵, 其統領、將佐, 及四路守臣監司, 並其門人故舊；貫以昏耄, 所施爲
乖謬[②], 故相隱匿, 蔽不以聞. 致邊事機會差失, 爲朝廷之害, 莫大於此！
卿朕所倚毗, 無出右者, 所以輟卿爲副[③], 實監軍爾, 如軍旅之事, 卿何
預焉？只專任民事, 及監察貫之所爲, 可只今受命." 擇十八日出門進發.

①[按] 十三日：袁本에서는 '十二日'로 썼다. 교주를 따른다.
②[許] 貫以昏耄, 所施爲乖謬：'以'는 '己'로 써야 한다. '爲'는 衍字이다. 교주를 따른다.
③[按] 所以輟卿爲副：袁本에서는 '所以以卿爲副'로 썼다.

『북정기실』에는 다음과 같이 적혀 있다.

동관은 선화 4년(1122) 4월 10일에 출발하였고, 채유에게는 5월 9일 성
지가 내려왔다. 5월 11일에 칙령이 나와 12일에 절을 하고 선무부사 직

을 맡았다. 채유가 하직 인사를 드렸는데, 상례에 따라 면직을 청하였고,[41] 다음과 같은 황상의 비답[42]을 받았다.

"짐은 동관에게 북방을 선무하게 하였다. 이에 동관이 단독으로 대군을 이끌고 갔는데, 통령[43]과 장좌[44]를 비롯해 4개 로의 지사 및 감사에 이르기까지 모두 그의 문하거나 오랜 지인들이다. 하지만 동관은 늙어서 정신이 혼미하여 일을 상리에 어긋나게 처리하고도 의도적으로 잘못을 감추고 은폐하며 보고하지 않았다. 변방에 관한 일은 기회를 상실하게 되면 조정에 그보다 더 큰 해가 되는 일이 없다. 짐이 크게 믿고 가까이 여기는 신하 가운데 경보다 더 나은 인물이 없기에 경을 선무부사로 임명하였지만 실은 감군 역을 맡긴다. 군대에 관한 일이야 경이 어떻게 간여할 수 있겠는가? 단지 민사 업무를 전담하고 동관이 하는 바를 감찰하라. 지금부터 명령을 수행하라."

채유는 5월 18일을 택하여 도성을 떠나 출발하였다.

十三日庚午, 陝西河東河北路宣撫使童貫奏乞應副軍期. [006-05]

선화 4년(1112) 5월 13일 경오일, 섬서하동하북로선무사 동관은 군의 작전 기일에 부응해 줄 것을 청원하는 상주문을 올렸다.

「奏」曰 : 臣仰遵睿訓, 付以北事, 寅夕竭慮, 深恐不逮上辜委寄之重. 臣

竊惟復燕大計, 昨正月間, 女眞下中京, 余覩(改作伊都)往雲中, 契丹分力枝梧①女眞之際, 我乘機會, 進兵收復, 殊②省事力, 旣失此便, 已爲後時.

①[按] 契丹分力枝梧 : 袁本에서는 '契丹方枝梧'로 썼다.

②[按] 殊 : 袁本에서는 '諸'로 썼다.

상주문의 내용은 다음과 같다.

신은 삼가 폐하의 훈령을 받들어 북방의 일을 부여받고는 온종일 고심하며 폐하께서 맡겨 주신 중책을 감당하지 못할까 심히 두려울 뿐입니다. 신은 연경을 되찾을 큰 계획만을 남몰래 생각해 왔습니다. 지난 정월 사이 여진은 거란의 중경을 함락했고, 야율여도는 운중부로 갔습니다. 거란이 힘을 분산해 여진에 대항하고 있는 지금, 우리가 이 기회를 틈타 연경을 수복하기 위해 출병한다면 일도 줄이고 힘도 크게 아낄 수 있습니다. 하지만 이 좋은 시기를 놓쳐 버리면 곧 기회를 놓치게 됩니다.

臣奉詔來北, 星夜倍道, 於四月二十三日到高陽關. 整促行軍之備, 卽見河朔將兵, 驕惰不練, 陣①敵軍須之用百無一有. 如軍糧雖日見在, 粗不堪食, 須旋春簸, 僅得其半, 又多在遠處, 將輪費力. 軍器甚闕, 雖於大原②、大名、開德支到封椿各件, 不足或不適用. 至於得地版築之具, 幷城戍守禦之物, 悉皆無備. 蓋河朔二百年未嘗講兵③, 一旦倉卒④, 責備頗難.

①[按] 陣 : 袁本에서는 '征'으로 썼다.

신은 조서를 받들어 북쪽으로 가면서 밤낮을 가리지 않고 서둘러서
4월 23일에 고양관로에 도착하였습니다. 행군에 대비하여 군을 정돈하
고 재촉해 보니 하삭의 장병들이 교만하고 게으르며 훈련되지 않았고,
적군을 상대할 군수용 필수 물자가 백에 하나도 갖추어져 있지 않았음을
알게 되었습니다. 군량의 경우 비록 지금 보유하고 있다고는 하지만 거
칠어 차마 먹을 수 없습니다. 방아를 찧고 까불어야 하는데, 그러면 겨우
절반만 남게 됩니다. 게다가 대부분 먼 곳에 있어 수송비와 인력이 많이
들어갑니다.

무기는 매우 부족하여 비록 태원부⁴⁵·대명부⁴⁶·개덕부⁴⁷에 봉장고⁴⁸의
물품을 지급하더라도 여전히 부족하거나 사용하기에 적당하지 않습니
다. 현지의 판축⁴⁹ 도구와 성을 방어하는 물품 또한 온전히 다 갖추기 힘
든 상황입니다. 전반적으로 하삭에서 200년간 전쟁을 한 일이 없었기 때
문에 하루아침에 갑자기 준비하지 못한다고 해도 책임을 묻기가 상당히
어렵습니다.

臣近聞易州軍民萬人延頸引兵(改作領), 以獻城壘. 又西兵未來, 未敢出
應, 致彼復疑①. 臣雖夙夜竭力經營, 漸向就集, 然尙慮將輪及軍須守具
版築之類, 備之稍緩, 更遷延旬日, 復失事機. 伏望指揮下河北漕臣, 中

신은 근래에 역주의 군과 민 만 명이 아군을 맞이하여 영채를 헌납하기 위해 목을 빼고 기다리고 있다 들었습니다. 다만 섬서의 병력이 아직 오지 않아 감히 출전하여 호응하지 못하다 보니 다시 주저하는 듯합니다. 비록 신이 밤낮없이 전력을 다해서 운영하여 조금씩 갖추어지기는 하지만 여전히 꼭 필요한 방어용 도구와 판축 용품 등의 수급이 다소 지연되어, 여기서 열흘이 더 늦어지면 또다시 기회[50]를 잃게 될까 여전히 염려되옵니다.

엎드려 바라옵건대 하북의 전운사[51]와 중산부로[52]·진정부로·고양관로의 안무사에게 명령을 내려서 온 마음을 다하여 군수품을 모으게 하고, 또 이미 파견한 장병들을 재촉하여 밤을 새워 달려서라도 본 선무사사의 출동 시기에 맞추어 신속하게 오도록 해 주십시오. 만약 조금이라도 느슨하여 작전 일정에 착오가 생긴다면 군법으로 다스릴 것이라는 점을 저들이 각자 잘 알 수 있게 하여 주십시오.

童貫至河間府分軍.

동관이 하간부[53]에 이르러 군대를 나누었다.

貫至河間府, 分雄州、廣信軍爲東西路, 以种師道總東路兵, [006-06] 屯
白溝；王稟將前軍, 楊惟忠將左軍, 种師中將右軍, 王坪①將後軍, 趙
明、楊志將選鋒軍. 辛興宗總西路之衆, 屯范村；楊可世、王淵將前軍,
焦安節將左軍, 劉光國②、冀景將右軍, 曲奇、王育將後軍, 吳子厚、劉
光世③將選鋒軍. 並聽劉延慶節制.

① [按] 王坪：袁本에서는 '王珒'으로 썼다.
② [按] 劉光國：袁本에서는 '劉光世'로 썼다.
③ [按] 劉光世：袁本에서는 '劉安'으로 썼다.

　　동관은 하간부에 도착해서 웅주로 진격하는 동로군과 서쪽 광신군[54]
으로 진격하는 서로군으로 군대를 나누었다. 충사도에게 동로병을 총괄
하게 하고 백구에 주둔하게 하였다. 왕품에게 동로군 전군을, 양유충[55]에
게 동로군 좌군을, 충사중[56]에게 동로군 우군을, 왕평에게 동로군 후군을
지휘하게 하였고, 조명과 양지에게 동로군 정예 선봉대를 지휘하게 하
였다.

　　신흥종[57]에게는 서로병을 총괄하게 하고 범촌[58]에 주둔하게 하였다.
양가세와 왕연[59]에게 서로군 전군을, 초안절에게 서로군 좌군을, 유광
국[60]과 기경에게 서로군 우군을, 곡기와 왕육에게 서로군 후군을, 오자
후와 유광세[61]에게 서로군 정예 선봉대를 각기 지휘하게 하였다. 그리고
동로군과 서로군 모두 선무도통제인 유연경[62]의 지휘 통제를 받도록 하
였다.

童貫次雄州, 議進兵.

동관이 웅주에 이르러 군의 진격 문제를 논의하였다.

貫次雄州, 諸軍旣集, 以种師道爲中軍, 且議進兵. 師道曰: "今日之事,
譬如盜入鄰舍, 不能救又乘之而分其室①; 且師出無名, 事固無成, 發
蹤之初, 宜有所失." 貫曰: "今日之軍事, 上旣有成算, 第籍公威名以鎭
服耳; 第行, 勉旃! 謀之不臧, 不以罪也." 因出御筆, 俾不得辭. 楊可世
請於貫曰: "事起之由, 毫髮未嘗預, 一旦臨利害, 若倉卒②失計, 我輩要
領固不足惜; 恐有不虞, 辱國爲重, 願熟計而後行."

① [按] 室: 袁本에서는 '寶'로 썼다. 교주를 따른다.
② [按] 倉卒: 袁本에서는 '倉猝'로 썼다.

웅주에 이르러 군대가 모두 집결하자 동관은 충사도를 중군으로 삼고
군의 진격 문제를 논의하였다. 충사도가 다음과 같이 말하였다.

"지금의 상황을 비유하면, 도둑이 이웃집에 들어왔는데 도와주지는 못
하고 오히려 그 틈을 타서 그 집 보물을 훔쳐 가는 것과 같습니다. 게다
가 명분도 없이 출병하였으니 절대로 성공할 수 없으며, 처음부터 손해
볼 일만 있을 것입니다."

하지만 동관이 이렇게 말하였다.

"현재 군에 관한 일은 황상께서 이미 세워 둔 계책이 있소이다. 그저
공의 명성을 빌어 적을 진압하고 복종케 하려는 것뿐이요. 그러니 최선

을 다해서 실행하면 되는 것이외다. 계책에 문제가 있는 것이라면,[63] 죄를 묻지 않을 것이오." 동관은 어필을 꺼내 보이며 더 고사하지 못하게 하였다.

양가세도 동관에게 이렇게 건의하였다.

"거병을 계획할 때는 털끝만큼도 관여한 일이 없었는데, 하루아침에 대처하기도 곤란한 전쟁[64]에 임하게 되었소. 만약 창졸간에 실책이라도 범한다면 우리야 목을 내놔도 아까울 것이 없지만 우리가 미처 생각지 못해 나라에 크게 해가 될까 우려됩니다. 심사숙고한 후에 실행하였으면 합니다."

貫未語, 和詵在坐曰 : "公自謂有萬人敵①, 膽氣絶人, 視堂堂之師, 如摧拉枯朽 ; 今日觀之, 一懦夫耳! 燕薊之民, 眞若沸羹, 望我以蘇, 倘② 金鼓一鳴, 必便比肩係頸, 簞食壺漿, 以迎王師, 豈有他哉? 公欲扇③ 聲, 敗我事耶?" 可世默然不語. 貫卽以詵副師道, 以可世爲前軍統制. 下令以(素車壯士), 馳往開諭招來④之意, 無⑤得邀功生事. 又令良嗣草書, 令歸朝官張憲⑥、趙忠諭渰禍福. [006-07]

①[按] 萬人敵 : 袁本에서는 '萬衆敵'으로 썼다.
②[按] 倘 : 袁本에서는 '儻'으로 썼다.
③[按] 扇 : 袁本에서는 '煽'으로 썼다.
④[按] 招來 : 袁本에서는 '招徠'로 썼다.
⑤[按] 無 : 袁本에서는 '勿'로 썼다.
⑥[評] 令歸朝官張憲 : '寶'를 '憲'으로 잘못 썼다. 교주를 따른다.

동관이 말을 꺼내기도 전에 화선이 좌중에서 다음과 같이 큰소리쳤다.

"공은 스스로 만 명을 대적할 만하고 담력과 기백이 남보다 뛰어나다고 하시면서 대단한 군대라도 마치 썩은 가지 부러트릴 것처럼 여기셨습니다. 그런데 오늘 뵈니 나약한 겁쟁이에 불과하구려! 연계의 백성들은 진짜 펄펄 끓는 국 속에 들어 있는 것과 같아서 우리가 살려 줄 것만 바라고 있습니다. 만약 공격을 알리는 쇠북을 한 번만 울려도 반드시 앞다투어 줄지어 투항하고,[65] 백성들이 소쿠리에 밥을 담고 단지에 국을 담아 우리 군대를 환영할 것인데[66] 달리 고려할 것이 무엇이란 말이요? 공이 공연히 분열을 선동하여 우리 일을 망치려는 것입니까?'

이에 양가세는 침묵하며 아무 말도 하지 않았다. 동관은 즉시 화선에게 충사도를 보좌하게 하고, 양가세를 전군 통제로 삼았다. 그리고 소거[67]에 장사들을 태워 저들에게 달려가 수용하려는 뜻을 설명하되, 공연히 공을 세우려고 쓸데없는 일을 만들지 말라고 명하였다. 또 조량사에게 야율순에게 보내는 서신을 작성하게 하고, 귀조관 장보와 조충을 시켜 야율순에게 득실을 놓고 설득하도록 하였다,

「書」曰 : 月日, 太師、領樞密院事充陝西河東河北路宣撫使、楚國公童貫, 謹致書秦晉國王閣下. 蓋聞順天者昌, 逆天者亡 ; 得人心者可以立國, 失人心者罔克守邦. 惟天人精祲相與之際[①], 乃禍福存亡必致之理, 明者未形而已悟, 愚者患至而猶安.

① [許] 惟天人精祲相與之際 : '神'을 '祲'으로 잘못 썼다. 교주를 따른다. 단 許勘 표제어에서 '祲'을 '神'으로 잘못 썼다.

동관이 보낸 서신의 내용은 다음과 같다.

모월 모일에 태사이며 영추밀원사로서 섬서하동하북로선무사 직에

보임된 초국공 동관은 진진국왕 각하[68]께 삼가 글을 올립니다. 대체로 하늘의 뜻에 순응하는 자는 번창하고 하늘의 뜻을 거스르는 자는 망하며, 민심을 얻는 자는 나라를 세울 수 있고 민심을 잃은 자는 끝내 나라를 지킬 수 없다고 합니다.[69] 지금은 하늘과 사람의 마음이 함께 바뀌려 하는 때이니 화와 복, 보존과 멸망에 이르는 필연의 이치를 지혜로운 자는 드러나기 전에 이미 깨달았을 것이고 어리석은 자는 환란이 닥치더라도 여전히 편안할 수 있을 것이라 여길 것입니다.

竊惟國王之於大遼, 親則叔姪也, 義則君臣也. 白水之師, 播越蒙塵, 國王不能率兵赴難, 使之復位, 乃乘隙以自立, 非簒而何? 此所謂逆天也. 西京危急, 亡在朝夕, 國王又不能遣兵命將[①], 拯人於塗炭, 哀此元元, 其將疇依? 失人之心, 無大於此. 夫逆天道, 失人心, 如此其甚.

① [按] 遣兵命將 : 袁本에서는 '遣兵將'으로 썼다.

살펴보건대 국왕께서는 대요에서 친족으로 보면 천조제와 숙질 사이지만, 의리로 보면 군신의 관계입니다. 백수박에 있는 군대는 천조제를 모시고 정처 없이 피난길에 올랐는데, 국왕께서는 군대를 이끌고 달려가 환란을 구하여 천조제를 다시 황제 자리에 앉히지 못했고, 오히려 이 틈을 타서 스스로 제위에 올랐으니 이것이 찬탈이 아니라면 그 무엇이란 말입니까? 이것은 이른바 하늘의 뜻을 거스른 것입니다.

서경의 위기가 급박하여 패망이 조석에 달렸음에도 국왕은 또 군대를 보내고 장수에게 명하여 도탄에 빠진 사람들을 구하지 아니하였습니다. 이 불쌍한 백성들은 과연 누구에게 의지할 수 있단 말입니까? 민심을 잃는 것 가운데 이보다 더 큰 것은 없습니다. 국왕께서 하늘의 뜻을 거스르고 민심을 잃은 것이 이처럼 심합니다.

國王如是, 自視可能久乎? 則是燕、薊、雲、朔名爲有主, 其實無主也. 國王春秋高, 且又無子, 而乃驟用餘列①庶出之姪, 擾攘顚錯, 以致於此, 燕人何辜, 坐待殘滅? 皇帝惻然念之, 乃命貫領重兵百萬, 救燕人於水火, 靈旗北指, 漸次燕圻, 天地神人, 莫不悅喜, 于于而來者, 如水之就下, 沛然, 孰能禦之? 想惟國王亦已知之矣!

① [按] 餘列 : 袁本에서는 '余列'로 썼다.

국왕께서 이렇게 해 놓고 스스로 보기에 얼마나 오래갈 수 있다고 보십니까? 이렇게 한다면 연경과 계주, 운주·삭주는 주인이 있다는 명목만 있을 뿐 실제로는 주인이 없는 것과 마찬가지입니다. 국왕께서는 춘추가 높고 또 아들이 없으시니, 서열 밖의 서출 조카를 갑자기 후계로 세운다면 앞뒤가 뒤바뀌어 공연히 소란스러워질 것입니다. 일이 이 지경에 이르렀으니 연경 사람들은 무슨 잘못이 있기에 앉아서 도륙당할 것을 기다려야만 한단 말입니까?

황상께서는 이를 측은하게 여기시고 저 동관에게 명하시어 백만 대군을 이끌고 연경 사람들을 도탄에서 구하라 하시었습니다. 군기가 북쪽을 향하고 점차 연경 부근에 이르니 천지의 신과 사람 가운데 기뻐하지 않는 바가 없으며, 보무당당하게 오는 형세가 마치 물이 아래로 흐르듯 힘차니 누가 감히 대적하겠습니까? 국왕께서도 그것을 이미 잘 알고 계실 것으로 생각합니다.

國王溫恭和裕, 通達古今存亡之機, 洞然深悉. 善爲計者, 因敗以圖成, 轉禍以爲福. 如能開門迎降, 歸朝納土, 使國王世世不失王爵之封, 燕人亦無蹈斧鉞之患. 孟蜀、南唐及兩浙錢王昔嘗納土, 並享王封, [006-08] 襲傳①至今, 子孫昌盛, 天下耳目, 衆所共知. 國王翻然入朝, 豈減錢王故事? 如其不然, 當議進兵. 國王勢蹙事窮, 天厭人離, 欲北走則無所歸, 欲南歸則安可得? 當此之際, 雖悔何追! 況大遼五路所管州城四京, 已爲草莽②, 區區之燕, 必不能守!

① [按] 襲傳 : 袁本에서는 '傳襲'으로 썼다.
② [按] 草莽 : 袁本에서는 '草芥'로 썼다.

국왕께서는 온유하고 공손하며 화목하고 여유로운 분으로서 예로부터 지금까지 국가 존망의 관건이 무엇인지 통달하고 계시며, 통찰력 또한 깊고도 넓으십니다. 잘 헤아리는 사람은 패배를 통해서 뜻한 바를 이루고 화를 복으로 바꾸는 법입니다.

성문을 열고 나와 항복하고 영토를 들어 조정에 귀순할 수 있다면, 국왕께서는 대대로 왕의 작위를 잃어버리지 않을 것이며 연경 사람 또한 전란의 화를 면할 수 있을 것입니다. 맹촉[70]과 남당,[71] 그리고 양절[72]의 전씨 왕조[73]가 과거에 일찌감치 영토를 바쳐서 모두 왕의 봉록을 누리며 지금까지 세습하면서 자손이 번성함은 천하가 다 아는 일입니다.[74] 국왕께서 태도를 바꿔 입조하신다면 어찌 오월 전씨 왕조의 경우보다 소홀히 대하겠습니까?

만약 그렇게 하지 못하신다면 당연히 군대를 진공하는 문제를 논의할 수밖에 없습니다. 국왕은 세력이 위축되고 형편은 곤궁하며 하늘이 지겨

워하고 민심은 이반하고 있습니다. 일단 전쟁이 시작되면 북쪽으로 달아나려 해도 의지할 곳이 없으며 남쪽으로 귀순하려 해도 어찌 이루어지겠습니까? 그런 상황에서 후회한들 무슨 소용이 있겠습니까! 하물며 대요의 5개 로에서 관할하던 각 주와 4경이 이미 폐허가 되었는데, 작디작은 연경 땅은 절대 지킬 수 없을 겁니다.

國王平日以仁愛爲心, 若能知昔人存亡之機, 全燕薊①一方之命, 其餘陰德②, 與世無窮. 若國王遲疑③, 猶豫不斷, 竊恐子密竊發於便室, 嚴莊遽起於帳中. 國王之識兼人, 亦豈不能慮此乎? 若是, 則國王左右前後之人, 皆敵國也. 毋蹈前車, 取笑後世. 貫與國王幸有一面之契, 不敢不以誠告, 惟審思而熟計之, 勿爲庸人所誤. 亮此悃誠, 速希示報. 不宣.

① [按] 全燕薊 : 袁本에서는 '拯燕薊'로 썼다.
② [按] 陰德 : 袁本에서는 '隱德'으로 썼다.
③ [按] 遲疑 : 袁本에서는 '疑遲'로 썼다.

국왕은 평소 늘 인애를 마음에 두고 계시니, 만약 옛사람의 존망의 관건이 무엇인지 아시어 연계 지역 백성의 생명을 온전히 보전하신다면 그 음덕이 무궁하게 전해질 것입니다. 만약 국왕께서 의심하시고 주저하여 결단을 내리지 못한다면 아마도 자밀이 몰래 곁방에서 주인을 살해한 일[75]이나 엄장이 군의 장막에서 갑자기 병사를 일으킨 일[76]이 발생할까 우려됩니다.

국왕의 식견이 다른 사람보다 몇 배나 뛰어난데 어찌 이러한 상황을 고려하지 않으시겠습니까? 만약 이렇게 된다면, 국왕의 주위 사람 모두

가 적이 될 수도 있습니다. 이전 사람의 전철을 밟아 후세의 비웃음을 사지 마십시오. 다행히도 저 동관과 국왕은 한 차례 뵌 인연이 있어 성심으로 아뢰지 않을 수 없으니, 오직 깊이 생각하시고 잘 계획을 세우셔서 무능한 자들에 의해 일을 그르치지 않으시길 바랄 뿐입니다. 저의 정성을 살펴 속히 회답하여 주시길 바라옵니다. 이만 줄이겠습니다.

宣撫司募馬擴入燕招諭.

선무사사에서는 마확을 선발하여 연경에 들어가 선무 공작을 하라고 하였다.

『茆齋自敘』[1]曰 : 宣撫司使張憲[2]等持書入燕, 燕王得書, 執二人斬之. 知遊說[3]不行, 於是募某借閤門宣贊舍人以往. 臨行以三事白童貫 : "一, 乞戒將士, 勿使求取珍寶, 遞相獻遺, 用嚴軍律. 二, 請勿妄殺降人, 用安燕人之心. 三, 願審量事勢, 乘機擧用, 勿以使人爲念. 唐儉小義[4], 古人所行, 某一介之微, 得盡忠節, 苟利於國, 死無所惜." 時皆偉之, 士卒願偕行者一十五人.

① [按] 茆齋自敘 : 袁本에서는 '茅齋自敘'로 썼다.
② [許] 使張憲 : '寶'를 '憲'으로 잘못 썼다. 교주를 따른다.
③ [按] 遊說 : 袁本에서는 '游說'로 썼다.
④ [按] 小義 : 袁本에서는 '小善'으로 썼다.

『모재사서』에는 다음과 같이 적혀 있다.

선무사사에서 장보 등에게 선무사의 서신을 지니고 연경으로 가게 했는데, 연왕[77]이 서신을 받고 두 사람을 잡아 참하였다. 설득하기가 불가능하다는 것을 알게 되자 나를 뽑아 합문사[78] 선찬사인[79] 명의로 연경에 가게 하였다. 길을 떠나면서 다음과 같은 세 가지 일을 동관에게 보고하였다.

"첫째, 군사들을 엄하게 훈계하여 진귀한 보물을 얻으려 하거나 그것을 서로 바치지 못하도록 하고 군율을 엄격하게 적용하십시오, 둘째, 항복한 사람들을 함부로 죽이지 못하도록 하여 연경 사람들을 안심시켜야 합니다. 셋째, 형세를 잘 판단하여서 사신의 안전은 고려하지 마시고 기회가 오면 거병하십시오. 사신의 안위를 생각지 않고 대의를 택하는 것은[80] 선인들이 행하던 일입니다. 저는 미천한 관리로서 마땅히 충절을 다하여야 하며 진실로 나라에 이롭다면 죽어도 아까울 것이 없습니다."

그때 모두 나를 대단하다고 여겼고, 사졸 가운데 기꺼이 함께 가려는 자들이 15명이나 되었다.

五月十八日晚, [006-09] 過白溝, 食時, 至虜(改作遼)界新城縣, 差到契丹漢兒官一員引伴. 須臾, 有父老數百人塡擁驛外, 詢使人何處來? 僕遂出榜讀之, 衆皆驚愕. 有漢兒劉宗吉者, 自後竊出, 相謂云: "使人今夕當宿涿州." 宗吉, 涿州人也, 見隷白溝軍中, 願得敕榜副本, 携示諸人, 他日南師入境, 願先開門以獻, 今夕復當密至驛中, 遂携二副本往.

선화 4년(1122) 5월 18일 저녁, 백구를 지나 저녁 식사를 할 때쯤 북로의 국경인 탁주 신성현[81]에 다다랐다. 거란은 한인 관리 한 명을 보내 동행하며 안내하였다. 눈 깜짝할 사이에 마을의 부로 수백 명이 역참 밖에 모여들어 어디에서 온 사신이냐고 물었다. 내가 곧장 격문을 꺼내 읽자 모두 다 경악하였다.

한인 유종길이라는 자가 뒤에 있다가 몰래 빠져나와서 나에게 "사신께서는 오늘 저녁 반드시 탁주에서 묵으셔야 합니다."라고 말하였다. 유종길은 탁주 사람으로 지금 백구의 군대에 소속되어 있었는데, 송조의 칙서와 격문 사본을 손에 넣어 사람들에게 보여 주길 원하였다. 그는 훗날 남조 군대가 입성하면 먼저 성문을 열어 바치겠다고 하였다. 이날 밤 몰래 역참으로 다시 오겠다고 하였다. 그리고 실제로 와서는 칙서와 격문 사본 2부를 가지고 갔다.

晚抵涿州, 入小使驛, 祗接如國信禮. 夜久, 忽劉宗吉自壁衣下出, 云 : "今燕京諸處, 皆無軍馬, 止是四軍大王有部曲二百①餘騎, 曾歷戰陣(四軍大王者, 奚人蕭幹, 小字夔離不, 常統軍契丹、渤海、奚、漢四軍, 故號四軍大王. 注 : '夔離不'改作'古爾班'. 刪統軍'軍'字); 其餘有馬軍六七百, 皆富豪兒郎, 不識戰鬪. 今白溝北岸下寨結草, 人相間夜飮晝睡, 馬亦散放, 若南軍乘夜刦之, 但聞軍聲, 必自潰走. 宗吉欲以此事往見童宣撫, 少立功績, 恐南軍不察見害. 若得一文信, 庶得必達." 僕籌慮久之, 乃作一書上童貫, 且以貫所贈新履一隻爲信, 使宗吉去.

① [按] 二百 : 袁本에서는 '三百'으로 썼다.

저녁에 탁주에 도착하여 소사신[82]들이 묵는 역참에 들어갔으나, 국신사에 대한 의례에 준하여 깍듯하게 대접하였다. 밤이 깊어지자 유종길이

홀연히 벽을 장식한 장막 뒤에서 나와 다음과 같이 말하였다.

"지금 연경 곳곳에는 군대가 없습니다. 단지 사군대왕 예하 사졸[83] 200여 기만 일찍이 전쟁의 경험이 있을 뿐[사군대왕은 해족[84] 출신으로 이름은 소간이다. 어렸을 때의 이름은 기리불이며, 일찍이 거란인·발해인·해인·한인으로 이루어진 4군을 이끌었기 때문에 사군대왕이라 부른다.] 그 나머지 기병 600~700명은 모두 부호들의 아들로 전투가 무엇인지 잘 모릅니다. 지금 백구의 북쪽 강변에서 진지를 구축하고 주둔하고 있는데, 모두 하는 일 없이 밤에는 술 마시고 낮에는 낮잠을 자며, 말 역시 풀어놓고 있습니다. 만약 남조 군대가 어둠을 틈타 그들을 급습한다면 군대가 오는 소리만 듣고도 반드시 스스로 무너져 달아날 것입니다. 저 유종길은 이 일로 선무사 동관을 만나러 가고 싶지만 제가 쌓은 공적이 거의 없어, 남조의 군인이 저를 알아보지 못해 제가 해를 입을까 걱정입니다. 만약 서신을 한 통 써 주신다면 아마도 반드시 전달할 수 있을 것입니다."

나는 한참을 고심한 끝에 동관에게 상신할 서신 한 통을 써 주었고, 또 동관이 하사한 신발 한 짝을 증표로 삼아 유종길에게 가져가게 하였다.

明日, 燕京差到漢兒官牛稔充接伴使, 達燕京門外. 復遣四方館使蕭奧, 禮部郎中張覺(乃後來據平州者.)充館伴, 館淨垢寺. 次日, 有殿前指揮使姚瑤, 樞密承旨蕭夔, 都管乙信(改作伊遜)來伴食, 因請①所持書榜云 : "兩府官②欲借看." 僕云 : "宣撫司令見九大王親納, [006-10] 不敢先以示人." 辭難久之, 眾持榜去.

①[按] 因請 : 袁本에서는 '固請'으로 썼다.
②[按] 兩府官 : 袁本에서는 '內府官'으로 썼다.

다음날, 연경에서 한인 관리 우임을 접반사로 보임하여 그와 함께 연경 성문밖에 도착하였다. 다시 사방관사[85] 소오와 예부의 낭중[86] 장각[87][즉 나중에 평주를 점거한 자이다.]을 관반사로 삼아 파견하여 정구사에서 묵었다. 다음날 전전지휘사[88] 요번과 추밀원 승지[89] 소기, 도총관[90] 을신이 와서 함께 식사하였다. 그들은 내가 지닌 칙서와 격문을 보여 줄 것을 청하며 "남·북면 추밀원의 관리들이 잠시 보고자 합니다."라고 말하기에 나는 "선무사사에서는 구대왕을 뵙고 직접 바치라 명하셨기에 감히 다른 사람에게 먼저 보여 드릴 수가 없습니다."라며 거절하였다. 서로 한참 실랑이한 끝에 여럿이서 격문을 들고 나갔다.

既暮, 諸人親來云 : "書榜中語言大段狂悖, 多是指斥 ; 不通商量, 安敢進呈? 今復納回." 僕笑而取①之, 謂諸人曰 : "貴朝不度德量力, 不審天時人事. 此何等時, 而較此聞事②耶?" 蕭夒曰 : "南朝禮義之國, 今不顧盟好, 輒先擧兵. 兵貴有名, 不知兵戈緣何至此?"

① [按] 取 : 袁本에서는 '收'로 썼다.
② [按] 聞事 : 袁本에서는 '閑事'로 썼다.

이윽고 날이 저물자 사람들이 직접 와서 다음과 같이 말하였다.

"격문의 글이 대단히 도발적이고 막돼먹은 데다 대부분 질책하는 내용입니다. 서로 협의할 만한 내용이 없으니 어찌 감히 바칠 수 있겠습니까? 지금 다시 되돌려 드리겠습니다."

나는 웃으면서 그것을 받아 들고 여러 사람에게 이렇게 말하였다.

"귀 조정은 자신들의 덕망과 능력을 헤아리지 않고, 시운도 사람들의 상황도 살피지 않는구려. 지금이 어떤 때인데 이런 별것 아닌 것을 따지십니까?"

추밀원 승지 소기가 이렇게 물었다.

"남조는 예의지국임에도 지금 맹약을 돌아보지 않고 갑자기 거병부터 하였습니다. 군사 행동은 명분이 중요한데 군대가 이곳까지 오게 된 까닭이 무엇인지 모르겠습니다."

僕答曰：“朝廷命將出師, 使人不能盡知. 但畧聞北朝興兵累年, 並不相報, 天祚皇帝播遷, 不發赴難之師, 乃篡立於燕京. 隣國義均兄弟, 今來問天祚皇帝車駕所在；又聞已削降爲湘陰王, 事出非常, 興師問罪, 訪尋邊主存亡[①], 擧合禮經, 何謂無名?”

①[計] 訪尋邊主存亡 : '遼'를 '邊'으로 잘못 썼다. 교주를 따른다.

나는 이렇게 답하였다.

"조정에서 장수에게 명하여 출병하는 일을 저 같은 일개 사신이 모두 알 수는 없습니다. 다만 대략 듣자 하니 북조에 전쟁이 일어난 지 여러 해가 되었으나 알리지 않았고, 천조황제께서 궁궐을 떠나 피난길에 오르셨으나 구원병은 파병치 않고 이내 연경에서 찬립하였다고 합니다. 이웃 나라는 의리상 모두 형제의 나라입니다. 최근 천조황제의 어가가 있는 곳을 묻고 있던 차에, 또 이미 상음왕으로 강등되었다는 소식을 들었습니다. 일이 예사롭지 않아서 군사를 일으켜 죄를 묻고 거란 황제의 존망을 알고자 함이니 예경에 모두 부합합니다. 어찌 명분이 없다고 하겠습니까?"

그러자 소기는 다음과 같이 반박하였다.

"나라에 하루라도 주인이 없어서는 안 됩니다. 본 조정은 천조제가 무
도한 데다 달아나 숨어 버려서 종묘와 사직이 위태롭게 되니 신하와 백
성들이 추대하여 지금의 황상을 책립하였습니다. 이 일은 귀조와는 아
무 관계가 없거늘 어찌 죄를 묻는다고 합니까! 더군다나 이런 일은 예로
부터 있었습니다. 당 명황이 촉[91]으로 달아나자 숙종[92]이 영무군[93]에서 즉
위한 것은 단지 중흥을 기약한 것일 뿐이니, 어찌 우리와 같은 일이 아니
겠습니까? 남조는 마땅히 이웃 나라와 오랫동안 화친했던 의리를 생각
하여 병력을 빌려주어 함께 이 큰 변란을 없애야만 할 것입니다. 지금 이
혼란한 틈을 타서 백성과 토지를 힘으로 빼앗아 가니 이것이 어찌 대국
에 대해 바라던 바이겠습니까?"

存亡, 貴朝君臣自裁可也." 諸人唯唯而退.

① [按] 則鄰國甯不相應耶 : 袁本에서는 '則鄰國不相應耶'로 썼다.
② [按] 常行一信 : 袁本에서는 '嘗行一言'으로 썼다.

내가 다시 다음과 같이 말하였다.

"당 현종이 촉으로 피난을 가니 태자가 권한을 대행[94]하다가 얼마 후 즉위하였고, 바로 명황을 태상황으로 책봉하였습니다. 안사의 난이 평정된 뒤, 환궁하는 명황을 영접하면서 숙종은 친히 걸어가 말고삐를 잡았습니다. 이것이 바로 군신부자의 도리를 다하는 것입니다. 귀 조정은 애초부터 천조제의 위탁도 없이 자립한 것이며, 게다가 천조제를 상음왕으로 강등시켰으니, 어쩌면 그렇게 전임 황상을 무시할 수 있단 말입니까! 하물며 병력을 빌리고 도움을 구하려면 그 뜻이 마땅히 정성스러워야 합니다. 초의 신포서가 진나라에서 울고[95] 제갈공명이 급히 오나라로 달려간 것[96]은 모두 성의를 다한 것이니 이웃 나라가 어찌 호응하지 않을 수 있겠습니까? 귀 왕조는 그럴듯하게 꾸며 진상을 덮는 데만 급급할 뿐 평소 믿을 만한 일을 하나도 하지 않았으니 본 조정이 비록 불쌍히 여겨 구원하고자 하는 마음이 있다고 해도 베풀 여지마저 없어진 것입니다. 지금 대군이 국경을 압박하고 있으니 운명이 하루아침에 달려있습니다. 화를 불러와 망하느냐 다행히도 살아남느냐 하는 것은 귀 조정의 임금과 신하가 스스로 판단할 수 있을 것입니다."

그러자 여러 사람이 그저 '예, 예' 하면서 물러갔다.

次夕, 云 : "門下侍郞李處溫, 自外來, 未見書榜, 再①借觀之." 次早, 姚瑑來云 : "已議定, 來日欲令宣贊朝見 ; 若對上, 且委曲, 庶易酬答." 迫暮②, 數人者復集, 互發言云 : "南朝徒誇兵眾, 不思天理, 不順人, 無鬥心③. 昨日种師道發楊可世一軍過白溝, 本朝小小迎擊, 南朝望塵退走. 若非借自來和好④, 已直入雄州矣. 旣一面遣使, 又一面進兵, 卻容易退走, 是何顏面? 自此已往, 如何可休? 兼宣贊受劉宗吉之約, 其人已陳首." 卽探懷取所付書履, 作色云 : "宣贊卻如何歸得?"

① [按] 再 : 袁本에서는 '但'으로 썼다.
② [按] 迫暮 : 袁本에서는 '迫暮'로 썼다.
③ [許] 不順人, 無鬥心 : '不順人情, 師無鬥心'으로 써야 한다. '교주를 따른다.
④ [許] 若非借自來和好 : '惜'을 '借'로 잘못 썼다. 교주를 따른다.

다음 날 저녁에 그들이 "문하시랑[97] 이처온이 외지에 갔다가 돌아와 아직 칙서와 격문을 보지 못하셨으니, 다시 잠시 좀 빌려 봤으면 합니다."라고 하였다. 그리고 다음 날 아침, 전전지휘사 요번이 와서 다음과 같이 말하였다.

"우리가 논의해서 이미 결정하였습니다. 내일 선찬사인이 입조하여 황상을 알현케 하고자 합니다. 만약 황상을 면대하시어 자세히 아뢰시면 아마 쉬 답을 얻으실 수 있을 것입니다."

저녁 무렵에 몇 사람이 다시 모여 이 사람 저 사람이 순서 없이 말했다.

"남조는 단지 군사가 많은 것을 자랑할 뿐 하늘의 이치를 생각하지도 않고, 인정에도 역행하며, 군대는 전투 의지도 없습니다. 어제 충사도가 양가세의 부대를 보내 백구를 건너게 하였는데, 본 조정이 단지 적은 병력만 보내 맞받아치려 했지만 남조는 우리 부대가 오는 것만 보고도 달아나 버렸습니다. 우리가 남조에서 화의하러 온 것을 고려하지 않았다면, 이미 웅주까지 곧장 진격하였을 것입니다. 남조가 사신을 보내면서, 또 한편으로는 병력을 진군시키면서도 저렇듯 쉽게 패주하니, 이게 무슨 낯 뜨거운 일입니까? 이 이후로 충돌이 어찌 멈출 날이 있겠습니까? 그리고 또 선찬사인께서는 유종길의 밀약을 받았지요? 그 사람이 이미 자복하였습니다."

그러면서 품속에서 내가 유종길에게 건네준 글과 신발을 꺼내더니 확인상을 쓰면서 "이러니 선찬사인께서 어찌 살아서 돌아갈 수 있겠소이까!"라며 위협하였다.

> 僕徐答曰 : "某之此來, 非尋常禮貌之使, 每切畏謹, 唯恐爲兩國生事. 今次乃招納使人, 劉宗吉獻誠款, 安得不受? 大軍之來, 初得朝旨, 不許殺戮一人. 昨日必是立旗招安, 爲貴朝軍馬襲取. 萬一宣司申取朝廷, 降一討蕩指揮, 少俟西軍畢集, 恐非燕民之福."

나는 차분하게 다음과 같이 대답하였다.

"내가 여기 온 것은 평상시의 예법에 따른 사행이 아닙니다. 매번 절실히 두려워하고 삼가면서 오로지 두 나라 사이에 사단이 생기지나 않을까 걱정하였기 때문입니다. 이번 사행이 귀순을 권하는 일이니, 유종길이 정성을 다해 귀순하고자 하는데 어찌 받아들이지 않겠소이까? 우리 대군이 진군하면서 애초부터 받은 조정의 성지는 바로 한 사람이라도 죽여서는 안 된다는 것이었소이다. 어제의 일은 필시 깃발을 세워 귀순을 권유하는 와중에 귀 조정 군마의 습격을 받은 것일 겁니다. 만일 선무사사[98]가 조정에 보고하여 토벌하여 소탕하라는 지휘를 받게 된다면, 즉시 서군의 집결이 완료될 것인데, 그것은 연경 백성에게 복이 되지는 않을 것 같습니다."

蕭虁愕然曰：“南朝遣宣贊來作死間耶？不謂南朝棄士大夫之命如草芥也！”僕答曰：“某之此來，本以一己之命，易全燕之命；悟則同生，不悟則同死也，又豈以徒歸爲志？且兵家用間，最爲下策，[006-12] 水能載舟，亦能覆舟，或用間以成功，或用間以傾敗. 或彼强我弱，或彼我勢均，固有用間以離析其勢者. 如目今貴朝事勢兵力，自視南朝十分有一否？百分有一否？千萬分中有一否？若非念自來鄰國契好，卽分兵數道①，整陣齊入，不識貴朝何以禦之？何在使人矯陳禍福爲死間耶？”

① [按] 分兵數道：袁本에서는 ‘分兵數項’으로 썼다.

추밀원승지 소기가 깜짝 놀라며 "남조에서는 선찬사인을 사지에 세작[99]으로 보냈단 말이오? 남조에서 사대부의 생명을 초개처럼 여길 것이라고는 생각도 못했소!"라고 하였다. 이에 나는 이렇게 말하였다.

"내가 여기 온 것은 본래 나 하나의 목숨과 연경 백성 모두의 목숨을 바꾸기 위해서입니다. 그 점을 깨닫는다면 다 함께 살 것이고, 깨닫지 못한다면 함께 죽는 길뿐입니다. 어찌 아무런 성과도 없이 그저 살아 돌아가는 것에만 뜻을 두겠습니까? 또 병법에서는 세작을 쓰는 것은 가장 하책이라고 합니다. 물은 배를 띄울 수도 있지만, 또한 엎을 수도 있지요.[100] 세작을 써서 성공할 수도 있지만, 세작을 썼다가 실패할 수도 있소이다. 가령 상대가 강하고 내가 약하거나, 혹은 상대와 나의 힘이 팽팽할 때는 세작을 써서 상대의 힘을 갈라놓는 일이 꼭 필요합니다. 하지만 지금 귀 조정의 형세와 병력을 보면 남조의 십분의 일이 된다고 생각합니까, 백분의 일이 된다고 생각합니까? 천분의 일, 만분의 일이나 되겠습니까? 만약 예전부터 맺어 왔던 우호관계를 고려하지 않았다면 곧 군대를 여러 길로 나누어 진용을 정비하고 동시에 들이닥쳤을 것인데, 귀 왕조에서 어떻게 남조의 군대를 막을 수 있을지 모르겠습니다. 무엇 때문에 본 사신이 거짓으로 이해득실을 설득한다며 사지에 들어와 세작 노릇을 하겠습니까?"

夔等唯唯而去, 曰:"少間, 析津府自有行遣(析津府在燕京, 如京師之有開封府.)." 僕因相送, 且笑謂之曰:"某此奉待行遣, 只不可錯了一旦使燕人盡成血肉, 則甚幸!" 自是館伴者凡三日不至.

소기 등은 '그렇군요, 그렇군요'라며 물러가면서 "조금 있다가 석진부[101]에서 나름의 조치가 있을 것입니다."라고 알려 줬다. [석진부는 연경에 있는데, 도성에 개봉부[102]가 있는 것과 같다.]

나는 그들을 배웅하면서 "제가 여기서 삼가 조치를 기다리겠습니다만, 잘못하여 하루아침에 모든 연경 사람이 어육 신세가 되지 않게만 된다면 참으로 다행스럽겠습니다!"라고 웃으며 말하였다. 그 뒤로 사흘 동안 관반사가 오지 않았다.

二十六日晚, 忽蕭奧、張覺押贐路①錦綺衣襖幷從人銀絹等物來, 云:

선화 4년(1122) 5월 26일 저녁, 갑자기 사방관사 소오와 예부낭중 장각
등이 전별 선물로 비단 겹옷과 수행한 사람들에게 줄 은과 견 등의 물건
을 가지고 왔다. 소오와 장각이 와서는, "내일 선찬사인을 돌려보낼 것입
니다."라고 통보하였다. 나는 "아직 구대왕을 뵙지 못했고 회신 또한 받
지 못했으니 전별 선물을 받을 수 없습니다."라고 사양하였다. 그러나 소
오는 "이문하시랑께서 성지를 전해 주셨는데, 전례에 따라 하사하시는
것이라 하니 받아 두십시오."라고 하였다.[이문하시랑이란 이처온을 말한다. 그
는 처음에는 면대하여 번국으로 칭신하는 것을 논의하려 하였으나, 백구에서 송군이 패
했기 때문에 그만둔 것이다.]

연왕은 비서랑 왕개유와 도관사[103]원외랑 왕충손을 보내 회신을 지니
고 나와 동행하여 웅주의 선무사사에 가도록 하였다.

禮也?" 夔云 : "舍人無怒②. 於是有張畫二軸, 一云大宋膺符稽古神功③讓德文明武定章聖孝元④皇帝, [006-13] 一云大宋體天法道極功全德神文聖武睿哲孝明⑤皇帝." 馬旣見帝衘, 知是眞宗、仁宗御容, 卽朝拜捻香⑥, 禮畢. (眞宗御容者, 至和初, 北朝紹聖⑦初令使先齎⑧畫像來, 且言 : "兩國交歡, 未嘗識面, 因請御容." 朝廷許之, 逐給⑨使囘. 仁宗御容者, 嘉祐二年秋七月, 北朝遣使求上御容, 以爲後世子孫之誇. 議者慮有厭勝之術, 上曰 : "朕待虜甚厚, 必無是理." 遣御史中丞張昇送之. 虜主具儀服迎謁, 見御容, 驚再拜, 退而謂左右曰 : "中國之主, 天日之表, 神異如此, 眞聖人也! 我若生在中國⑩, 不過與之執鞭捧蓋, 爲一都虞侯而已." 其畏服如此. 所有帝衘, 求得中國謚號, 遂塗金字, 書於像傍⑪. 注 : '虜'改作'彼'. '虜主'改作'遼主'. 刪'見御容至退而'八字, '中國之主'四字, '我若至如此'二十六字於字.)

① [按] 踰 : 袁本에서는 '渝'로 썼다.
② [按] 無怒 : 袁本에서는 '勿怒'로 썼다.
③ [按] 神功 : 袁本에서는 '成功'으로 썼다.
④ [按] 孝元 : 袁本에서는 '元孝'로 썼다. 교주를 따른다.
⑤ [按] 孝明 : 袁本에서는 '明孝'로 썼다. 교주를 따른다.
⑥ [按] 捻香 : 袁本에서는 '拈香'으로 썼다.
⑦ [許] 北朝紹聖 : '昭聖'을 '紹聖'으로 잘못 썼다. 교주를 따른다.
⑧ [按] 齎 : 袁本에서는 '賫'로 썼다.
⑨ [按] 給 : 袁本에서는 '繪'로 썼다.
⑩ [按] 我若生在中國 : 袁本에서는 '我若生於中國'으로 썼다.
⑪ [按] 書於像傍 : 袁本에서는 '書於像旁'으로 썼다.

『봉씨편년』에는 다음과 같이 적혀 있다.

마확이 연왕을 만나자 연왕은 통역관을 시켜 다음과 같이 마확을 질책하였다.

"두 나라가 화의한 지 100여 년이 되었는데, 그쪽에서 갑자기 맹약을 어기고 군대를 국경으로 보내니, 하늘이 두렵지 않단 말인가! 예로부터 맹세를 어기면 국운이 길지 못한 법이거늘!"

마확은 전전지휘사 요번 등을 만났을 때와 같이 답하고, 황상의 칙서와 선무사의 격문이 있다 말하고 이를 연왕에게 올렸다. 연왕은 요번에게 다 읽게 하고 문하성에 보내도록 한 뒤 칙명을 작성하게 하였다. 궁궐 정원으로 나오자 향 탁자와 깔개가 놓여 있었다. 추밀원 승지 소기가 "선찬사인께선 조배[104]를 하시지요."라고 요구하였다.

마확은 "조금 전에 이미 알현을 마쳤는데, 무슨 조배를 다시 하라는 말이오? 이게 무슨 예법이오?"라고 따졌다. 그러자 소기가 "선찬사인께선 노여움을 푸시지요. 여기에 초상화 두 폭이 있습니다. 하나는 '대송응부계고신공양덕문명무정장성원효황제'이시고, 하나는 '대송체천법도극공전덕신문성무예철명효황제'이십니다."라고 설명하였다.

마확은 초상화에 적힌 황제의 함자를 보자마자 진종과 인종의 어진임을 알고는 즉각 조배를 하고 향을 사르며 예를 다하였다.[진종 어진이 여기에 있는 연유: 지화 연간(1054~1056) 초기, 북조 소성황제가 처음 사신을 시켜 먼저 자신의 어진을 보내면서 다음과 같은 말을 전하였다.

"우리 두 나라가 기쁨을 나누고 있는데 아직 얼굴을 모르고 있어 어진을 보내 주실 것을 청합니다."

조정에서 허락하고 곧 사신을 통해 보내 주었다.

인종의 어진이 여기에 있는 연유: 가우 2년(1057) 가을 7월에 북조에서 사신을 보내 어진을 청하면서 후세 자손에게 자랑거리로 삼겠다고 하였다. 조정에서 의론하던 중 염승술[105]을 쓸지 모른다고 걱정하는 사람도 있었지만, 황상은 "짐이 북로에게 후덕하게 대하

458

였으니 그럴 리가 없다."고 말씀하셨다. 이에 어사중승 장승[106]을 파견하여 어진을 보냈다. 북로의 국주는 예복을 갖춰 입고 맞이한 뒤 어진을 보고 놀라 재배하고 물러나 좌우에게 다음과 같이 말하였다.

"중국의 군주는 하늘에 있는 태양의 표상으로 신이함이 이와 같으니 참으로 성인이로구나! 내가 만약 중국에서 태어났다면 그분을 위해 말채찍을 잡고 일산을 받드는 일개 도우후[107]가 되었을 뿐이겠구나!"

그 경외함과 위복함이 이와 같았다. 두 분 황제의 함자는 중국의 시호[108]를 구한 뒤에 곧 초상 옆에 금물로 글자를 써 두었다.]

夔令譯者讀兩朝誓書, 曰: 維景德元年十二月七日, 章聖皇帝謹致書於弟①大遼皇帝闕下. 有云: '共遵成約, 虔守歡盟.' 以風土之宜, 助②軍旅之費, 每歲以絹一十萬匹③, 銀一十萬兩, 更不差使臣專任北朝, 令三司差人般④取雄州交割. 沿邊州軍各守邊界, 兩地人戶, 不得交侵, 或有盜賊逋逃, 彼此無令停匿. 至於隴畝稼穡, 南北勿縱繹騷, 所見兩朝城池⑤, 並各依舊存守, 淘壕完葺, 一切如常, 不得創築城隍, 開掘河道⑥. 誓書之外, 各無所求, 必務協心, 庶同悠久, 自此保安黎庶, 鎭守封陲, 質於天地神祇, 告於宗廟, 子孫共守, 傳之無窮. 有渝此盟, 不克享國, 昭昭天鑒⑦, 其當殛之!

① [按] 弟: 袁本에는 '弟'가 없다.
② [按] 助: 袁本에서는 '備'로 썼다.
③ [按] 一十萬匹: 袁本에서는 '二十萬定'로 썼다. 교주를 따른다.
④ [按] 般: 袁本에서는 '搬'으로 썼다. 교주를 따른다.
⑤ [許] 所見兩朝城池: 일부 판본에서는 '朝'를 '邊'으로 썼다. 교주를 따른다.

추밀원 승지 소기가 역관에게 두 나라의 맹약서를 읽도록 하였다. 진종황제 맹약서의 내용은 다음과 같았다.

경덕 원년(1004) 12월 7일, 장성황제가 아우인 대요황제 궐하게 삼가 맹약서를 보냅니다. 맹약서에서 이르길, "이루어진 맹약은 함께 준수하고 기쁜 동맹을 경건하게 지켜야 한다"고 했습니다. 풍토에 맞춰 해마다 견 20만 필, 은 10만 량을 군비 조달에 돕겠습니다. 북조에서의 업무를 전담할 사신을 별도로 파견하지 않고 삼사[109]에서 사람을 보내 웅주로 가져가서 인수인계하도록 하겠습니다.

국경 연변의 주와 군에서는 각기 국경을 수비하고, 양국의 주민은 서로 국경을 침범해서는 안 되며, 혹 도적이 도망쳐 와도 머물게 하거나 숨겨 주어서는 안 됩니다. 밭에 농작물을 심고 추수하는 것을 남과 북이 함부로 건드려 소란을 피워서는 안 됩니다. 양국은 현 상태의 성벽과 해자를 모두 각자 예전 것을 그대로 유지하고, 해자를 준설하거나 지붕을 잇는 일은 모두 평소대로 하되, 성벽과 해자를 새로 만들거나 강줄기를 파서는 안 됩니다.

맹약서 외의 것은 서로 요구하지도 말고 협력에 힘을 쓰고 함께 영원하기를 바라며, 이로부터 수많은 백성을 안전히 보호하고 변경을 잘 지키길 원합니다. 이런 내용을 천지의 귀신에게 맹서하고 종묘에 고하여 자손이 함께 지키며 무궁히 전합시다. 이 맹세를 어긴다면 국가를 향유하지 못할 것이니, 밝고 밝은 하늘이 살펴보시고 반드시 그를 응징하실 것입니다.

북조 소성황제의 답서에는 "내가 비록 재주가 부족하지만, 감히 이 맹
약을 준수하겠습니다. 삼가 천지에 고하고 자손에게 맹세하노니, '이 맹
약을 어기는 바가 있거든, 천지신명께서 그를 죽이소서!' 오호라! 이 맹약
을 바꾼다면 후세 사람들이 이를 어떻게 말하겠는가?" 등등의 내용이 적
혀 있었다.

소기는 다시 송 인종황제의 맹약서를 읽게 하였다. 맹약서의 내용은
다음과 같았다.

살펴보면 우리 두 조정이 화평을 이룬 것이 올해로 30년[110]이 되었습니다. 이로 인하여 변방이 평안해졌고 창과 방패를 땅에 눕혀 놓게 되었습니다. 근자에 지난날의 맹약을 회고해 보니 해와 별처럼 또렷한데, 이젠 이미 여러 해가 흘러 양국의 돈독한 관계가 마치 오랜 친구 같습니다. 3관 이남의 10개 현은 본 조정이 전하여 지켜 온 지 이미 오래되었으니 죄송하지만, 귀 조정의 뜻을 따르기는 어렵습니다. 다만 따로 금과 비단의 예물을 돌려드려 그 땅의 조세를 대용해 드리도록 하겠습니다.[111] 매년 견 10만 필과 은 10만 량을 증액하여 예전의 은·견과 함께 웅주 관하의 백구까지 가져가서 인수인계하도록 하겠습니다.

兩界塘淀, 除已前開畝者並依舊外, 自今已後, 各不得添展. 其見在隄堰水口, 逐時決洩壅塞, 量兵夫之①便修壘疏導外, 非時霖潦, 大段漲溢, 並不在關報之限. 兩地作過逃走諸色人, 並依先朝誓書外, 更不得似日前停畱容縱.

① [按] 量兵夫之 : 袁本에서는 '量兵夫立'으로 썼다.

양국 경계 지역의 못과 늪은 이전에 도랑을 낸 것은 예전처럼 그대로 두되, 앞으로는 서로 추가하거나 확장하지 않기로 합니다.[112] 현재의 제방 배수구는 수시로 막힌 것을 뚫고 병졸들의 편의를 보아 축대를 쌓거나 물길을 터 주는 일 이외에, 불시에 큰 장맛비로 물이 크게 불어 넘치는 경우도 관보[113]를 통해 통보해야 하는 제한의 대상에 두지 말기로 합시다. 양국 영토 안으로 잘못을 저지르고 도망쳐 온 양국의 모든 범죄자는 선대의 맹약서에 따르는 것 외에는, 다시는 전날처럼 관용하거나 체류시키지 않기로 합시다.

恭惟①二聖, 威靈在天, 顧茲纂承, 各當遵奉, 共存大體, 無介小嫌. 且夫守約爲信, 善鄰爲義, 二者闕一, 罔以守國, 皇天厚地, 實聞此言. 其明②文藏之宗廟, 副③在有司, 依景德年中兩朝誓書. 顧惟不德, 必敦是盟, 苟或食言, 有如前誓. 專奉書咨聞. 不宣.

①[按] 恭惟 : 袁本에서는 '恭維'로 썼다.
②[按] 明 : 袁本에서는 '盟'으로 썼다. 교주를 따른다.
③[按] 副 : 袁本에서는 '付'로 썼다. 교주를 따른다.

삼가 받들어 생각하오면 선대 두 황제의 위엄에 찬 혼령이 하늘에 계시어 오늘 우리가 이처럼 그분들을 계승하여 각자 받들고 준수하여 함께 대의를 지키고 있음을 보신다면 티끌만큼도 싫어함이 없으실 것입니다. 무릇, 기약을 지킴이 곧 미더움이고, 이웃에 잘함이 곧 의로움입니다. 둘 가운데 하나가 없어도 나라를 지킬 수 없는 법이니, 천지의 신령[114]이 진실로 우리의 말을 들어주실 것입니다.

이제 맹약의 문서를 종묘에 보관하고 부본은 유관 부서에게 맡겨 경덕 연간 양국 맹약서의 의례에 따르겠습니다. 부덕한 몸이나마 반드시 이 맹약을 준수하겠으며, 만약에라도 식언하게 되면 앞에 맹세한 것처럼 될 것입니다. 삼가 국서를 받들어 올리고 말씀 아뢰며 이만 말을 줄입니다.

讀訖, 夒請馬上廳, 茶罷, 謂馬曰：“舍人適聞兩朝誓書, 豈不懷於心乎?
南朝君臣, 忍違此約?” 馬曰：“前日已嘗①面聞諸公, 朝廷雖知有此盟,
所以起兵者, 只爲燕王擅行廢立. 兄弟之情, 固宜問罪, 所擧豈無名也?”
夒曰：“舍人之言, 雖稍有理, 然終違誓約. [006-15] 請公就館.”

① [按] 已嘗：袁本에서는 '已常'으로 썼다.

맹약서를 다 읽자 소기는 마확에게 객청으로 오르라고 청하여 차를
대접한 후 "선찬사인께서는 방금 양국의 맹약서를 들으셨는데, 마음에
감회가 없을 수 없겠지요? 남조의 군신들이 과연 이 맹약을 어기겠습니
까?"라고 물었다. 마확은 이렇게 대응하였다.

"일전에 이미 여러분께 직접 말씀드린 바 있습니다. 우리 조정에서 이
맹약을 알고 있으면서도 군대를 일으킨 것은 오로지 연왕이 황제 자리
의 폐립을 함부로 하였기 때문입니다. 형제 관계인 양국의 정리상 죄를
묻는 것이 실로 당연합니다. 우리의 거병을 어찌 명분이 없다고 하겠습
니까?"

그러자 소기는 "선찬사인의 말씀에도 비록 일말의 이치가 없는 것은
아니지만 그래도 결국 맹약을 위배한 것입니다. 객관에 가 계시지요."라
고 하였다.

燕王召李處溫等看：“南朝皇帝敕榜, 事當如何?” 蓋天錫知天祚尙在,
大金方熾, 大宋興兵, 意欲歸順, 未敢形言, 故云：“南朝敕榜, 事當如
何?” 然而處溫素與趙良嗣善, 在天祚時, 二人知其國祚將危①, 共議欲

歸南朝, 遂爲莫逆友, 密於北極廟捻香②瀝酒爲誓. 後知良嗣南奔, 朝廷
命以直閣, 待遇禮厚, 亦欲南奔. 値天祚奔竄, 乃建立燕王爲天錫皇帝,
旣有推戴之功, 遂已其約.

① [按] 國祚將危 : 袁本에서는 '國祚將亡'으로 썼다.
② [按] 捻香 : 袁本에서는 '拈香'으로 썼다.

연왕 야율순이 이처온 등을 불러서 의견을 듣고, "남조 황제가 칙서와
격문을 냈는데, 이 일을 어떻게 하면 좋겠느냐?"라고 물었다. 아마도 천
석황제 야율순은 천조제가 아직 살아 있고 대금이 한창 기세등등한데 대
송까지 거병하자 귀순하고 싶었던 것 같다. 하지만 차마 그것을 말로 드
러낼 수 없기에 '남조가 칙서와 격문을 냈는데 이 일을 어떻게 하는 게 좋
겠는가?'라고 물어본 것이다.

그러나 이처온은 본래 조량사와 친밀한 관계였다. 천조제 시절, 이미
나라가 장차 위태롭게 될 줄 알고 남조로 귀순하는 일을 함께 논의하였
었다. 마침내 막역한 친구가 되어 비밀리에 북극묘[115]에서 향을 사르고 술
을 따라 맹세를 하였다. 나중에 남쪽으로 도망간 조량사가 송조에서 용
도각직학사[116]에 임명되고, 융숭한 대우를 받은 것을 알고 그 역시 남쪽으
로 도망치려 하였다. 그런데 천조제가 금군에 쫓겨 도망치자 연왕 야율
순을 천석황제로 추대하는 공을 세우게 되어 결국 조량사와의 약속을 포
기하고 말았다.

至是知童貫大兵壓境, 猶豫未決, 天錫旣問, 亦未敢令天錫南歸, 懼眾不

그런데 이번에 동관의 대군이 국경을 압박하는 것을 알고도 망설이며
결단을 내리지 못하고 있었는데, 천석제가 이렇게 물었음에도 감히 천석
제에게 남조로 귀순하라고 할 수 없었던 것은 사람들이 따르지 않을까
두려웠기 때문이다. 이에 다음과 같이 상주하였다.

"이는 국가 보위에 관한 중대 사안입니다. 제가 비록 태위로서 여러 신
료의 윗자리에 있지만, 감히 좁은 소견만으로 처리할 수 없으니 대신들
과 함께 의논하도록 허락해 주시면 좋겠습니다. 이는 실로 너무나도 큰
일이니 폐하께서 예지를 발휘하여 홀로 결단을 내리시어 신료들도 논의
에 참여할 수 있도록 해 주십시오."

천석제는 천조제가 다시 올까 두려운 데다 대금도 두려워서 이처온 등
을 불러 함께 의논하며 다음과 같이 말하였다.

"여러 가지로 부족한 짐이 조종 영령의 은혜를 입어 제위를 계승한 것은 본래 경들과 함께 종묘를 보전하기 위해서였다. 여진의 기병이 다시 서경을 근거지로 삼고 제 나라로 돌아가지 않는다고 하는데, 지금 대송의 중무장 병력마저 국경을 압박하며 대금과 협공하려 한다. 짐이 민심과 시운을 살펴보건대 감히 보위를 감당할 수 없구나. 하여 남조의 번국을 자칭하여 경들과 함께 혈족을 보전하려 하는데, 그대들 생각은 어떠한지 모르겠구나!"

천석제는 말을 마치고 흐느껴 울었다. 이처온 역시 그것을 보고 눈물을 흘렸다. 이리하여 사신을 보내기로 합의하였다.

賜進士出身頭品頂戴四川等處承宣布政使司布政使淸苑許涵度校刊. [006-17]

'사진사출신'이며 특별히 정1품 관모를 쓸 수 있도록 허락받은 사천성 승선포정사사의 포정사인 보정부 청원현 출신 허함도가 교감하여 간행하다.

○●○

『三朝北盟會編』, 卷6, 校勘記

以司封員外郞陶悅假太常少卿爲國使知霸州李邈副之(此係小注誤作正文) 此皆貫已曾虛妄奏陳欲遂實其說爾(此係小注誤作正文) 陳杜欽窺虜之策(杜欽一作婁敬) 貫以昏耄所

施爲乖謬(以應作已爲字衍) 令歸朝官張寶(寶誤作憲) 惟天人精神相與之際(神誤作禩) 使

張寶等持書入燕(寶誤作憲) 訪尋遼主存亡(遼誤作邊) 不思天理不順人情師無闕心(朕情

字師字) 若非惜自來和好(惜誤作借) 小注(初北朝昭聖誤作紹聖) 所見兩朝城池(朝一作邊)

開掘河道(掘一作拓) 北朝昭聖皇帝(昭誤作紹)

1 榜文 : 관에서 붙이는 '과거 급제자 명단', '官府에서 알리는 신문'이라는 협의의
개념도 있지만, 통상은 '일반인에 대한 官方의 포고문'을 뜻하며 文榜이라고도 한
다. 관에서 붙이므로 깃발·담벽에 적힌 글귀까지 모두 행정적·법률적 시행 권
위를 가진다. 황제가 포고하는 방문은 황색 종이를 쓴다고 하여 '黃榜'이라 하며,
명 중엽 이후로는 '방'의 행정적 권위가 중시되어 황제와 중앙정부의 포고를 '榜'
이라 하고 지방관의 포고문은 '告示'라 구분하였다.

2 조세 : 원문은 '稅賦'이다. 兩稅法 시행 초, 곡물로 내는 賦와 현금으로 내는 斂을
합하여 賦斂이라고 하였으나 후에 상세·전매세·잡세가 정식 세목이 되자 稅賦
로 바뀌었고, 송대에 상세·전매세·잡세가 賦보다 더 커지자 賦稅라 칭하였지
만, 명확하게 구분되지는 않았다.

3 『使北錄』 : 사신으로 파견되었다 귀국하면 상대와의 교섭 내용, 이동 경로 및 그
과정에서 보고 들은 것 등을 기록하여 '奉使錄' 또는 '行程錄·使北錄·使北記·語錄'
등의 이름으로 제출하게 되어 있다. 『使北錄』은 賀正國信使로 파견된 陶悅 일행에
관한 기록인데, 본서에는 이들이 귀국한 이후 내용이 인용되어 있다. 대화서국
본의 '인용서목일람'에는 저자를 汪藻(1079~1154)라고 하였으나 왕조가 사신으로
간 일이 없고, 그의 저작 목록에도 『사북록』이 없다. 따라서 汪藻의 저작으로 보
기는 힘들다. 範鎭(1007~1088)의 저작 목록에 『사북록』이 있기는 하지만 생몰연
대가 맞지 않아 범진의 저작으로도 보기 힘들다. 陳樂素도 『使北錄』의 저자를 특
정하지 않았다. 하지만 『使北錄』은 그 내용으로 볼 때 도열의 저작이고, 본문의
이 단락은 『使北錄』 본문에 이어 첨부된 그의 행장 등에서 인용한 것으로 보인다.

4 원문은 '戒塗'인데, '출발하다' 또는 '출발 준비를 하다'라는 뜻이다. 통상 '戒途'라
고 칭하며 '戒涂'라고도 한다.

5 司封司 : 상서성 소속 24司 가운데 吏部에서 관할하는 7司의 하나이다. 관리에 대

한 封爵·追贈·封號에 관한 업무를 담당하였다. 책임자는 郎中과 員外郎 각 1명이
며, 아래에 5개 案을 두고 서리 20명이 근무하였다. 약칭은 司封·主爵이다.

6 員外郎 : 상서성 6부 관할 24司의 부책임자에 대한 통칭이다. 본래는 '정원 외 낭
관'을 뜻하나 隋 開皇 6년(586)에 설치한 이래 계속 설치된 상설직이라서 본래의
어의와는 무관하다. 원풍 3년(1080) 관제 개혁 이후 정7품에 해당한다. 司封司員
外郎의 서열은 吏部司員外郎에 이어 두 번째이다.

7 李邈 : 자는 彦思이며 江南西路 臨江軍 淸江縣(현 강서성 宜春市 樟樹市) 사람이다. 河間
府 通判, 信安軍·覇州 지사를 역임했으나, 蔡京·童貫과 사이가 좋지 않아 관운은
순탄하지 못하였다. 특히 陶悅과 함께 거란에 사행을 갔다 온 뒤 거란과의 전쟁
이 시기상조라고 반대하여 파직되었다. 靖康 연간(1126~1127)에 河北西路制置使가
되어 금군의 공세를 막다 패하였으나 투항을 거부하고 순국하였다.

8 程 : 역참이나 숙소를 기점으로 한 일정한 거리, 또는 짧은 거리를 뜻하나, 군대
나 사신이 매일 이동해야 할 사전에 정한 거리를 뜻하기도 한다.

9 원문은 '聽頭'로 '들을 만한 가치가 있는 것'이란 말이지만, 본문의 문장 구조에서
는 '사람', 즉 '내응하는 사람, 정보원' 등을 가리키는 말이어야 한다. 현존 고문헌
에서 용례를 찾기 힘든 말인데, 『金甁梅』 제69회에 文嫂가 서문경을 데리고 들어
가는 장면에서, "이 문씨가 문고리를 가볍게 쳤다. 원래 내응하는 이가 있던 것
이다. 잠시 뒤 한 계집종이 나와서 쌍빗장을 열었다.(這文嫂輕輕敲敲門環兒, 原來有個聽
頭. 少頃, 見一丫鬟出來, 開了雙扉.)"라는 용례가 있다.

10 본문의 覇州는 거란 中京道 興中府의 이전 지명인 覇州(현 요녕성 朝陽市)를 말한다.
본문에서는 공교롭게도 河北東路 覇州의 지사인 李邈을 부사로 파견하였기 때문
에 혼동을 초래할 수 있다.

11 고문에서 '누구에게~라 말하다'라는 말의 기본 문형은 '말하다 類의 동사1+사
람+말하다 類의 동사2+말의 내용'이다. 이때 '동사1'은 화자가 말하는 태도나
방식을 자세히 표현하는 것이어서 극히 다양한 종류가 쓰인다. 예를 들어, '白'
은 아뢰는 태도를, '答'은 대답을, '諭'는 일깨움을 주면서 말하는 것을 나타낸다.
한편 '동사2'는 인용문을 이끄는 것이어서 '인용표시 동사'라 할 수 있으며, 주로
'云·曰·言·謂' 등이 쓰이며, 그 종류가 많지 않다.

12 九大王 : 天錫帝 耶律淳(1063~1122)을 가리킨다. 거란의 제후왕 반열 가운데 9번째

여서 구대왕이라고 칭하였다. 거란 興宗의 손자이자 道宗의 조카로서 천조제의 堂叔이며 秦晉國王에 봉해졌지만, 남경인 燕京을 근거지로 했기에 통상 燕王이라고 칭하였고 또 覃湘大王이라고도 하였다. 諡號는 孝章皇帝이며, 廟號는 宣宗이다.

13 接伴使 : 상대국 國信使의 입국 일정에 맞춰서 국경에 파견되어 국신사를 안내해 도성에 이르면 숙소에 함께 머물면서 館伴使를 돕는 역할을 수행하였다.

14 사대부 : 원문은 '士人'이다. 송대 지식인을 칭하는 용어로 士는 통상 士人과 士大夫로 구분한다. 사대부를 '관리와 지식인을 포함'하는 폭넓은 개념으로 봐야 한다는 견해도 있지만, 지식인을 士人, 관리를 士大夫로 명확하게 구분해야 한다는 견해가 주류를 이룬다. 본서에서도 통상 후자의 구분을 따랐으나, 본문처럼 구분하지 않은 경우도 있다. 도열의 직위를 고려하여 '사대부'로 번역한다.

15 道君皇帝 : 道君은 본래 도교 신선의 계보 가운데 최고위에 있는 太上老君, 즉 노자를 뜻한다. 그런데 도교에 심취했던 휘종은 노자와 자신을 동일시하기 위해 스스로 '敎主道君皇帝'라고 칭하였다. 휘종은 經局을 설치하여 『政和萬壽道藏』이라는 道藏 판각을 추진하였으며 사찰을 도관으로 강제 전환시키고, 유학의 체계를 본떠서 도학의 체계 및 도사의 관직을 정돈하였다. 도사 林靈素 등은 휘종을 敎主라 칭하며 황권과 신권의 합일을 도모하는 등 극단적인 아부를 마다하지 않았다.

16 宣頭 : 당 말에 추밀사는 황제로부터 받은 聖旨를 중서성을 거쳐 처리해야 했는데, 중서성에 성지를 보내는 것을 가리켜 '宣'이라고 한다. 後唐에 이르러 중서성을 거치지 않고 황제가 직접 추밀원에 보내는 성지도 '선'이라 부르기 시작하였다. 그리고 성지 가운데 비중이 약한 것은 '頭子' 혹은 '宣頭'라고 칭하였다. 금군 출병에 관한 성지의 엄중함을 고려해 볼 때 굳이 '宣頭'라고 쓴 것은 출병에 따른 휘종의 책임을 줄이려는 『使北錄』 저자의 의도적인 선택으로 보인다.

17 章服 : 唐·宋代 관원의 관복은 3品 이상은 紫色, 5品 이상은 緋色 관복을 입었고, 5품 이상은 반드시 魚袋를 패용하도록 하였다. 이렇게 5품관 이상이 입는 관복을 가리켜 '章服'이라고 한다. 하지만 품계가 낮음에도 불구하고 황제가 紫色이나 緋色 관복을 착용하도록 특별히 허락하기도 했다. 도열이 본래 정7품관이었으므로 장복을 입는 것은 황제의 특별한 포상이 있었음을 뜻한다.

18 이부사원외랑 : 원문은 '吏部員外郎'이다. 본문의 吏部는 吏部司를 말하며, 吏部員外郎은 吏部司員外郎의 약칭이다. 吏部 소속 7司 가운데 吏部司는 6품 이하 관리의

근무 고과를 평정하는 부서이다. 이부사원외랑은 상서성 6부 관할 24司의 부책임자인 원외랑 가운데 선임으로 원풍 3년(1080) 이후 정7품에 해당한다.

19 이부의 여러 員外郎 가운데 吏部司員外郎은 司封司員外郎보다 서열이 하나 앞선 선임 원외랑이다. 하지만, 사봉사원외랑과 달리 실제 인사권은 없다. 따라서 '遷'은 통상 절차에 의한 승진을 뜻하지만, 도열의 승진을 액면 그대로 볼 수 있을지 애매하다. 겉으로 드러난 휘종의 포상과 달리 실제로는 동관에 의해 오히려 좌천된 것으로 봐야 할 것 같다. 이에 앞뒤 문맥이 다소 어색하지만, 전보로 번역하였다.

20 中書舍人 : 舍人은 詔勅을 작성하는 황제의 측근이며, 중서사인은 중서성에서 詔勅의 작성을 관장하면서 詔令이나 인사명령이 부당할 경우 황제에게 주청하여 재고를 요청할 수 있는 요직이었다. 중서성의 吏房·戶房·禮房·兵房·刑房·工房 등 6방의 업무를 전담할 수 있도록 정원은 6명이었다. 전기에는 正5品下였으나 원풍 이후 정4품이 되었다.

21 王安中(1075~1134) : 자는 履道이며 河北西路 中山府 曲陽縣(현 하북성 保定市 曲陽縣) 사람이다. 蘇軾의 제자로서 휘종 때 翰林學士·尙書右丞을 역임하였다. 建雄軍節度使·大名府尹 겸 北京留守司公事를 지냈다. 童貫 등을 비롯한 간신들과 결탁하여 연경 공략을 강력하게 주장했고, 燕山府路宣撫使로서 張覺을 회유하여 금과의 동맹 파기를 야기하여 결국 靖康의 변을 초래하였다. 국난을 초래한 죄로 유배되었다가 후에 左中大夫로 복직되었다.

22 王安中은 환관 童貫·梁師成을 비롯해 간신 蔡攸·王黼와 결탁해 연경 수복을 주장해 연경으로 출진하였던 인물이다. 따라서 거병에 반대한 陶悅에 대하여 왕안중이 이처럼 극찬한 까닭이 무엇인지 의문이 든다.

23 詞臣 : 황제 측근에서 조서를 작성하는 翰林學士나 中書舍人의 별칭 가운데 하나이다. 內翰을 비롯해서 翰林·翰墨·內相·內制·學士·詞臣·鳳·坡 등 다양한 별칭이 있다.

24 陶悅과 童貫의 이 논전이 벌어진 것은 선화 4년(1122) 2월 25일의 일이다. 그리고 동관이 연경을 향해 출병하여 高陽關에 도착한 것은 2개월 뒤인 선화 4년(1122) 4월 23일이다. 따라서 본문의 주장과 달리 도열의 영향은 크지 않았던 것으로 보인다.

25 杜欽 : 자는 子夏이며 南陽(현 하남성 南陽市) 사람이다. 成帝 때의 인물이고, 흉노와 무관하다. 이에 許涵度는 婁敬을 잘못 쓴 것으로 간주하였고, 袁本과 四庫本도 같은 지적을 했다.

26 歆此 : 作故한 사람에게 은택을 내릴 때 '혼령이 인지함이 있다'는 말 뒤에 '歆此+은택의 내용'으로 사용하는 상용구이다.

27 告詞 : 임명과 差遣, 승진과 강등, 追贈과 加動 등 관리에 대한 인사 명령서인 告身에 부가되는 褒揚의 글을 말한다. 통상 변려문으로 작성하였다.

28 承議郎 : 元豊 3년(1080) 관제 개혁 때 설치한 관명이다. 문관 寄祿官 30개 품계 중 23위로 품계는 종7품이며 左·右正言·太常博士·國子博士 등에 해당하였다. 陶悅이 정7품관으로 국신사가 되었다가 이듬해 죽었을 때 오히려 종7품관으로 강등되었음은 이후 그의 관직 생활이 순탄치 못하였음을 짐작하게 한다.

29 낭중 : 원문은 '郎曹'로 尙書省 소속 24司의 책임자인 郎中의 별칭이다. 송의 경우 원풍개혁 후 28司로 늘었지만 수·당대 이래의 오랜 관습으로 여전히 24司 郎中이라고 칭하였다. 6부의 장관인 尙書와 차관인 侍郎 바로 아래의 직급으로 국정 실무를 처리하는 중요 직책이다. 원풍개혁 이후 종6품이었다. 郎曹 외에도 郎·郎官·尙書郎 등의 별칭이 있다.

30 원문은 '出將'으로 '출정하여 장수가 되고 조정에 들어와 재상으로 역할을 한다'는 '出將入相'의 준말이다. '문무를 겸비한 인물'이란 뜻으로도 쓴다.

31 婁敬 : 서한 건국 직후 한 고조는 낙양을 수도로 삼고자 하였는데, 누경은 낙양보다 장안이 수도로 적합하다고 주장하여 관철시켜 郎中이 되었다. 또 오랜 전란으로 민생이 피폐한 상태에서 강력한 흉노와의 전면전은 승산이 없을 뿐 아니라 여전히 정권에 위협적인 관동의 호족들에게 틈을 주지 않기 위해서도 흉노와의 화의가 필요하다고 주장하였다. 특히 한 고조 7년(기원전 200), 흉노를 격파하기 위해 고조가 30만 대군을 이끌고 출전했을 때, 흉노가 매복과 기습에 능하다며 신중한 출병을 제안하였다. 하지만 고조는 흉노를 가볍게 보고 출전했다가 平城(현 산서성 大同市)에서 패한 뒤 포위되어 생사의 기로에 서자 비로소 누경의 식견에 대해 높이 평가하고 이후 그의 제안을 전적으로 수용하여 흉노와는 화친정책을, 관동 호족에게는 관중으로의 이주를 적극 추진하였다.

32 王恢 : 한 무제 때의 장수로서 建元 1년(기원전 140)에 흉노가 화친을 청해왔을 때

화친에 반대하고 흉노에 대한 강경책을 주장하였다. 元興 1년(기원전 134) 왕회는 聶翁壹을 시켜 흉노의 거병을 유도하고 30만 대군을 동원하여 馬邑(현 산서성 朔州市 朔城區)에서 매복하였다. 하지만 흉노는 그 사실을 알아차리고 급거 철군하였는데, 왕회는 역습을 우려하여 적극적인 추격전에 나서지 않았다. 무제는 왕회가 흉노의 보급부대도 공격하지 않은 데 노해 사형에 처하려 했고, 왕회는 자살하였다. 이후 흉노가 한에 대한 보복전에 나서면서 양국 관계가 극도로 악화되었다.

33 婁敬과 王恢 모두 서한 시대의 인물이고 각각 흉노에 대한 온건책과 강경책을 주장한 대표적인 인물이다. 단 婁敬은 고조, 王恢는 무제 때의 인물이기 때문에 두 사람이 마치 동일 사건을 놓고 대립한 것처럼 묘사한 것은 오해를 불러일으킬 요소가 없지 않다.

34 원문은 '陞華秘殿'으로 '승진하여 秘閣의 관원이 된다'는 말이다. 宋 태종은 唐代부터 내려오던 史館·昭文館·集賢院 등 3館이 설치된 崇文院에 秘閣을 추가 건설하고 直秘閣 등의 관원을 임명하였다. 궁중 소장 전적의 보관 및 편수가 주된 업무지만, 황제의 자문에 응하는 업무가 더 중시되어 고위직으로 승진하는 첩경으로 여겨졌다.

35 원문은 '尙其有知'이다. '이미 작고했지만 그래도 앎이 있을 것이니' 또는 '혼령이 인지함이 있을 터이니'라는 말로서 망자에게 은택을 추증할 때 사용하는 관용구이다.

36 少保 : 周代 최고위 관직인 3公(太師·太傅·太保)의 다음 직책인 3少(少師·少傅, 少保)의 하나이다. 후대에 형식상 3公은 황제를, 3少는 황태자를 보좌한다고 했고, 송에서는 부재상에게 부여하는 명예직이 되었다. 다만 휘종은 政和 2년(1112)에 정식 관직으로 정1품 '三少'를 두었고 선화 7년(1125) 이후로는 절도사에게 수여하는 加官이 되었다.

37 鎭海軍節度司 : 현 절강성과 안휘성 일부를 관할하였으며, 치소는 본래 潤州였다가 당 말에는 杭州로 옮겼다. 至德(756~758) 초에 강남절도사로, 乾元(758~760) 초에는 浙江西道節度使로 개칭하였다.

38 開府儀同三司 : 開府는 공무를 집행할 자신의 관저를 설치하고 屬官을 선발한다는 말이다. 漢代에는 司空·司馬·司徒 등 3公과 大將軍에게 開府의 특권을 부여하였

다. '儀同三司' 역시 漢代에 처음 도입하였는데, 직위와 의례가 3公에 준한다는 뜻이다. 漢代 이후 3공에 준하는 고위직에 부여하는 명예였다. '開府儀同三司'는 西晉 때 '開府'와 '儀同三司'를 합하여 부르기 시작하면서 점차 관명이 되었다. 唐·宋代 開府儀同三司는 1品의 최고위직이었다.

39 蔡攸(1077~1126) : 자는 居安이며 福建路 興化軍 仙遊縣(현 복건성 莆田市 仙遊縣) 사람이다. 徽宗朝 최고의 권신이었던 蔡京의 큰아들이기도 하지만, 휘종이 즉위하기 전부터 각별한 관계를 맺고 있어 樞密直學士·龍圖閣學士兼侍讀·宣和殿學士·節度使 등의 요직을 역임하였다. 아무런 정치적 식견도 능력도 없었지만, 아부에 능하였고 권력을 유지하기 위해서 부자간 투쟁도 마다하지 않았고 재상인데도 무대에 올라 어릿광대짓을 서슴지 않은 파렴치한 인물이었다. 또 宣和 5년(1123)부터 靖康 1년(1126), 북송 최대의 위기 국면에 領樞密院事의 중차대한 직무를 맡아 북송의 멸망을 앞당겼다. 후에 휘종의 南行을 수행한다며 도피했고 휘종의 復辟 소문에 영합하다가 貶官되어 永州·潯州·雷州 등지로 유배되었다가 萬安軍에서 주살되었다.

40 宣撫副使 : 宣撫使司의 2인자로서 자격은 종4품 待制 이상이다. 선무사 없이 선무부사만 1명 또는 2명을 임명하기도 하였다.

41 원문은 '辭免'으로 '관직을 사직하고 직책을 면한다'는 말인데 관직을 받은 뒤 겸양을 표하기 위해 의례적으로 사양한다는 말이다.

42 批答 : 아래에서 올린 서면 보고에 대해 의견을 달아서 답하는 문서를 말한다. 통상 신하들의 상주문에 대해 답하기 때문에 批答이라 한다. 비답 문서는 이를 전담하는 대신이 처리하는 것이 상례인데, 황제가 직접 작성하거나 별도의 옥새를 찍은 것을 '御批'라고 구분하였다.

43 統領 : 송군의 統領은 추밀원 소속 최고위 장군인 都統制·부도통제·統制를 잇는 제4위의 지휘관이다. 또 남송 때에는 군을 최상위 3개 司와 그 휘하의 20여 개 軍으로 구성하였는데, 군사령관을 가리켜 統制, 부사령관을 가리켜 統領이라고 칭하였다.

44 將佐 : '장수와 보좌관'이라는 말로, 고위급 장수와 막료를 뜻한다. 한편 북송 말, 남송 초 추밀원 소속 지휘관 가운데 將·副將·準備將領의 통칭이기도 하다.

45 太原府 : 하동로의 치소로서 모두 3개 府, 14개 州, 8개 軍, 81개 현을 관장하였으

며 河東路經略安撫使司가 설치되었다. 등급은 大都督府, 郡名은 太原郡, 軍額은 河東軍, 州格은 節度州이다. 府의 치소는 陽曲縣(현 산서성 太原市 迎澤區)이고 관할 현은 交城縣·祁縣·文水縣·壽陽縣·陽曲縣·盂縣·楡次縣·淸源縣·太谷縣·平晉縣 등 10개이며, 監은 永利監·大通監 2개이다. 지명은 秦이 설치한 太原郡에서 유래하였으며 별칭은 晉陽·幷州이다. 後唐·後晉·後漢 등 세 왕조의 발상지였고, 북한의 도성 晉陽으로 거란과 손을 잡고 북송과 가장 치열하게 대치했던 곳이어서 송 태종은 北漢을 정벌한 뒤 晉陽을 초토화하고 풍수 명당을 모두 파괴한 뒤 북쪽에 새롭게 도시를 만들고 幷州로 격하시켰다. 병주가 태원부로 승격된 것은 嘉祐 4년(1059)에 이르러서였다. 하지만 산서의 중심지로서 태원의 위상은 시종 변함이 없었다. 산서의 중심인 太原분지의 북쪽에 자리하였으며 현 산서성 중부 태원시와 晉中市·陽泉市 일부에 해당한다.

46 大名府 : 河北東路의 치소로서 3개 府, 11개 州, 5개 軍, 57개 현을 관장하였다. 慶曆 2년(1042)에 呂夷簡이 眞宗의 친정 장소라며 승격을 주청하여 陪都 北京으로 승격되었다. 慶曆 8년(1048)에 安撫使路인 大名府路의 치소가 되어 8개 주, 2개 군을 통솔하였다. 府의 치소는 元城縣·大名縣(현 하북성 邯鄲市 大名縣)이고 관할 현은 館陶縣·冠氏縣·內黃縣·大名縣·成安縣·莘縣·元城縣·魏縣·臨淸縣·宗城縣·淸平縣·夏津縣 등 12개이다. '大名'에는 '반드시 크게 흥성할 것'이라는 길상의 의미가 있다. 48里에 달하는 성벽과 17개 성문, 眞宗의 행궁이었던 궁궐 등이 있었고 金代에도 大名府路의 치소로 번영을 누렸다. 서쪽은 태항산맥이, 관내에는 황하가 흐르던 곳으로 후에 황하의 범람으로 매몰되면서 퇴락하였다. 관할구역은 현 하북성 최남단 邯鄲市와 인접한 산동성 일부에 해당한다.

47 開德府 : 河北東路 소속으로 본래 澶州였는데 崇寧 5년(1106)에 승격되었다. 등급은 上, 郡名은 澶淵郡, 軍額은 鎭寧軍, 州格은 節度州이다. 치소는 濮陽縣(현 하남성 濮陽市)이고 관할 현은 觀城縣·南樂縣·濮陽縣·衛南縣·臨河縣·朝城縣·淸豐縣 등 7개, 軍은 德淸軍 1개이다. 崇寧 4년(1105)에 개봉부를 京畿路로 확대하면서 주변 4개 주를 輔郡으로 정하였는데 澶州는 北輔가 되어 이듬해에 개덕부로 승격되었다. 지명은 관내의 호수 澶淵에서 취하였는데, 1005년 북송과 거란이 '전연의 맹약'을 맺자 정식 지명인 澶州보다 별칭인 澶淵이 더 유명해졌다. 당시에는 황하를 사이에 두고 南城과 北城이 마주 보고 있었는데, 이후 황하의 범람으로 송대

의 澶州는 흔적도 없이 사라졌다. 평야와 소택지로 이루어진 범람평야지대이며, 관할구역은 현 하남성 북동부 濮陽市에 해당한다.

48 封椿庫 : 북송은 건국 직후 통일 과정에서 각지 할거 정권으로부터 거둬들인 재화를 보관하기 위해 별도의 창고를 만들어 봉장고라고 칭했으며, 이후 매년 잉여 물품을 보관하였다. 태종 때 右藏庫, 內藏庫로 개칭하였다가 孝宗 때 다시 봉장고로 그 명칭을 환원시켰다.

49 版築 : 나무판 사이에 흙을 넣고 절구질하여 다지면서 담이나 벽을 만드는 건축 방식을 말한다. 흙이 다져지면 나무판을 떼어내고 다시 추가로 올리는데 이를 가리켜 斬板이라고 한다. 콘크리트의 철근처럼 나무를 넣고 석회를 섞어 강도를 높이기도 한다.

50 기회 : 원문은 '事機'로 본래 '戰時에 적을 해치기 위한 계책'을 뜻하는 군사 용어이다. 후에 '일을 착수하기에 적절한 시점, 전쟁 중 적에게 타격을 줄 수 있는 계략, 또는 기밀 · 機要' 등을 뜻하기도 한다.

51 전운사 : 원문은 漕臣이며 轉運使의 별칭이다. 송태조는 건국 직후 문관을 지방관으로 임명하고 군수품 조달을 위해 각지에 임시 파견한 轉運使의 관할구역으로 路를 설치하고 재정을 장악케 하여 절도사의 실권을 크게 제한하였고, 觀察使 · 防禦使 · 團練使 · 刺史 등의 무관직을 명예직으로 전환시켰다. 태종도 전운사에게 치안 · 형사 업무는 물론 지방관에 대한 감찰 기능까지 부여해서 지방에 대한 행정권을 확실하게 장악할 수 있게 하였다(977). 하지만 후에 다시 군대를 관장하는 安撫使帥司, 사법을 관장하는 提點刑獄公事憲司, 전매와 救濟를 관장하는 提擧常平司倉司 등을 두어 漕司라고 칭한 전운사의 권한을 분산하였다. 전운사 아래에 轉運副使 · 轉運判官을 두었지만, 상황에 따라 모두 또는 일부만 임명하였으며 이들 모두 監司라고 칭하였다. 각각의 약칭은 運使 · 運副 · 運判이다.

52 中山府路 : 하북은 하북서로 · 하북동로 2개의 轉運使路로 이루어졌지만, 慶曆 8년(1048)에 서로에 定州路 · 眞定府路, 동로에 高陽關路 · 大名府路 등 4개의 安撫使路를 신설하고 북경 大名府(현 하북성 邯鄲市 大名縣)에서 총괄하게 하였다. 치소가 定州(현 하북성 保定市 定州市)인 定州路는 政和 3년(1113)에 정주가 中山府로 승격하자 중산부로로 바뀌었다. 관할구역은 保州 · 祁州 · 深州였다.

53 河間府 : 본래 河北東路 瀛州이다. 거란의 瀛州를 後周 世宗이 점령했고(959), 송에

서는 高陽關路의 치소가 되었으며(1048), 大觀 2년(1108)에 河間府로 승격되었다. 등급은 上, 郡名은 河間郡, 軍額은 瀛海軍, 州格은 節度州이다. 치소는 河間縣(현 하북성 滄州市 河間市)이고 관할 현은 樂壽縣·束城縣·河間縣 등 3개이다. 지명은 춘추전국시대 9개 강의 유역에 자리한 데서 취하였다. 송대에 太原府·中山府와 함께 하북 3鎭의 하나로 손꼽혔다. 비옥한 충적평야 지대로 소택지가 발달한 곳이었다. 황하를 경계로 남쪽의 산동성과 마주 보는 곳이며, 관할구역은 현 하북성 동남부 滄州市 서쪽의 河間市에 해당한다.

54 廣信軍 : 河北西路 소속이며 등급은 同下州, 치소 겸 관할 현은 遂城縣(현 하북성 保定市 徐水縣 서쪽)이다. 太平興國 6년(981)에 易州 遂城縣이 威虜軍으로 승격되었고, 景德 1년(1004)에 광신군으로 바뀌었다. 百洋淀 서쪽에 자리하여 동쪽의 安肅軍·雄州와 함께 최전선의 요충지였다. 관할구역은 현 하북성 중부 保定市 북동쪽의 徐水縣에 해당한다.

55 楊惟忠(?~1134) : 永興軍路 環州(현 감숙성 慶陽市 環縣) 사람으로 한인보다는 党項人일 가능성이 더 크다. 政和·宣和 연간(1111~1125)에 서하와의 전투에서 세운 전공으로 유명하였고, 方臘·高托山의 반란을 비롯해 북송 말의 압정에 반발해 일어난 각종 반란 진압에도 공을 세웠다.

56 种師中(1059~1126) : 자는 端孺이며 永興軍路 京兆府(현 섬서성 西安市) 사람이다. 조부 种世衡, 伯父 种諤, 형 种師道 모두 명장으로 유명하다. 형과 함께 군중에서 성장해 함께 참전하면서 장수로 성장하였다. 靖康 1년 金軍의 전면 공세에 맞서 근왕군으로 싸웠고, 太原府를 구원하러 진격하다 姚古의 부대와 전선을 구성하지 못하고 금군 주력군과 단독으로 싸우다 결국 포위되어 장렬하게 전사하였다. 사후 少師로 추증되었다.

57 辛興宗 : 永興軍路 京兆府 萬年縣(현 섬서성 西安市) 사람이다. 섬서의 儒將으로 알려진 辛叔獻의 차자로서 장자인 辛興宗, 삼남인 辛永宗, 사남인 辛道宗, 6촌인 辛彦宗과 함께 북송 말의 형제 장수로 유명하다. 선화 3년에 熙河前軍統領으로 방랍의 난을, 선화 6년에는 高托山의 반란을 진압하였다. 이어서 白溝 전투에 투입되었으나 거란군에 패하였다. 忠州防禦使를 지냈다.

58 范村 : 현 하북성 중부 保定市 북쪽의 易縣 易州鎭으로 추정된다.

59 王淵(1076~1129) : 자는 幾道이며 秦鳳路 熙州(현 감숙성 定西市) 사람이다. 뛰어난 무

예로 서하와의 전쟁에서 큰 공을 세워 同總領湟州番兵將 겸 臨宗寨지사가 되었다. 方臘의 난을 진압한 공으로 權京畿提擧保甲 겸 權提點刑獄公事가 되어 유연경의 연경 공략 때 군량 공급을 책임졌으나 거란군에게 패하고 포로가 되었다가 탈출하였다. 정강 1년에 眞定府 總管과 都統制가 된 뒤 계속 군 지휘관으로 활동하였는데, 후에 苗傅의 반란 때 반군에 의해 살해되었다. 매우 청렴하였으며, 사후에 開府儀同三司 · 少保에 추증되었다.

60 劉光國 : 劉延慶의 아들이며 劉延世의 형이다. 부친 劉延慶을 수행하여 연경 공략에 나섰다가 패퇴하였고, 개봉 함락 후 포위망을 뚫고 나가려다 전사하였다.

61 劉光世(1089~1142) : 자는 平叔이며 永興軍路 保安軍(현 섬서성 延安市 志丹縣) 사람이다. 유연경의 아들이어서 빨리 승진하였고 적지 않은 공도 세웠지만, 연경 공략시 선봉대의 전공을 시기해 지원하지 않음으로써 결정적인 패착을 범하고 강등되었다. 이후 張迪의 반란을 진압하고 복직하였으며, 금조의 공세를 막기는 하였으나 매우 수동적이었고 전과도 좋지 못하였다. 그렇지만 유광세 휘하의 병력이 많아 송조는 계속 그를 무마하다가 마침내 병권을 해제하려고 하였지만, 酈瓊의 반란이 발생하여 그의 병력 대다수가 大齊에 투항하였고, 이후 금과 화의가 맺어지면서 군권을 상실하였다. 남송 중흥4將으로 꼽히고 높은 관직도 받았지만, 후대의 평판은 그다지 좋지 못하다.

62 劉延慶(1068~1127) : 永興軍路 保安軍(현 섬서성 延安市 志丹縣) 사람이다. 서하와의 전쟁에서 공을 세워 鄜延路總管 · 馬軍副都指揮使가 되었다. 方臘의 반란을 진압하였고, 이어서 선화 4년(1122) 연경 공략 시 宣撫都統制로 군을 지휘하였지만, 현 북경 노구교 부근에서 거란군과 대치하던 중 전투를 시작하기도 전에 거란군이 기습했다는 헛소문에 전군이 도망쳐 스스로 궤멸하였고, 군수품 일체를 거란군에 빼앗겼다. 이에 대한 책임으로 筠州에서 귀양 생활하다 정강의 변 때 개봉성 수비 책임을 맡았으나 함락되면서 살해되었다. 본문의 유광세와 유광국은 유연경의 장남과 차남이다.

63 원문은 '謀之不臧'인데, 일이 실패하는 것은 계획을 잘못 세웠기 때문이며 天時나 地利와는 무관하다는 말이다. 『詩經』 「小雅」 '小旻'에서 유래하였다.

64 원문은 '利害'인데 본래 '이익과 손해' 또는 '좋거나 나쁜 상황'을 뜻하나 '대처하기 곤란하다'는 뜻도 있다. 송대에는 '손해보다' 또는 '저열하다'는 뜻의 속어로

도 쓰였다.

65 원문은 '比肩係頸'이다. '比肩'은 '어깨를 나란히 맞댄다'는 말로 많은 사람이 연이어 움직임을 뜻하고, '係頸'은 '목에 새끼줄을 맨다'는 말로 죄를 인정하고 항복한다는 뜻이다. 많은 사람이 일제히 자진해 투항한다는 말이다.

66 원문은 '簞食壺漿'이다. '簞'은 밥을 담는 소쿠리, '壺'는 국을 담는 단지로 폭정에 시달리던 백성들이 음식을 들고 와서 군인들을 환영한다는 말이다. 『孟子』의 「梁惠王上」 "簞食壺漿以迎王師"에서 유래하였다.

67 素車 : 춘추시대에는 아무런 칠이나 장식을 하지 않은 수레, 또는 무기를 싣지 않은 戰車를 뜻하였다. 한편 하얗게 석회를 칠한 장례용 수레를 뜻하기도 한다.

68 閣下 : 고위 관리가 업무를 보던 관서를 가리켜 '閣'이라 칭하였는데, 고위 관리를 직접 부를 수 없으므로 閣의 아래에 있던 侍從을 '閣下'라고 부르던 데서 유래하여 고위 관리에 대한 尊稱으로 쓰였다.

69 원문은 '罔克'이다. '좋은 끝이 없다'는 뜻인 '罔克有終'의 줄임말로 『尙書』 「太甲上」에서 유래하였다.

70 孟蜀(934~965) : 後蜀의 별칭이다. 907년 王建에 의해 사천을 중심으로 건국한 蜀은 925년 後唐 장종에 의해 멸망하였다. 당시 劍南西川節度使로 임명된 孟知祥은 934년에 장종이 살해되고 明宗이 즉위하자 스스로 독립하여 蜀을 건국하였는데, 이 2개의 촉 정권을 구분하기 위해 前蜀과 後蜀(=孟蜀)이라 칭한다. 후촉은 오대의 전란으로부터 떨어져 있어 경제적으로 안정되었으나 955년 후주의 공격을 받아 4개 주를 잃었고, 965년 송 태조에 의해 망하였다.

71 南唐(902~975) : 淮南節度使 楊行密이 902년에 현 강서와 강소·안휘 남부를 기반으로 하고 揚州를 도읍으로 吳를 건국하였다. 그 뒤 吳가 내분에 휩싸이면서 권력을 차지한 徐知誥가 남경으로 천도한 뒤 937년에 大齊를 건국하였다. 서지고는 자신의 본명이 李昪임을 들어 당조를 계승한다며 939년에 국호를 당으로 개칭하였는데, 역사에서는 통상 남당이라 칭한다. 남당은 넓은 영토와 풍부한 생산력에 힘입어 거란과 수교하며 화북 정권에 맞선 유일한 대국이었지만 후주 세종에게 장강 이북의 요충지를 빼앗긴 뒤 국세가 기울어졌고, 결국 975년 송 태조에 의해 망하였다. 화북의 오대 왕조와 달리 文臣을 우대하여 송대 문신관료제의 성립에 큰 영향을 끼쳤다.

72 兩浙 : 唐 肅宗 때 錢塘江을 기준으로 기존의 江南東道를 浙江東道와 浙江西道로 나누었다. 동도와 서도의 약칭은 浙東・浙西이며 합칭은 兩浙이었고, 이 지명이 송대 兩浙路로 이어졌다. 현 절강성과 강소성의 장강 이남 지역에 해당한다.

73 전씨 왕조 : 원문은 '吳越'이다. '吳越'(905~978)은 당 말의 혼란을 틈타 鎭海・鎭東節度使 錢鏐가 자신의 근거지인 현 절강성과 太湖 유역 13개 주를 근거지로 905년에 건국하였으며 도성은 杭州였다. 군사력이 강하지 못해 중원왕조에 칭신하면서 주변 국가와 균형을 이루었고, 경제적 발전에 주력하여 오대십국 가운데 가장 풍요를 누렸고 불교문화가 꽃피었다. 존속 기간도 72년으로 가장 길었으며 송 태종에게 평화적으로 투항하여 전란을 겪지 않아 경제적 번영을 지속할 수 있었다.

74 吳越의 마지막 국왕인 錢俶은 太平興國 3년(978)에 宋 太宗의 입조 요구에 응해 개봉에 갔다가 억류되어 부득이 투항하였다. 오월이 송조에 저항하지 않았기에 전숙의 말년은 다른 할거 정권의 권력자처럼 비참하지는 않았지만 그렇다고 해서 망국의 굴욕이 없었던 것은 아니다. 본문에 실린 동관의 견해는 다분히 일방적이다.

75 子密은 동한의 개국공신인 彭寵의 노비였다. 건국 과정에서 불만을 품은 팽총이 모반을 꾀하자 光武帝는 팽총을 살해한 자에게 작위를 주겠다고 선언하였다. 이에 자밀은 팽총이 齋戒를 위해 작은 방에 혼자 있을 때를 틈타 살해하였다. 하지만 노비가 주인을 살해하여 작위를 받는 것은 예법에 어긋나는 일이어서 광무제는 '不義侯'라는 해괴한 명칭의 작위를 하사하였다.

76 嚴莊은 본래 安祿山의 참모로서 반란을 적극적으로 주도하고 燕에서 어사대부・중서시랑이란 중책을 맡았다. 하지만 안록산에게 여러 차례 구타를 당하자 안록산을 살해하고 아들 안경서를 즉위시켜 승상이 되었다. 후에 郭子儀에게 투항하였다.

77 燕王(1063~1122) : 天錫帝 耶律淳을 말한다.

78 합문사 : 원문은 '閤門'으로 본래 궁궐의 옆문을 가리키는 말인데, 누각이나 내실 등을 뜻하기도 한다. 한편 황제가 조회 참석차 전각으로 갈 때 양옆의 문을 통해 의장대가 들어오는 의례도 '합문'이라고 하였는데 후에 관서 명칭이 되었다. 閤門司는 '慶禮' 및 '慰禮'와 관련된 궁중 의례를 모두 주관하는 기관으로서 東上閤

門·西上閤門으로 이루어졌다. 외국 사신을 접대하는 일은 '慶禮'에 속하므로 東上
閤門이 맡았다.

79 宣贊舍人 : 기존의 通事舍人을 정화 6년(1116)에 개칭한 관직이다. 궁중 의례를
주관하는 東上閤門은 장관인 閤門使(정6품) 3명, 副使(종7품) 2명, 宣贊舍人(종7품)
10명, 祗候 12명(종8품)으로 이루어졌다. 합문사는 주로 殿上에서, 사인은 주로 殿
庭에서 진행하는 의식 진행을 책임진다. 사인의 직무는 사신단 안내引, 소개通,
행동의 시작을 알리는 신호喝, 행동의 유도揖, 증정물이 있음을 알림勑, 황제에게
통역 내용을 전달傳奏 등이다.

80 원문은 '唐儉小義'이다. 唐의 장수 李靖은 설득할 수 없을 것임을 예측하면서도 唐
儉을 돌궐에 보내 항복을 권유하는 한편 군대를 동원해 기습을 감행하였다. 결
국 공격에는 성공하였지만, 그 와중에 당검은 살해되고 말았다. 이에 이정이 당
검을 사지로 몰았다는 비판이 일었지만, 이정은 대의를 이루기 위해서 지휘관
으로서 택한 불가피한 선택이었다고 해명하였다.

81 新城縣 : 거란 南京道 涿州 소속인데 宣 4년(1122)에 송에 투항하여 威城縣으로 바
뀌었다. 같은 지명으로 송 兩浙路 杭州 新城縣(현 절강성 杭州市 富陽區)이 있다. 화북의
충적평야지대이며, 현 하북성 중부 保定市 북동쪽의 古碑店市에 해당한다.

82 소사신 : 원문은 '小使'로 본래 궁중에서 허드렛일하는 사람, 또는 고용된 사람을
뜻하나 본문에서는 국신사를 수행하는 小使臣을 뜻하는 것으로 보인다. 使臣은
본래 외교관, 또는 특명을 받고 파견된 관리를 뜻하나 송대에는 7품관 이하 무관
에 대한 총칭으로도 썼다. 政和 2년(1112)에는 정7품인 武功大夫에서 정8품 修武郎
까지를 大使臣, 종8품 從義郎부터 종9품 承信郎까지를 小使臣으로 구분하였다.

83 사졸 : 원문은 '部曲'으로 본래 군인을 뜻하는 용어였으나 서한과 동한 말의 혼란
기에 豪族의 영향권에 속한 많은 이들이 私兵이 되자 사적 주종관계를 이루는 이
들을 칭하는 용어로 의미가 확대되었다. 부곡은 唐代부터 본격적으로 隷屬民으
로 변했으나 그 법적 신분과 사회적 관계는 매우 다양하다. 송대에는 다시 장수
휘하의 사졸을 뜻하는 말로 쓰였다.

84 해족 : 거란과 함께 鮮卑 宇文部의 일파로서 南北朝 때에는 '庫莫奚'라고 불렸는데
'庫莫'은 현 몽골어로 '사막'이란 뜻이다. 수·당대에 이르러서 '奚'라고 칭하였고,
6개 部로 이루어졌다. 현 내몽고 시라무렌 유역에서 살아서 언어와 문화가 거란

과 유사하였고 후에 거란에 복속되기는 했으나 지속적으로 저항하자 태조는 이들을 정권의 중추로 발탁하였다.

85 四方館使 : 수 양제가 처음 임명한 관직으로서 모두 4명을 두어 동서남북 사방에서 온 외국 사신 등을 접대하는 업무를 맡겼다. 당대에는 같은 기능을 수행하면서도 科擧와 관련된 업무도 맡았다. 거란과 송, 금도 사방관사를 임명하여 사신 접대와 역참의 관리 등을 맡겼다. 송에서는 정6품관, 금에서는 정5품관의 고위직이었다.

86 郎中 : 尙書省 소속 24司의 책임자를 뜻한다. 6부의 장관인 尙書와 차관인 侍郎 바로 아래의 직급으로 국정 실무를 처리하는 중요 직책이다. 주지사 경력이 있어야 郎中에 보임되었고, 없으면 員外郎에 보임되었다. 원풍 관제 개혁 이후 종6품이었다. 별칭은 郎·郎官·郎曹·尙書郎 등이다.

87 張覺(?~1123) : 거란 南京道 平州 義豐縣(현 하북성 唐山市 灤州市) 사람으로 張毅 또는 張瑴이라고도 한다. 과거에 급제하여 遼興軍節度副使로 있다가 선화 5년(1123), 금군에 투항하여 臨海軍節度使·평주지사가 되었다. 하지만 거란 부흥을 내세우며 송과 손을 잡고 자립하려고 하자 금 태조는 평주를 남경으로 승격시키고 장각을 남경유수로 임명하면서 회유하였다. 그럼에도 장각은 송의 연산부로 선무사 王安中과 손잡고 송에 투항하여 泰寧軍節度使가 되었고, 그 와중에 금 측의 피해가 상당하였다. 이후 장각은 금군의 기습 공격을 받고 패하여 연산부로 도주하였고, 결국 금군의 압박으로 왕안중에 의해 피살되었다. 이 사건으로 송에 투항한 거란군의 동요가 심각해졌고, 더 나아가 금이 대송 전면전에 나설 명분을 제공하여 '정강의 변'을 초래하기에 이르렀다. 세 가지 이름 가운데 지금 중국에서 통용되는 '張覺'으로 번역하였다.

88 殿前指揮使 : 거란의 병권을 통괄한 北樞密院은 각 軍마다 지휘사를 설치하였고, 행궁 수비는 行宮都部署司·殿前都點檢司가 담당하였다. 5京은 五京留守司가 담당하되, 南京에는 남경유수가 겸임하는 都元帥府를 두고 그 아래에 南京統軍司를 두어 거란·해·발해군을, 侍衛親軍馬步軍都指揮使司를 두어 漢軍을 지휘하였다.

89 樞密承旨 : 오대에 처음 樞密院 承旨司를 설치하고 도승지와 부도승지를 책임자와 부책임자로 임명한 후 황제의 명령이나 추밀원 내부 업무를 담당하였다. 거란에서는 南·北樞密院을 설치하여 북추밀원은 군사, 남추밀원은 인사를 담당하게

하였는데, 연운 16주를 차지하고 난 뒤 한인추밀원을 두어 연운 지역의 조세와 군대 업무를 관장하게 하였다.

90 도총관 : 원문은 '都管'으로 '都總管'의 약칭이다. 거란은 5京과 5州에 都總管府를 설치하고 都總管과 부총관을 임명하여 군대를 관장하게 하였다.

91 蜀 : 사천의 별칭이다. 사천은 현 成都市를 중심으로 한 '촉'과 중경시를 중심으로 한 '巴'로 나눌 수 있다. 하지만 파와 촉을 명확하게 구분하지 않고 파촉으로 통칭하기도 하므로 대략 사천에 해당한다. 송대에 蜀이라고 한 경우 통상 成都府路를 뜻한다. 사천은 송대 益州路·梓州路·利州路·夔州路 등 4개 로를 합해 川峽四路라고 칭한 데서 유래하였다.

92 肅宗(711~762, 재위 756~762) : 唐의 제8대 황제이다. 안사의 난이 일어나자 태자로서 天下兵馬大元帥로 임명되어 朔方·河東·平盧節度使를 관장하게 되었다. 피난하면서 현종과 나뉘어 북쪽으로 올라간 뒤 현종의 허락은 물론 별다른 소통 없이 靈武郡에서 황제로 즉위하였다. 이후 郭子儀·李光弼 등과 함께 안사의 난을 진압하여 757년 장안과 낙양을 회복하였다. 그러나 전란으로 파괴되고 혼란스러운 상황 속에서 762년 현종이 사망한 보름 뒤에 연이어 사망하였다.

93 靈武郡 : 당조는 關內道 靈州(현 영하자치구 銀川市 靈武市)에 朔方節度使를 설치하여 7개 軍府를 통할하게 하였고(721), 靈州를 靈武郡으로 승격시킨 뒤(722) 다시 大都督府로 승격시켜(755) 서북방의 군사 거점으로 활용하였다.

94 원문은 '監國'이다. 통상 황제가 원정 등으로 도성을 벗어날 때 황태자 등이 궁중에 남아서 국정을 대행하는 것을 말한다. 황제가 직접 통치할 수 없는 경우, 황제의 권한을 대행하는 것을 뜻하기도 한다.

95 원문은 '包胥泣秦'이다. 春秋 때에 楚의 申包胥가 秦에 가서 援軍을 청하였지만, 진이 거절하자 담장 옆에서 이레 동안 애절하게 통곡하였다. 신포서의 우국충정에 감동한 진이 결국 초에 원군을 보낼 것을 결정했다는 고사에서 나온 말이다. '秦庭之哭'이라고도 한다.

96 원문은 '孔明趨吳'이다. 劉表가 사망한 직후 荊州를 점령하기 위해 曹操가 경기병을 이끌고 급습하자 劉備는 황급하게 남쪽으로 도주하였다. 이 절체절명의 위기에 諸葛孔明은 東吳로 가서 魯肅과 논의하고 孫權을 설득하여 동맹을 체결하는 데 성공하였다.

97 門下侍郎 : 진·한대 황제의 비서격인 黃門侍郎에서 유래한 관직으로서 남북조부터 조정의 중요 직책으로 승격되었고, 742년에는 문하시랑으로 개칭하였다. 3성의 하나인 문하성의 장관인 門下侍中 바로 아래 직급으로 부재상에 해당하였으며, 거란과 송에서도 같은 직위에 해당하였다. 송 전기에는 정3품이었고, 원풍 3년 관제 개혁 후 정2품으로 中書侍郎·尙書左丞·尙書右丞과 함께 參知政事를 대신하였다.

98 선무사사 : 원문은 '宣司'로 국경 부근의 군사적 요충지에 설치한 임시 고위 군 지휘기구인 宣撫使司의 약칭이다. 宣撫司 역시 약칭이다.

99 세작 : 원문은 '世間'으로 죽음을 각오해야 할 위험한 임무를 맡은 세작을 가리킨다. 『孫子兵法』「用間篇」에 실린 다섯 종류 세작 중 하나이다.

100 원문은 '水能載舟, 亦能覆舟'인데 『荀子』「王制」에서 유래한 말이다. 魏徵이 당 태종에게 올린 「諫太宗十思疏」에 수록되어 더욱 유명해진 격언이다.

101 析津府 : 거란 南京道의 치소인 남경 析津府로서 京府 1개, 주 10개, 군 2개 등 13개 府·州·軍을 관할하였다. 거란 태종은 後唐의 幽州를 점령한 뒤(936) 幽都府로 승격시키고 盧龍軍節度使司를 두었고, 다시 남경 석진부로 승격시켰으나 곧 상실하였다(938). 하지만 후진이 燕雲 16주를 할양하여 다시 차지한 뒤 留守司 및 都統軍司를 설치하면서 하급 기관인 노룡군절도사사는 폐지되었다. 석진부의 관할 주는 景州·薊州·檀州·莫州·順州·易州·寧州·瀛洲·涿州·泰州 등 10개였다. 府의 치소는 析津縣(현 북경시 城區)이고 관할 현은 潾陰縣·潞縣·武清縣·析津縣·安次縣·良鄉縣·永清縣·宛平縣·昌平縣·香河縣 등 10개이다. 지명은 연경 지역이 천상의 '析木의 津'에 해당한다는 데서 취한 것이다. 관할구역은 현 북경시·천진시와 주변 하북 지역에 해당한다.

102 開封府 : 북송의 도성으로 府의 치소는 성 안의 開封縣과 祥符縣이다. 관할 현은 16개로 성내의 2개 赤縣(開封縣·祥符縣)과 성밖의 14개 畿縣(考城縣·東明縣·封丘縣·扶溝縣·陽武縣·鄢陵縣·延津縣·雍丘縣·尉氏縣·長垣縣·中牟縣·陳留縣·太康縣·咸平縣)으로 이루어졌다. 後梁 태조가 당시 汴州를 開封府(현 하남성 開封市)로 승격시키고 도성으로 삼은 뒤 오대와 북송 모두 개봉을 東都 혹은 東京 開封府라고 불렀다. 일시 親王을 開封府尹으로 임명하기도 했지만, 실제 지사는 權知開封府事라고 하였다. 지명은 춘추전국시대 '啟拓封疆'의 뜻을 담아 세운 '啟封城'에서 유래하였다. 啟封

은 西漢 景帝 劉啟의 이름을 피휘하여 開封으로 개칭하여 지금에 이른다. 북송 멸
망 직후 금조는 개봉을 汴京으로 개칭하였으며 汴都는 그에 따른 별칭이고, 춘추
시대 魏의 도성이었던 大梁에서 유래한 梁州, 汴河에 위치한 데서 유래한 汴州 등
의 별칭도 있다. 일시 親王을 開封府尹으로 임명하기도 했지만, 실제 지사는 權知
開封府事라고 하였다. 황하의 하류 하단이 시작하는 곳으로 황하의 범람으로 형
성된 평야지대이다. 지금과 달리 송대에는 황하가 鄭州市 滎陽市~新鄕市 延津縣~
安陽市 滑縣 위로 흘러서 현 개봉시와 달리 북으로는 安陽市 남쪽, 남으로는 周口
市 북쪽, 동으로는 商丘市 서쪽, 서로는 鄭州市 서쪽까지 포함하는 등 그 관할구
역이 매우 넓었다.

103 都官司 : 본래 西漢 때 도성에 설치된 관아를 관장하는 기관으로 출발했으나, 수
문제가 상서성 형부 산하의 기관으로 바꾸면서 죄수의 유배, 모반 범죄자 가족
의 처리 등을 담당하는 기관으로 그 성격이 크게 바뀌었다. 이후 당조를 거쳐
거란과 송으로 이어졌다.

104 朝拜 : 신하가 임금에게 무릎을 꿇고 엎드려 절하는 것이다.

105 厭勝術 : 고대 方士들이 사용하는 巫術의 일종으로 주술·주문으로 상대를 제압하
거나 해를 입히는 것이다. 상대방을 상징하는 인형인 鎭物을 만들어 땅에 파묻
고 밟고 다니거나 바늘로 찌르는 등의 행위를 말한다.

106 張昇(992~1077) : 자는 杲卿이며, 永興軍路 同州 韓城縣(현 섬서성 渭南市 韓城市) 사람
이다. 御史中丞·樞密副使·參知政事·樞密使를 지냈으며, 영종을 철종의 후계로 추
천하였다. 同中書門下平章事에 오르고 太子太師로 사임하는 등 최고위 관직을 지
냈지만 검소한 생활을 유지하였다.

107 都虞候 : 송 중앙군은 殿前司·侍衛親軍馬軍司·侍衛親軍步軍司로 이루어졌고, 군의
최고위 서열은 殿前都點檢, 부도점검, 시위친군마군·보군도지휘사였다. 전전사
의 지휘체계는 都點檢·都指揮使·都虞候이고, 시위친군마군·보군의 지휘체계는
도지휘사, 부도지휘사, 도우후 순이다. 도우후는 당말 번진에서 임명하기 시작
한 관직으로서 3司의 도지휘사를 보좌하는 직책이자 숙직 금군의 지휘관이다.
節度使·承宣使·觀察使에 이어 正任 무관계의 네 번째 직위이며 종5품이다.

108 諡號 : 황제에 대한 호칭에는 재임 중 사용하는 年號·尊號와 사후에 정하는 諡
號·廟號·陵號 등이 있다. 사후 호칭 가운데 諡號는 생전의 업적을 평가하여 수

여하고, 廟號는 太廟에 사당을 만들며 수여하며, 陵號는 능묘에 수여하는 것이다. 단 모든 황제에게 廟號가 수여된 것은 아니고, 삼국시대 이후 시호와 묘호의 구분이 없어져 사실상 하나가 되었다.

109 三司 : 당 말에 재정을 담당하던 鹽鐵·度支·戶部를 통합하여 설치한 데서 유래한 명칭이며, 재정 수지·토목·조세·급여 등 재정 및 토목 전반을 관장하였다. 장관은 三司使이다.

110 30년 : 澶淵의 맹약을 체결한 뒤(1004) 송과 거란 사이에 평화가 유지되었지만, 거란은 서하와 송의 대립을 틈타 병력을 국경에 집결시키고 後周 世宗 때 점거한 關南地 반환을 요구하였다. 이에 송 仁宗은 富弼을 報聘使로 파견하여 교섭하게 하였다. 그 결과 영토 할양 대신 세폐 증액을 내용으로 하는 새로운 맹약을 慶曆 2년(1042)에 체결하였다. 따라서 본문의 3년은 卅으로 고쳐야 한다.

111 거란의 關南地 반환 요구에 대해 송조는 그 지역에서 거두는 조세 수입을 자신들이 차지하지 않고 거란에 전해 준다는 논리를 제시하여 합의에 이르렀다. 澶淵의 맹약에서 송조는 은과 견을 보내면서 거란의 군비 조달을 도와준다는 명분을 강조하며 '助'라고 표기하였다. 반면 慶曆和議에서는 '納'이란 다소 굴욕적인 용어를 사용하였지만, 納에는 '바친다'는 뜻 외에도 '돌려준다'는 뜻이 있다. 아마 '納'이란 용어를 두고 양국에서 각자 유리하게 해석하였을 가능성이 크지만 송조로서는 내심 굴욕적인 조약임을 부인하기 힘들었다.

112 거란의 기병을 막기 위해 拒馬河를 크게 확장하고 준설한 것은 송조였고, 성곽 수축 역시 송조에서 주로 하였다. 하지만 '咎'이란 용어를 사용함으로써 마치 양국이 동등하게 합의한 것처럼 만들었다.

113 關報 : 唐代에 상서성의 통제를 받아 중앙 諸司에서 각 州에 발송하는 문서에서 유래하였다. 후에 공무에 관해 통보하는 공문으로 바뀌어 상급 기관의 심사나 비준을 거치지 않아도 무방하며 참조해야 할 기관이 명시되어 있다. '關白·關移·關牒'이라고도 하며, 學士院에서 중서성·추밀원에 보내는 관보는 '諮報'라고 구분하였다.

114 천지의 신령 : 원문은 '皇天厚地'이다. '皇天'은 하늘, '厚地'는 땅에 대한 존칭인데, 천지가 만물을 주재하고 公義를 주관한다는 생각에서 天地 신령의 총칭으로도 쓴다. '皇天厚土'라고도 하며 『尚書』 「武成」에서 유래하였다.

115 北極廟 : 송대에 주로 眞武大帝라고 칭한 북방의 신(玄天上帝·玄武大帝라고도 칭한다)를 모신 사묘이다. 통상 眞武廟라고 칭하나 성곽의 북쪽에 위치하여 北極廟라고도 한다. 북방·오행의 水·수명 등을 관장하는 신으로서 갑옷을 입고 손에 칼을 들고 거북이를 밟고 서 있는 위풍당당한 모습으로, 옆에는 三界의 공과와 선악을 기록하는 金童玉女가 시립하고 있는 모습으로 형상화되었다. 명 永樂帝가 쿠데타를 일으키면서 자신을 북방의 신인 진무대제의 화신이라고 주장하고 전국 각지에 사묘를 건립하여 더욱 크게 성행하였다.

116 直學士 : 학사는 고위 관료에 대한 명예직인데, 宰執 자격자에게는 觀文殿·資政殿·端明殿學士 등 殿學士를, 侍從 자격자에게는 龍圖閣·天章閣·寶文閣·徽猷閣 등 주요 전각마다 정3품인 閣學士, 종3품인 直學士, 종4품인 待制를 두었다.

찾아보기

인 명

지 명

기 타

찬자 소개

서몽신徐夢莘(1126~1207)

남송 때의 사람으로 자字가 상로商老이며 강남서로江南西路 임강군臨江軍 청강현淸江縣(현 강서성 의춘시宜春市 장수시樟樹市) 출신이다. 평범한 집안 출신으로 어려서부터 경전과 사서, 소설에 이르기까지 탐독하였는데, 탁월한 암기력을 자랑하였다고 한다. 지방관을 역임하면서 현지 실정에 맞는 정책을 소신에 따라 추진하였으며 그로 인한 불이익을 기꺼이 감수한 인물이었다.

서몽신은 『삼조북맹회편』 외에도 『북맹집보北盟集補』, 『회록會錄』, 『독서기망讀書記忘』 등의 저작이 있다고 하나 모두 실전失傳되고 현재는 『삼조북맹회편』만 전해지고 있다.

역주자 소개

유원준兪垣濬

경희대학교 사학과를 졸업하고 대만 중국문화대학 사학과에서 송대사 전공으로 석사 및 박사학위를 취득하였으며, 경희대학교 사학과 교수로 재직 중이다. 저서로는 『중국역사지리』, 『대학자치의 역사와 지향』(I·II), 역서로는 『중국문화의 시스템론적 해석』, 『이견지』(갑·을·병·정지) 등이 있으며 송사와 대학정책 관련 논문이 있다.

역주자 소개

박영록朴英綠

성균관대학교 중문학과를 졸업하고 동 대학원에서 한어사를 전공으로
석사와 박사학위를 취득하였으며, 한국교통대학교 중국어학과 교수로
재직 중이다. 불경, 선어록, 송대 사료, 원대 백화비와 법전 등의 문헌
을 두루 다루고 있으며,『송대방문宋代榜文』,『《고려사》몽원대 몽문직역
체 한어 공독公牘 연구』및『원대 공문의 몽어직역문과 문언역 한어 비
교』등 다수의 논저와 역서가 있다.

역주자 소개

장미경張美卿

성균관대학교 중문학과를 졸업하고 대만 정치대학과 성균관대학교에
서 중국 속문학 전공으로 석사와 박사학위를 취득하였다. 현재 한국
교통대학교 동아시아연구소 연구교수로 재직 중이며『세상은 큰 웃음
집—笑府』,『중국 고대 장서문화』등 다수의 논저와 역서가 있다.

역주자 소개

김금남金金南

성균관대학교 중어중문학과를 졸업하고 동 대학교에서 석사학위를,
중국 남경대학교 중문과에서 돈황문학 전공으로 박사학위를 취득하였
다. 현재 성균관대학교 중어중문학과 초빙교수로 재직 중이다. 역서로
는『사고전서총목제요의 주해와 해설—사부와 집부』(1-8)(공역)가 있으
며, 돈황문학과 관련한 다수의 논문이 있다.